길의 궤적
−한국현대소설에 나타난 길의 의미 1

하창수 저

책머리에

길의 외연과 내포

인간의 대지에 맨 처음 길을 낸 것은 물이었다. 물은 높은 데서 낮은 데로 흐르며 스스로 길을 내고 스스로 길이 되었다. 이렇게 만들어진 물길은 또 다른 많은 길들을 생기게 하였다. 모든 살아 있는 것들은 물을 필요로 했다. 물을 얻기 위해 발걸음을 끊임없이 하는 동안 그 발걸음이 물에 이르는 길을 만들었다. 그래서 처음의 길들은 모두 '생존의 길'이었을 것이다.

인간의 생존은 길 위에서의 유동과 집 안에서의 정주로 이루어진다. 그러면서 길은 집과 집을 이어주며 이웃과의 교류를 가능하게 하기도 하고, 또 다른 길로 이어져 보다 넓은 세상으로 인간의 삶을 확장시키기도 한다. 이러한 길들은 인간의 반복적인 발걸음에 의해 만들어진 '자연스러운 길'이었다. 그래서 길은 들이나 산속으로 나 있었고, 길 주위에는 자연의 풀이나 나무가 자라고 있었다. 즉 길은 자연 속의 구불구불하고 가느다란 선과 같은 것이었다.

그러나 인간의 삶이 기본적인 욕구에서 무한한 욕망으로 증폭되면서 길도 엄청난 변화를 겪게 된다. 구불구불하고 좁은 자연스러운 길은 곧고 넓은 인위적인 길로 바뀐다. 흙으로 된 길은 자갈로 된 '신작로'로나 쇠로 된 '철길'로, 다시 아스팔트와 시멘트로 된 포장도로로 바뀐다. 이러한 길들은 자연에 순응하며 자연의 틈서리에 만든 길과는 달리, 인간의 욕망을 실현하기 위해 자연을 변경시킴으로써 만들어진다. 산이 깎이거나 뚫리고, 물이 메워지거나 그 위로 다리가 세워진다.

인간의 삶은 이러한 길들을 오가며 이루어지고, 길에는 그러한 삶이 새겨진다. 그래서 길을 들추면 그 길을 오간 사람들의 사연들이 저장되어 있음을 본다. 수많은 길들 만큼이나 수많은 사연의 삶이 드러난다. 그리하여 '삶은 곧 길'이 되고, '길은 곧 삶'이 된다. 즉 길을 살피는 것은 곧 삶을 알아보는 것에 다르지 않게 된다. 필자의 앞의 책에서 다룬 '집'만큼이나 많은 '길'의 소설이 존재하는 연유도 여기에 있을 것이다.

물은 높은 데서 낮은 곳으로 흐르다가, 막히면 머물거나 돌아가며 땅의 형세에 순응한다. 물은 땅의 형세에 순응하는 모습을 통해 인간에게 자연의 섭리를 보여주고, 인간은 그것을 순리에 따른 삶 곧 인륜으로 옮겨놓는다. 이러한 물길을 닮은 자연의 길은 인간 삶의 은유가 됨으로써, 길은 이제 '삶의 은유'가 된다. 길의 구비는 삶의 우여곡절을, 길의 평탄함과 오르내림은 삶의 순조로움과 험난함을 비유하기에 부족함이 없다.

그러나 인위적인 길은 자연의 형세를 따르지 않는다. 그것은 자연을 변경하여 경유하는 시간을 단축하고 속도를 증대시킨다. 즉 속도를 증대시켜 시간을 단축하고자 한다. 인위적인 길을 통한 속도의 증대와 그에 따른 시간의 단축은 그 길을 경유하는 인간의 욕망과 무관하지 않다. 즉 시간의 단축은 욕망의 충족을 지연시키는 모든 장애물을 걷어내어 곧바로 욕망을 충족시키고자 하는 의지를 드러내는 것이다. 따라서 인위적인 길은 '욕망의 은유'가 된다.

인간의 삶이 순리에 따라 순조롭게만 전개되지 않듯이, 욕망이 충족된 상태로만 전개되지도 않는다. 때로는 삶이 역리로 흘러 인륜 상실의 파행을 드러내기도 하듯이, 욕망이 장벽을 만나 갈등과 좌절을 노출하기도 한다. 길은 앞에서 본 것처럼 삶의 순리와 욕망의 통로도 될 수 있지만, 이처럼 역리와 인륜상실 그리고 갈등과 좌절을 기록하고 내장하고 있기도 한 것이다.

소설이 구체적인 인간의 삶을 떠나서 성립될 수 없다면, 길 위에서 이루어지고 길에 새겨진 삶을 외면할 수 없을 것이다. 그리고 그러한 삶의 순리나 역리, 삶의 은유나 욕망의 은유, 그리고 그러한 삶과 욕망의 흥망성쇠가 내장된 길을 또한 거부할 수 없을 것이다. 그래서 수많은 길의 소설이 생겨났고, 그러한 길의 소설을 살핌으로써 우리 소설의 한 대목을 파악할 수 있을 것이라 생각된다.

 제1부 '가깝고도 좁은 길'에서는 길의 가까움과 좁음에 대응되는 일상, 곧 자질구레하면서도 무시할 수 없는 영향력을 미치는 삶의 한 국면이 담긴 길과 관련된 작품을, 2부 '멀고 단단한 길'에서는 쇠붙이와 같이 단단한 재료로 만들어져 나란히 벋어 있어 벗어날 수 없는 운명처럼 보이는 철로와 결부된 작품을, 제3부 '크고 넓은 길'에서는 길의 크고 넓음에 부응하는 삶의 확대된 부면을 다룬 작품을, 제4부 '가깝고도 먼 길'에서는 일상에서 추구하고자 하는 것이 쉽사리 성취되지는 않는다는 삶의 한 국면을 다룬 작품을, 제5부 '가깝고도 깊은 길'에서는 표면적 삶의 더께를 들추면 깊이 잠복한 삶의 또 다른 국면이 드러난다는 것을 보여주는 작품을 살펴보았다.

 이러한 작품들은 제각기 길의 다양한 모습에 기대어 삶의 여러 양상을 다룸으로써, 또는 소설이 추구하고자 하는 서사의 여러 국면과 삶의 여러 층위를 묘사함으로써, 인간과 삶의 성찰에 어느 정도 기여하리라 본다.

차례_하창수 평론집

책머리에_길의 외연과 내포 • 3

제1부 | 가깝고 좁은 길

가족과 병리의 길 • 13
—김동리의 「洞口 앞 길」

욕망과 도피의 길 • 26
—최명익의 「비 오는 길」

가난과 풍요의 길 • 38
—박범신의 「그해 가장 길었던 하루―들길 1」

입문과 타협의 길 • 54
—유재용의 「풍경화 속의 자전거 길」

가족과 친소의 길 • 64
—강금종의 「10里 길은 멀었다」

유대와 해체의 길 • 73
—이용원의 「사막으로 난 길」

제2부 | 멀고 단단한 길

선망과 좌절의 길 • 87
—이태준의 「철로」

분열과 갈등의 길 • 97
—채만식의 「歷路」

운명과 파멸의 길 • 114
—황석영의 「철길」

즉자와 즉물의 길 • 121
　　—곽학송의 「철로」

기대와 좌절의 길 • 135
　　—정도상의 「그해 겨울, 먼 길」

단절과 소통의 길 • 148
　　—김남천의 「길 우에서」

제3부 | 크고 넓은 길

연정과 작별의 길 • 159
　　—곽하신의 「新作路」

욕망과 좌절의 길 • 169
　　—정구창의 「四十미터 道路」

여성과 수난의 길 • 180
　　—최인훈의 「國道의 끝」

상처와 불안의 길 • 190
　　—배수아의 「푸른 사과가 있는 국도」

현실과 환영의 길 • 207
　　—김인숙의 「밤의 고속도로」

부유와 항진의 길 • 220
　　—김연수의 「7번국도」

제4부 | 가깝고도 먼 길

상실과 포용의 길 • 243
　　—호영송의 「고향으로 가는 길」

이향과 귀향의 길 • 253
　　—황석영의「삼포 가는 길」
여행과 일상의 길 • 263
　　—양귀자의「천마총 가는 길」
집착과 결별의 길 • 276
　　—김재순의「돈암동 가는 길」
사랑과 소멸의 길 • 286
　　—김인숙의「양수리 가는 길」
윤리와 욕망의 길 • 298
　　—김문수의「온천 가는 길」
교육과 성장의 길 • 311
　　—이순원의『아들과 함께 걷는 길』

제5부 | 가깝고도 깊은 길

결여와 참혹의 길 • 331
　　—이태준의「밤길」
일상과 극한의 길 • 340
　　—손소희의「길 위에서」
잠복과 노출의 길 • 354
　　—현기영의「길」
틀과 결의 길 • 365
　　—김인숙의『먼 길』
외접과 내밀의 길 • 388
　　—공지영의「길」
일상과 운동의 길 • 406
　　—한상준의「땅에 이르는 길-강진만 7」

제1부 | 가깝고 좁은 길

가족과 병리의 길
―김동리의 「洞口 앞 길」

길은 길로 이어지고 또한 집으로 이어진다. 집을 나서면 길에 들어서고 그 길은 또한 다른 길로 이어지기도 한다. 그래서 길의 평탄함이나 험함에 빗대어 이루어진, 인생의 비유로서의 길을 넘어, 길에는 길을 걸었던 사람의 삶의 역정이 녹아 들고, 집을 나와 길에 놓인 사람이 집에서 겪었던 삶의 내력이 담기게 된다. 김동리의「洞口 앞 길」에서의 길은 집에서 생긴 가족적 삶의 내력으로 물들어 있다.

가족적 삶의 고전적 갈등은 적서 차별의 갈등, 처첩 갈등 그리고 계모와 전처 소생 사이의 갈등이 대표적이다. 적서 차별의 갈등은 신분제 사회의 제도적 모순과 결부되어, 이를 다루는 소설은 사회소설로 확대될 가능성이 높지만, 처첩 갈등이나 계모와 전처 소생 사이의 갈등은 축첩제도의 묵인이나 남자의 재혼으로 가정소설로 축소되어 내화될 가능성이 높다. 이러한 양상은 아놀드 토인비가 『역사의 연구』에서 말한 '제도의 끈질김'으로 인해, 전통사회에서뿐만 아니라 현대사회에서도 사라지지 않고 그 명맥이 지속될 수 있다.

제도의 끈질김은 사고나 관념의 변화에도 불구하고 제도는 쉽사리 변하지 않는다는 것, 역으로 제도는 변화해도 제도가 내면화시킨 사고나 관념은 쉽사리 변화하지 않는다는 것을 의미할 수 있다. 또한 제도의 끈질김은 제도의 공식적인 변화에도 불구하고 하부나 말단부의 실제에서는 그 제도가 유지됨을 말하는 데에도 적용될 수 있다. 이러한 제도적 성격은 현실에서 이루어지는 것이지만, 이를 형상화한 문학 작품에서도 확인될 수 있다. 김동리의 위 작품에서처럼, 조선시대가 아닌 현대의 시골에서 축첩제도와 그로 인한 처첩 갈등은 여전할 수 있다는 것이다.

주인공 '순녀'는 두 가족의 삶에 의해 분열되어 있다. 다시 말해 개인의 성장사나 서사적 발전 단계에서 자연스럽게 한 가족에서 다른 가족으로 이동한 경우와 다르다. 개인은 아이에서 성인으로 성장하면서 서사적 발전의 단계를 밟는데, 그에 따라 기존의 가족을 떠나 또 다른 새 가족을 형성한다. 기존의 가족이 부모를 중심으로 자녀를 거느린 가족이라면, 새 가족은 그러한 자녀가 성장하여 결혼함으로써 부부를 중심으로 새로운 자녀를 낳아 기르고자 하는 가족이다. 이를 자녀의 입장에서 보면, 미성숙한 아이가 성장하고 결혼하여 새로운 가족을 형성하며 세대를 교체해 가는 과정이라 할 수 있다.

그러나 '순녀'는 그러한 자연스러운 과정을 밟지 못한다. 기존의 가족에게는 '궁핍'이라는 물질적 차원의 가족적 삶의 결핍이 존재하고, 새로운 가족에게는 '無子'라는 혈연적 차원의 가족적 삶의 결여가 존재한다. 이를 뒤집으면 전자에게는 자식의 생산이라는 잉여가 존재할 수 있고, 후자에게는 농작물의 생산이라는 잉여가 존재할 수 있다. 순녀가 웃마을 '양주사 영감'의 첩으로 들어간 데에는 이러한 두 가족의 결여와 잉여의 교환이라는 관계가 작용한 것이다. 양주사가 소작을 준 '논 다섯 마지기'는 순녀의 친정집 가족에게는 물질적 결핍을 어느 정도 해소해 주며, 순녀가 낳아준 세 아들은 양주사의 무자의 결여를 해소해 준다.

그러나 순녀는 친정집을 떠나서 양주사의 집으로 들어가지는 못한다. 그녀가 거주하는 집은 친정집에서도 떨어져 있고, 양주사와 큰마누라가 살고 있는 집에서도 떨어져 있다. 그녀의 집에는 그녀와 갓 낳은 아이만 있을 뿐이다. 다시 말해 정상적인 가족적 삶의 행로를 밟지 못했을 뿐만 아니라, 정상적인 가족적 삶의 터전에 있지도 못한 것이다. 먼저 태어난 두 아들은 그녀의 슬하를 떠나 양주사와 큰마누라가 있는 집에서 그들을 부모로 알고 자라고 있다.

그녀가 가족적 삶에서 기대하는 일이란 두 가지 뿐이다. 일 년에 한번 친정 어머니 생신날에 친정집을 방문해서 어머니를 뵙는 일과, 우여곡절 끝에 모험으로나마 가능해진, 큰마누라 몰래 '선이'가 데려오는 두 아들을 만나는 일이 그것이다. 그러나 순녀의 가족적 삶은 이 두 가지 일에서 뿐만 아니라 또 다른 일에서도 기대했던 대로 이루어지지 않는다. 그것은 가족적 삶 자체에 문제가 내재되어 있기 때문이다. 미셸 페로가 『사생활의 역사 4』에서 말한 것처럼, 각각의 가족 유형에는 나름의 가족적 감정 유형이 존재하고, 각 가족 구조는 나름의 특수한 긴장과 병리학을 지니고 있다.

순녀가 소속된 가족의 유형은 가부장제다. 가부장제는 가부장과 남자 자식 특히 장자로 혈통과 가계가 이어지는 가족 제도다. 따라서 여자는 이러한 이어짐에 기여하는 과정에서만 고려되고 그렇지 않은 경우에는 배제된다. 순녀는 남자 아이들의 생산에서, 큰마누라는 그 아이들의 육아에서만 역할이 주어질 뿐이다. 그래서 양주사는 순녀를 취하는 대신 순녀의 친정집에 '논 닷 마지기'를 소작으로 주고, 큰마누라에게는 순녀가 낳은 아이를 맡겨준다.

그러나 이러한 세 사람의 관계는 순조롭게 지속되지 못한다. 순녀가 양주사에게 간 것은 그 대가로 친정집에 보탬이 된다는 생각에서이고, 큰마누라 또한 그러한 양주사의 결정을 받아들인 것은 아들을 낳지 못하는 자신의 결함과 순녀가 낳은 자식이 자신의 자식이 된다는 생각에서였다. 그러나 시간이 흐르면서 이러한 두 여자의 관계에 변화가 생기고 그에 따라 생각에 변화가 옴으로써 세 사람의 관계는 파열이 생기게 된다.

순녀에게 생긴 파열은 가족을 위한 희생을 받아들이기에는 아들에 대한 애착이 더 커졌기 때문에 생긴 것이다. 부모 형제에 대한 애정보다 자기 자식에 대한 애정 곧 모정이 더 강렬해졌기 때문이다. 부모 형제에 대한 애정은 자기 희생으로 곧 양주사의 첩실을 감내하면 되는 것이었지만, 자식에 대한 애정은 현재의 처지 곧 아들들을 큰마누라에게 맡겨 두는 것을 감내하지 못하게 한다. 그것은 오히려 아들들을 자기 곁에 두고 싶은 욕망으로 발전하는 것이다.

"나이 겨우 50에 여러 해째 드러누워 약 타령만 하며 집안일에 손 까딱할 줄 모르는 아버지, 보통학교 졸업하고 만준가 대국인가에 가버린 채 소식 없는 아들, 그밖에 들끓는 건 모두 입 벌리고 먹으려고 하는 어린 조카와 동생들뿐, 맏오라범 혼자 손으로 남의 논 서너 마지기 부치는 걸로는 그 많은 식구들 입에 풀칠하기 어려운" 친정을 위해 순녀는 양주사의 첩실로 가는 것을 감수한 것이다.

이러한 그녀를 두고 중매를 들러온 허생원은 "누구든지 거기 살림만 들게 되면 제 하나 호강은 물론 친정 권속까지 농사 실컷 얻어부치고 아들 하나만 놓고 보면 그 많은 살림 모두 뉘 것 될 것 같냐"고 귓속말로 일러 주기도 하고, 이웃사람들은 "그렇게 편하고도 왜 이리 마르느냐"고 말하기도 한다. 그러나 이러한 중매쟁이나 이웃사람들의 말은 모두 순녀가 아이를 가지기 전이나 아이를 큰마누라에게 빼앗기기 전에나 통할 수 있는 것들이다. 거기에다 친정 형편이 이전보다 숨 돌리기 나아졌다는 어머니나 친정 오빠의 말도 이미 귀에 들리지 않게 되어 버렸다.

그녀의 눈에 들어오는 것은 친정도 영감도 큰마누라도 아니다. 오직 아들들뿐인 것이다. 라이홀트 메스너가 『산은 내게 말한다』에서 말한 것처럼, 경험은 늘 개인적이고, 존재론적인 경험은 누구도 알려주지 않는다. 친정집 가족이나 중매쟁이 그리고 큰마누라 양주사는 제 몸으로 자식을 낳아 기른 경험이 없을 뿐만 아니라 빼앗긴 경험을 가져 보지 못한 사람들이다. 이런 사람들이 순녀의 개인적인 경험과 그 경험에서 생기는 특별하고도 뼈아픈 감정을 알 턱이 없다. 그들이 말하는 것은 순녀가 겪는 개인적 경험이나 존재론적 아픔을 짐작할 수 없다는 것을 증명할 뿐이다.

그녀는 친정집과 시집에서 떨어져 나와 자신의 집에서 갓난쟁이와 더불어 고립된 삶을 영위하고 있다. 그래서 세 번째 아들과는 앞의 두 아들과 같은 경우를 당하지 않기 위해서 나름대로의 바람을 영감에게 슬쩍 내비쳐 본다. 아들 둘을 이미 바쳤고, 큰마누라도 둘만을 키우기에도 힘이 부치고, 자신도 혼자 지내기에 적적하니 세번째 아이는 데려가지 말고 자신이 키우게 해달라고. 그러나 영감은 엉뚱한 말로 피하며 슬그머니 거절한다. 심심하면 "밖에 나가 일이나 하라"고.

가부장제의 가장과 첩실의 관계는 대체로 욕망의 충족이나 혈육의 유지라는 도구적 관계로 맺어지기 십상이다. 도구적 관계는 타인을 도구화하는 관계다. 이러한 관계에서 타인에 대한 배려는 이미 기대하기 어렵다. 순녀가 아들을 낳자마자 둘 사이에 혹시나 생성될지 모를 모자의 정을 두려워해 큰마누라가 데려가 버린다든지, 데리고 간 뒤에는 순녀와 아들을 만나지 못하게 하고 큰마누라 밑에서 따로 키우면서 친어머니로 여기게 만든다든지 하는 것에서도 이를 확인할 수 있다.

영감의 거절에 쉽게 포기할 정도의 모정이라면 그렇게 연연하고 애착을 가지지도 않았을 것이다. 모정은 친정집 가족을 위한 희생에서처럼 쉽사리 포기될 수 없는 것이다. 영감의 가족 지배는 가부장제의 힘에서 오는 것이다. 그러한 힘에 의한 지배는 사랑과 설득을 고려하지 않는다.

순녀가 양주사에게 아들 둘을 생산해 주었다는 것, 큰마누라가 아들 둘을 키우기에도 힘이 부치리라는 것, 자신의 처지가 적적하다는 것 등을 말하며, 세 번째 아이를 자신이 기르고자 함은 양주사를 설득하고자 함이다.

그러나 설득은 사랑에 의한 이해의 관계에서 가능한 것이지 힘에 의한 지배의 관계에서는 가능한 것이 아니다. 그렇다고 순녀가 영감과 같은 방법을 택할 수는 없다. 가부장제 가족에서 그녀는 여자이고 첩실이라는 불리한 입장에 있기 때문이다. 그래서 그녀가 선택한 최후의 방법은 '모험'이라고 부른 '꾀'를 부리는 것이다. 꾀는 힘에서 불리한 입장에 있는 자가 그 힘의 불리를 다른 방법으로 극복하는 방법이다. 이러한 방법에 동원된 아이가 바로 '선이'다. 모험에는 위험이 따르기 마련이므로 사람들은 모험을 시도하기를 꺼린다. 따라서 모험을 시도하는 이면에는 그 위험에 못지 않거나 그것을 넘어서는 어떤 보상이 있어야 한다.

순녀는 아들을 만나 나누는 정 자체가 보상이 될 수 있다. 그러나 선이는 그렇지 않다. 순녀는 선이를 끌어들이기 위해 '밥, 떡, 엿, 꽃주머니'와 같은 선물을 주고, 그것도 모자라 '선이 어머니'에게 간청하고 애원하여 모험을 성사시킨다. 큰마누라의 눈을 피해 선이가 달포 전에 둘째 아들 '기준'을 업고 옴으로써 첫 모험에 성공하고 '오랜 설움'을 눈물로 달랜다. 이제는 두번 째 모험을 눈앞에 두고 있다. 선이가 기준이를 등에 업고 맏아들 '영준'을 이끌고 나타날 것이다. 이러한 모험이 '떳떳하지 못한 일'이라는 것을 알고 있지만, 큰마누라가 낳은 자식을 금방 빼앗아 가버리는 '더욱 더 떳떳하지 못한 일'을 들먹여 무화시켜 버릴 수 있다.

힘으로 지배하는 쪽과 그것의 틈바구니에서 꾀의 모험을 시도하는 쪽의 다른 한편에 또 하나의 세력이 있다. 힘의 지배에 기대면서 자신의 욕망을 이루고자 하는 큰마누라라는 세력이다. 그녀는 자식 특히 아들을 낳지 못하는 자신의 결함을 극복하기 위해 나름의 노력을 한다. 가부장제

사회에서 자신이 낳은 아들이 없다는 것은 가족적 삶에서 치명적인 결함이며 노후에는 가족적 소외의 위기가 될 수도 있다. 순녀가 빼앗긴 두 아들을 잠시나마 만나기 위해 꾀를 내고 모험을 감행하듯이, 남의 아들을 자신의 아들로 만들기 위해 큰마누라는 자기 나름의 비상한 노력을 기울인다.

순녀에게는 잔인한 짓일 수밖에 없는 일–순녀가 아들을 낳자마자 "제 어미 낯이나 알까 보아 채 인줄도 마르기 전에 들싸안고 가버리는" 것이라든지, "유모를 들여 길러 오면서, 이웃사람들 그리고 온 동네 사람들에게 부탁해 행여 눈치챌까 보아 쉬쉬하며" 키운다든지, "허줄한 논 댓 마지기 제 앞으로 떼어주어 아주 손 끊어버리라고 영감을 들쑤시는" 것이라든지–을 큰마누라가 거리낌없이 할 수 있는 것은 두 아들을 순녀로부터 완전히 떼어내 자신의 아들로 만듦으로써 자신의 입지를 굳히기 위함인 것이다.

이처럼 순녀의 아들들은 순녀를 제외하고는 모두에게 하나의 도구이고 수단이다. 순녀의 아들은 양주사에게는 대를 잇고 재산을 물려받는 상속자이고, 큰마누라에게는 자신이 낳지 않았어도 집안에서 자신의 입지를 든든히 해주고 노후를 편하게 해 줄 아들이며, 친정집 식구에게는 닷 마지기의 소작을 가능하게 해주고 어쩌면 또 다른 닷 마지기를 소작인 아닌 자신들의 땅으로 떨어지게 해 줄 존재인 것이다. 그러나 순녀에게는 아들은 그냥 아들인 것이다. 생모로서 자신이 낳은 아들들에게 모정을 퍼붓고 아들들이 그것을 느끼도록 해주고 싶을 뿐이다.

그래서 순녀는 오늘도 집에서 '동구 앞 길'을 내다보고 있는 것이다. 이처럼 '동구 앞 길'은 세 개의 길과 집으로 이어져 있다. 첫 번째는 순녀 자신의 집과 그것에 이르는 길이다. 그 집에는 선이가 데리고 올 아들 둘을 기다리며 하염없이 동구 앞 길을 내다보는 순녀가 있고, 툇마루에는 막내인 젖먹이가 잠들어 누워 있고, 뜰에는 친정집에 가져가라고 영감이 준 수탉이 감나무 그늘 아래 웅크리고 있으며, 이따금 하얀 감꽃이 장독을 때리고 뜰로 떨어져 내리고 있다. 이러한 순녀의 집에서 풍기는 적막한 분위기는 그녀의 삶이 지닌 결여와 미구에 닥칠 폭풍을 예비하는 것이다.

순녀의 집은 가족 구성원의 결여로 정상적 궤도에서 벗어나 있다. 양주사가 큰마누라와 함께 거주함으로써 남편이 부재하고, 아들 둘을 큰마누라가 빼앗아 가버림으로써 자식이 부재하는 집이다. 집은 최소한 세 가지 요소, 곧 부부와 자녀라는 가족 구성원과 그 구성원 사이에 생성되는 애정이라는 가족적 감정 그리고 일상을 영위할 수 있는 물질적 재산에 의해 유지된다. 그러나 순녀의 집에는 앞의 두 가지 요소가 결여되어 있다. 그 두 가지 요소의 결여는 순녀의 현재와 미래의 삶을 규정하고 물들인다.

순녀는 양주사와 함께 사는 것이나 부부애를 기대하지는 않는다. 그녀가 기대하는 것은 빼앗긴 두 아들을 가끔씩 만나보고, 막내아들만이라도 자신과 함께 사는 것이다. 이는 정상적인 가정에서는 가족적 결여에 해당될 수 있는 것이다. 이러한 기대는 인간적인 차원에서는 최소한의 것이 될 수 있지만, 욕망의 차원에서는 최대한의 것으로 간주되어 버린다. 용납할 수 없는 것을 기대하는 것이 된 셈이다. 순녀의 최소한의 인간적 바람을 양주사는 자신의 처지를 넘어서는 주제넘은 욕심으로 간주하며 받아들이지 않는다. 순녀에게 양주사는 남편이고 영감이며, 아이들은 자식이지만, 양주사에게 순녀는 아내도 아니고 아이의 어머니도 아니기 때문이다.

그래서 동구 앞 길에서 양주사와 큰마누라가 있는 두 번째 집으로 이르는 길은 막혀 있다. 순녀는 그 길을 따라 걸어 그 집으로 갈 수가 없다.

또한 그녀의 뜻이 그 집에 전달되어 소통될 수가 없고 그 뜻이 이루어지지도 않는다. 이는 두 집의 관계가 힘의 우열에 의한 지배와 복종의 관계로 이루어져 있음을 반영하는 것이다. 그것은 쌍방적인 관계가 아니라 일방적인 관계임을, 뜻은 힘의 우위에 있는 쪽에서 열등한 쪽으로만 내려옴을 보여줄 뿐이다. 순녀가 기대할 수 있는 것은 앞에서 본 것처럼 그들의 힘이나 지배의 틈을 노려 아들들을 만나보기 위해 모험을 감행하는 것뿐이다.

그러나 그러한 만남은 진정한 모권이나 모정의 향유와는 거리가 먼 것이다. 억제할 수 없는 모정의 기갈을 아들들의 감정과는 무관하게 자신만의 감정에 사로잡혀 일시적으로 푸는 것에 지나지 않는다. 자주 가능한 것도 아니고 위험이 뒤따르는 것이다. 그 위험은 앞의 순녀의 집에서 본 적막함과 대비되는 아주 격렬한 충돌로 노출될 수 있는 것이다. 이러한 위험과 격렬한 충돌의 예감에도 불구하고 모험을 감수하는 것은 자식들에 대한 순녀의 모정이 강렬하다는 것을 말하는 것이기도 하다.

이 격렬함과 강렬함은 남성 위주의 가부장제 사회에서 여성의 처지가 갖는 불리함을 역으로 반영하는 것이다. 큰마누라의 격렬함과 순녀의 강렬함의 근원에는 아들이라는 남자 아이들이 있다. 이 남자 아이들을 전유하려는 입장이 큰마누라의 격렬한 몸싸움과 순녀의 모험을 감행하는 강렬한 감정으로 나타나는 것이다. 순녀의 모정이 정상적이고 큰마누라의 몸싸움이 비정상적이라고 규정하는 것은 본질을 벗어난 것이다. 자신이 낳은 자식을 만나기 위해 모험을 해야 하고, 자신이 낳지 않은 자식을 차지하려고 광기와 몸싸움을 해야 한다면, 이는 둘 다 정상적인 것이 아닌 것이다. 그것은 처와 첩이 용인된 가부장제 사회의 가족 제도가 안고 있는 감정이고 긴장이며 병리인 것이다.

순녀가 살 수 있는 집은 자신이 거주하는 고립된 집뿐이고 따라서 갈 수 있는 길은 없는 셈이다. 일 년에 한 번만 갈 수 있는 세 번째의 길과 집은 친정길과 친정집이다. 친정길은 진정으로 갈 수 있는 친정길이 아니며, 그 길을 따라 도달하는 친정집은 진정한 친정집이 아니다. 자신이 낳은 아들 '영준'이나 '기준'을 업고 그 길을 걸어가 본 적도 없고, 이웃집 '옥남이'에게 막내 '성준'을 업혀서 걸어갈 가능성도 없기 때문에 그 길은 진정한 친정길이 아니다. 그 친정집은 시집간 딸이 시집살이의 고됨을 하소연하고 그 딸이 낳은 손자들이 재롱을 피우는 집이 아니기 때문에, 오히려 시집간 딸이 볼모로 잡힌 덕분에 형편이 조금 나아진 집에 지나지 않기 때문에 진정한 친정집이 아닌 것이다.

 그 길은 어머니의 생신날이기 때문에 걸을 수 있는 길이고, 아들들 대신에 수탉 한 마리와 고무신 한 켤레가 주어진 길이다. 이는 자신이 양주사에게 첩실로 옴으로써 주어진 논 닷 마지기의 축소판일 뿐이고, 막내 아들 성준이와 함께 살게 해달라는 순녀의 간청에 양주사가 베풀 수 있는 최대한의 답변이다. 가부장인 양주사가 가족 관계에서 첩에게 하는 역할은 교환이나 교류가 아니라 시혜인 것이다. 시혜는 대등한 관계에서 나오는 행위가 아니라 힘의 우열 관계에서 우위에 있는 지배자가 열등한 피지배자에게 베푸는 것이다.

 지배자가 피지배자에게 베푸는 것은 가족애나 부부애와 같은 감정이나 사랑이 아니다. 애정이나 사랑과 같은 감정은 인간적인 것이다. 지배자가 베푸는 것에는 이러한 인간적인 감정의 목록이 들어 있지 않다. 그들의 목록에 있는 것은 오직 물질적인 것으로, '논, 수탉, 고무신'과 같은 것이다. 그러면서 시혜의 대가로 요구하는 것은 인간적인 복종의 감정이나 인간 그 자체. 순녀가 낳은 두 아들을 빼앗아 가는 것이나, 아이들과 더불어 지내지 못하게 따로 집을 마련하여 살게 하는 것이나, 막내 아들은 빼앗아 가지 말고 함께 살게 해 달라는 간청을 거절하는 것들이 바로 그러한 예들이다.

오테로가 엮은 『촘스키, 사상의 향연』에서 노엄 촘스키가 말한 것처럼, 제도적 형식이 인간적 욕구들을 충족시키는 정도가 한 사회가 성취한 문명의 수준을 가늠하는 하나의 척도가 된다. 양주사가 아들을 얻는 수준은 가부장제 사회의 문명 또는 인간적 수준을 가늠하게 하는 것으로서, 동일한 사회에서의 또 다른 방법인 가까운 친척에게서 양자를 들이는 수준과도 다르다. 그것은 거의 물물 교환에 맞먹는 낮은 수준의 것이다. 아들을 논 몇 마지기와 교환하는 것이니까 말이다. 그런 수준에서 순녀가 자식에 대한 어머니로서의 모정이나 인간적 고독을 내세우는 것은 어불성설일 뿐이다.

이는 가부장제의 한 축인 여자에게서도 그대로 통용된다. 그것은 앞에서 말한 제도의 끈질긴 힘을 보여주는 것으로서, 가부장제라는 제도가 큰마누라에게 내면화되어 있다가 오히려 더 큰 강도로 노출됨으로써 표출된다. 양주사가 가부장제의 제도적 힘을 물질로써 보여준다면, 큰마누라는 가부장제의 병리를 신체를 통해 보여준다. 순녀가 아들들을 몰래 만난 사실을 알아낸 큰마누라는 순녀의 집에 들이닥쳐, 순녀의 몸에 자신의 병리를 광기와 폭력으로 새겨 넣는다. 큰마누라에게 순녀는 "목을 천 동강 내어도 죈 죄대로 남을 년이고, 간을 내어 씹어도 죈 죄대로 남을 년"으로, 아들들을 몰래 만난 행위는 몸이 피투성이가 되고도 용서받을 수 없는 것이다.

큰마누라의 광기와 폭력이 보여주는 잔인성은 개인적 차원에서 생성된 것이라기보다는 가부장제가 만들어낸 제도적, 사회적 차원의 것으로 보인다. 가부장제가 내면화시킨 여자의 수세적인 불리함을 자신과 경쟁자인 여자에 대한 잔인한 공격으로 표출한 것이다. 이는 순녀의 몸을 피투성이로 만들고도 풀리지 않는 감정을 넋두리로 엮어내는 것에서 더욱 명료히 감지된다. 그녀의 넋두리는 개인적 차원의 목소리로 나오는 것이 아니라, 일정한 사회적 양식에 담겨 드러난다. 사회적 양식에는 시간의 두께와 공간의 폭이 내재되어 있다. 그래서 개인은 그것의 영향력에 쉽게 감염되어 개인적 감정을 담아 자연스럽게 표출할 수 있는 것이다.

"오냐, 오냐, 이년아, 순녀야, 너는 아들 낳았다, 자식 낳았다, 오냐 그래 늙은 년 괄시 말아, 오냐, 오냐 이년아 서방 있고 자식 있다 불쌍한 년 괄시 말아, 나 같은 년 괄시 말아…, 어떤 년은 팔자가 좋아서 아들 낳고 서방 빼앗노. 아이고, 아이고, 내 팔자야 분해라, 억울해라, 엉이 엉이 엉이, 내 팔자야 아이고 원통해라, 절통해라, 엉이 엉이 엉이…."

이와 같이 큰마누라의 넋두리는 가락이라는 사회적 표현의 양식을 타고 드러나며, 그 내용은 가부장제 사회에서 아들을 낳지 못하는 여자의 설움과 아들이 있는 여자에 대한 선망으로 엮여 있다. 이는 큰마누라의 넋두리가 그녀 개인에 국한된 것이 아니라 그녀에 앞서 그녀와 같은 처지에 있던 여자들이 만들어 놓은 양식에 그녀의 감정을 얹어 표현한 것에 불과하다는 것을 알 수 있게 한다. 더구나 그녀의 넋두리를 듣고 '옥남 할머니'가 눈물을 찔끔거리며 혀까지 끌끌 찬 것은 "순녀의 분하고 원통함을 깜빡 잊어서가 아니라, 넋두리에 문득 자기의 맏딸도 아직 딸만 둘을 낳고 아들은 하나도 없음을 깨닫고" 맏딸의 신세를 설워한 것에서 뒷받침된다.

이제 동구 앞 길에는 가부장제 사회가 안고 있는 병리로 소외된 두 여자의 자취만 비칠 뿐이다. 그 길 위에서 큰마누라는 그치지 않는 울음소리로 "온 동네의 수탉들이 홰를 칠 무렵까지" 밤을 세우고, 보름 후에는 전보다 더 해쓱해진 순녀가 "낡은 흰 고무신에 새빨간 수탉을 안고" 그 길을 따라 친정을 향할 뿐이다. 큰마누라의 울음소리가 울려 퍼지는 동네 앞길에 내려앉은 밤하늘과, 친정집으로 향하는 동네 앞 길에 늘어진 푸른 버들가지와 정답게 나는 제비들을 담은 낮의 하늘은 이러한 여자들의 처지를 더욱 부각시켜 주는 배경으로 존재할 뿐이다.

욕망과 도피의 길
―최명익의 「비 오는 길」

    길은 또 다른 길과 집 그리고 건물로 이어진다. 그러한 길을 통해 사람들은 서로 교류하며 일상적 삶을 영위한다. 집과 건물이 구획된 공간으로서 일상적 삶의 근간이라면, 길은 소통의 공간으로서 일상적 삶의 근간이다. 또한 집이 거주의 중심 공간이라면, 건물은 노동의 중심 공간이며, 길은 노동과 거주를 이어주는 공간이다. 이러한 공간들은 그 사회의 성격이 변함에 따라 변하기도 하는데, 농경사회에서 산업사회로의 변화가 그 대표적인 경우일 것이다. 농경사회에서는 집과 길의 변화가 거의 이루어지지 않는 사회였다면, 산업사회는 집과 길의 변화가 급격히 이루어지는 사회다. 특히 산업화는 집을 건물로 바꾸고, 길을 도로나 철길로 바꾸었다. 길 위를 걷는 사람들은 줄어들고, 도로나 철길을 자동차나 기차가 점령해 버린다. 이렇게 변화된 사회는 공간의 구도를 바꾸고, 바뀐 공간은 삶의 양식을 변화시킨다. 따라서 공간은 물리적인 것일 뿐만 아니라 사회적인 것이 되고 심리적인 것이 된다. 르페브르가 공간을 물리적인 것으로 환원하는 것을 반대하고, 물리적/심적/사회적 공간으로 곧 일원론적으로 고찰하고자 한 것도 이와 같은 공간에 대한 인식과 무관하지 않을 것이다.

    최명익의 「비 오는 길」에는 일제 식민지 하의 산업화가 진행되는 도시에서 이루어지는 공간의 변화와 그에 따른 삶의 변화를 잘 포착하여 그리고 있다. 이 작품의 도시는 크게 두 부분으로 나누어져 있는데, 중심부와 주변부가 그것이다. 중심부는 전통사회의 윤곽이 남아 있는 성 안이고, 주변부는 전통사회의 윤곽으로 살펴보면 성 밖이다. 주변부 성 밖은 다시 두 부분으로 나누어지는데, 한쪽은 전통사회의 성 밖 주민들이 그러했듯이 도시의 외곽에서 산업화의 그늘로서의 빈민촌을 형성하여 살고 있고, 다른 한쪽은 산업화의 진행에 발맞추어 공장이 들어서 있다. 주요 등장인물인 '병일'은 도시의 한쪽인 빈민촌의 하숙집에 거주하면서 다른 한쪽인 공장에서 노동을 하고 있다. 그가 거주지인 빈민촌과 직장인 공장 사이를 출퇴근으로 오가며 길에서 겪은 것을 술회하는 것이 이 작품의 주요 내용을 형성하는데, 그 길은 중심지를 관통하기보다는 "성 안 시가지의 한 모퉁이를 약간 스칠" 뿐이다. 그러니까 병일은 도시의 중심지에서 소외된 인물이다.

마거릿 버트하임이 『공간의 역사』에서 미첼의 말을 인용해서, 표준적인 도시 공간에서 네가 누구인지는 네가 어느 곳에 있느냐에 따라 자주 판가름난다고 했듯이, 병일은 빈민촌에 거주하고 공장지대에서 노동하면서, 정주의 편안함이나 노동의 보람을 느끼지 못한다. 하숙집은 자기 집도 아니고 또한 가족적 친밀감을 나눌 가족이 없으므로 정주의 편안함이나 따뜻함과는 거리가 멀다. 공장의 노동에서도 소사/급사/서사의 일을 혼자 하고서도 신원보증인을 구하지 못해 줄곧 주인의 감시를 받으며 불쾌감을 느낄 뿐만 아니라 원망과 반감을 가지고 있다. 하숙집과 공장을 오가는 길에는 전통사회가 산업사회로 들어서면서 변화하는 사회의 모습이나 삶의 양식 그리고 가치관이 노출되기도 하는데, 그는 출퇴근하는 길을 걸으면서 이러한 변화를 가까이서 목격하고 드러낼 수 있게 된다. 다비드 르 브르통이 『걷기예찬』에서 말한 바를 원용하면, 걷기는 그 어떤 감각도 소홀히 하지 않는 모든 감각의 경험이므로, 걷는다는 것은 세계를 온전하게 경험하는 것이 된다.

  그래서 병일의 눈에는 변화하는 사회의 모습과 삶의 양식 그리고 가치관이 포착되는 것이다. 그가 거주하는 빈민촌의 골목을 빠져나가면 새로운 시구 계획으로 갓 닦아 놓은 넓은 길에 나서게 되는데, "옛 성벽 한모퉁이를 무찌르고 나갈 그 거리는 아직 시가다운 시가를 이루지 못하"였는데, "헐리운 옛 성 밑에는 낮고 작은 고가들이 들추어 놓은 고분 속같이 침울하게 벌려져 있"다. 맞은 편 거리에는 "아직도 집들이 들어서지 않았"는데, "시탄 장사, 장목 장사, 옹기 노점, 시멘트로 만드는 토관 제조장 등 성 밖에 빈 땅을 이용하는 장사터가 그저 남아" 있다. 이러한 도시 주변지의 모습은 도시가 자기 확장을 통해 주변지를 중심지로 편입해 가는 과정을 보여주는 것이다. 그리고 이러한 도시의 확장은 도시에서 살아가는 도시인의 욕망의 확대를 촉발하고 강화한다. 스코트 니어링이 『그대로 갈 것인가, 되돌아갈 것인가』에서 말한 것, 곧 욕망은 갖고 태어나는 것이라기보다는 집단으로부터 비롯된다고 한 것도 이와 같은 맥락일 것이다.

  옛 성이 허물어지고 새 시가지가 조성되어 가는 이러한 변화 과정에 대응하는 것이 장마철 성문 누각 기왓장 골에 나타난 큰 구렁이를 보고 반응하는 두 부류의 사람들이다. 구렁이를 채찍으로 갈겨 잡으려는 젊은이들과 잡지 말라고 말리는 노인들이 그들이다. 노인들은 구렁이를 '지킴이' 또는 수호 동물로 여기며 전통적 가치관을 대변한다면, 젊은이들은 구렁이를 한낱 놀이 대상으로 삼으면서 전통적 가치관을 무시한다. 도시의 확장은 전통사회의 외양만 변하게 하는 것이 아니라 전통적 가치관도 변화시켜 가고 있음을 보여주는 것이다. 이러한 가치관의 변화를 집약적으로 보여주는 인물은 물론 병일이 다니고 있는 공장의 주인이다. 공장은 산업화의 심장이니 그 주인이 그러한 체제의 가치관 곧 욕망의 확대를 대변하는 것은 당연한 것이다. 공장이 산업화의 심장이라면 장부와 금고 자물쇠는 공장 주인이 지닌 욕망의 상징이다.

앞에서 병일이 이러한 주인에게 신뢰를 얻지 못한 채 감시를 받으며 원망과 반감을 가지게 되었는데, 신원보증인을 세우지 못한 것만이 그 원인은 아닐 것이다. 주인의 장부와 자물쇠에 헛구역의 충동을 느끼는 것이 그 원인의 일단을 짐작케 한다. 다시 말해 병일은 주인과 달리 산업화의 가치관 곧 욕망을 내면화하지는 않고 있다는 것이다. 전통사회에서의 삶이 욕구의 삶이라면 산업사회의 삶은 욕망의 삶이다. 르네 지라르가 『낭만적 허위와 소설적 진실』에서 말한 것처럼, 욕망은 모방을 속성으로 한다. 공장의 주인은 산업화 체제의 욕망을 모방하고, 빈민촌 사진관의 사진사는 자신이 취직을 해서 사진 기술을 배우던 옛 주인의 욕망을 모방하지만, 병일은 자신이 다니는 공장 주인의 욕망을 모방하지 않는다. 공장 주인을 따라 자신도 돈을 모아 공장을 가지고 싶다든가, 빈민촌 밖에 자신의 집을 가지고 싶다든가 하는 꿈을 토로한 적도 없다. 오히려 그의 하숙집에는 주인의 장부나 금고 열쇠, 사진사의 사진관이나 사진기 대신 책이 있을 뿐이다. 책은 산업사회의 욕망의 대상도 목표도 될 수 없는 것이다.

이 작품의 인물들을 지배하는 체제가 본격적인 산업사회가 아니라 일제 식민지 하의 산업화이기는 하지만, 그렇다고 산업사회의 속성이 드러나지 않는 것은 아니다. 지배체제 자체가 바로 일본 제국주의라는 산업사회체제이기 때문이다. 그리고 산업사회체제 하의 욕망을 가장 적나라하게 드러내는 인물이 바로 빈민촌에서 사진관을 개업하고 있는 사진사다. 병일이 사진사와 만나게 된 것은 비가 오는 골목길을 지나가다가 비를 긋기 위해 그의 사진관 처마 밑으로 들어갔기 때문이다. 병일은 그의 사진관으로 안내되고 이어 비와 관련된, 앞에서 살핀, '서문의 문지기 구렁이의 현신' 이야기를 듣게 된다. 사진사는 구렁이에 대한 노인의 관념에 동조하며 "정녕코 금년에는 탕수(=홍수)가 나고야 맙네다"라고 말한다. 병일은 산업화의 욕망에도 동조하지 않지만, 전통의 관념에도 동조하지 않는다. 마찬가지로 욕망의 확장에 동조하지 않는다 하여 산업사회를 전적으로 부정하지는 않으며, 특정 전통의 관념에 동조하지 않는다 하여 전통적인 가치 전부를 부정하지도 않는다. 이는 나중에 살펴보겠지만 그가 책을 가까이 두면서 정신을 견지하고자 하는 삶의 태도에서 나오는 것이다.

그러나 사진사 '이칠성'은 병일과 다르다. 구렁이에 대한 관념에서는 전통적이지만, 삶의 태도에서는 철저히 산업사회적인 모습을 보여준다. 한마디로 그의 삶은 욕망과 향락으로 이루어져 있다. 이칠성의 사진사로서의 욕망은 자신이 그 밑에 들어가 사진 기술을 배운 옛 주인의 욕망을 모방한 것이다. 지라르의 말에 기대면, 이칠성의 욕망을 자극하고 강화시키며 모방하게끔 만든 그 이웃이 바로 옛 주인인 것이다. 병일이 공장의 주인에게 혐오감을 느낀다면 이칠성은 옛 주인에게서 모방할 욕망을 발견한다. 아도르노와 호르크하이머가 『계몽의 변증법』에서 말했듯이, 욕구는 욕구를 채우는 것 이상으로 나아가지 않지만, 욕망은 곧 향락으로 나아간다. 스코트 니어링이 앞에서 말했듯이, 욕망이 사회적으로 생산되는 것처럼 향락 또한 사회적으로 조정되는 것이다. 사회적 생산과 사회적 조정에서 결여되는 것은 주체적 성찰이다. 즉 즐기면서 성찰을 방기하는 것이다.

이칠성의 이러한 욕망과 향락의 삶은 병일과의 만남에서 자기 만족과 자기 과시의 형태로 노출된다. "십 년 동안 사진 기술의 적공과 월급쟁이 생활에 이은 독립적인 사진관 사업" 그리고 "옛 주인이 보증을 서 주어 월부로 사진기를 구입한 것과 지난봄까지 대금을 다 치러 완전히 자기 것이 되었다는 것" 등만 하더라도 병일과는 충분히 대조적이다. 병일은 "취직한 지 이년밖에 되지 않은" 월급쟁이라 독립적인 사업은 꿈도 꾸지 못하며, 이 도시에 신원보증을 서 줄 사람이 없어 하루도 공장 주인의 감시의 눈초리를 피할 길이 없다. 그런 병일이지만 이칠성의 내력담에 "경의를 가지기보다는 마주 앉게 된 것을 후회하면서", 공장 주인에게 그러하듯이 '경멸과 불쾌감'을 느낀다. 그리고 인생살이에 선배연하는 태도에 대해서도 공장 주인에게 그러하듯이 '역함'을 느낀다. 이는 사진관과 공장이라는 규모의 차이에도 불구하고 공장 주인과 사진관 주인이 동일한 욕망의 체제에 편입되어 있음을 보여주는 것이다.

이칠성은 병일의 소극적인 반응에 아랑곳하지 않고 사진관 내부와 시설을 보여주며 자기 만족에 빠지기도 하고, "적삼 아래 드러난 배를 쓸면서 병일이에게는 아직 경험이 없는 침실의 내막"과 같은 향락적인 이야기를 하며, '장사/장가/사람 사는 재미' 등을 타이르듯이 말한다. 그러나 병일은 비가 멎기를 기다리지 않고 우산을 빌려 사진관을 나선 후, 빈터에서 들리는 청개구리 소리를 들으면서 '청개구리 뱃가죽 같은 놈'이라 뇌까리고는 침을 뱉으며 이칠성에 대한 경멸감을 드러낸다. 그럼에도 불구하고 병일은 하숙방에서 '책과 마주 앉을 용기'가 없어지면 '어떤 유혹'에 끌린 듯이 사진관을 찾게 된다. 그러면 다시 이칠성의 "우리두 돈 모아서 남과 같이 살아야지"라는 인생관을 듣게 된다. '남과 같이'는 욕망이 지닌 모방성을 그대로 드러내는 것인데, 그것에는 셋집에서 자기 집으로, 작은 장사에서 큰 장사로 욕망을 확대해 나가는 것이 포함됨은 말할 것도 없다.

욕망의 모방과 확대가 문제가 되는 것은 그 자체보다는 그 과정에서 타자를 이용하거나 도구로 삼는 것에 있다. 욕망의 인간인 이칠성은 병일을 만나는 시간이 길어지면서 이러한 속성을 드러낸다. "유력한 신문

지국의 지정 사진관이라는 간판을 얻기만 하면 수입도 상당하거니와 사진관으로서는 큰 명예가 된다"고, 병일에게 '신문사 양반' 중에 아는 이가 있으면 수고를 해달라고 부탁하기도 하고, "오랜 해소병으로 오늘내일 하는 옛 주인이 성 안에서 하고 있는 사진관"을 노리기도 한다. 이처럼 이칠성은 거주에서나 노동에서나 욕망의 모방과 확대에 여념이 없다. 그 과정에서 마주치는 타자는 모두 자신 욕망 실현의 도구일 수밖에 없다. 그러나 지나친 의도는 그 의도를 실현하지 못하게 한다는 말이 있듯이, 그는 결국 자신의 욕망을 더 이상 확대하지 못하고 죽고 만다. 비오는 골목길을 지나치며 사진관 문이 열려 있지 않은 것을 괴이히 여기다가, 사무실에서 "평양에 장질부사가 유행하여 사망자 다수"라는 신문기사의 사망자 명단에서 그의 이름을 발견한 것이다.

이칠성의 이러한 죽음은 욕망의 모방과 확대의 귀결로서는 다분히 엉뚱한 것이지만, 그 귀결이 죽음이라는 것은 의미가 있는 것이다. 앞에서 말했듯이 욕망이나 향락은 사회적으로 생산되는 것이다. 이를 달리 말하면 욕망의 주체는 욕망의 체제 자체이므로 체제 속의 개인은 욕망의 주체가 될 수 없다는 뜻이다. 그래서 들뢰즈와 가타리는 개인은 욕망이 흘러가는 통로일 뿐이라고 했을 것이고, 라깡은 욕망은 자기 파괴에 이르기까지 만족을 모른다고 했을 것이다. 이칠성은 욕망의 체제에 포섭되어 스스로 욕망의 도구가 되었을 뿐만 아니라, 자신이 만나는 타자들 또한 욕망의 도구로 삼고자 했던 것이다. 따라서 자신의 욕망을 스스로 조절한다거나 타자를 목적으로 삼는 관계를 형성하지 못했던 것이다. 비록 이칠성의 죽음을 욕망의 모방과 확대의 필연적 귀결과 연결시키고 있지는 못하지만, 이러한 인물의 죽음이 욕망의 추구와 무관하지 않다고 보는 것은 분명하다.

병일이 거주하는 빈민촌에는 이칠성과 구별되도록 설정된 인물이 하나 있다. '낭홍'이라는 기생이 바로 그러한 인물이다. 그녀가 인력거를 타고 골목길을 들고 나며 인력거꾼과 얘기를 나누는 모습을 보고 듣기도 하고, 그녀를 찾아온 남자가 그녀에게 냉정하게 거절당하는 장면을 보기도 한다. 비탈진 골목길을 드나들며 힘들어 하는 인력거꾼이 안쓰러워 그녀가 "골목두 이렇게 좁아서야" 하고 혀 차는 소리를 하고, 인력거꾼은 "아랫거리에 큰 집이나 한 채 사시구 가셔야지요." 하며 덕담 수준의 말로 받는다. 이에 대해 그녀가 다시 "어느 새"라고 말하고, 인력거꾼은 "왜요, 아씨만하구서야"라고 되받는다. 그녀가 또 다시 "큰 집 한 채에 돈이 얼마인데"라고 말하고, 인력거꾼은 또 이에 "아씨 같이 잘 불리면 삼사 년이면 그것쯤이야"라고 맞받는다. 그러나 기생은 더 이상 나아가지 않고 멈출 데를 안다. "수다 식구가 먹고, 입고, 사는 것만 해두 여간이 아닌데"가 그것이다.

　인력거꾼은 그가 하는 말로 보건대 욕망의 모방 또는 모방 욕망을 부추기는 존재다. 그의 말을 끊고 '의식주'에 한정하는 것으로 스스로의 말을 덧붙이는 것으로 보아, 기생은 욕망의 모방이나 확대로 나아가지 않고, 욕망을 절제하여 욕구에 머물 줄 아는 존재인 것이다. 병일이 근무하는 공장 주인의 욕망의 표상이 장부와 금고 열쇠라면, 사진관 사진사의 욕망의 도구는 사진기이고, 기생의 욕망 추구의 도구는 자신의 몸이 될 수 있다. 그러나 기생은 자신의 몸을 욕구의 수단에 국한시킬 뿐 욕망으로 확대시키는 수단으로 삼지는 않는다. 이는 집으로 찾아와 '낭홍이'를 부르며 대문을 두드리는 '팔자 수염'의 남자를 단념하고 돌아서게 하는 기생의 단호함에서 확인되는 것이다. 그래서 병일은 그녀를 '어린애와 같이 웃는 얼굴'로 기억할 뿐만 아니라, 어릴 때 손가락을 베었던 '연하면서도 날카로운 의액이의 파란 풀잎'에 연결시켜 생각한다. 이는 욕망의 체제 속에 있으면서도 그것에 포섭되지 않고, 순수함과 날카로움을 견지하고 있는 기생에 대한 호감을 표현하는 것이다.

그러면서 그는 자신에 대해 생각해본다. "내게는 청개구리의 뱃가죽만 한 탄력도 없고, 의액이 풀잎 같은 청기도 날카로움도 없지 않은가?"라고. 이는 병일이 자신의 삶을 사진사와 기생의 그것과 대비시켜 보는 것이다. 병일의 생활은 하숙방에서의 칩거와 공장에서의 노동 그리고 그 두 공간을 오가는 길의 궤적만으로 이루어져 있다. 공장에서의 노동은 이미 본 것처럼 어떠한 보람도 느끼지 못하고 오직 주인에 대한 불쾌감/원망/반감 등으로 차 있다. 그래서 노동에서 사진사처럼 욕망의 모방이나 확대를 꾀하며 욕망이나 향락의 체제에 포섭되지는 않는다. 그런 면에서 오가는 길에서 만난 사진사에게는 혐오감을 표시하고, 기생에게는 호감을 표시한 것이다. 두 공간을 오가는 길에서 드러나는 병일의 또 다른 특징은 성문 누각 속을 날아서 드나드는 박쥐를 매개로 드러나는 반응이다. 그는 박쥐를 보며, "옛 성문 누각이 지니고 있는 오랜 역사의 혼이 아직 살아서 밤을 타서 떠도는 듯"하다고 생각하는 것이다.

이는 앞의 노인들이나 사진사가 구렁이에 대해 생각하는 것과 비슷하지만 다른 것이다. 이를 아도르노와 호르크하이머가 『계몽의 변증법』에서 말한 바를 원용하여 말해 본다면, 노인이나 사진사가 구렁이에 대해 가지고 있는 관념이 전통사회에 잔존하고 있는 애니미즘의 표현이라면, 공장 주인과 사진사가 욕망의 체제에 포섭되어 내면화한 것은 산업사회의 물화의 관념이다. 이에 비해 박쥐를 보고 병일이 생각한 것은 욕망의 체제가 내면화하기를 요구하는 물화에 대한 저항 곧 정신성의 표현이다. 물화된 정신은 정신성을 잃고 물질 또는 물질의 총화인 화폐를 욕망하지만, 물화에 저항하며 정신성을 견지하려는 정신의 눈에는 다른 것이 보인다. 어린 기생에게서 물화되지 않은 푸름과 날카로움을 읽어내는 것과 같이, 골목길에 거주하는 사람들의 삶에서는 안쓰러움을 읽어낸다.

사진관에 진열되어 있는 사진의 주인공들이 대개 "고무공장이나 정미소의 여공인 듯한 소녀들"임을 알아내고, 그들의 "후죽은 이마 아래 눌리어 있는 정기 없는 눈과, 두드러진 관골 틈에 기를 펴지 못하고 있는 나지막한 코"를 바라보면서, 그들의 "무릎 위에 얹혀 있을 거친 손"을 상상한다. 보이는 것을 통해 보이지 않는 것을 헤아리는 것, 눈에 보이는 인상을 통해 눈에 보이지 않는 생활과 감정을 꿰뚫어 보는 것이 정신의 힘이다. 그리고 그 바탕에는 욕망의 체제에 포섭되어 물화를 내면화하여 타자를 이용의 대상이나 도구로 삼는 사진사와는 달리, 타자의 열악한 처지에 연루되어 공감이나 안쓰러움을 느끼는 감정이 깔려 있다. 이러한 병일의 시선은 골목길을 향해 문이 열린 집의 내부에까지 미치기도 한다. 그래서 "작은 칸델라를 켜놓은 방 안에는 마른 지렁이 같은 늙은이의 팔다리가 더러운 이불 밖에서 움직"이는 것을 보기도 하고, "가래걸린 말소리와 코고는 소리가"를 듣기도 한다.

그러나 병일의 이런 정신성이 미치는 범위는 협소하다. 자신이 거주하는 빈민촌의 골목길을 벗어나기도 어렵다. 골목길에 있는 사진사를 넘어서지도 못할 뿐만 아니라, 오히려 앞에서 본 것처럼, 그의 욕망과 물화에 포위되어 이용당할 처지에 이르기도 하는 것이다. 그래서 사진사의 욕망과 물화에 자신의 정신을 대비하여, "청개구리의 뱃가죽만한 탄력도 없다"고 스스로를 비하하고 있는 것이다. 이렇게 비하된 정신은 스스로를 하숙방의 협소한 공간으로 후퇴시키고 마침내 책 속으로 위축시킨다. 물론 처음 책을 찾은 것은 "어떻게 살아야 후회 없는 일생을 살 수 있는가" 또는 "사람이란 무엇인가"라는 존재론적 의문에 대한 해답을 찾기 위한 것이었다. 그 다음에 독서는 모두가 욕망으로 치닫는 세상에서 "내 생활을 위하여 몰두하는 시간을 가져 보겠다"는, 욕망의 체제와 다른 정신적인 생활세계를 확보하기 위한 수단이 된다. 책을 읽는 순간의 하숙방은 욕망의 체제에 함락되지 않은 병일 자신만의 성채였던 것이다.
 그러나 지금은 이러한 단계를 지나 책을 읽는 것조차 힘들어진다. 그 힘든 과정에서 현재의 독서의 의의가 드러난다. 병일은 밤늦도록 〈백치〉를 읽다가 잠이 들어 꿈을 꾼다. 꿈속에서 도스토예프스키는 "속궁군 기침 끝에 혈담을 뱉고 혼몽해져서 의자에 기대고 눈을 감고" 있다. 수염 끝에는 "침과 혈담의 비말"이 묻어 있고, "눈자위는 검고, 뺨은 우므러져" 있다. 게다가 "검은 정맥이 늘어선 벗어진 이마에는 땀방울"이 솟아 있으며, "숨소리는 기진해" 있다. 꿈에서 깨어난 병일은 책 권두의 작자의 전기에는 숙환으로 간질 기록만 있음을 확인하고, 이내 수염에 맺혔던 혈담은 어릴 적 기억에 남아 있는 자신의 아버지의 죽음에서 연상된 환상임을 알아챈다. 로즈메리 잭슨의 『환상성』에 기대어 말해본다면, 병일의 하숙방은 욕망과 물화의 현실에 의해 봉쇄된 곳이다. 봉쇄된 곳은 환상이 출현하기에 좋은 곳이다. 그곳은 현실의 힘이 밀려들지 않아 현실적 요소가 희박한 장소이기 때문이다. 그리고 그러한 환상이 출현하는 것은 현실의 일상에서 드러나지 않은 자신의 실존적인 불안이나 불편함과 관련이 있는 것이다.
 따라서 '백치'는 단순히 소설의 제목이기보다는 사진사의 현실적 탄력에 대비된 병일 자신의 현실적 무능을 암시하는 것으로 보아야 할 것이다. 도스토예프스키의 기침과 혈담은 병일 자신이 알아낸 것과 같이, 도스토예프스키의 전기적 사실과 무관한 것으로 자신의 아버지의 죽음과 관련된 것이다. 이는 앞의 무능에 이은 죽음과 관련된 의식을 보여주는 것으로 꿈에서만으로 한정되지 않는다. 일상 현실의 사무실에서 장부 정리를 하면서, "니체가 푸른 이끼 돋친 바위를 안고 이마를 부딪치는 것"을 상상하고는 몸서리를 치기도 하는 것이다. 이러한 환상과 상상은 욕망의 체제에 굴하지 않고 버티던 정신이 패주하여 한계에 이르렀음을 보여주는 것이다. 이러한 죽음과 광기에 관한 환상이나 상상은 현실에서 패주한 정신이 스스로 그 무능함과 나약함을 드러내는 방식이기 때문이다. 그래서 사진사의 죽음을 신문 기사에서 확인하고, 유족들이 이사하는 모습을 골목길에서 목격한 병일은, "산 사람은 아무렇게라도 죽을 때까지는 살 수 있는 것이니까"라고 중얼거리며 독서에 더욱 매진할 것을 다짐한다. 욕망의 체제에 포섭되기를 거부하는 자에게 남겨진 길은 정신의 힘에 기대는 것 말고는 없다고 여기기 때문일 것이다.

가난과 풍요의 길
―박범신의 「그해 가장 길었던 하루―들길 1」

모든 길에는 그 길에 걸맞은 삶이 있다. 각각의 길은 만든 의도나 목적이 다르고, 모양이나 상태가 다르며, 가는 방법이나 운송 수단이 다르다. 그래서 각각의 길은 그것에 적합한 의도나 목적, 모양과 상태, 방법과 수단을 담게 되는 것이고, 그것에 적합한 삶이 배태되는 것이다. 길이 좁고, 짧고, 구불구불하고, 울퉁불퉁하다는 것은 그 길을 이용하는 인간의 삶이 보다 자연에 가깝다는 뜻이다. 반면 길이 넓고, 길고, 곧고, 평탄하다는 것은 그러한 길을 이용하는 인간이 문명의 혜택을 많이 받고 산다는 의미이다.

박범신의 「그해 가장 길었던 하루―들길 1」은 인간의 삶을 이러한 길과 결부시켜 묘사하고 있다. 이 작품에는 중요한 두 개의 길이 있고, 또 하나의 길이 상정되어 있다. 두 개의 길은 각각 둑길 또는 들길과 철길이며, 직접 등장하지는 않지만 인물의 입을 통해 상정된 나머지 길이 뱃길이다. 둑길 또는 들길은 마을에서 강경 읍내까지의 이십 리 길이고, 철길은 논산을 거쳐 경성에 이르는 머나먼 호남선이다. 그리고 뱃길은 강경 포구에서 일본에 이르는 바닷길이다. 둑길 또는 들길 주변에는 들판의 곡식이 자라고, 둑의 들꽃이 피어 있으며, 포구의 새떼들이 들고 난다. 둑길 또는 들길이 끝나는 강경 읍내에 닿으면, 붉고 큰 건물의 강경상업학교가 있고, 그 앞을 철로가 지나간다.

학교와 기차는 전통적이고 전근대적인 마을에서 볼 수 없는 근대적 산물이다. 학교는 마을에서는 볼 수 없는 큰 규모의 건물로서 보는 이를 압도하고, 기차는 '천지를 뒤흔드는 소리'와 '검은 연기' 그리고 '악쓰고 쏟아놓는 기적소리'로 곁에 있는 사람들을 놀라게 한다. 이러한 기차는 철로 옆의 잡초들을 흔들고는 경성으로 내뺀다. 그러니까 강경은 전통 사회에 익숙해 있던 마을에 잇닿아 있으면서, 뱃길과 철로를 통해 마을의 전통적 삶을 흔들어 놓는다. 강경포구를 출항과 기항으로 삼는 뱃길은 '일장기를 높다랗게 매단 일본배'가 출입하는 곳인데, "구경하기조차 어려운 쌀가마니를 바리바리 싣고 일본으로 갔다가", 콩깻묵을 싣고 들어 온다.
 그러니까 강경포구는 제국 일본의 식민지 조선 수탈의 전초기지인 것이다. 1차 산업인 농산물을 수탈하고, 그것의 증산을 위한 '거름으로 쓰라고' 콩깻묵을 가져다주는 것이다. 이에 대해 마을의 '째보아저씨'는 '텐노오 헤이카'가 우리를 위해 콩깻묵을 보내주는 것이라고 말하는데, '순임의 어머니'는 이러한 째보아저씨의 말에 대해, "귀신 씨나락 까먹는 소리 허고 자빠졌네"라는 혼잣말을 한다. 그러면서 "콩깻묵을 이틀쯤 물에 담두었다가 밀기울을 넣고 죽을 끓인다." 그 깻묵죽에서 나는 기름냄새 때문에 '순임'이 콧잔등을 찡그리면, 어머니는 "처먹으면서 코쭝배기 찌그러뜨리는 년은 뒈져 귀신이 되믄 코가 없댜."라고 어깃장을 놓는다.
 이와 같은 장면은 마을이 제국의 식민지 수탈로 찢어진 가난에 허덕이는 모습뿐만 아니라, 그것에 대한 마을 사람의 두 가지 다른 반응을 보여주는 셈이다. 하나는 째보아저씨로 대표되고, 다른 하나는 순임의 어머니로 대표된다. 전자는 제국의 수탈에 정신마저 빼앗겨 순치되는 것을 보여준다면, 후자는 수탈로 가난에 허덕이더라고 '가난한 마음'만은 빼앗기지 않으려는 자세를 보여준다. 전통적인 가난은 대체로 생산력의 부족에서 기인한다. 그에 비해 근대의 가난은 생산력의 증대에도 불구하고 부의 편재에서 말미암는다. 제국과 도시에서는 부의 축적이 이루어지고 강화되며, 식민지와 시골에서는 부의 결핍이 초래되고 악화된다. 다시 말해 증대된 생산력의 결과로 형성되는 부는 식민지와 시골에서 제국과 도시로 흘러들게 된다.

근대는 정신과 물질의 관계에서 물질이 우위에 서는 사회를 만든다. 물질은 자본을 형성하고, 자본은 물질을 확대 재생산하면서 자기 증식을 가속화한다. 자본의 자기 증식이라는 속성은 공간과 시간을 초월한다. 제국과 식민지의 관계가 자본이 공간을 초월하는 대표적인 예라면, 선물거래는 자본이 시간을 초월하는 대표적인 예라 하겠다. 제국이 약소국을 식민지로 삼는다는 것은, 국내에서 자본의 이윤율이 한계에 도달했다는 것 곧 자본의 정상적인 증식의 한계를 보여주는 것일 뿐만 아니라, 자본의 증식을 위해서는 타국의 침략과 전쟁도 불사할 수 있다는 것 곧 욕망의 무한계를 보여주는 것이다. 곧 자본은 속성상 욕망의 무한함과 윤리의 유한함을 내재하고 있는 것이다.

순임이 살고 있는 마을에서 이십 리 떨어진 강경은 바로 이러한 제국의 식민지 수탈이 생생하게 이루어지는 현장이다. 앞에서 본 것처럼 강경포구는 식민지의 1차 산업 산물인 쌀이 배에 실려서 일본으로 빠져나가는 뱃길의 출발지요, 벼의 증산을 위해 비료로 쓰일 콩깻묵이 실려 들어오는 뱃길의 정박지이다. 그리고 강경은 또한 논산을 거쳐 경성으로 이어지는 호남선의 경유지이다. 강경역에는 경성방직공장으로 떠나는 여자아이들을 태우고 떠나려는 기차가 들어오는 곳이다. 그러니까 뱃길이 1차 산업의 생산물을 수탈해가는 길이라면, 철로는 2차 산업의 인력을 조달하는 길이다. 수탈로 가난해진 시골의 아이들의 인력을 또 다시 수탈하기 위해 기차와 철로를 이용하는 것이다.

  1차 산업 생산물인 쌀을 수탈하고, 수탈할 벼의 증산을 위해 콩깻묵을 가져다주는 것에 대해 째보아저씨와 순임의 어머니가 각각 다른 반응을 보이듯이, 2차 산업의 생산물을 위해 인력을 수탈하는 것에 대해서도 각기 다른 반응을 보인다. 그 다른 반응은 한 가족을 이루는 자매인 '순임'과 '순명'을 통해 두 가지로 대별되어 나타난다. 순임은 방직공장에 가지 않으려 발버둥을 치는 반면, 순명은 방직공장에 갈 것이라고 들떠 있다. 순임이 방직공장 가기를 한사코 거부하는 것은 '키미가요'를 배워야 하고, 제대로 못 부르면 회초리로 맞아야 하며, 그러다 "노랫말을 다 외우기 전에 대나무 회초리로 목이 갈려 죽을 것"이 두렵기 때문이다. 순명이 방직공장에 기어코 가려고 날뛰는 것은 "쌀밥에 괴기반찬 배창사구 터지게 먹는"다고 들었기 때문이다.

  한 가족의 구성원인 자매가 이렇게 상반된 반응을 보이는 것은 가정 밖의 사회의 모습을 반영하는 것이다. 즉 마을과 사회, 나아가 식민지 조선을 지배하는 제국의 힘이 가정에까지 어떻게 침투해 있는지를 보여주는 것이다. 그래서 방직공장에 갈 처녀들을 모집하기 위해서 마을에는 아침부터 풍장소리가 고샅을 훑고 지나가고, 우물가에 모인 아낙네들은 방직공장과 관련된 얘기를 주고받는다. 우물에서는 물만 긷는 것이 아니라 아침거리를 씻기도 한다. 방직공장에 딸을 보낸 집과 그렇지 않은 집의 아침거리가 다르다. 후자의 '꽹매기 젊은 각시'는 "보리죽을 끓일 요량인지 겉보리를 씻고" 있는데, 전자의 '분숙이 어머니'는 "쌀바가지에서 뉘를 가려내고" 있다. 지금은 보릿고개라 "보리밥일망정 원 없이 먹을 수 있는 집은 손가락을 꼽을 정도"다.

  순임은 방직공장행을 언제까지 거절할 수 없는 입장이 된다. 분숙이 어머니의 쌀바가지를 보고 부아가 치민 '째보댁'이 화풀이하듯, 분숙이처럼 "너도 방직공장에 가라"고 오금 박듯이 순임이를 다그치고, 순임이는 딸 셋을 방직공장에 보낸 분숙이네가 작년에 골답 다섯 마지기를 더 샀다는 말을 들은 적이 있기 때문이다. 다시 말해 자기 집의 지독한 가난과 마을의 분위기가 순임을 압박해 와서 더 이상 버티기 힘든 상황에 이르렀기 때문이다. 이와 같은 상황은 순임이네뿐만 아니라 마을 사람들 전체가 처한 상황이다. 즉 갈림길에 놓인 것이다. 식민지 현실의 가난 곧 물질적 결핍 앞에서 이를 다소나마 해소하는 데 도움이 되는 근대의 공장을 받아들이느냐, 아니면 물질적 결핍을 감수하면서 공장을 거부하느냐 하는 것이 그것이다.

  이 갈림길의 선택이 쉽지 않은 것은 공장이 물질적 결핍을 해결해 주는 긍정적 요소만 가지고 있는 것이 아니기 때문이다. 분숙이 세 자매가 공장에 감으로써 그 집은 '골답 다섯 마지기'를 살 수 있었고, 또한 분숙이 아버지가 딸들 덕분에 "광목 바지저고리에 분통 같은 도포까지 해입고 일 년이면 몇 차례씩 경성 나들이"를 하며 마을 사람들의 부러움을 사기도 하지만, 분숙이 큰언니 분순이는 "공장 남자와 배가 맞아 애를 낳았는데, 그 바람에 공장에서도 쫓겨나"고 남정네마저 훌쩍 떠났을 뿐만 아니라, "조강지처가 연년생으로 새끼를 둘이나 두고 시퍼렇게 살아 있더라"는 소문이 마을에 퍼져 있는 것이다. 다시 말해 물질의 취득에는 정신과 인륜의 타락이라는 대가가 따른다는 것이다. 그러나 근대의 물질은 전통의 정신을 충분히 압도할 수 있는 위력을 지니고 있다.

  그래서 분숙이 어머니는 공장을 나온 분숙이를 남정네나 아이와 결부시켜 그 인륜적 처지를 문제 삼지 않고, 오직 분숙이가 벌어들이는 돈과만 결부시켜 말한다. "갸가 공장 나와서 공장 앞에 밥집을 냈는디, 아이구, 돈을 갈퀴로 긁는다." 마을 사람들도 이에서 크게 벗어나지 않는다. 순임이를 압박하는 째보댁이 이를 대변한다. "들었지, 이년아! 너도 가기만 혔다 허문 팔자 확 피는겨. 니 엄니 니 동상들 팔자도 피고." 그래서 순임이는 더 이상 선택의 여지도 없고 버틸 재간도 없다. 쌀을 수탈당하면서 콩깻묵을 받아 논에 뿌리지 않고 죽을 쑤어 끼니를 때우듯이, 방직공장에 취직을 해서 인력을 수탈당하고 정신이 타락되더라도 집안의 가난을 덜기 위해 집을 떠나야 하는 것이다. 들떠서 스스로 나선 동생 순명과 함께 순임은 경성방직공장으로 아이들을 실어 나르는 기차가 경유하는 강경역을 향해, 이십 리 둑길 또는 들길에 들어설 수밖에 없는 것이다.

로제 사르티에가 『사생활의 역사 2』에서 말했듯이, 어린 시절은 자기 주위에서 벌어지고 있는 인간사와 인간 집단에서 아직 아무런 역할도 못하는 시기이다. 이는 또한 크리스 쉴링이 『몸의 사회학』에서 말한 지위 방패가 결핍된 시기이다. 순임은 부모의 결정에 자식으로서 자신을 보호하기 위한 어떤 방법이나 대처를 마련할 수 없는 처지에 있다. 그래서 어머니에게 항변을 위한 논리적인 말이나 항의를 위한 적합한 행동을 찾지 못하고, 어머니의 결정에 따라 동네 처녀 여남은 명과 함께 마을을 떠나 들길에 들어서 있는 것이다. '상진네 아버지'가 자전거를 타고 그러한 처녀들의 앞장을 서고, 째보 아저씨와 꽹매기 그리고 강경역까지 배웅을 하겠다는 몇몇 어머니들이 뒤를 따르는 모습은, 이러한 일이 개인이나 한 집의 사소한 일이 아니고, 마을 전체의 행사와 같은 큰일에 다름없음을 보여주는 것이다. 이러한 행렬은 처녀들을 모집하기 위해 아침부터 풍장소리가 고샅을 훑고 지나간 것과 대응되는 것이다.

둑길 또는 들길은 걸어 갈수록 마을의 집에서 멀어지는 한편 강경역에는 가까워진다. 마을과 집에서 멀어질수록 순명은 신이 나고 순임은 우울해진다. 순명은 들떠서 상진이 아버지를 따라 붙으면서, 마을에 이어져 있는 둑길 또는 들길에서 벗어난 것, 곧 기차와 배 그리고 철로와 바다에 대해 묻는다. 그러면서 "이담에 크면 세상 끝까지 갈 거"라고 '암팡지게'

옥니를 깨문다. 순임은 걸음이 느려지고 대열에서 처지면서 꽹매기로부터 빨리 걸어라는 잔소리를 듣고, '영순이 어머니'로부터 "순명이 반만"이라도 하라고 지청구를 듣는다. 고향집이 멀어지면서 전과 다르던 어머니의 모습이 떠오른다. 전에는 안 간다고 사립문 붙잡고 늘어지면, "나도 뭐 딸년 팔아먹는 것 같아서 못 보내겠네" 하고 돌아섰는데, 이번에는 "칼 물고 콱 죽어버리겠다 날뜀질을" 했던 것이다. 수탈로 인한 가난이 그만큼 더 심화되었다는 것을 어머니의 심정 변화를 통해 보여준 셈이다.

제각기의 길이 그에 적합한 삶을 배태하고 있듯이, 길에 대한 태도가 삶에 대한 태도로 드러나기도 한다. 순임은 둑길 또는 들길에 대한 수용과 철길에 대한 거부를 드러내는 반면, 순명은 둑길 또는 들길을 넘어 철길이나 뱃길에 대한 수용을 보여준다. 순임은 고향집에 잇닿아 있는 둑길 또는 들길에서 벗어나 강경역에 있는 철길에 도달하는 것을 두려워하며 걸음이 느려지는데 비해, 순임은 고향집을 떠나 경성으로 이어진 철길에 성급하게 도달하려고 걸음이 빨라진다. 철길을 수용한 마을 사람들은 둑길 또는 들길에 연연하여 눈물이 마르지 않고 걸음이 느려지는 순임을 나무란다. 그 나무람에 대해 순임은 겉으로 항변을 하지 못한다. 마치 어머니의 결정에 항변할 논리적인 말을 찾지 못하듯이 말이다. 그러나 심정적으로는 그들에 대한 항변의 논리가 없는 것이 아니다.

특히 자신의 태도나 행동을 아버지와 결부시키며, 아버지를 '각설이'라고 부르는 것에 대해 강하게 반발하는 것이 그러한 예이다. 거기에는 아버지를 각설이라고 부르는 것은 "아버지가 거지이기 때문이 아니라, 각설이타령을 잘하기 때문"이고, "냐부지 따라갈 만헌 소리가 세상에 읎지"라는 어머니의 일러줌이 한몫을 하기도 한다. 그러나 그보다 더 중요한 반발의 근거는 아버지의 소리에 대한 자신의 느낌이다. 순임은 아버지의 신명 나는 소리도 좋아하지만, 슬픈 노래를 더더욱 좋아한다.

아버지의 향도가를 순임은 잊을 수 없다. "문전옥답 다 버리고 만당 같은 내 집 두고 간다 간다 나는 간다"라는 대목에서는 눈물을 쏟았기 때문이다.

그리고 "솔밭 사이로 희디 흰 앙장이 펄럭이는 것도 서러웠고, 늙은 소나무 가지 끝에 걸린 청라같이 푸른 하늘도 서러웠고, 끝간 데 없이 드넓은 성동벌판의 된새바람도 서러웠으나, 그 중 서럽기로는 아버지의 끊일 듯하다가 솟아나고, 솟아났다 하면 곧 내려앉고마는" 향도가 소리를 으뜸이라고 기억하고 있다. 순임은 말뜻은 제대로 알지 못하지만, "소리에 담긴 우물 속같이 깊고 깊은 그 어떤 울림이 속속들이 뼛골까지 파고들던" 것을 잊지 못할 뿐만 아니라, "온종일 이 구석 저 구석에 박혀 울었을" 정도였던 것이다. 그래서 이러한 아버지가 각설이타령을 구성지게 잘한다고 해도 결단코 거지 노릇을 할 리는 없다고 순임은 생각하는 것이다.

대체로 가정에서 가장이 제 구실 곧 거주에 필요한 물질적 토대를 마련하지 못하면, 그 역할은 나머지 가족 곧 어머니나 자식의 몫으로 이월되기 마련이다. 그래서 어머니나 자식들은 가장에 대한 원망의 감정을 품게 마련이다. 그러나 순임의 집은 지독한 가난에 허덕이면서도 이러한 보통의 가정과 다른 모습을 보여준다. 어머니는 노동으로 가정의 거주에 도움이 되는 물질적 토대를 마련해주지 못하고 집을 떠나 강경 장을 떠도는 남편을 원망하는 말을 어디에도 흘려놓지 않으며, 순임은 아버지의 소리를 으뜸이라고 여길 뿐만 아니라, 아버지는 키미가요를 좋아하지 않으니까 일본사람들이 한다는 방직공장에는 가지 말라고 할지도 모를 일이라고 끝까지 아버지를 신뢰하는 모습을 보인다.

이러한 딸과 어머니 그리고 아버지의 태도는 삶에 대한 나름대로의 조망에서 나온 것이라고 볼 수 있다. 즉 그들이 걸어온 길이 굴곡이 있듯이, 삶에도 역시 굴곡이 있다는 인식이 깔려 있다. 아버지의 향도가는 삶의 끝에 있는 죽음을 삶의 한 과정으로 받아들여, 삶을 서러움으로 수용한 가락이다. 어머니는 남편의 그 가락을 제일로 치고, 딸은 그 가락에 감응하여 종일을 눈물로 보낸 적이 있다. 삶의 서러움을 터득하는 데에는 삶의 집착에서 벗어나는 것이 필수적이다. 집착은 삶의 무한함과 욕망의 무한함을 전제로 한다. 삶의 무한함은 삶의 유한함 곧 죽음을 인식하지 않으며, 욕망의 무한함은 욕망의 유한함 곧 물질적 결핍을 수용하지 않는다. 죽음에 대한 인식과 물질적 결핍에 대한 수용이 전제되어야 삶과 욕망에 대한 전체적 조망이 생긴다. 그 전체적 조망에 대한 정서가 바로 아버지의 각설이타령이나 향도가 가락에 배여 있는 것이다.

각설이 타령과 향도가 가락에 어울리는 길이 바로 둑길 또는 들길을 포함한 옛길이다. 그래서 안치운은 『그리움으로 걷는 옛길』에서, 옛길은 진정성이 있는 길이고, 그러한 삶이 있었던 길이라고 했던 것이다. 옛길은 그것이 지닌 굴곡의 속성으로 말미암아 한편으로는 불편과 고통과 상처가 배여 있는 길이지만, 또 다른 한편으로는 그러한 것들을 해소할 만한 배려와 사랑과 치유가 함께 담겨 있는 길이기도 하기 때문이다. 그에 비해 옛길이 끝나고 나타나는 새 길 곧 신작로나 철길은 평탄의 속성으로 말미암아 한편으로는 편리와 풍요를 약속하는 길이기도 하지만, 또 다른 한편으로는 물질이 그러하듯, 사랑과 배려를 배제하고 질주만이 가능한 길이기 때문이다. 그래서 전자의 길은 사람이 다니기에 적합하고, 후자의 길은 운송 수단이 달리기에 적합하다. 전자에는 인간의 삶과 죽음이 배여 있고, 후자에는 인간도 물질화되어 물질의 흐름이 존재한다.

옛길 곧 전통의 길에는 각설이 타령과 향도가가 불려지며, 삶과 죽음의 서러움과 깊이가 담겨 있는데, 철길 곧 근대의 길에는 키미가요가 지배하며, 인간을 짐짝처럼 태워가는 제국의 욕망과 물질의 흐름과 질주가 있다. 그래서 철길은 굽이를 돌아가거나 오르내리지 않고, 흐름과 질주를 막는 장애물을 깎고 뚫어서 곧고 평탄하게 만든다. 조지프 아마토가 『걷기, 인간과 세상의 대화』에서, 더 넓고, 더 길고, 더 똑바르고, 표면이 더 평탄한 도로는 고도로 조직화된 사회들이 속도와 지배권을 다투는 과정에서 생겨났다고 말한 것도 이러한 사정과 무관하지 않을 것이다. 그래서 철길은 모든 지역을 근대의 욕망과 물질로 획일화하고 평면화하며 질주한다. 그러한 길에는 삶의 굴곡이 담길 곳이 없다. 그래서 아버지는 기차나 철길을 이용하지 않고, 마을에서 강경 장까지의 길에 머물러 있고, 키미가요를 "그런 건 소리도 아녀"라고 했을 것이며, 순임은 철길을 달리는 기차에 몸을 싣기를 한사코 거부했을 것이다.

순임에게 기차는 자신을 경성으로 데려다 줄 운송수단이 아니다. 그것은 낯설음과 무서움의 대상이다. 그래서 강경에 다다라 기차가 지나갈 때, 순명이 순임의 팔을 잡고 흔들며 환호하는데 반해, 순임은 두 눈을 질끈 감고 둑길의 경사면에 납작 엎드린다. "삼경에 만난 액이라도 이처럼 무서울 수 없고, 마른 하늘에 벼락이 친다 해도 이처럼 놀랄 수가 없을 터"라고 생각하며, '생살을 찢는 것 같은 기적소리'가 끝나고 한참만에 고개를 든 순임의 눈에 들어온, 철롯가의 잡초들이 흔들리는 것을 보며 순임은 결심한다. 자신이 방직공장에 가지 않아 어머니가 속이 터져 죽는다면 어머니를 따라 죽고, 어머니가 화가 복받쳐 개구리처럼 자신을 태질을 하여 죽인다면 어머니 발치에 자빠져 죽는 게 낫겠다고. 이대로 방직공장으로 갈 수는 없다고 말이다.

순임이 혼자 돌아온 모습을 본 마을 사람들은 순임의 '쇠고집'을 얘기하고 어머니의 속 터짐을 말할 뿐, 순임의 내면을 짐작하지는 못한다. '남산만한 배'를 한 어머니가 '삯메기' 나간 집에는 동생 '순실'과 '월자'가 남아 어수선한 풍경을 만들어내고 있다. 순실은 동생 월자가 토방 밑에 나자빠져 울고 있는 것을 개의치 않고 덜 익은 앵두를 먹느라 정신이 없다. 그러니까 순임이 집에 도착해서 확인한 것은 늘 그렇듯 가난과 일손 부족이다. 어머니가 순임과 순명을 방직공장으로 보내기로 작심한 것은 전자의 가난 때문이었을 것이다. 그러나 순임은 후자의 일손 부족을 들먹이며 자신이 돌아온 것을 잘한 일이라고 여긴다. 그리고 "하나는 대처로 가고 또 하나는 남고, 이렇게저렇게 따져 아귀 맞춰보면 어머니도 결국은 자신을 옆에 두는 게 낫다는 걸 곧 알아차리게 될"거라고, 순명을 강경역에 두고 온 것도 잘한 일이라고 생각한다. 그래서 기차를 기다리며 받은 주먹밥에 물을 부어 어머니까지 먹을 죽을 쑨다.

　그러나 가로막는 '여산댁'을 밀쳐내고 들이닥친 어머니가 한 말을 듣고는, 자신의 그러한 생각이 짧았음을, 오산이었음을 깨닫는다. 어머니의 부지깽이에 맞아죽는다고 느끼면서도, "못 가고 올 것이믄 동상도 데불고 올 것이지 세상에 이 멍청한 년아, 워찌 어린 동상을 두고 혼자 온단 말이냐. 그 어린걸 혼자 도둑년 맹글 심보로 거기 놔두고 성이라는 것이 발이 떨어지데?"라는 말을 들으며, 자신이 돌아온 것을 나무라는 게 아니라, 순명이만 놓아두고 혼자 돌아온 것을 '잡뜨리고' 있음을 알아챈다. 아버지가 집을 떠나 있음으로써 가장으로서의 책임을 방기한 것만이 아니듯이, 삶의 굴곡을 체득하고 그것이 담긴 각설이타령이나 향도가를 부르며 삭이듯이, 어머니 역시 집안의 물질적 결핍을 자식들의 방직공장행으로 해소하려고만 한 것이 아님을, 그보다 더 중요한 것이 가족애임을 일깨우고 있음을 알아챈 것이다.

　이처럼 전통의 옛길은 굽이가 있고 굴곡이 있어, 그와 더불어 살아온 전통적 삶의 희로애락의 굽이와 굴곡이라는 삶의 입체적 양태와 부합한다. 그러나 철길은 굽이와 굴곡을 제거하고 만들어진 곧고 평탄한 길이다. 이는 근대의 삶이 희로애락의 굽이와 굴곡을 무시하고 욕망과 물질의 평면적 질주로 이루어진 것에 부합한다. 이와 같은 길은 가족에도 마찬가지로 적용된다. 순임의 집에서 보는 것처럼, 전통적 가족에는 지배와 강제도 작용하지만, 사랑과 공감도 작용한다. 화이트헤드가 『관념의 모험』에서 가족이라는 집단의 존재에는 사랑, 의존, 공감, 설득, 강제 같은 것들이 분명이 혼재해 있었고, 인간관계에서 부드러운 양태가 전혀 부재한 시기가 있었다는 것은 결코 있을 수 없다고 한 것도, 순임의 가족이 보여주는 것과 같은 양태와 맥락을 같이 할 것이다.

그러나 근대의 물질적 가치가 일방적으로 가족에 침투하면, 이러한 전통적 가족에 혼재하던 사랑과 공감 곧 가족애가 희박해진다. 분숙이네가 보여주듯이, 물질적 획득을 위해 딸 셋을 줄줄이 방직공장에 보내고, 나머지 가족들은 그 대가로 골답 닷 마지기를 챙기고, 광목 바지저고리와 도포를 걸치는 호사를 누리게 된다. 그러나 그 물질적 '호사'는 가족인 딸들의 '혹사'로 마련된 것이다. 분숙이네 부모는 그것을 받아들일 수 있지만, 순임이네 부모는 그것을 받아들일 수 없었던 것이다. 그 과정이 정상적인 가족과 가족애의 입장에서는 받아들일 수 없는 것이기 때문이다. '딸년 팔아먹는 것 같아서', '그 어린걸 혼자 도둑년 맹글 심보로 거기 놔두고'에서 보듯이, 순임 어머니는 분숙이네의 물질적 획득이 어떻게 이루어진 것인지를 알고 있는 것이다. 딸이 공장에 들어가면 인간 대접을 못 받을 뿐만 아니라, 공장에서 일하고 받는 임금으로는 고향집에 그러한 논과 옷을 마련해 줄 수 없다는 것을 알고 있는 것이다.

이러한 사정은 실제로 확인이 된다. 순임이 어머니의 말을 듣고 순명을 데리고 오려고 강경역으로 갔다가 만난 분숙이 큰언니 분순이가 이를 입증한다. 곳간차 바닥에 널브러져 있는 순명을 데리고 역마당으로 나오다가, 제복에 칼을 찬 순사가 분순이를 끌고 가는 것을 목격한 것이다.

그 와중에도 분순이는 순임과 순명을 발견하고, 자기 동생들이라며 업고 있던 아기를 맡긴다. 끌려가는 분순이를 바라보면서 순임은 어머니의 말을 떠올리고 저간의 사정을 헤아린다. 방직공장에 들어간 처녀들은 고향 마을을 떠나 공장 문간을 지키는 문지기가 된 상진이 아버지와 짜고 광목을 훔쳐낸 것이 일이라고, 아비 없는 자식을 낳아 공장에서 쫓겨난 분순이가 한다는 밥집도 본업은 훔쳐낸 광목을 사고파는 일이었다고, 그럼에도 불구하고 딸자랑을 하는 분숙이네 어머니를 두고 순임이 어머니는 "고게 워디 잘 사는 거냐"고 말했던 것이다.

분숙이네는 골답 다섯 마지기를 사서 마을 사람들의 부러움을 사기도 하고, 분숙이 어머니는 우물가에 앉아 쌀바가지에서 뉘를 가려내다가 째보댁의 질투를 받기도 하며, 분숙이 아버지는 광목 바지저고리에 도포를 걸치고, 일 년에 몇 차례씩 경성 나들이를 하며 처지를 과시하기도 하는데, 이는 결국 딸들의 희생에서 비롯된 것들이다. 마을 사람들은 딸들의 희생을 보는 것이 아니라 그것으로 이루어진 결과만을 보는 것이다. 그래서 부러워하고 질투를 하기도 하는 것이다. 다시 말해 인간적 희생보다 물질적 결과를 더 중시하는 것이다. 그러나 순임이 어머니는 결과를 보는 것이 아니라 딸들의 희생을 본다. 그래서 그 부모를 탓하고 딸들의 장래가 염려되는 것이다. 다시 말해 물질적 취득보다는 딸들의 삶을 더 중시하는 것이다.

"딸년들은 씨릉둥 다 도둑년 맹글고, 그 도둑질헌 거 받어다 살믄서도 쪼쪼허니 턱주가리 들고 다니는 꼴이 증말 사람 말종이 따로 읎당게. 워디 도둑년 맹근 거뿐임감? 큰딸년은 알로 까져서 조강지처 둔 놈 씨받아 새깽이 낳지, 둘쨋년은 실밥 하도 처묵어서 몹쓸병에 걸렸지, 분숙이 고년도 월매나 성허게 살겄어?" 순임이 어머니의 이러한 말은 근대가 추구한 욕망과 물질의 이면을 보여주는 것이다. 근대의 큰틀이 제국의 식민지 수탈이라는 강도짓에 근거하고 있듯이, 그 하부 구조에서는 도둑과 패륜 그리고 질병이 자리잡고 있는 것이다. 이런 부정적인 측면에도 불구하고 제국은 기차와 공장 그리고 그것으로 조달되고 생산된 물질 또는 자본이라는 무서운 힘으로 전통의 인간과 가족 그리고 사회에 침투한다. 그것을 제대로 운영하기 위해서는 칼을 찬 순사 또한 필요하다. 공장에서 광목을 빼내 가는 처녀들을 순사가 잡아가는 데서 보듯이 자본의 금력과 국가의 권력은 늘 의존이나 이용의 관계에 있어 왔다는 것은 그것들의 전개 과정이 보여주었으니까 말이다.

다시 한번 앞의 화이트헤드의 같은 책에 있는 말을 인용하면, 힘의 향유는 생명의 섬세함에 치명적인 것이다. 근대를 대표하는 기차와 공장 그리고 제국은 금력과 권력의 힘으로 생명의 섬세함을 유린한다. 기차가 지나가는 철로변의 잡초들은 기차가 지날 때마다 온몸이 흔들리며 근근히 생명을 지탱하고 있고, 방직공장의 처녀들은 실밥을 너무 먹어 생명이 병들고 있으며, 제국의 수탈에 식민지 백성들의 삶의 피폐해진다. 근대 제국의 물질문명은 식민지의 도시와 시골 그리고 가정에까지 파고들어, 시골의 처녀들을 도시로 실어 나르고, 시골 마을의 사람들과 한 가정의 구성원들을 양분시키고, 마지막으로 한 가정의 구성원을 해체시키기도 한다. 이 작품의 주요 무대가 되는 강경 부근의 마을 처녀들이 기차에 실려 경성방직공장으로 향하는 것이 첫 번째의 경우를 대표한다면, 분숙이네와 순임이네 그리고 순임이네 집에서 순임과 순명이 두 번째의 경우에 해당될 것이며, 분숙이네 부모와 딸들이 세 번째 경우가 될 것이다.

이제 마을과 가족이라는 전통사회의 공동체는 해체될 위기에 처해 있다. 이종영이 『내면성의 형식들』에서 말한 것처럼, 공동체가 붕괴하는 것은 공동체의 구조적 원리와 화폐경제의 구조적 원리가 충돌할 때인 것이다. 가족 구성원을 끈끈하게 이어주는 가족애와 마을 구성원을 면면히 이어주는 인정이나 인륜이 순임이네와 여산댁 등에게 남아 있기는 하지만, 분숙이네와 째보댁 그리고 상진이 아버지 등을 통해 미루어 볼 때, 식민지 수탈로 인한 물질의 결핍과 물질을 향한 욕망으로 고갈될 위기에 처해 있다. 물질의 결핍으로 인한 굶주림의 공포가 강화될수록 이러한 위기는 심화될 것이다. 다시 말해 물질의 결핍으로 인한 물질에 대한 욕망이 지나치면, 사랑이나 인정 그리고 인륜을 넘어 생명을 고갈시키는 수준까지 도달할 수 있다는 것이다. 그렇게 된다면 마을이라는 공동체는 말할 것도 없고, 개인의 존립마저 위태로워질 것이다.

분순이가 순임에게 맡긴 아이를 통해 이를 뒷받침할 수 있다. 순임이 업고 온 분순이의 아이 가슴에도 광목이 감겨져 있었던 것이다. 그 바람에 아이가 쩌죽을 뻔했다는 것이다. 물질에 대한 욕망이 생명을 압살할 수 있다는 것을 여실히 보여주는 장면이 아닐 수 없다. 이와 달리 순임은 아이를 맡아와 살려낸 셈일 뿐만 아니라, 순명을 곳간차에서 빼내 집으로 데리고 온다. 이 십리를 두 번이나 왕복하는 팔십 리 길에 발바닥은 헤지고 다리는 후들거려도, 하늘에서 떨어지는 별똥별을 보고, 둑방의 쇠별꽃으로 순명에게 콩깻묵죽 대신 전을 부쳐 먹일 생각을 한다. 그러면서 "아스라한 둑길 저 끝에 아버지가 새로 산 자전거를 높다랗게 올라타고, 그 바큇살로 아지랑이를 통통 퉁겨내며 돌아올 것만 같은" 생각에 사로잡히기도 하고, "자신이 들 가운데 무리진 쇠별꽃이 되어 순명이 순실이 월자에게 골고루 뜯겨, 순명이 순실이 월자의 나물바구니에 살폿 얹혀지는" 꿈을 꾸기도 한다.

이러한 순임의 생각과 꿈은 제국에 의한 식민지 수탈의 현실에서 가져보는 소박한 생각이나 꿈일 것이다. 그것은 근대의 물질문명이 지닌 무지막지한 힘에 대한 전통의 인간이 지닌 섬세한 생명의 소박한 대응일 것이다. 그러나 그 소박한 대응이 의미 없는 것이 아닌 것은 근대를 극복할 만한 것으로 그 이상이 없기 때문이며, 근대를 극복할 체제 역시 그러한 소박한 생명의 존중을 기초로 한 것일 수밖에 없기 때문일 것이다. 그리고 그것이 가난 또는 물질적 결핍을 욕망으로 극복하려다 사랑과 인륜을 상실하고 파멸에 빠지지 않고, 진정으로 풍요롭게 극복할 수 있는 길이기 때문이다.

입문과 타협의 길
―유재용의 「풍경화 속의 자전거 길」

　기찻길과 자전거 길은 교통로와 교통수단의 관계에서 서로 상대적일 정도로 특이하다. 기차는 철로와 차량의 바퀴 사이가 기계적으로 연결되어 기계적 동력에 의해 추진된다. 자전거는 길과 자전거의 바퀴 사이가 물질적으로 연결되어 신체 근육의 힘으로 앞으로 나아간다. 그래서 기차를 탄 사람은 힘들이지 않고 편안하고 쾌적하게 목적지까지 이동할 수 있는 반면, 자전거를 탄 사람은 목적지에 도달하기 위해 자전거의 페달에 전신의 힘을 쏟아 부어야 한다. 따라서 자전거를 타는 목적이 건강을 위한 것이 아니고 생활을 위한 것이라면, 자전거 길은 고된 길이 될 것이다. 더구나 그 자전거에 짐을 싣고 간다면 그 고달픔은 가중될 것이다.
　유재용의 「풍경화 속의 자전거 길」에서의 자전거 길이 바로 그러한 길이다. '나' '일식'은 중학교 2학년을 끝으로 공식적인 교육의 혜택이 마무리된다. 그것은 단순히 교육의 끝을 의미하지 않는다. 교육의 기간 동안 유예될 수 있는 생활의 전선 속으로 뛰어든다는 것을 의미한다. "세상사를 풍경화처럼 바라보고만 있"다가, "풍경화 속으로 밀어 넣어진" 것이다. 그것은 아버지의 결단에 의한 것이다. 풍경화는 바라볼 때만 풍경화이지 그 속으로 들어가면 더 이상 풍경화가 아닌 것이 된다. 풍경 속에는 생활이 없어 풍경을 담은 풍경화가 될 수 있지만, 그 속에 생활이 담기면 그것은 풍속화가 된다. 따라서 '풍경화 속의 자전거 길'은 '교육으로 생활이 유예된 기간을 누리지 못한 소년이 자전거를 타고 물건을 배달하며 생활하는 풍속화'를 보여주려는 것이다.

가장의 노동은 물질적 차원에서 가족 구성원의 거주와 자식의 교육을 감당해야 한다. '나'의 교육의 혜택이 중학교 2학년까지밖에 미치지 못하는 것은 아버지의 노동이 지닌 한계를 짐작케 한다. 그러나 아버지는 자식에게 자신의 노동의 한계를 인정하는 말을 할 수는 없다. 그러기보다는 교육의 한계를 지적하는 것이 가장으로서의 권위를 세우고 자식에게 이월시키는 자신의 노동의 한계도 은폐시킬 수 있는 길일 것이다. 그래서 아버지는 학교를 그만두게 하는 이유를 대고-"까짓 학교공부를 많이 해봤자 소용없느니라. 뭐니뭐니 해도 일찌감치 돈 버는 기술 배우는 게 제일이야."-그 증거를 들어 주기도 한다-"홍 만도씨는 겨우 국민학교를 나온 사람인데 일찌감치 장사하는 기술을 배워 지금은 커다란 문구도매상의 주인이 되어 가지고 대학 나온 사람들의 인사를 받는 처지"라고 하며.

그래서 아버지는 그 홍만도씨 밑에 들어가 일하면서 돈 버는 기술을 배우라고 '나'를 '만도문구사'로 데리고 간다. 이것이 '나'가 풍경화를 바라보던 처지에서 풍경화 속으로 들어가 풍속화의 일부가 된 사연이다. 그러니까 '나'는 중학교 2학년의 나이에, 풍경화에서 풍속화로, 교육의 장에서 생활의 장으로, 거주에서 노동으로의 강제적 이동이 이루어진 것이다. 그것은 세계의 변환이자 신분의 전환인 셈이다. 이러한 변환과 전환은 공간의 이동만으로 원활하게 또는 자연스럽게 이루어지지는 않는다. 세계는 독자적인 영역의 구분이 있고 경계가 있으며, 그 각각의 영역에는 각기 독특한 메커니즘이 있기 마련이다. 따라서 경계를 넘어 새로운 세계로 들어설 때는 그에 걸맞은 과정을 치러야 한다.

인류학적 차원에서는 이러한 과정을 통과 의례 또는 성년식이라는 개념으로 고찰한 바 있고, 소설에서도 이러한 과정을 원용한 작품을 '이니시에이션 스토리' 또는 '입문소설'로 개념화하여 성찰하고 있다. 인류학적 개념이 소설에 원용되는 것은 소설이라는 장르가 가진 성격에 기인할 것이다. 소설은 잡식성의 장르적 속성에다 실제 삶에 가장 가까운 장르이므로, 그러한 실제 삶을 자신의 영역으로 끌어들여 반영하기에 적합했을 것이다. 소설의 이러한 속성은 역사와의 연관에서도 다르지 않다. 실제의 개인사와 걸맞은, 출생에서 죽음까지를 기록한 '전자류' 소설이 있듯이, 가족사에 맞먹는, 개인사를 넘어선 몇 세대의 삶을 그린 가족사 소설이 있고, 나아가 민족사와 유사한, 민족사의 비유로서의 강물의 이미지에 결부시킨 대하소설이 있는 것이 이를 입증한다.

그러니까 이니시에션 스토리 또는 입문소설이 소설의 한 유형으로 개념화될 수 있는 것은 소설의 장르적 성격상 그다지 놀라운 일이 아니라는 것이다. 다만 흔히 말하는 '성장 소설'과는 그 의미의 차이를 염두에 두어야 할 것 같다. 물론 중첩되는 부분도 있겠지만 두 유형의 소설에는 분명한 차이도 존재한다. 여기서는 명확한 개념을 규정하고 의미의 차이를 밝히는 것이 목적이 아니기 때문에, 그 표면적인 차이만 살피는 것으로 만족해야 할 것 같다. 첫째, 둘은 인물의 연령에 있어서 차이가 난다. 전자가 후자에 비해 유난히 나이가 어리다. 둘째 이들의 삶의 터전도 다분히 차이가 난다. 후자는 성장의 가능성이 토대로써 주어져야 한다. 셋째, 따라서 인물이 세계에서 발견하거나 탐색하는 대상도 차이가 난다. 전자가 주로 악이나 죽음 또는 성과 관련되어 있다면, 후자는 주로 인생의 신비나 원숙한 경지 또는 성숙과 지혜 같은 것이 되기 쉽다. 이러한 어설픈 대비를 굳이 하는 이유는 이 작품이 이른바 성장소설의 범주에 넣어서 살피기보다는 입문소설로 살피는 것이 유효하리라는 것을 말하기 위함이다. 모르테카이 마르쿠스는 「이니시에이션 소설이란 무엇인가?」라는 글에서 성년식 소설 또는 입문소설에 대한 비평가들의 여러 가지 정의를 두 개의 그룹으로 나누어 살피고 있는데, 성년식을 외부 세계에 대한 무지로부터 중대한 인식으로의 통과 과정으로 설명하는 것이 그 하나이고, 이것을 중대한 자기 발견과 거기에서 결과되는 인생이나 사회와의 타협으로 기술하는 것이 또 다른 하나이다. 나누어 살핀 위의 두 가지 경우는, 동일한 대상이지만 어디에 초점을 맞추느냐에 따라 달라진 것일 뿐이다. 전자가 전개 과정을 중시하는 경우라면, 후자는 결과에 초점을 맞춘 경우라 하겠다.

　입문소설의 이러한 개념은 이 작품에도 적용된다. 그러니까 이 작품은 소년의 사회에의 입문을 다룬 소설 곧 입문 소설이다. 입문은 우선 전체 구도에서도 이 작품을 규정하는 개념으로 적용될 수 있다. 풍경화를 바라보던, 풍경화에 대한 무지의 상태에 있던 '나'가 풍경화 속으로 들어감으로써 풍경에 대한 인식으로 나아가고, 그 속에서 자신의 처지와 거기에 통용되는 메커니즘을 발견할 뿐만 아니라, 스스로 거기에 타협해 가고 있는 모습을 그리고 있기 때문이다. 입문은 또한 작품의 한 부분에서도 뚜렷이 나타나고 있는데, '나'가 만도문구사에 들어갔을 때, 문구 배달과 주문 그리고 수금 일을 하며 먼저 와 있던 아이들이 '나'를 맞이하며 의식을 치르는 것이 그것이다. 아이들이 치르는 입문의식은 '나'를 그들의 동료로, 곧 다른 집단에 속해 있던 인물이 자신들의 집단에 소속되었다는 것을 인정하는 의식이다. 그것은 '나'가 문구사에 들어오고 며칠이 흐른 뒤 밤에 이루어지는데, 처음에는 소주와 안주가 마련된 술자리 형태의 조촐한 환영식 수준으로 시작된다. 그 다음에는 '나'를 사장의 스파이로 의심하는 얘기가 나오고, 마침내 그 의심을 풀기 위해서는 자기들에게 우정을 보여줘야 한다며 입단식과 같은 것을 제안한다. '삼식'이가 '나' 일식에게 하는 다음과 같은 말은 입단식 또는 입문식에 내재된 의미를 함축적으로 잘 제시하고 있다. "놀랄 것두 겁낼 것두 없어. 별루 대단한 일이 아니니까. 단지 새루 들어온 아이들이 입단식하듯 한 번씩 치루고 지나가야 할 일일 뿐이야. 먼저 있던 아이들은 새루 들어온 애를 환영해 주구, 새루 들어온 애는 먼저 있던 애들한테 우정을 맹세하구, 그에 따라 먼저 있던 애들이 새루온 애한테 비밀을 털어놓구, 일하는 기술을 가르쳐 주구, 그렇게 해서 서로가 한마음이 돼 보자는 거야."

'비밀'이란 말에는 아이들이 스스로를 비밀결사의 조직원이라도 되는 듯이 여기는 마음가짐이, '일하는 기술'이란 말에는 자기들이 문구사에서 일하면서 그들만의 특별한 기술을 지닌 듯이 생각하는 마음가짐이 담겨 있다. 그리고 '한마음'을 내세우며 자신들은 우정으로 단단하게 뭉쳐진 집단임을 드러내고자 한다. 이 '비밀'과 '일하는 기술' 그리고 '한마음'이 무엇을 뜻하는지, 그것의 확장적 의미는 무엇인지는 이어지는 입문의식의 구체적인 실제 과정에서 드러난다. 아이들은 문구사의 홍만도 사장이 집으로 돌아가면서 잠그고 간 가게 안의 골방에서 밤을 보내는데, '비밀'은 가게 안에서 샤프 펜슬 한 다스 등과 같은 물건을 들키지 않고 빼내는 것을 말하며, '일하는 기술'은 그 빼낸 샤프 펜슬로 사장의 요구와 소매점 주인 사이에서 생기는 간극을 메우는 것을 말한다. 이 일하는 과정의 비밀을 유지하기 위해 '한마음'이 될 수밖에 없다는 것이다.

아이들이 이러한 고육지책을 강구하지 않으면 안 되는 것은, 그렇게라도 하지 않으면 몇 푼 안 되는 자신들의 월급을 날리게 되기 때문이다. 사장은 영업 실적의 유지와 확장을 요구하는데, 소매점 주인들은 물건 값의 할인을 요구한다. 그 틈새에 끼인 아이들은 월급을 다치지 않고 일을 계속하기 위해 그야말로 일하는 기술의 일환으로 고안해낸 것이 가게 안의 물건을 몰래 빼내는 것이다. 즉 사장이 마련해 주지 않는 영업 자금을 가게의 물건으로 충당하는 셈이다. 이러한 상황에서 문구사에 들어온 '나'는 사장으로부터 오는 압력과 이들 아이들의 집단에서 오는 압력 사이에 서 있다. 사장으로부터 오는 압력은 아이들을 감시하는 것이고, 아이들로부터 오는 압력은 그들 집단에 귀속하는 것이다. 사장이 '나'로 하여금 아이들을 감시하게 하는 것은 문구사의 물건이 자꾸 없어져 손실이 생기기 때문이고, 아이들이 '나'를 귀속시키고자 하는 이유는 자신들의 비밀이 탄로날 수 있기 때문이다.

 '나'는 아이들과 공방에서 밤을 지내면서, 자전거를 타고 삼식이를 따라 소매점을 돌면서 문구 도매상과 소매점, 사장과 아이들, 아이들과 소매점 사이에 어떤 관계가 맺어져 있고, 어떤 메커니즘으로 운영이 되며, 어떤 일들이 일어나는가를 알아가게 된다. 이러한 일련의 과정에서 '귀동'이나 '순복'이 같이 사장으로부터 재촉을 받는 아이들도 있고, 경택이처럼 사장한테 받은 월급을 소매점 주인의 물건 값 깎아주는 데 다 찔러넣다가 그만두어 버리는 아이도 있다. 사장의 지시에 따라 '나'가 따라다니며 일하는 법을 배우는 삼식이는 확실한 증거를 남기지 않고 물건을 빼낼 줄도 알고, 소매점 주인들에게 너스레를 늘어놓으며 영업을 할 줄 아는 아이에 속한다. 뿐만 아니라 그러한 능력으로 아이들을 통솔하는 입장에 있다. 사장이 '나'를 삼식이에게 따라붙게 한 것은 영업행위를 배우라는 의미도 있지만, 삼식이에게 혐의를 갖고 있어 그것을 포착하게 하려는 의도가 더 크다.

 사장의 증거 포착 재촉과 삼식의 자기 정당화 논리 사이에서 지내는 동안 '나'는 갈등을 겪는다. 아이들이 시키는 대로 몇 번이나 샤프 펜슬을 빼내면서는 '강요당했을 뿐이야'라고 마음속으로 자기 변명을 한다. 아이들은 자신들의 경험을 통해 그러한 '나'의 속마음을 다 알고 있는 듯, "너만 깨끗한 척하지 말어. 우린 나쁜 짓을 하는 게 아냐. 양심에 꺼리낄 것 하나두 없어. 설혹 우리가 하는 일이 나쁜 일이라구 하더라두 그건

사장이 시켜서 하는 일이나 다름없다. 모든 책임은 사장한테 있다"고 말한다. 사장은 소매상의 요구를 들어주지 말라고 한다. 한번 깎아주면 계속해서 더 많이 깎아주기를 요구할 것이니, 애초부터 깎아주지 말아야 한다는 것이다. 그러나 소매점에서는 깎아줘야만 물건을 놓겠다고 한다. 사장은 그런 소매점에는 물건을 팔지 말라고 한다. 그러면서 주문은 그전 대로 많이 받아오라고 한다.

이러한 일련의 과정에는 방금 본 것과 같은 불합리와 모순이 내재해 있다. 아니 문구 도매상과 소매상 그리고 그 사이에 끼여 있는 아이들을 포함하여 이루어지는 문구류의 영업 행위 자체가 불합리와 모순의 메커니즘으로 운영되는 것이다. 삼식이의 말처럼 "사장님을 위해서 사장님을 속여야" 한다. 나아가 이러한 불합리와 모순은 문구류의 판매와 수금에만 해당하는 것이 아니라, 이를 포함한 모든 영업 행위 자체, 그리고 그것을 포함한 체제 자체가 그러하다는 것을 보여주는 것이다. 다시 말하면 문구 도매상과 소매상 그리고 그 사이를 잇는 아이들의 모습은 영업 행위가 이루어지는 근대 자본주의 사회의 축도로서 제시된 것이다. 작가가 근대 자본주의 사회의 축도로 만도문구사를 묘사했다면, 독자는 마땅히 이를 확대하여 해석하는 것이 바람직할 것이다.

이러한 관점에서 보면, 처음에 아버지가 '나'를 만도문구사에 밀어넣으며 한 말-"까짓 학교공부를 많이 해봤자 소용없느니라. 뭐니뭐니 해도 일찌감치 돈 버는 기술 배우는 게 제일이야."-도 또 다른 의미의 파장을 띠게 된다. 앞에서는 이런 말에 대해, 자식의 지속적인 교육을 감당할 수 없는 무능한 아버지가 자신의 노동의 한계를 은폐시키려는 의도로 파악했지만, 여기에 이르면 이 말은 아버지에 대해서만 이야기하는 것이 아니게 된다. 그 아버지가 몸담고 있는 사회에 대해서도 이야기하는 것이 된다. 아버지가 살았던 시대와 사회가 전통사회였다면, 이제 자식이 살아가야 할 시대와 세상은 이전의 전통사회가 아니라는 것이다. 그것은 곧 근대 사회요, 자본주의 사회라는 것이다.

권명아가 『가족 이야기는 어떻게 만들어지는가』에서 말한 것처럼, 근대는 과거와는 다른 것으로 자기를 규정하는 유일한 시대이다. 아버지는 '돈'을 긍정하기 위해 '학교공부'를 부정한다. 아버지에게 학교공부는 전통적인 것이고, 돈은 근대적인 것이다. 이종영이 『내면성의 형식들』에서 말하듯이, 돈이 전통사회의 공동체로 들어오면 공동체는 붕괴되고, 공동체적 유대감도 사라진다. 화폐경제의 구조적 원리가 통용되면서 화폐의 위치는 격상되고 마침내 신적인 지위 곧 물신의 지위에까지 오르게 된다. 따라서 근대자본주의 사회의 최종 목적은 화폐의 획득이 된다. 신이 전지전능하듯이, 물신인 화폐는 모든 것을 보장해 주기 때문이다. 이러한 사회에서 모든 것은 화폐 획득의 도구가 되고 수단이 된다.

전통 사회의 공동체에서 볼 수 있던 타인에 대한 배려나 타인과의 유대, 내면의 공유나 연민은 사라진다. 근대 자본주의 사회에서는 그 대신 도구화나 무관심, 타협이나 관행 등이 들어선다. 이를 달리 말하면, 자신의 화폐 획득의 관련 여부에 따라, 관련이 있으면 타인을 도구화하고, 관련이 없으면 어떤 일에도 적극적 관심을 기울이지 않는다는 말이다. 그리고 이종영의 말처럼 타협은 협조의 뜻보다는 눈감아 준다는 것, 관행을 받아들인다는 것이고, 관행은 남을 속이는 관행이다. 그 관행은 남들과 내가 모두 받아들이고 있는 것이니 묵인할 수밖에 없는 것이다. 이렇게 되면 남을 속이는 것이 생활양식이나 직업양식이 되고, 거짓이 일상화되며, 또한 그것을 묵인하고 무관심해지는 사회가 만들어진다.

만도문구사 사장은 화폐의 획득을 위해 밤이 되면 아이들을 가게 골방에 감금한다. 돈을 적게 들이면서 종업원을 관리하는 한 방편인 것이다. 아이들은 그 시간에 몇 푼 안 되는 월급을 축내지 않으면서 소매상 주인이 깎은 물건 값에 충당하기 위해 가게의 물건을 훔쳐서 빼내는 일을 도모한다. 배려와 양심이 배제된 사장과 아이들 사이에는 화폐를 매개로 속고 속이는 일이 반복된다. 가게의 사장과 아이들 사이에서 이러한 일은 관행이 된다. 아이들은 양심을 버리고 이러한 일은 받아들이고, 서로 묵계로서 비밀에 붙임으로써 현실과 타협한다. 사장은 더 많은 화폐를 위해, 아이들은 화폐를 뺏기지 않기 위해, 한쪽은 욕망의 더 많은 충족을 위해, 또 다른 한쪽은 생존의 터전을 잃지 않기 위해, 한쪽은 끊임없이 감시하고 다른 한쪽은 줄기차게 속이는 생활을 영위하고 있는 것이다.

　사장은 물건이 없어지는 것을 알고 증거를 잡기 위해 '나'를 스파이로 활용하고자 한다. '나'는 사장과 아이들 사이에서 갈등하다 아이들 편으로 기운다. 사장에게 불려 가면 "아무리 지켜보아도 알 수가 없더라"는 말을 준비하면서 말이다. '나' 또한 아이들과 다름없는 종업원일 뿐이라는 사실을 깨달았기 때문이다. '나'와 함께 했던 삼식이 한 달이 지난 어느 날, 자전거와 못다 배달한 물건과 수금한 돈을 남겨둔 채 도망을 친다. 경택이에 비하면 오래 버틴 셈이다. 그러나 사장의 압박과 감시에 더 이상 버틸 수 없었던 것이다. 그 동안 없어진 물건과 그에 따른 죄과도 모두 삼식이에게 돌아가고, 사장은 앓던 이 빠진 듯 시원해한다. 삼식이 빠진 자리를 '나'가 메우고, '나'의 자리를 대신해 새로 들어온 '방판석'은 '나'가 삼식이를 따라다니듯이, 순복이를 따라다니게 된다.

　근대자본주의 사회에서 살아 있는 것은 사람이 아니다. 살아 있는 것은 물신인 화폐이며, 그것을 떠받드는 자본주의 체계인 것이다. 그러한 체계 속에서 사람은 체계의 도구화된 부속품에 불과하다. 그 부속품이 제대로 역할을 못해 내면 교체하면 된다. 다시 말해 사람이 사람 취급을 못 받는 것은 말할 것도 없고, 도구화된 부속품이라도 될 수 있으려면 자본의 증식에 기여할 수 있어야 한다는 것이다. 그렇지 못하면 곧 폐기 처분

되는 것이 그의 운명인 것이다. 경택이 그러했고, 삼식이 또한 그러한 것이다. 아이들에게 강요당해서가 아니라 스스로 물건을 빼내어 자전거를 타고 배달을 나가면서 '나'도 그러한 체계 속에 입문하여 그 체계 속에 타협해 간다. 그러면서 '나'는 깨달아 가는 것이다. 부속품은 소모품이지만, 체계는 쉽게 소모되지 않는다는 것을. 부속품의 소모로써 자신의 생명을 연장해갈 수 있는 것이 체계라는 것을 말이다.

가족과 친소의 길
― 강금종의 「10里 길은 멀었다」

　가정은 부부나 그 자녀와 같은 구성원과 그 구성원이 거주를 할 수 있는 물질적 바탕 그리고 가족적 친밀감이라는 감정의 요소가 엮여져 영위된다. 이 세 요소가 원만하게 결합되면 가정은 원활하게 굴러가겠지만, 이들 중의 하나라도 결여되면 가정은 삐걱거리며 마찰음을 내게 된다. 특히 마찰음을 내는 가정에서 빈번하게 발견되는 것은 물질적 바탕과 가족적 감정이 착종되는 경우이다. 부부의 건실한 노동의 토대 위에 생성된 가족적 감정은 건전한 거주를 가능하게 하며 친밀감을 강화하지만, 건실한 노동 외의 다른 물질적 바탕이 개입하면 가족적 감정에 틈새와 알력을 만들어 내고, 부부간의 친밀감 형성을 방해하게 된다.
　강금종의 「10里 길은 멀었다」는 노동 이외의 물질적 바탕이 개입되어 가족적 감정에 어떻게 착종되는지, 친밀감 형성에 어떻게 방해 요소로 작용하는지를 보여주고 있다. 평소에는 일상의 분주함에 묻혀 그러한 감정이 잠복되어 있어 잘 드러나지 않는다. 잠복된 감정이 드러나는 계기는 가족적 행사와 같은 경우가 대부분이다. 여기서는 장모의 제사가 그러한 경우에 해당한다. 제사는 공동체인 전통사회에서 중요시되는 행사다. 그러나 전통사회를 해체하고 들어선 이익사회는 그것을 내심으로는 그다지 중요시하지 않는다. 게다가 남성 직계로 이어지며 치러지는 제사에 딸인 아내가 몸살이 나서 못 가게 되면 그뿐이지, 자신을 대신해서 남편을 가게 하는 아내가 이 작품의 중심인물이자 서술자인 '민'은 못마땅하다.

아내가 남편에게 자신을 대신해 제사에 참석하라고 강하게 부탁하고 재촉하는 데는 그만한 이유가 있는 것이다. 참석하기를 내켜하지 않는 남편과 참석하기를 재촉하는 아내 사이의 대화에서 아내가 내뱉는 말, "우리가 큰 탈 없이 이렇게 살아온 것도 우리 부모님 덕분이 아니고 뉘덕이오. 논이랑 밭이랑 집까지 사주셨는데 사위라고 장모님 제사에 참석 못할 게 뭐냔 말야, 뭐뭐!"가 그것이다. 다시 말해 민과 아내의 가정 형성에 필요한 대부분의 물질적 바탕을 마련해 준 것이 처가의 장인/장모인 것이다. 그러한 장인/장모가 살았을 때 받은 물질적 도움을 생각하면, 딸이 아파서 못 가게 된 형편이면 사위가 참석하는 것은 당연하다는 것이 아내의 생각인 것이다.

그러나 민은 아내가 그에게 준 우산과 고깃덩어리를 든 채 등 떠밀려 집을 나서며, "장모 제삿날에 사위가 무슨 상관야, 사위가!" 하고 재촉하는 아내에게 퉁명스럽게 내뱉는다. 그러면서 읍내의 집에서 처가에 이르는 '10리 길'은 아주 먼 길이 된다. 그 길은 성인의 정상적인 도보로 넉넉하게 1시간이면 갈 수 있는 길이다. 그러나 민에게 그 길은 단순한 지리적 거리가 아닌 것이다. 그것은 심리적 거리인 동시에 감정적인 거리인 것이다. 그래서 출발한 지 몇 시간이 지나서도 민은 처가에 도달하지 못하고 아직 길 위에 있다. 이는 앞에서 이미 말한 것처럼 가족적 감정에 물질이 개입함으로써 생긴 결과이다. 다시 말해 10리의 길이 먼 길이 된 연유에는 민과 아내 사이의 가정의 역사 곧 물질적, 감정적 역사가 깔려 있는 셈이다.

제사가 남성 위주의 공동체 행사이듯이, 재산의 상속이나 배분 역시 남성 또는 직계 남성 위주로 이루어져 왔다. 그런데 민의 아내는 여성이면서 부모의 재산을 분배 받아 가계에 큰 보탬이 되었다. 민은 논과 밭 그리고 집까지 아내 덕분에 마련할 수 있었다. 그러한 가정의 물질적 바탕에 남편인 민은 아무런 역할을 한 바가 없다. 그것은 남성과 가장으로서 자존심이 상하는 문제일 수 있다. 그러나 민이 처가의 도움을 거절하지 않은 것으로 보아, 경제적 능력이나 남자로서의 자존심이 그다지 대단한 것도 아닌 것 또한 분명하다. 게다가 민은 채무 보증을 잘 못 서는 바람에 그 논과 밭을 헐값에 날려버린 못난 남편이 되어 있는 것이다.

이처럼 아내의 친정 어머니 제사 불참과 이를 대신한 사위의 장모 제사의 참석에 따른 설왕설래와, 사위의 제사 참석에 이르는 길에는 평소 부부 사이에 잠복한 가족적 감정 또는 부부 사이에 내재한 친밀감의 정도가 드러나는 도정이 된다. 그리고 그것에 얽혀 있는 요소가 무엇인지도 드러나는 노정이 된다. 임동헌이 『길에서 시와 소설을 만나다』에서 말한 것처럼, 어떤 길 위에 있느냐에 따라 생각의 무늬와 깊이가 달라진다. 앞에서 본 것처럼, 가정을 꾸리는 과정에서 처가에 신세를 졌을 뿐만 아니라, 신세진 물질적 바탕마저 자신의 잘못으로 유지하지 못하고 헐값에 날린 민으로서는 처가에 출입하는 것 자체가 꺼려지는 일일 것이다. 그러한 감정은 처가에 도달하는 시간의 지체로 나타나는 것이다.

남자로서의 자존심과 가장으로서의 책임감 모두에 손상이 가는 일을 스스로 자행한 것이다. 그래서 처가에 이르는 길은 어떤 경우에도 피하고 싶은 길일 것이다. 그래서 아내의 재촉에 '장모 제사에 사위가 무슨 상관이냐'고 퉁명하게 대응하다가, 아내로부터 '논과 밭과 집을 사준 장모' 소리를 듣고 집을 나선 것이다. 집을 나서서도 곧바로 버스를 타지 못한다. 마지막 버스 시간이 일곱시인 줄 '알았는데' 여섯시 '였던' 것이다. 그래서 버스를 놓치게 된다. 버스의 마지막 시간 여섯시를 일곱시로 알았다고 스스로 생각하지만, 그 생각의 이면에는 버스 시간이 아니라, 처가에 대한 감정이 깔려 있었을 것이다. 제때에 도달하고 싶지 않은 감정 말이다.

이는 그 다음의 그의 생각과 행동에서 짐작할 수 있는 것이다. "기왕에 버스를 놓쳤으니 10리 길 걸어가면 어떨까" 하는 심산에서, '그냥 걸어갈까', '술을 마시다 갈까' 망설이다가 5년 만에 중학교 동창을 만난다. 그냥 걸어가지 않고 술을 마시다 갈까를 망설인 것 자체가 처가에 일찍 도달하고 싶지 않은 심정의 표현인데다, 동창의 만남은 술을 마시다 갈 것을 결정하는 데 '우정'이라는 명분을 제공해 준다. 술잔이 오가며 이루어지는 수작에서 민이 사적인 영역에서 곧 아내와의 관계로 이루어지는 가정에서 그렇듯이, 사회적 영역 또는 공적 영역 곧 교직생활에서도 그다지 바람직한 모습이 아님을 스스로 드러낸다.

술잔을 나누며, 술김에 하는 말이라고는 하지만, 교직생활에 대해 '진저리가 난다', '보람이 다 뭔가'라고 말하는 것이나, 스스로를 '분가루를 먹고 사는 사나이'라고 규정하는 것이나, '귀하신 선생님'이라는 동창의 표현에 자조의 웃음을 띠는 것이나, 어느 것 하나 교직이나 그것에 종사하는 교사로서의 자신에 대해 긍정적으로 표현하는 경우가 없다. 다시 말해 사적 영역에서 그러하듯이, 사회적 영역이나 공적 영역에서도 자기 긍정의 모습이 보이지 않는 것이다. 착각한 마지막 버스 시간 일곱시에서 만난 친구와 술잔을 나누고 일어섰을 때가 아홉시를 넘겼으니, 1시간만에 갈 수 있는 길을 2시간을 소비하고도 출발조차 않은 것이다. 술과 우정은 제사 참석이라는 의무감을 망각하기에 좋은 계기가 아닐 수 없었던 것이다.

2시간을 읍내에서 술을 마시며 보내고 읍내를 빠져나가는 민의 머릿속은 처가의 제사에 참석하러 가는 길이라는 생각보다는 처가와의 관계와 거기서 형성된 감정이 차지하고 있다. 몸살로 친정어머니의 제사에 참석을 못하고 자신을 대신해 남편을 보내며 몰아치는 아내의 처가 '공덕론'에는, 경제적으로 무능하여 그것을 헐값에 날린 민에 대한 멸시의 의식이 깔려 있다는 것을 민이 모르지는 않는다. 그러나 그러한 아내의 멸시가 전혀 근거 없는 것이 아닐진대 민은 그것을 수용할 수밖에 없다. 가정이 물질적 바탕에 근거하여 존립하는 한에서 아내는 처가 공덕론을 늘 들먹일 것이고, 아내가 그것을 들먹이는 만큼 남편은 자존심에 상처를 입을 것이다.

그러나 가정은 물질적 바탕으로만 영위되는 것은 아니다. 물질적 바탕이 필요하기는 하지만 그것이 가정의 충분한 조건이 되지는 못한다. 보다 더 중요한 것은 부부의 친밀감이라는 감정적 바탕이다. 앤소니 기든스가 『현대사회의 성, 사랑, 에러티시즘』에서 말한 것처럼, 이러한 친밀감은 부부가 서로 평등한 맥락에서 생성되며 소통되는 것이다. 아내의 공덕론에서 보는 것처럼 어느 한편의 물질적 시혜가 감정적 시혜로 전화되어 평등의 맥락이 무너지면, 그 물질적 시혜는 평등한 감정의 형성 곧 친밀감 형성에 오히려 방해가 되는 것이다. 뿐만 아니라 이러한 부부에게 그러한 물질적 시혜의 상실은 더욱 친밀감 형성을 방해하는 사건이 될 것임은 말할 필요도 없을 것이다.

이처럼 아내가 친정으로부터의 물질적 수혜로 인한 편안한 삶을 내세우고, 그것의 상실을 초래한 남편을 무능력자로 몰고, 남편은 그로 인한 자존심의 상처를 고스란히 수용하며 살 수밖에 없는 처지에서, 부부간의 친밀감이나 내밀함이 더 이상 진척되기를 기대하기는 어려울 것이다. 오히려 그러한 사정이 거듭 확인될수록 그들의 관계는 소원해질 수밖에 없을 것이다. 그러한 부부의 소원함이 친정 또는 처가의 제사를 계기로 드러나고 있는 것이다. 부부의 관계의 친밀감 형성에 물질적 시혜 또는 수혜가 방해가 되었듯이, 그러한 가정에서 이루어지는 행사에 참석하는 길에도 방해가 많은 것은 당연한 것이다.

 그 길의 진척에 방해 요소로 등장하는 인물이나 사건은 실은 그 길을 걸어서 처가에 도달하고 싶지 않은 민의 주관적 심정의 객관적 상관물에 지나지 않는 것이다. 읍에서 중학교 동창과 두 시간을 소비하고 출발하여 시골길에 들어선 민은 플래시를 들고 자기 쪽으로 마주 오는 인물과 마주치는데, 민과 2년간 이웃하고 살았던 '이상수'다. 그런 이웃사촌을 2년만에 그것도 밤길에서 만난 것이니 그냥 지나칠 수는 없는 것이다. 게다가 이상수가 먼저 한잔을 제의해 왔으니, 마다할 이유가 없다. 벌써 열시가 되었지만, 기왕에 늦었으니 더 늦으면 어떠랴 하는 태평이 뒤를 받친다. 시간이 늦어서 안 판다는 술을 사정해서까지 마시며 처가사를 안주 삼기도 한다. 술 한 되를 30여분 걸려 마시고 헤어진다.

 무더위와 술로 온몸은 땀에 절고 지쳐 걸음이 잘 나가지 않고, 고기뭉치에서 풍기는 냄새로 분통이 치올라, 팽개치고 빈손으로 가거나, 집으로 돌아가고 싶은 충동이 일지만, 아내와 장모를 생각하면 그럴 수도 없다. 그러면서 생각은 자연스레 장모라는 여인의 삶에 미친다. 자신의 삶이 그렇듯이, 장모의 삶도 행복한 것이 아니었다는 생각을 하게 된다. 장모의 삶은 한 마디로 가부장제 사회에서 여인이 겪는 삶, 그것도 아들 없는 여인이 감당해야 하는 삶이다. 남편은 아들 없음을 핑계 삼아 외도와 술로 소일하고, 그로 인해 땅문서가 줄어드는 것에 지쳐, 장모는 소실 들일 것을 제안한다. 나이 60인 남편은 둘째딸보다 더 어린 30대 젊은 여인을 맞아들여 금실 좋은 신혼부부처럼 살아간다. 반면에 장모는 나날을 눈시울 적시는 신세가 된다.

 촘스키가 『사상의 향연』에서, 기존의 제도적 형식이 인간적 욕구들을 충족시키는 정도가 한 사회가 성취한 문명의 수준을 가늠하는 하나의 척도라고 했듯이, 가부장제는 가부장의 욕구와 욕망을 충족시키는 정도로 보았을 때, 그 수준은 가히 비인간적이라고 할 수 있다. 가부장제의 요건 중 하나인 아들을 생산하지 못한 책임을 여자에게 지우고, 남자는 여자의 고통을 전혀 고려하지 않은 채 자신의 욕구를 충족시킨다. 외도와 술이 그러하고 소실을 들이는 것이 또한 그러하다. 정작 아내가 할 수 있는 일은 밖에서 이루어지는 외도를 안으로 끌어들이는, 남편의 외도를 제도적으로 인정해 주는 길밖에 없다. 남편의 행위는 아내의 입장에서 보아서는 야만성과 잔인성의 발로이지만, 가부장제라는 제도 안에서는 합법적인 것이다. 이는 가부장제가 무엇을 토대로 이루어진 것인가를 보여주는 셈이다.

남편은 가부장제 안에서 아들을 핑계 삼아 향락적인 삶을 산 것이다. 술과 성은 남자의 향락을 대표하는 것이니까 말이다. 아도르노가 『계몽의 변증법』에서 말하듯이, 향락 속에서 인간은 사유로부터 면제되고 문명으로부터 탈출한다. 그리고 즐긴다는 것이 의미하는 것은 항상 무엇인가에 대해 더 이상 생각하지 않는 것, 고통을 목격할 때조차 고통을 잊어버리는 것이다. 남편의 향락적 삶 속에 아내에 대한 배려나 인간적 품위에 대한 생각은 들어있지 않은 것이다. 향락적 삶은 향락의 대상만을 향해 있지, 그 주위에 있는 것은 사유의 사정권 안에 들어오지 않는 것이다. 가장 가까운 가족인 아내도, 그러한 아내의 고통도 향락의 사정권을 벗어나 있는 것이다. 이것이 가부장제가 안고 있는 잔인성이고 야만성일 것이며, 민의 장인이 장모에게 행한 것이고, 물질적 풍요에도 불구하고 장모의 삶이 불행한 이유일 것이다.

소실이 아들을 낳자 집안은 이틀이나 잔치를 베풀어 경사를 자축하고, 소실은 아랫목을 차지한다. 뒤이어 아들 둘을 더 낳자 소실은 조강지처 기세가 되어 안방에서 보약에 희희낙락 세월 가는 줄 모르고, 본처인 장모는 농사일로 새벽에 들판에 나가 밤늦게야 돌아오는 처지가 된다.

장인과 장모의 소원한 관계는 딸자식의 친정과의 소원 관계를 만들어낸다. 장모는 소원해진 부부 관계를 딸네집을 방문하는 것으로 달래려 한다. 장모는 일정한 직업 없이 가난에 쪼달리는 막내인 민의 아내에게 특별한 애착을 느끼고 후한 선심을 쓴다. 그래서 논과 밭에 작은 집까지 안겨준 것이다. 그런 논과 밭을 십 년이 못가 보증을 잘못 서 헐값에 날렸으니, 장모의 분노는 극에 달하고, 장모와 사위는 은혜의 관계에서 원한의 관계로 바뀐 것이다.

6·25를 거치며, 대농 지주로 가난한 이웃에 인심을 잃은 장모는 악덕 지주로 참변을 당하고, 술 인심 좋았던 장인은 살아남았지만, 몇 년 후 시름시름 앓다 죽음으로써 장인과 장모는 부부로서의 소원한 말년을 보내고 한 세대를 마감한다. 장모는 세상을 떠남으로써 자신의 삶을 마감했지만, 장모와 사위 사이의 감정이 마감된 것은 아니다. 그래서 처가로 가는 길에서 환상 속에서 장인을 만난다. 환상은 출현하기에 알맞은 장소가 있다. 8·15 해방 전에 처녀가 목을 매어 죽었다는 늙은 소나무 앞이 바로 그러한 장소다. 처음에는 그 처녀의 손길과 울부짖음이 그의 넋을 빼놓는다. 그 뒤를 이어 딸을 고생시키고 재산을 날린 사위를 나무라는 장모의 목소리가 들려오고, 귀신의 형상으로 모습을 드러내며 술을 먹고 자신을 찾아오는 무례함을, '빨갱이'에게 참변을 당한 자신의 원한을 풀어주지 못하고 죄 없는 자식까지 고생시키는 무능함을 꾸짖는다.

얼마 뒤 얼굴에 땀이 빗물처럼 흘러내리고, 온몸이 땀투성이가 되어 정신을 차렸을 때, 민은 그것이 환상이었음을 깨닫는다. 레이몽 콩페르가 『환상문학의 거장들』에서 이야기했듯이, 환상은 사물들의 숨겨진 양상을 끄집어 내는 역할을 한다. 민이 늙은 소나무 앞에서 듣고 본 환상은 민이 평소에 품고 있던 자책감의 드러남이다. 이는 아내의 처가 공덕론에 근거한 공격을 말없이 수용한 것의 이면인 셈이다. 이러한 자책감은 장모의 환상에 따른 혼남으로 끝나지 않는다. 그가 환상에 놀라 고갯길을 허둥지둥 내려가다 만난 방법대원을 사칭한 건달들에게 검문을 당한 것이 그것이다. 그 검문은 인간적 수치심을 자극하는 질문들로 이어져 있는 것이었다. 검문에서 풀려났을 때, '오장육부가 지글지글 들끓었다', '울화통이 터져', '치가 떨렸다'는 표현이 이를 입증한다.

장모의 환상이나 방법대원을 사칭한 건달들의 검문은 앞에서 처가로 가는 길을 스스로 지연시킨 것에 대한 반작용으로 읽을 수 있다. 술을 마시면서 즐긴 전반부와 장모의 환상에 땀을 흘리고 건달들에게 곤욕을 치른 후반부가 대비된다는 것이다. 그것은 또한 장모에게서 받은 물질적 시혜를 상실하고도 제사에 늦게 도달하려고 한 자신의 행위에 자책감 또는 죄책감의 표현이자, 그러한 자신에 대한 응징이며, 그것에 대한 죄값을 치르는 과정이라고도 할 수 있을 것이다. 따라서 그러한 과정은 지금까지 잠복되어 유지되어온 장모와 사위 사이의 은원관계가 해소되는 과정이라고도 할 수 있을 것이다.

그래서 마침내 처가의 대문 앞에 이르렀을 때, 한때 소실이었던 장모가 뜻밖의 사위의 등장을 반기자, 마치 옛 장모에게 그러하듯이, "늦어서 죄송합니다, 장모님!"이라는 말이 선뜻 튀어나오게 된다. 그리고 처남들과 화기애애한 가운데 술잔을 올리고, 민은 제사상 앞에서 장모의 가족적 삶을 떠올리며 속죄의 울음을 터뜨린다. 그리고 그러한 장모의 삶을 현재 장모의 삶과 대비시켜 보기도 한다. 그러면서 앞으로 이어질 처가의 가족들을 책임질 큰처남에게 한 마디 당부의 말도 잊지 않는다. 홀어머니 잘 모시고 동생들 잘 돌보라고. 이는 또한 가족적 삶을 잘 꾸려오지 못한 자신에게 하는 말이면서, 그 동안 얽혀 있던 가족적 갈등이 해소됨을 보여주는 말이기도 할 것이다. 그리고 '먼 10리 길'을 힘들게 걸어온 민의 종착점이기도 할 것이다.

유대와 해체의 길
— 이용원의 「사막으로 난 길」

   길은 세상으로 난 혈맥과 같다. 사람들은 신체나 운송 수단에 의존하여 길을 통해 세상과 교류한다. 그러나 이 둘은 세상과 교류함에서 차이를 지닌다. 신체를 이용한 도보는 세상과의 교류가 직접적이고 전면적인데 비해, 운송 수단을 통한 교류는 간접적이고 일면적이다. 어떻게 보면 자동차나 기차를 통해서는 세상과 거의 만날 수 없다고 보아도 좋을 정도로 교류는 미미하다. 몸을 운송 수단 안에 둔 채 차창을 통해 세상을 내다보는 것은, 세상과의 교류라고 볼 수 없을 정도로 일면적인 시각에 의존할 뿐만 아니라, 몸은 세상과 접촉하지 않는 것이기 때문이다. 레베카 솔닛이 『걷기의 역사』에서 한 말, 곧 우리가 운전을 하기 때문에 세계는 결코 도달할 수 없는 곳이 되었다고 한 것은, 운송 수단에 의존한 공간 이동이 세상과의 교류에서 어떠한 한계를 지니는지를 분명히 한 것이다. 이에 비해 다비드 르 브르통이 『걷기의 역사』에서 한 말, 곧 걷기는 세계 속으로 빠져들어가는 방법론으로서, 걷는다는 것은 세계를 온전하게 경험하는 것이라고 한 것은, 신체를 이용한 도보가 직접적이고 전면적인 세상과의 접촉과 교류가 될 수 있음을 표명한 것이다.

   이용원의 『사막으로 난 길』은 도시에서의 걷기가 만날 수 있는 세상의 한 모습을 사막에 비유하여 묘사하고 있는데, 그가 보여준 사막은 도시의 한 풍경일 뿐만 아니라, 그러한 풍경에서 살아가는 인간의 내면 풍경이다. 외적인 풍경이 내면의 풍경이 될 수 있는 것은 앞의 책에서 브르통이 말한 것처럼, 인간이 거쳐 온 공간이 내면 공간으로 변하기 때문이다. 일상의 인간은 빠른 속도로 진행되는 도시 생활에 쫓겨 걷기보다는 운송 수단을 타고 이동하는 생활에 익숙해져 있다. 걷는 경우는 운송 수단이 없는 사람들이 대중교통을 이용하기 위해 집과 정류장 사이를 오가는 경우에 한정된다. 운동 부족을 해소하기 위해 걷는 경우에도 일정한 장소를 맴돌거나, 길을 기계 장치로 환원시킨 워킹 머신 위에서 제자리걸음을 하는 것에 머문다. 이처럼 바쁜 도시생활에서 산책자 또는 만보객이 되어 도시의 구석구석을 온몸으로 접촉하며 만난다는 것은 극히 드문 일이다. 이 작품의 '나'는 우연히 그런 기회를 가지게 되고, 이는 곧 자신과 자신의 삶을 성찰할 수 있는 기회로 발전한다.

'나'가 거주하는 집에서 노동하는 직장 사이를 오가며 걷는 길을 벗어나 다른 길로 접어들게 된 것은, 자신의 생애에서 자기의 곁을 세 번 스쳐간 여자, '신혜경'을 만나면서부터다. 그녀는 초등학교 사학년 때 처음 알게 된 뒤, 중학교 이학년 때는 『어린 왕자』의 첫장에 '마음속의 신혜경'에게 라는 문구를 적어 건네고, 군대 제대 후 복학한 그해 겨울에 현재의 아내와 도봉산을 오르다 남자와 팔짱 끼고 하산하던 모습을 보인, 처음으로 이성을 느끼게 했던 여자다. 그러한 그녀가 '나'에게 '하얀 얼굴'로 기억되는 것은 그녀가 세상의 혼탁함과 거리가 먼 존재로 각인되었다는 의미일 것이다. 그 뒤로 만나지 못했던 그녀가 '서른 다섯'이 되어 '나'의 곁을 스쳐간다. '영등포 신세계백화점' 부근에서 마주치는 그녀를 보고 '나'는 대뜸 알아보지만, 그녀는 '나'를 알아보는 표정이 아니다. 뿐만 아니라 초등학교 동창생이라는 암시를 주고 '나'의 이름을 밝히자 겨우 알아보는 듯하지만, 어딜 가는 중이라며 '적당한' 웃음을 짓고는 비껴 가버린다.

그녀에게는 심상한 조우에 불과한 것이지만, 그녀를 '첫사랑'으로 간직한 '나'에게는 이러한 스침이 심각한 것일 수도 있다. 그래서 그녀가 '나'를 비껴 완전히 시야에서 사라진 뒤에도 '나'는 가던 길을 가지 못하고 한동안 '멍하니' 제자리에 서 있었고, 자꾸 '뒷덜미를 잡아끄는 기분'을 고스란히 지닌 채 집으로 돌아와서는, 묵직한 '돌덩이 같은 게 가슴을 누르는 듯한 기분'을 털어버릴 셈으로 냉장고의 캔맥주를 마신다. 그러나 그러한 기분은 쉽게 진정되지 않는다. 오히려 그녀로 인해 촉발된 자신의 처지를 생각하며 더욱 심한 감정의 소용돌이 속으로 빠져든다. 우선 '나'는 병으로 충주호 부근의 친정으로 요양을 가 있는 아내를 두고 있는 처지이므로, 신혜경에 대해 다른 감정을 품어서는 안 된다. 아무리 그렇다고 하더라도 그녀에게 '연락처' 하나 받아두지 못한 스스로에게 화가 나고, 십 수 년 지난 '해묵은 감정'이 되살아나는 것에 놀라고, 그 감정으로 인해 난도질당한 듯한 '신산한 기분'에 혼란스러워진다. 이러한 '해망한 감정'은 '냉장고의 맥주'와 쇼핑백에 들어 있던 '일 주일분의 캔'까지 동나게 만든다.

  이러한 과음의 후유증은 '사막을 걷는 꿈'으로 나타난다. "걸어도 걸어도 눈앞에 보이는 거라곤 거대한 사구뿐"인 사막 위를 '나'는 "비틀거리며 한발 한발 힘겹게 걸어가고 있었는데, 내 몸의 백만분의 일도 안 되는 사막의 작은 알갱이들이 필사적으로 나를 잡아당기는" 꿈이다. 꿈에서 깨어났을 때, 꿈속의 사막에서 그러했듯이, '나'는 심한 갈증이 몰려와 머리맡의 주전자를 통째로 들고 물을 마신다. 그리고 꿈을 떠올리며, "어디로 가는 길이었는지, 왜 하필 그 길을 택했는지, 무엇을 하려고 했었는지"를 자문해 보지만, 아무런 기억의 실마리도 찾아내지 못한다. 꿈의 단서로 기껏 찾아낸 것이 '갈증'이다. 이는 꿈의 단서를 심리적인 것에서가 아니라 생리적이고 물리적인 것에서 찾은 것인데, 꿈의 진실에서 한참 먼 것이다. 꿈의 진실이 드러나기 위해서는 우선 꿈을 꾼 당사자인 '나'의 처지가 밝혀져야 한다. 그리고 신혜경을 만나고 난 뒤 꾼 꿈이기에 신혜경이 처한 현실도 감안이 되어야 한다. '나'의 처지는 '나' 스스로 알 수 있는 것이지만, 신혜경의 경우는 그렇지 않다. '나'가 알고 있는 신혜경은 과거의 그녀일 뿐이다. 그래서 그녀의 현재를 알 수 있는, 스쳐 지나가는 것이 아닌 또 다른 만남이 필요하다.

'나'는 아내와의 거주를 정상적으로 영위하고 있지 못하다. 아내는 선천적으로 심장이 약한 데다 '나'와 결혼한 이듬해 결핵 진단을 받고 전염을 염려해 각방 사용을 제의한다. 그리고 아내의 태반에서 두 달을 자란 아이도 지워야 하는 상황이 되어 결혼 생활이 파국에 이를 즈음 아내는 친정 행을 결행한다. 그렇게 아내는 떠나고 '나'는 서울에 남는 생활이 이어져 온 것이다. 이러한 '나'의 거주는 우선 가족 구성원의 결여로 특정 지어진다. 부부 중의 하나와 자녀가 결여되어 있고, 그에 따른 가족애를 나눌 대상이 곁에 없는 셈이다. 그리고 이들에게는 거주의 부부에게 필수적이라 할 수 있는 섹슈얼리티와 에로티시즘이 결여되어 있다. 이는 곧 '신체적'이고 '감정적'인 교류 곧 부부애나 사랑이 결핍되어 있다는 뜻이다. '나'가 신혜경을 만났을 때, 예전의 그녀와의 관계가 교감되는 사랑의 감정과는 무관한 것이었다고 떠올리며, 스스로를 아내가 있는 남자임을 내세우는 것은 '의식적'인 차원일 뿐이다. 이는 오히려 자신에게 결여된 섹슈얼리티나 에로티시즘을 자인하는 것에 지나지 않는다.

신혜경과의 또 다른 만남 역시 첫 번째의 경우와 마찬가지로 우연히 이루어진다. 이는 물론 그들이 가까운 공간에서 생활하는 바람에 이루어진 우연이다. 둘은 '안양천'과 그것을 가로지르는 '오목교'를 가운데 두고 서로 반대 방향에 거주의 공간을 가지고 있었던 것이다. '나'는 퇴근길 버스 정류장에 내려 집으로 향하다 그녀의 뒷모습을 보고, '나'의 집 쪽으로 가지 않고 그녀를 뒤따라 간 것이다. 그녀가 향한 동네는 "근대화에 박차를 가하던 1970년대에도 특별시의 변두리"로서 루핑으로 지붕을 덮은 "판잣집이 숨가쁘게 다닥다닥 붙어 있던 동네"다. 그러니까 이곳은 도시와 문명이 비껴간 곳으로, 도시와 문명에 비하면 '황야' 또는 '황무지'에 가까운 곳이다. 그리고 황야나 황무지는 앞에서 '나'가 꾼 꿈에 등장한 '사막'에서 그리 멀리 떨어져 있지 않은 이미지임을 말하고 있는 셈이다. '나'를 앞서 가던 신혜경은 그러한 동네의 골목으로 들어가며 '나'의 시야에서 사라져 버린다. 마치 처음 만났을 때 '나'를 비껴가며 '나'의 시야에서 사라졌듯이 말이다.

처음 만남에서 그녀가 시야에서 사라졌을 때 '나'는 급작스러움에서 멍하니 서 있었지만, 이번에는 그럴 수가 없다. 그녀가 사라진 골목을 겨냥하여 찾아들어 간다. 그녀가 사라진 곳은 "은밀하게 위장한 동굴의 입구처럼 음험한 골목"이다. 그 골목은 방금 지나온 거리보다 "훨씬 어두웠"고, "집과 집의 구분이 없이 어깨를 밀착하고 있는, 그래서 서로를 의지함으로써 힘겹게 중심을 잃지 않고 서 있는 것 같은 판잣집들이 길게 이어져" 있다. 그리고 그 판잣집들은 "한결같은 모양의 알루미늄 문짝들, 원래 유리가 끼어 있어야 할 자리에 비닐이나 판자로 적당히 땜방을 한 출입문과 창문들, 위험하게 방치된 채 문 옆에 하나씩 버티고 서 있는 가스통들, 짝 틀린 슬리퍼, 요강, 이빨 빠진 쓰레받기, 깨진 항아리, 그리고 퀴퀴한 냄새"로 이루어져 있다. 이는 앞에서 말한 도시와 문명에서 소외된 풍경이며, 그 풍경은 도시와 문명의 잔해들로 구성되어 있다. 이러한 잔해들로 구성된 집과 골목은 임동헌이 『길에서 시와 소설을 만나다』에서 말한 것처럼, 이곳에 사는 사람들의 삶의 지형도이자 삶의 비애가 들어서 있는 자리다.

그것을 제대로 감지하려면 이곳의 주민인 신혜경을 만나야 한다. 그러나 '나'는 아직 골목으로 들어간 그녀를 만나지 못하고 있다. 골목으로 들어갈수록 오히려 그녀는 간 곳이 없고, 골목 속에 갇힌 꼴이 된다. "골목은 대여섯 걸음마다 하나꼴로 곁가지를 쳐" 있어, "마치 미로 속에 들어온 기분"이 된다. 미로는 레베카 솔닛이 앞의 책에서 말하듯이, 길 찾기의 복잡성과 어려움을 표상한다. 그래서 '나'는 그녀를 찾기보다 골목을 빠져나갈 일을 걱정하게 된다. 그러면서 "이곳에서의 길 찾기란 꼭 사막에서의 그것과 흡사하다"고 생각하게 된다. 이는 앞의 꿈속에서의 사막을 현실에서의 판잣집 동네와 연결시키려는 의도로 읽을 수 있다. 이를 경험의 전후 관계와 무관한 이미지 상의 문제로 보아도 되겠고, 전후 관계를 고려한다면 앞의 꿈이 뒤의 현실을 예견한 것으로 보아도 무방할 것이다. 그러나 이러한 사막과 판잣집 동네의 연결도 이 작품에서 말하고자 하는 본질에는 아직 미치지 못한 것이다.

 몇 번의 시행착오를 거치며 한참을 헤맨 끝에, "어둠 속에 싸인 채 나를 쏘아보고 있는" 사람의 기척을 감지하고, 곧 이어 둘은 서로를 확인한다. 그녀는 "전혀 뜻밖이라는 표정"을 짓고, '나'는 따라온 연유를 이야기한다. 뜻밖이라는 그녀의 표정은 세 번째인 다음 만남에서 밝혀질 그녀의 직업과 관련된 것이고, '나'가 밝힌 연유 곧 "버스 정류장에서 뒷모습이 혜경씨 같아서"는 미행에 핑계를 대기 위해 얼떨결에 한 말이다. 신혜경은 '나'의 기대와는 달리, 처음 만남에서와 마찬가지로 냉담하게 '늦었으니 돌아가라'고 말한다. '나'는 그러한 냉담함에 자신의 뒤를 미행했다는 사실에 대한 노여움이 들어 있다고 판단한다. 그런데도 '나'는 몇 걸음 걷다 돌아서서는 "여기 어디 사느냐"는 공연한 질문을 던져 대답도 듣지 못한 채, 그녀의 자존심만 건드리고 후회하는 마음으로 발걸음 옮긴다. 거리의 상가에 다다라 바라본 철제 셔터가 '나'에게는 마치 방금 빠져나온 골목의 수많은 판잣집들, 특히 신혜경의 견고한 마음의 철제 셔터로

다가온다. 다시 말해 골목의 판잣집과 신혜경은 그 공간과 그 공간에서 거주하는 자들 밖의 대상에 대해서는 경계를 풀지 않는 것이다.

 이는 도시와 문명이 소외시킨 곳과 사람들이 소외의 세력에 대응하는 모습이다. 소외는 소외되는 자에게 압력으로 작용한다. 소외되는 자는 소외시키는 세력에 대해 유대나 화해를 철회함으로써 스스로를 분리하고 차별화함으로써 개별화한다. 이는 아도르노가 『부정 변증법』에서, 개별성은 압력의 산물이기도 하지만 그 압력에 저항하는 힘의 중심이기도 하다는 말과 일맥상통할 것이다. 이러한 판잣집과 신혜경의 '견고한 철제 셔터'와 같은 냉담함에 부딪힌 '나'는 그녀가 그 "미로 속의 어딘가에 살고 있을 것"이라고 확신하지만, 다시 자발적으로 그곳을 찾지는 않는다. 그러나 신혜경 쪽에서 '나'와의 만남을 원해 세 번째 만남이 이루어진다. 야근을 마치고 택시를 기다리다 노선버스가 먼저 오는 바람에, '나'가 내리는 정거장 부근의 육교 밑에 서 있는 그녀를 발견한 것이다. 게다가 그녀는 '나'를 기다리고 있었다고 말한다.

 술에 취한 그녀를 부축하던 '나'는 전해지는 그녀의 몸의 감촉에 놀란다. "수수깡 같은 어깨, 곧 부서질 것처럼 건조하게 느껴지던 촉감, 얼굴과는 판이하게, 마치 두 개의 몸을 지닌 사람처럼 그녀는 몹시 야위어 있었던" 것이다. 한번도 '나'에게 마음을 열어 호의를 보이지 않던 그녀가 '나'에게 기대옴으로써 '나'는 "가슴이 뛰고 정신이 몽롱해질 정도"였지만, 근처의 카페로 들어가서부터는 "이십수년간 간직해오던 이미지에 금이 가기" 시작한다. "집에서 기다릴 텐데 괜찮겠냐"는 '나'의 말에, 그녀는 "집이요?"라고 반문하며 묘한 웃음을 짓고, "너무 많이 마신 것 같다"는 '나'의 말에, 그녀는 "늘 이렇게 마신다"고, "이게 내 생활이라고" 답한다. 그리고 『어린 왕자』를 선물로 받았던 것, 앞장에 쓰인 '마음속의 신혜경'도 기억하고 있음을 말하면서, "지금도 나를 그렇게 생각하냐"고 묻는다. '나'가 대답을 하지 않자, 그녀는 "내가 술집여자라서, 이젠 추해졌기 때문에 마음속에서 지워버렸냐"고 격하게 소리를 지르고는 곧 사과를 한다.

이처럼 신혜경은 몸과 말을 통해 자신의 현실을 '나'에게 전해준다. 그녀의 현실은 '얼굴과 판이하게'에서 보이는 것처럼, 거리를 두고 보아서는 알 수 없는 것이다. '몸의 감촉'을 통해서만 알 수 있는 것, '몹시 야윈 몸'이 그녀의 현실을 대변해준다. 앤서니 기든스가 『현대사회의 성, 사랑, 에로티시즘』에서 한 말을 빌리면, 오늘날의 수척한 신체는 더 이상 황홀한 헌신을 입증하는 것이 아니라, 세속적 전쟁이 얼마나 강도 높은 것인가를 보여주는 것이다. 다시 말해 도시와 문명에서 소외된 거주가 판잣집으로 표상되듯이, 그러한 판잣집에서의 거주는 또한 몸을 야위게 할 정도의 강도 높은 노동을 요구한다는 것이다. 술이 일상화된 그러한 강도 높은 노동의 바닥에는 이혼과 오빠들의 무관심 그리고 암이라는 어머니의 불치병이 깔려 있다. 거주의 열악함이 노동의 열악함으로, 노동의 열악함이 신체적 혹사로 이어진 것이다. 그리고 이러한 혹사는 신체를 더 이상 몸으로 유지될 수 없도록 만든다. '곧 부서질 것처럼 건조하게 느껴지던 촉감'이 '나'가 꾼 꿈의 '사막'을 연상시킨다. 몸은 곧 풍화되어 모래알로 해체될 처지에 있는 것이다.

사막의 모래 입자들은 서로를 끌어당기는 점착력이 없다. 이것이 보통의 흙과 모래가 두드러지게 다른 점이다. 곧 부서질 것처럼 건조하게 느껴지는 그녀의 몸은 신체의 사막화에 다다르고 있는 셈이다. 이부영은 『아니마와 아니무스』에서, 인간이 모래로 변한다는 것은 피와 살을 가진 인간 생명의 사막화를 뜻하며, 감정이 메마르고 구체적 실체가 없는, 건조한 생명 없는 입자로 해체된다는 것은 인간 사이를 관계짓고 그 유대를 강화시키는 에로스의 상실을 의미한다고 말한다. '나'가 병든 아내와 별거하며 혼자 고립되어 거주의 삶과 감정이 황폐해 있듯이, 그녀 또한 남편과 이혼하고 병든 어머니를 모시며 그러한 처지에 있다. 그녀가 살고 있는 판잣집 동네가 도시와 문명에 소외되어 그것들과 어떤 유대의 관계도 맺고 있지 않듯이, '나'와 그녀도 그들 구성원들과 어떤 유대의 관계를 맺고 있지 않다. 부부 사이의 최소한의 가족적 친밀감 또는 부부적 내밀성의 관계가 있어야 가족적 삶 또는 거주가 가능하다. 그러나 이들에게는 그러한 것이 없다.

부부 사이의 가족적 친밀감 또는 내밀성의 기초는 앤서니 기든스가 개념화한 에로티시즘이다. 에로티시즘은 신체의 감각을 통해 표현되는 감정을 의사소통이라는 맥락 속에서 가꾸어가는 것으로, 쾌락을 주고받는 기술이라고 한다. 또한 에로티시즘은 폭넓은 정서적 목적 속에 재통합된 섹슈얼리티이며, 그 중에서도 가장 중요한 것은 의사소통이다. 앞의 이부영이 말한 에로스와 기든스가 말한 에로티시즘은 범주의 차이를 제외하면 같은 의미일 것이며, 기든스의 의사소통의 결과가 바로 이부영의 유대가 될 것이므로 이 역시 동궤의 의미일 것이다. 그러나 '나'나 신혜경에게는 이러한 의미의 에로티시즘이 결여되어 있을 뿐만 아니라, 가족적 삶도 결핍되어 있다. 아내의 질병과 아이 지움 그리고 별거가 '나'의 그러한 이유이며, 남편의 아이 원하지 않음과 외도 그리고 이혼이 신혜경의 그러한 이유다. '나'가 불가피한 경우라 한다면, 신혜경은 전적으로 남편에게 책임을 물을 수 있는 경우다. 그래서 그 후유증이 더 크고 깊을 수 있는 것이다.

신혜경의 경우, 남편이 아이를 갖지 않을 것을 전제로 결혼을 하고 또 바람을 피워 이혼을 했다는 것은, 그가 에로티시즘보다 훨씬 협소한 섹슈얼리티에 한정된 인물임을 보여주는 것이다. 기든스는 섹슈얼리티가 똑같은 신체 구조와 똑같은 신체적 반응 속에서 끝없이 차이를 찾아

헤매도록 운명지어진 좌절된 사랑이라고 규정한다. 신혜경의 남편은 신혜경에게 그렇게 했듯이 또 다른 여자에게도 그렇게 대할 것이다. 이런 부류의 인간에게 지속적인 관계 맺음과 의사소통 그리고 유대감이나 내밀성의 형성을 기대할 수는 없을 것이다. 그리고 아이를 갖지 않는다는 것은 엠마뉴엘 레비나스가 『시간과 타자』에서 말한 것에 기댄다면, 부부로서의 삶의 미래를 스스로 차단한 것이다. 부부가 수평적 관계에서 서로를 에로스 또는 에로티시즘으로써 가꾸어 가듯이, 아이는 수직적 관계에서 사랑으로 가꾸어가는 대상이기 때문이다. 이는 가족적 삶을 지속시키는 두 개의 관계이자 축이다. 이러한 두 관계의 결여된 삶은 진정한 가족적 삶 또는 거주가 될 수 없다. 따라서 세상으로부터 스스로를 보호할 수 없고 개별적 존재로 세상에 노출된다. 세상의 추위와 바람에 노출된 사물이 쉽게 풍화되듯이, 개별적 존재는 쉽게 풍화되어 사막화된다.

  톰 브라운이 『숲에서 만난 발자국』에서 말했듯이, 다른 삶을 살게 될 경우에는 사람도 달라지는 법이다. 그러니까 신혜경은 거주의 영역에서 가족적 삶의 보호를 받지 못하고 개별화되어, 세상의 추위와 바람에 흔들리며 풍화되어 가는 존재다. '술집 여자'는 그러한 존재의 대표적 표상이다. 술집 여자는 어릴 때의 '하얀 얼굴'도 아니며, '내 마음속의 신혜경'도 아니다. 세상으로부터 입은 상처를 내장하고 세상과 세상 사람들을 경계하며 자기를 방어하기에 안간힘을 쓰는 상태가 되어 있다. 백화점 부근에서 다시 처음 만났을 때 비껴가고, 판잣집 골목에서 그 다음 마주쳤을 때 빨리 돌아가라고 다그치며 냉담하게 '나'를 대한 것은 그러한 경계와 방어의 몸짓이다. 이는 예전에 '나'가 일방적인 호감을 보였을 때 '그녀'가 여유로운 무관심을 표현하던 것과는 다른 것이다. 세 번째에 이르러서 스스로 '나'를 기다리며 만난 것은 그러한 경계와 방어가 한계에 도달했음을 보여주는 것이고, 술의 힘을 빌려 자신의 처지를 스스로 고백한 것은 더 이상 자신을 지탱할 수 없음을 보여준 것이다. 김영민의 『사랑, 그 환상의 물매』에서의 말을 빌린다면, 상처를 은폐할 수도, 미봉할 수도 없어, '나'에게 드러내기로 마음먹은 것이다.

　자신이 술집 여자가 되기까지의 상처, 술집 여자가 되고난 후의 고통, 술집 여자로 바라보는 시선으로부터 오는 고뇌는 그녀에게 지워진 감당할 수 없는 세상의 무게였을 것이고, 이전의 '하얀 얼굴'의 그녀가 감내하기 어려운 것이었음에 틀림없다. 자발적으로 '나'를 만나 자신의 처지를 고백하기로 작정한 것은 더 이상 버틸 수 없는 자신의 나약함을 증명하는 것이다. 김영민이 앞의 책에서 가라타니 고진의 입을 빌려 말하듯이, 고백은 나약한 몸짓 속에서 주체로 존재할 것, 즉 지배할 것을 목표로 하고 있기 때문이고, 고백은 또한 유아론적 내부의 어느 한 지점을 특권화하는 태도이기 때문이다. 그녀가 현재의 불우한 처지를 고백하면서도, '나'에게 우월적 지위를 유지했던 과거를 환기시키는 것이 이를 뒷받침하는 것이다. 그리고 "지금도 나를 그렇게 생각하느냐"는 물음은 과거의 관계를 현재로 끌고와 연장시키고 싶은 마음의 고백이며, 헤어지기 직전에 그녀가 다시 수줍은 고백을 하듯 고개 숙여 하는 말, "가끔 나한테 이 어깨를 빌려줄 수 있겠느냐"는 제의는 판잣집 미로 속에 갇혀서 견고한 철제 셔터를 내리고 살던 그녀, 황막한 사막을 걷고 있는 그녀, 나약해져 있지만 자존심을 지닌 주체로서는 이 지상에서 마지막으로 뱉을 수 있는 말이었을 것이다.

　이는 "언제든지 내가 필요하면 말하라"고, "절대 마음을 약하게 가지면 안 된다"고 하는 '나'의 대답에서 그 기미를 알아챌 수 있다. 그녀를 사막 속 미로로 돌려보내고 집으로 돌아온 새벽 두 시에 '나'는 아내로부터 전화를 받는다. 아내의 전화는 신상을 걱정하는 말투에서, 신변에 이상이 없음을 확인한 후에는 따지는 듯한 말투로 변한다. 그에 따라

'나'는 짜증이 나지만 내색하지 않다가, 결국 화를 내며 소리를 지르는 것으로 발전한다. 그리고 마침내 아내는 '미안한 마음'을 내세우며 수그러들고, '나'는 '몸조리'를 부탁하며 마무리를 짓는다. 그러면서 또 다시 냉장고의 캔맥주를 꺼낸다. 사막이 그러하듯이 내 몸과 마음의 갈증은 여전한 것이다. '아내'와의 관계에서도 그러하고, 신혜경의 관계에서도 그러하다. "겨우 서른다섯에 발돋움을 하고 바라보아도 길의 끝이 어디인지 아득하기만 한데", "이 밤의 끝에서 사막을 걷는 꿈을 다시 꾸게 될지도 모른다"는 '불길한 예감'에 사로잡힌다. 이는 도시와 문명에 속하든 그것에서 소외되든, 인간관계에서 온기와 물기가 사라진 곳, 곧 사막화된 세상이면 어디에서든 출몰할 악몽일 수밖에 없을 것이다.

제2부 | 멀고 단단한 길

선망과 좌절의 길
―이태준의 「철로」

　길에는 자연스러운 길이 있다. 흙길이나 돌담길 또는 오솔길이 그러한 길이다. 이러한 길들은 대체로 산업화 이전의 농경시대나 농경사회에서 만들어졌거나 이용되던 길이다. 논밭으로 이어진 흙길은 노동을 통해 농작물의 생산을 가능하게 하고, 산으로 이어진 오솔길은 땔감을 마련하여 화식과 난방을 가능하게 하며, 이웃으로 이어진 돌담길은 이웃과의 교류를 통해 소박한 사회생활을 가능하게 한다. 이러한 자연스러운 길들은 결국 그 길을 이용하는 사람들의 '생존'과 '생활'에 직결되어 있었다.
　이에 반해 길에는 인공적인 길이 있다. 아스팔트길이나 시멘트길 또는 철로가 그러한 길이다. 이러한 길들은 주로 산업화 이후의 도시에서 비롯되어 시골로 퍼져가며 만들어지고 이용되는 길이다. 도시에서 도시로, 도시에서 시골로, 도시의 공장에서 시장으로, 건물에서 건물로 그 길들은 이어지면서, 원료와 완제품을 실어 나르고, 사람을 이동시키며 분주한 현대의 사회생활을 가능하게 한다. 이러한 인공적인 길들은 결국 그 길을 이용하는 사람들의 '욕망'과 '지배'에 연결되어 있다.
　이태준의 「철로」는 시골에 철로가 놓이고 간이역이 생기면서 일어나는 에피소드를 젊은 두 남녀의 관계를 통해 잘 드러내고 있다. 다시 말해 도시에서 출발한 욕망과 지배의 길이 바닷가 어촌의 생존과 생활의 길과 조우하며 발생할 수 있는 사건을 두 남녀 사이에서 일어나는 관계를 통해 그려 보이고 있다. 기차가 시골의 간이역을 지나고 그곳에 별장이 들어서고 해수욕장이 개장되면서 시골의 청년과 도시의 처녀가 만나는 계기가 마련되는 것이다. 바닷가 어촌의 청년 '철수'는 바다에서 고기를 잡아 파는 생업에 종사하고 있다. 그의 일상은 동틀 무렵 일어나 어머니가 조반 짓는 동안 낚시 미끼를 준비해서, 서둘러 밥 먹고 배를 타고 바다로 나와 고기를 잡아, '오매리' 해변에 내다 파는 것으로 이루어진다. 이러한 일상은 늘 반복되는 단조롭고 지루한 것이며 게다가 외로운 것이다. 이러한 그의 외로운 처지를 대변하는 것이 바로 바다로 나가면 지나치는 모래섬이다. '망망한 바다'에서 한 척의 배에 의지해서 고기를 잡는 자신의 모습은 그 바다에 떠 있는 모래섬과 진 배 없는 것이다.

이러한 일상을 달랠 수 있는 유일한 길은 바다에서 벗어난 곳에 있다. 육지에 있는 송전 정거장 간이역이 그곳이다. 그 간이역은 바라크 한 채와 화원이 전부이지만, 무상으로 출입할 수 있고, 바람을 쏘이며 사람을 만날 수도 있고, 꽃을 구경할 수도 있는, 많은 '미덕'을 지닌 곳이다. 그래서 철수도 바다로 고기잡이 갔다가 돌아온 오후 시간이나 날이 궂어 바다에 나가지 못할 날이면, 무시로 드나들며 시간을 보내기도 하고 기차를 기다리기도 한다. 바다가 생업의 공간이라면 정거장 대합실은 유희의 공간이다. 배가 생업의 수단이라면 기차는 유희의 대상이다. 뱃길이 현실의 길이라면 철로는 낭만의 길이다.

그래서 철수의 눈에는 간이역을 스쳐가는 기차가 "큰 장난감 같이" 보이고, 그것을 타고 오가는 사람들은 "무슨 볼 일이 있어서가 아니라 장난으로 타보기 위해" 다니는 것만 같아 보인다. 그래서 자신도 바다의 생업에서 벗어나 "육지에서 벌이를 해서 늘 기차를 타고 다녔으면" 하는 소망을 가져 보기도 한다. 고기가 잘 잡히지 않아 바다에 머무는 시간이 길어지고, 오후에도 정거장에 나가지 못하는 차에 두 시의 기차가 달려가는 것을 보면, 철수는 낚시 앉힌 것을 내버리고 육지로 나오고 싶어 안달을 한다. 그러나 생업의 현실은 그러한 소망을 쉽사리 허용하지 않는다. 기껏해야 "혼자 몇 달을 별러서 양 한 돈을 내고 고저까지 타 보는" 것에 만족해야 한다.

간이역이 생기고 기차가 정거하는 바람에 들어선 것이 해변의 별장이다. 그 별장은 여름철 해수욕장에 휴가차 오는 사람들이 필요로 해서 지어졌지만, 고기잡이 생업에 종사하는 철수에게도 효용이 있게 된다. 자신의 주 고객인 '안말이나 촌에서들 오는 사람들'은 물건 타박에다 돈 가진 이가 별로 없다. 대부분 '감자, 좁쌀, 된장, 고추장 따위'와 물물 교환을 해 가는 수준이다. 돈으로 사 가야 자기에게도 몇십 전 떨어져 담배라도 사 피울 수 있다. 이런 상황에서 별장의 사람들은 돈으로 고기를 사 가는 반가운 손님이다.

그런 손님 중 하나가 바로 십 칠팔 세에 쌍꺼풀 진 눈을 가진 '처녀' 다. 그녀는 해변에 별장이 생긴 4년 전부터 서울에서 기차를 타고 철로를 따라 간이역인 송전 정거장에 내려 별장에서 지내다가, 물이 차가워져 해수욕철이 지나면 다시 기차를 타고 도시로 떠나간다. 그 기간 동안에 처녀는 고기를 사러 오매리 해변에 나타나는 경우가 있는데, 그곳에서 철수와 처녀의 만남이 시작되고, 많이 사서 처녀 혼자 들고 가기 무거워하는 것을 철수가 해수욕장까지 들어다 줌으로써 만남의 시간을 가지게 된다.

그러니까 만남의 시간은 일 년 가운데 휴가 기간, 그 중에서도 물고기를 사고파는 오매리에서 해수욕장까지 물고기를 들어다 주는 그 시간인 셈이다. 그리고 만남의 공간도 오매리에서 해수욕장에 이르는 길에 한정되어 있다. 그러나 철수는 처녀를 만나기 시작하면서 일 년과 하루의 의미는 온통 그 처녀를 만나는 순간으로 응축된다. 만나서 처녀가 고기와 낚시 그리고 풍랑과 바다에 대해서 물으면 거침없이 대답하고, 그 대답에 처녀가 감탄하면 철수는 신이 나며 뿌듯해 한다. 그러다가 찬물이 들어 그 처녀가 해변에서 사라지면 "일찍이 느껴본 적 없는 서운한 감정"에 사로잡힌다. 가을과 겨울 그리고 이듬해 봄까지 내내 별장집 처녀를 생각하며 해수욕철을 기다린다.

안치운이 『그리움으로 걷는 옛길』에서 말한 것처럼, 언제나 떠도는 자가 머물고 있는 이를 유혹하는 법이다. 물론 처녀가 떠도는 자에 꼭 부합되는 것은 아니지만, 도시에서 일상을 살면서 휴가철에 휴가지 별장에 잠시 머물다 떠나는 처녀는 시골 바닷가에서 생업에 종사하며 일상을 사는 청년에게는 대단한 자극이며 유혹일 수 있는 셈이다. 처녀의 단순한 호기심이 청년에게는 그에 대한 관심으로 들릴 수 있고, 별 뜻 없는 감탄이 그 자신에 대한 탄복으로 여겨질 수도 있는 것이다. 그리하여 생선을 매개로 한 필요의 만남이 청년에게는 특별한 감정이 실린 관계로 발전하는 것이다.

처음 생선을 사러 왔을 때 철수가 처녀를 대하는 태도에 나타난 부끄러움은 시골에 여전히 남아 있는 남녀의 '내외' 관습에서 유래한 것이었다. 그러나 만남이 지속되면서 철수가 처녀를 대하는 태도에는 눈에 띄는 변화가 보인다. 해수욕철을 맞아 정거장으로 나가는 그의 차림새는 아버지가 쓰던 '나까오리'에 단오 때 '고저'에서 사온 '운동화'를 신은 모습으로 바뀌어 있고, 아는 사람의 어디 가느냐는 물음에 "대뜸 얼굴이 시뻘개지며 말문이 막혀" 버린다. 거기에다 오매리 해변에 고기 사러 나온 그녀를 보고는 "가슴이 뛰어 얼굴을 잘 들지 못한다".

이러한 철수의 변화에는 처녀의 변화도 한몫을 한다. 그녀가 해가 갈수록 점점 여자로서 성숙한 모습을 보인다는 점이다. 그러나 여자 쪽에서 철수를 대하는 태도에서는 처음 만날 때나 해가 거듭되어도 변화가 없다.

처음부터 내외의 티는 없었으며, 해가 거듭되어도 마찬가지다. 이는 철수가 그녀를 대하는 태도와 대조적임을 보여주는 부분이다. 철수가 그녀를 만나며 형성된 감정이 그리움과 연정과 같은 것이라면, 그녀가 철수를 대하는 태도는 평이한 감정에 지나지 않는다는 것이다. 여기에 두 사람 아니 철수가 맞이할 파란이 잠재되어 있는 셈이다.

두 사람의 만남은 아무리 계속된다 하더라도, 철수의 그리움과 서운함이 교차하고, 기대와 안타까움이 반복된다 하더라도 처음부터 좁힐 수 없는 간극이 존재한다는 것이다. 앨프레드 노스 화이트헤드가 『관념의 모험』에서 말한 것처럼, 간극이 있다는 것의 최대 결점은 상대쪽에서 일어나고 있는 것을 서로 알기가 지극히 어렵다는 것이다. 철수는 처녀에 대해 전혀 아는 바가 없으며, 처녀는 철수의 심중에 일고 있는 감정의 변화를 전혀 알고 있지 못하다는 것이 둘의 관계에 게재된 문제이다. 그리고 이것이 둘 사이의 미래를 예견케 하는 것이기도 하다.

철수에게 그 간극이 처음 감지되는 것은 처녀가 잘랐던 머리를 길러 쪽을 틀고 나타났을 때다. 그녀가 혼인을 한 것이 아닌가 하며 슬픈 생각을 하게 된다. 그 다음은 처녀가 고기나 낚시 또는 풍랑이나 바다에 대해서 묻지 않고, 송전 정거장을 지나는 동해북부선의 다른 정거장을 물을 때이다. 외금강까지 걸리는 시간이나, 그 사이에 있는 정거장을 묻는데, 철수로서는 대답할 수 없는 질문이다. 그것은 앞의 경우처럼 오랫동안 생업에 종사하며 얻은 지식과 무관한 것이고, 바다와 관련된 것이 아니라 육지와 관련된 것이기 때문이다. 앞의 경우에는 막힘없이 대답하며 신이 났었는데, 이번의 경우는 대답을 하지 못하고 분한 마음을 삼켜야 한다.

철수는 자신이 그녀가 사는 육지에 대해 너무 아는 것이 없음을 느끼기도 하고, 그녀가 모래섬 같은 데 혼자 산다면 하고 바라기도 한다. 그러나 그 바람보다는 그가 육지에 대해 아는 것이 더 현실적이라는 생각을 하고, 학교 다니는 아이들을 붙잡고 육지에 대해, 동해북부선의 '스물다섯' 정거장을 배워, 처녀가 서울로 돌아갈 무렵에는 다 외우게 된다. 그래서 내년에 와서 다시 물어주기를 고대하게 된다. 이러한 철수의 노력은 둘 사이에 존재하는 간극을 좁혀, 철수가 그녀에게 다가가기를 바라는 심정의 표현이다.

그러나 이러한 심정이 현실화되는 것은 불가능하다. 서울에 사는 도시인 처녀가 기차를 타고 시골인 송전에 이르는 길은 빠르고, 송전에 사는 어부에게 접근하기는 쉽지만, 시골에 사는 철수가 기차를 타고 서울에 이르는 길, 서울에 사는 처녀에게 다가가기는 어렵다. 전자의 길은 열려 있지만, 후자의 길은 막혀 있다. 전자의 길은 필요에 의해 취해진 길이지만, 후자의 길은 인연을 기대하며 이루어진 길이기 때문이다. 처녀는 서울에서 휴가를 보내기 위해 별장과 해수욕장이 있는 송전에 온 것이고, 생선을 사기 위해서 철수를 만난 것뿐이다. 그러한 어부와 고객의 관계를 철수는 청춘 남녀 사이의 관계로 받아들이고자 한 것이다.

바다와 일상의 공간에서 벗어나고 싶은 바람이 기차에 매개되어, 기차가 사라진 철로를 그의 시선이 뒤따르듯이, 기차를 타고 온 처녀는 기차의 발전된 매개체가 되어, 기차가 송전 간이역에 머물다 떠나면 다시 기차가 돌아오기를 기다리듯이, 처녀가 별장에 머물다 떠나면 그녀를 일 년 내내 생각하여 다시 돌아오기를 기다리게 되는 것이다. 바닷가 청년의 이러한 일방적인 변화를 서울 쪽에서 보면 다른 이야기가 될 수 있다. 도시인이 바닷가 해변에 별장을 짓고 해수욕장에서 여가를 보내는 것은 도시의 지배력이 점점 더 확장되는 것을, 나아가 시골이 도시의 지배권의 영역 안으로 들어감을 의미하는 것이다.

여기에 결정적인 역할을 하는 것이 기차다. 조지 아마토가 『걷기, 인간과 세상의 대화』에서 말한 것처럼, 기차는 공간의 균질화, 지방과 황무지의 예속을 의미한다. 송정 정거장이 생기고 기차가 간이역으로 들어오면서 철수가 생업으로 바다에 나가듯이, 오후에 정거장을 출입하여 기차를 기다리다가 보고, 기차가 사라진 철로를 시선이 따라가고, 육지에 살면서 기차를 타고 다녔으면 하는 생각을 하는 것은 새로운 것에 대한 호기심, 자신에게 결여된 것에 대한 자연스러운 욕구라고 할 수도 있겠다. 그러나 별장과 해수욕장과 관련된 사람들에게 자신이 잡은 고기를 현금을 받고 팔아야겠다는 생각을 하면서부터는 도시인의 현금을 기대하고 의존하는 단계로 들어선 것으로, 도시가 시골에 영향력을 행사하는 것으로 볼 수 있다.

그리고 처녀의 물음에 대답하기 위해 보통학교에 다니는 아이들에게 물어 스물 다섯 개의 정거장 이름을 다 외우는 정성과 노력은 이미 어부 철수가 도시인 처녀에게 많이 기울어졌음을, 해수욕철을 기다리며 일 년을 보내는 것은 도시의 처녀가 시골의 청년을 시간적으로 지배하고 있음을 보여주는 것이다. 다시 말해 철수와 처녀의 만남이 거듭될수록 철수의 처녀에 대한 관계는 물질적 차원의 의존에서 시작하여 점점 감정과 의식의 차원으로 발전하고 마침내 시간의 영역에까지 이르고 있음을 알 수 있다. 이는 기차가 도시에서 출발하여 시골에 이르러 시골 사람의 삶의 영역에 파고드는 것과 같은 궤적을 보여주는 것이다.

기차가 철로를 따라와 지방적 시간과 공간을 관통해 가듯이, 기차를 따라 들어온 도시인은 시골에 머물다 떠나며, 시골 사람이 지닌 가치와 사고를 잠식하고 훼손한다. 볼프강 쉬벨부쉬가 『철도 여행의 역사』에서 말한 것처럼, 열차는 접근 가능성으로써 지방들로부터 폐쇄성이 주는 가치를 빼앗고, 지방은 그들의 개별적인 시간 또는 그들의 현재성 곧 지금을 상실한다. 이는 처녀가 하이칼라 청년과 나타났을 때 확연히 드러난다. 처녀와 청년이 연출하는 모습은 철수가 처녀와 그렇게 되었으면

하고 바랐던 모습이다. 둘은 '무인지경으로 히룽새룽거리고' 철수 자신과는 한 번도 그렇게 붙어 서 본 적이 없게 '가까이 붙어' 걷는다. 철수의 눈에 "팔월달의 그 빛나는 해가 잘 보이지 않을" 정도로 절망감이 엄습한다.

오히려 그가 들어주던 생선꾸러미가 청년의 손에 들려 있다. 게다가 이웃 아낙네들은 둘이 작년 가을에 '정혼한' 사이고 곧 '성례'를 하러 서울로 간다는 소문을 '지껄인다'. 그러한 소문의 신빙성을 뒷받침이나 하듯이, 다른 해 같으면 반도 안 되어 처녀가 "내일 밤차로 서울 가져가게 생홍합 한 초롱을 산 채로 따다 달라고" 하고, 무엇에 쓰느냐는 철수의 물음에, "집에 큰일멕이가 좀 있어" 그런다고 대답한다. 이튿날 저녁에 철수가 홍합 한 초롱을 둘러메고 정거장에 들어섰을 때, 소문은 사실에 더욱 접근하는 모습으로 드러난다. 낯익은 처녀의 어머니가 홍합 값을 후하게 치르고, 열차가 오면 찻간에 올려놔 달라는 부탁을 받은 철수의 시선에 사람의 눈을 피해 어깨 결은 듯이 붙어 서 있는 처녀와 청년의 모습이 붙잡혔기 때문이다.

기차가 들이닿았을 때 기차는 더 이상 장난감이 아니다. 그것은 그의 "마음을 아프게 하는 현실"이다. 그리고 오매리에서 해수욕장까지 들고 가면서도 무겁게 느껴지지 않던 생선과 달리, "한 손으로도 번쩍 들릴 홍합 초롱이 두 손으로도 무겁게" 느껴진다. 찻간에 올려놓은 초롱을 이등차로 가져오라는 청년의 재촉, 이등차로 옮겨 놓자 차 떠난다고 빨리 내려가라는 연이은 재촉에 고꾸라질 뻔하며 뛰어내리고, 그 모습을 처녀가 보고는 깔깔 웃는 소리를 들으며, 철수는 처녀에 대한 자신의 감정이 얼마나 허황된 것이었는지, 자신이 그녀에게 어떤 존재였는지 깨닫기도 전에 열차는 철수를 스치고 달아난다.

홍합 초롱을 옮기다가 생긴, 어느 모서리에 부딪혔는지도 모르게 "으스러지는 것 같은" 정강이의 통증은 철수가 받은 상처를 표상한다면, 이마 앞을 스치고 간 기차의 테일라이트가 어둠 속으로 줄아드는 모습을 깊은 바다 속으로 닻이 가라앉아 들어가는 모습으로 비유한 것은 철수가 그녀와의 일련의 사건을 겪으며 느낀 절망감을 표상한다고 보여진다. 그리고 기차가 떠나가며 남긴 철로의 울림이 철수의 가슴을 울리듯이, 다음 역에 섰다가 다시 떠나며 남긴 기적 소리가 그의 귓가에 들리듯이, 그리고 그녀에게 대답해 주기 위해 달포나 걸려 외어 두었던, 기차가 다다를 다음 역의 이름을 외우며 울음을 삼키듯이, 철수의 상처와 좌절감은 쉽게 지워지지 않을 것이다.

결국 철로는 도시에서 시골로의 흐름은 허용하지만, 시골에서 도시로의 흐름은 허용하지 않는다. 기차는 욕망과 지배를 싣고 높은 데서 낮은 데로 흐른다. 꿈과 소망을 싣고 낮은 데서 높은 데로 흐르지는 못한다. 하나의 길은 열려 있고, 하나의 길은 막혀 있다. 철수에게 바닷길은 열려 있지만, 기찻길은 막혀 있는 것이다. 욕망과 지배는 교환이 가능하고 양방향적일 수 있지만, 꿈과 소망은 교류가 불가능하고 일방적일 수밖에 없다. 철수는 꿈과 소망을 가지고 낮은 데서 높은 데로 다가가다가 지배와 욕망을 지니고 높은 데서 낮은 데로 향한 처녀를 만나, 상처 받고 좌절하는 모습을 보여준 것이다.

이 작품은 결국 기차와 철로, 시골 청년과 도시 처녀를 매개로 도시와 시골, 욕망과 선망, 소망과 지배, 현실과 꿈, 일상과 낭만의 관계를 소박하게 보여주는 작품이다. 간이역을 경계로 하여, 바다는 철수에게는 생업의 공간이고 처녀에게는 낭만의 공간이고, 육지는 철수에게는 꿈의 공간이고 처녀에게는 일상의 공간이다. 생업과 일상이 만나거나 낭만과 꿈이 만나면 거기에는 오해의 소지나 관계의 간극이 줄어들 수 있다. 그러나 생업과 낭만이 만나고 꿈과 일상이 만나면 거기에는 오해의 소지 또는 관계의 간극이 증폭될 수 있다.

  철수와 처녀는 후자의 경우에 해당될 것이다. 그것은 그들이 아직 젊다는 사실에서 연유한다고 해야 할 것이다. 다시 앞의 화이트헤드의 말을 빌린다면, 젊다는 것 곧 청춘은 근시안적 안목으로 특징지어지고, 그것은 빈약한 경험과 결부되어 있다. 그래서 자신들의 행동이 어떤 결과를 가져오느냐 하는 것은 그들의 시야 밖에 있게 되는 것이다. 철수의 처녀에 대한 선망이나 소망이 처녀의 허락 여부와 상관없듯이, 철수의 상처나 좌절은 또한 처녀의 관심 밖에 있게 되는 것이다. 마치 기차와 철로가 시골 간이역에 잠시 머물기만 할 뿐 끝없이 달리고 뻗어 있듯이 말이다.

분열과 갈등의 길
— 채만식의 「歷路」

　작가가 사회를 묘사하는 데는 한계가 있다. 대하소설과 같은 그릇으로도 쉽사리 담을 수 없을 정도로 사회는 규모가 크고 복잡하기 때문이다. 그래서 작가들은 '전형'의 개념을 만들기도 하고, 대규모 사회를 소규모 집단으로 응축하여 '축도'로 표현하거나 '알레고리'적 표현을 하기도 한다. 전형적 인물이나 전형적 사건 또는 상황은 전체 사회를 대표할 만한 문제적 인물이나 사건 또는 상황을 선택하여 만든 개념이고, 가정이나 학교 또는 군대는 대규모 사회의 축도로 자주 선택되는 소규모 사회이며, 전자의 각 요소로서 후자의 부분을 대변하려고 한다.
　채만식의 「歷路」에서는 서울역과 열차 안이 그러한 사회의 축도로 선택된 공간이다. 발터 벤야민이 『아케이드 프로젝트 Ⅱ』에서, 철도가 역사에 남긴 각인은 그것이 최초로 그리고 외양 항로에 사용된 큰 증기선을 제외하면 아마도 최후로 대중을 한데 묶어 운반한 교통수단이라는 데서 찾을 수 있을 것이라고 했듯이, 서울역이 선택된 것은 기차역의 중심지로서, 각 지방으로 떠날 다양한 계층과 직업의 사람들이 모일 가능성이 많은 장소이기 때문이고, 열차 안이 묘사의 초점이 되는 것은 모인 사람들 사이의 대화가 가능하고, 그로 인해 갈등의 양상을 보여줄 수 있기 때문이다.
　이야기는 개인의 문제에서 시작되어 민족의 운명에 이르기까지, 가벼운 세태 묘사에서 비롯되어 심각한 사회적 갈등의 상황으로 확장되고 심화되어 전개되면서, 민족 또는 그 구성원이 '지나온 길' 또는 나아갈 길이 묘사된다. 질 들뢰즈가 『의미의 논리』에서 서사시적 상징으로서의 기차가 그것이 운반하는 본능들과 그것이 나타내는 죽음에의 본능들과 더불어 언제나 하나의 미래를 머금고 있다고 했듯이, 서울역과 부산행 급행열차 안은 바로 우리 민족과 그 구성원의 본능과 욕구의 모습이 과거와 현재의 상태로 그려지고, 나아가 미래 전망의 모습이 축도로서 묘사되는 공간이다.

  이 공간을 관찰하고 해석하는 인물은 '나'와 '김'이다. '나'의 성격이 결벽에 가까울 정도로 까다롭고 자기중심적이며 내성적인데 비해, '김'의 성격은 자기 주견이 없게 보일 정도로 유연하고 상황 중심적이며 외향적이다. 이처럼 두 인물은 대조적일 정도로 성격이 판이하다. 성격의 차이는 해석의 차이로 드러나고, 해석의 차이는 상황에 대한 묘사의 차이를 초래한다. 실제로 작중에서 두 인물은 끊임없이 갑론을박하는 상황을 만들어 낸다. 이러한 두 인물의 설정은 다양성을 통해 일면성을 지양하려는 의도, 현실에 대한 편향된 시각을 벗어나 일정한 거리 두기를 통해 객관성을 확보하고자 하는 작가적 의지의 표현인 셈이다.

  서울역에서 '나'의 눈에 먼저 띈 것은 개찰을 기다리는 긴 사람과 보따리의 열이다. 그 긴 열은 출발을 앞둔 오랜 기다림을 예고하고, 그 기다림의 시간은 '나'의 성격을 보여주기 위한 시간이면서 동시에 '나'와 '김'이 여러 상황을 맞닥뜨리고 그것에 대해 왈가왈부할 시간이기도 하다. '나'는 고향 집안으로부터 병인이 위독하다는 전보를 받고, 급행 차표를 구입하는 데 꼬박 이틀을 소비하며 "살이 내리는 초조"를 겪고, 당일은 출발 세 시간이나 전에 나와 기다리다 "젊은 여자로부터 담배 불 좀 붙이자"는 청을 듣고 불쾌감을 느끼기도 한다.

'나'는 담배를 즐기지만, 성냥이 떨어진 경우에는 생면부지의 타인에게 불을 빌리는 것이 구차스럽게 여겨져서, 젊은 여자나 어린 아이들이 담배 불 붙이기를 청하는 유쾌하지 않은 자리를 피하기 위해, 사람들이 모인 장소에서는 일부러 담배를 아예 피우지 않는데, 무심코 피워 물다 오늘과 같은 불쾌한 경우를 당한 것이다. 우연히 같은 열차를 타러 나온 '김'이 이런 '나'를 두고 한 마디 하는 것은 당연하다. 그는 배포 유하다고 '병자호종, 왕서방, 되놈'이라는 별명으로 불리는 인물이기 때문이다.

이런 '김'은 '나'에게 "살도 좀 찌고, 술도 좀 하고, 결벽 편성 교정해보는 게" 어떠냐는 충고를 하면서, 말로써만이 아니라 행동으로써 보여준다. 개찰을 기다리는 열에 서 있는 '나'를 '졸장부'라 핀잔을 주고 다방으로 끌고 가서는 한 시간 넘게 있다가 원래 줄로 돌아오는데, 앞뒤 사람들이 두 말 않고 비켜준다. 기차표를 구하기 위해 이틀 전부터 초조하게 군 '나'와 달리, 그는 기다리는 열에 서 있는 '나'를 두고 간 지 채 오분이 못되어 차표와 급행권을 구해 온다. '야미' 표에 급행권까지 끼워서 백 원을 더 주고 산 것이다. 이틀 시간 손해 본 '나'에 비하면 싸게 치른 것 아니냐는 게 김의 셈법인 셈이다.

이를 두고 둘은 '타산'이나 '순리' 또는 '경제 교란'이라는 용어를 써가며 왈가왈부하는데, 주위에서 부자 관계로 보이는 인물들이 주고받는 말이 들려옴으로써 이야기의 초점이 이동한다. 중학생 아들이 차표를 사러 갔다 와서 거스름돈을 주지 않는 것에 대해 양복 신사인 아버지와 역시 갑론을박하는 이야기이다. 담배 불 에피소드가 젊은 부부를 등장시켜 예의를 문제 삼았다면, 거스름돈 에피소드는 부자를 등장시켜 사회적 정의를 문제 삼고 있다. 이는 해방 전후의 세태 묘사나 개인적 차원의 이야기가 본격적이고 민족적인 차원의 이야기로 옮겨진다는 것을 의미한다.

거스름돈을 받지 못한 어린 학생은 사회적 불의의 경험을 토로하고, 아버지는 못 받은 거스름돈을 국가 수입 곧 건국 성금으로 치부하고자 하는데, 어린 아들은 주위 사람들이 수군거리던 말 곧 개인적 착복을 근거로 아버지의 말을 받아들이지 않으려 한다. 이러한 부자의 의견 차이나 갈등은 곧 '나'와 '김'에게로 돌아와 해방을 전후한 세대의 문제로 나아간다. 해방이 되어도 정의가 확립된 국가와 사회를 앞 세대가 뒤 세대에게 물려줄 수 없는 것은, 그 전의 망국의 연상선상에서 생각해 볼 수 있다는 것이다. 해방 전에는 조부대의 매국으로 망국의 슬픈 자손 노릇을 해야 했듯이, 해방 후에는 부형들의 잘못으로 사회 정의 없는 굴욕과 비애의 자식 노릇을 해야 한다는 것이다.

이러한 악순환의 '해독'에 결벽증을 지닌 '나'도 면제받을 수 없을 것임을 '김'은 지적한다. '나'는 그 망국의 시대에 말과 글로 '일제'의 주구 또는 충견 노릇하는 대열에 동참한 것이다. 그래서 '나'는 '김'으로부터 '속죄'할 도리를 하라는 일침을 받는 것이다. '흡혈귀 미영'을 쳐부수는 '성전'에 승리하도록 '지원병/학병/증병'에 다투어 나가라고, '징용'에 기쁘게 나가라고, '국어'를 상용하라고, 생활 전부를 '내지'식으로 해서 '내선일체'를 체현하라고, '곤란'을 참고 '불평'을 토하지 말라고, '승리'가 눈앞에 박두했다고 "목이 터지도록 연단에서 외치고, 붓이 닳도록 써내는" 대열에 '나'는 서 있었던 것이다.

데이비드 바사미언과 인터뷰한 내용을 수록한 책 『세상을 어떻게 통찰할 것인가』에서 하워드 진은, 제국의 힘만으로는 어떤 나라의 국민도 정복할 수 없기 때문에, 자국의 이익과 자국민의 뜻에 반해서 활동할 사람을 그 나라 내부에서 발탁해 이용하는 건 제국주의 침략에서 흔한 얘기라고, 뇌물을 줘서 매수하거나 강제로라도 협조하게끔 만든 사람 곧 내부의 동조자가 필요하고 심어둬야 한다고 말한다. 다시 말해 제국의 식민지 경영에 필수불가결한 것이 바로 식민지 출신의 주구와 충견이다. 그 주구와 충견들의 도움 없이는 제국이 식민지의 밑바닥과 구석구석을 지배할 수는 없을 것이기 때문이다.

'나'는 속죄의 방법을 적극적으로 모색하고 있지는 않지만, 그렇다고 해방 후에 변신을 시도하지도 않는다. 그러나 일제 시대 주구와 충견 노릇을 한 이들 중 많은 사람들은 일본이 항복하고 조선이 해방되었을 때, 종래의 입장에서 완전히 선회하여 같은 입과 붓으로 정반대의 내용을 쏟아낸다. 포학한 '왜적'은 '연합군'의 '정의'의 칼날 앞에 무릎을 꿇고 말았다고, 우리는 독자적인 '문화/전통' 아래 사천년 빛나는 '역사'를 기록하면서 살아온 '배달민족'인데 왜적이 이를 '말살'할 수 있을까 보냐고, '친일파'를 없애라고, '민족 반역자'를 베라고 목이 터져라 외치고, 붓이 닳도록 쓰게 된다. 그 대열에 속했던 자들은 '피 끓는 애국지사/건국의 역군'으로 변신하면서 과거의 죄상이 어물쩍 씻겨 넘어가길 기대하고, 나아가 벼슬자리까지 꿈꾸기도 한다.

'김'은 진담 반 농담 반으로 '나'에게도 그러한 변신을 기대한다. "전날에 진 죄"를 "오늘의 건국에 조력한 공로"로 맞비겨 씻는 것이 어떻겠냐고. '나'는 그러한 자들에게 건국에 대한 진정한 열정이 보이더냐고 되묻고, 그것은 진심으로 나라와 민족을 위한 것이 아니라 단지 자신의 구명운동에 지나지 않는다고 규정한다. 이에 '김'은 그자들의 불순한 의도에도 불구하고 결과적으로는 객관적 가치를 부인할 수 없는 것 아니냐고 되받는다. '나'는 다시 '공로'보다 '해악'의 소지가 더 많다고, 특히 자라나는 세대에게 "변절을 잘 해야 한다고 배워 주는" 꼴이 된다고 반박한다.

둘의 대화는 이처럼 그들의 성격에 걸맞게 진행된다. 해방 전후에 말과 글로써 일제의 주구가 되기도 하고 건국의 선구가 되기도 하는 인사의 변절에 변절을 거듭하는 행태에 대해, '나'는 결벽에 가까운 내성으로 스스로를 포함하여 용서하지도 않고 자기 구명을 하고자 하지도 않는데 비해, '김'은 유연한 외향으로 그들을 일정 부분 수용하고 용서하고자 한다. 이와 같은 차이는 '나'가 내적인 기율과 도덕에 기반하고 있다면, '김'은 외적인 현실과 일상에 토대를 두고 있기 때문에 연유하는 것이다. 따라서 둘의 논란은 단일한 지향점에 도달할 수 없는 것이다.

그래서 '김'이 제시하는 것은 지극히 평범하고 일상적 차원의 것이다. "성냥이 귀하고 비싼 때니 남이 담뱃불 청하거들랑 성냥 한 개피라두 절약시키는 걸루다 건국에 이바지한다는 생각으루 제발 그 얼굴 잔뜩 찌푸리지 말구섬 선뜻 엣소, 하구 대주구" 하라고, 그게 소심한 '나'한테 꼭 알맞은 애국운동 아니냐고. 그러나 되받으며 '나'가 제시하는 방법은 역시 '나'의 성격에 걸맞은 까다롭고 도덕적 차원의 것이다. "사람이 어떤 사회적인 죄랄지 과오를 범을 했을지면 고즈넉이 일정한 형식을 통해서 작죄의 경위를 밝히구 죄에 상당한 증계를 받구 그래야만 떳떳하구 속두 후련한 법이지 걸 불문을 당하구서 남의 뒷손꾸락질만 받구 살아야 한다는 것은 견델 수 없는 불쾌요 고통이요 슬픔"인 것이라고.

'김'은 다시 일상적 차원과 도덕적 차원의 절충적인 길을 제시하는데, 물론 '나'에게 가능한 방법으로서보다는 당시에 벌어지고 있는 작태의 하나를 보여주기 위한 의도가 더 강하다. 즉 돈을 모아 "정당에 자금을 대고, 신문 잡지를 매수하고, 사회단체에 기부금을 대면" 과거의 작죄는 깡그리 없어지고, 오히려 모든 사람들이 주위에 몰려들어 찬미하게 될 거라고 말이다. 백성들을 걱정하는 '나'의 반문에, 지금 백성들을 걱정하는 이가 누가 있다고 그런 걱정하느냐고 거꾸로 반문한다. 그러면서 지금의 이른바 지도자들은 '백성 없는 정부'도 조직하고, '나라 없는 건국'도 하는 세상인데, 그들만 '단골' 삼으면 되지, 백성은 웬 걱정이냐고 타박한다.

이러한 둘의 논란은 개찰이 시작되면서 만들어내는 모습으로 옮겨지면서, 그들의 이야기 끝에 나온 백성들의 행태를 보여주려 한다. 정통의 열 옆에 붙어 있던 방통의 두세 줄이 정통의 열 속으로 끼어들자, 열은 그때까지보다 세 배나 되는 거리의 뒤로 멀어진다. 이런 행태에 대해서도 둘은 다르게 반응한다. "세 시간이나 미리 나와 기다린 보람 없어진 것"에 대한 불평이 '나'의 것이라면, "그러니까 부지런허구 게으름허구 맞먹는 것"이라고 씨익 웃는 것이 '김'의 것이다. "이 땅 백성들 언제 사람되고 제 물에 질서를 지킬 줄 알게 될"까 한탄하는 것이 '나'라면, "해방의 날이 얕구 건국이 미처 아니 돼 모든 것이 혼동해서, 백성이 아직 어리구 철이 아니 나서 그렇거니 해두라"는 것이 '김'이다. 이에 지지 않고 '나'는 어리고 철이 아니 나서가 아니라 나이 너무 많아 노망이 나고 망령을 부려서 그렇다고 고집한다.

　백성에 대한 '나'의 부정적인 견해는 열차에 올라서까지 확인됨으로써 둘의 옥신각신은 계속된다. 둘씩만 앉은 빈 자리를 편하게 갈 요량으로, 함께 앉아 가지 않으려고 누가 온다고 거짓말을 하는 것이나, 줄을 서서 기다리다 탄 열차에 이미 많은 사람들이 타 있는 것 등이 그것이다. 그래도 '김'은 두 사람만 앉은 자리를 비집고 들어가 자기도 앉고 맞은편의 자리도 확보하여 '나'에게 권한 다음, 앉아서 가게 된 것을 다행이라고 말하며, "세상이 어즈러울 땔수록 뇌물이라는 것허구 정실허구가 득셀하는 법"이라고 넘어가려고 하는데, '나'는 굳이 "자네 말하던 게으름허구 부지런허구가 맞먹는 게 아니라 교활허구 부지런허구가 맞먹는 셈"이라고 되받는다. 결국 "건국되면 다 제대루 들어서요"라는 '김'의 말로 둘의 논란은 일단락된다. '김'이 말한 '건국'이라는 말에 주위 사람이 개입해 왔기 때문이다.

　이 에피소드 역시 둘의 차이를 극명하게 보여주는 예가 된다. '나'가

분열과 갈등의 길　103

말하는 '사람'/'질서'라는 것에는 인간 됨됨이나 내적 기율이 전제되어 있다. 이에 반해 '김'이 말하는 '해방의 날이 얕고'/'건국이 미처 아니 되어서'라는 것에는 현실의 수준이나 외적 상황이 고려되어 있다. '나'의 결벽은 달리 보면 완벽 추구가 된다. '나'가 요구하는 인격이나 질서는 단기간에 정립되는 것이 아니고, 더구나 인간과 사회의 관계는 상호 작용적이므로, 그러한 수준에 쉽사리 도달하기를 기대한다는 것은 주관적인 소망에 지나지 않을 수도 있다. 어쨌든 완벽 추구의 혐의가 있는 '나'가 해방 공간의 인격의 미성숙과 질서의 혼란을 받아들인다는 것은 쉽지 않을 것이다.

그에 비해 '김'의 인간과 사회에 대한 견해와 요구는 단기적인 것이고 완벽한 수준의 것이 아니다. '김'에게는 처음부터 완벽한 인간과 완전한 사회는 불가능한 꿈일 뿐이라는 사실에서 출발한다. 이러한 인간과 사회에서 요구되는 것은 상황의 유연한 수용과 그에 대처하는 수완이다. 줄이 세 배로 늘어난 것과 같은 무질서는 기차를 탈 수 있었던 것으로 무화시킬 수 있고, 줄을 서서 기다리지 않고 미리 기차에 탄 사람이 많이 있었던 것과 같은 불합리는 자리에 앉아 갈 수 있다는 것으로 얼마든지 희석시킬 수 있다. 그에게는 상황도 현실에서 일어나는 것이고, 그 상황에 대처하는 것도 현실에 있는 것으로 이루어진다. '나'처럼 현실에 결여되고 결핍된 이상으로 상황에 대처하지도 않고, 현실이 제공하는 불편에 대한 불평을 늘어놓지도 않는다.

열차를 타기 전까지의 이야기나 에피소드는 '나'와 '김'을 중심으로 이루어졌는데, 열차를 타고난 뒤부터는 '김'의 유도로 시작되지만, 결국 승객들 사이의 대화로 그 중심이 이동한다. 대화의 초점은 앞에서 말한 '건국'이다. 건국이 쉽게 되겠느냐는 늙은 농민의 물음과 '노서아 사람/미국 사람'에게 물어 보아야 알 거라는 '김'의 답변, 무엇하러 우리 정부되기를 기다리냐는 '김'의 물음과 우리 정부가 생겨야 두루 좋은 일이 많을 것이라고 하더라는 농민의 답변, 누가 조선 대통령이 되면 좋겠느냐는 '김'의 물음과 이승만 박사가 되어야 한다는 농민의 답변, 어째 그러냐는 '김'의 물음과 그이가 제일 낫다더라는 농민의 답변이 뒤따른다.

그러나 어떤 놈이 그따위 소리를 하느냐며, 그렇게 되면 조선은 또 망한다는 잠바 청년의 개입이 이루어짐으로써 이야기는 청년과 노인 사이의 대화로 넘어간다. 이승만이 남이 말하는 것처럼 나쁜 이는 아니라 하더라며 항변하는 노인, 그건 거짓말이라며 재반박하는 청년, 시골 구석에서 땅이나 파먹고 사는 사람이 무얼 알겠느냐고, 남들이 그러니까 그런가 보다 하는 거라고 한 걸음 물러서는 노인, 시골로 돌아다니면서 그런 소리 하는 놈들이 모두 나라 망쳐 놓을 놈들이라고 청년이 바짝 조이자, 나야 살면 얼마나 살겠느냐고, 나라 있을 적에도 나라 덕 본 것 없이 살았고, 나라 없을 적에도 나라 그리운 줄 모르고 살았다고 노인은 한 걸음 더 물러선다.

이런 노인과 청년의 모습을 미소로 듣고만 있던 '김'이 개입하여, 누구를 대통령으로 뽑을 거냐고 물어 각각 이승만/여운형이라는 답변을 얻어낸다. 노인의 이승만은 뚜렷한 이유가 없는데 청년의 여운형은 뚜렷한 판단 근거가 있다. 민주주의와 공로가 그것이다. 그러자 '김'이 박헌영을 들먹이고 청년은 더 좋지만 조선엔 공산주의가 아직 이르다는 것을 근거로 박헌영을 제외시킨다. 공산주의란 말이 나오자 노인이 개입하며 말한다. 공산주의가 그리 좋은 건 아니라고 하더라고. 노동자 농민이 부르주아나 지주한테 착취 당하지 않고 계급 차별 없고 평등한데 어찌 나쁘냐며 청년이 면박한다. 노인은 외국말 섞인 말을 알아들을 수 없어 뻔히 쳐다보기만 한다.

이에 '김'이 개입하여 공산주의를 쉽게 농민의 경우에 대입하여 설명한다. 청년의 말 속에 들어 있던 착취 당하지 않고 계급 차별 없이 평등하게 사는 세상을 자세한 사례를 들어 설명하는 과정에서 농민은 흐뭇해하지만, 무상 몰수 부분에서는 공평하지 못하다며 내켜하지 않는다. '김'이 그것이 공평하게 만드는 과정이라고 해도 받아들이지는 못한다. 그러면서 오히려 공산주의를 하면 조선이 일본 대신 아라사 속국이 된다고 그러더라며 회의적인 반응을 보인다. 아라사 속국이 되어도 평등하고 풍족하게 사는 것이 낫지 않느냐고 '김'이 떠보자, 살기 좀 옹색해도 나라가 있어야 한다고 말한다. 조금 전 나라가 있으나 없으나 상관없다고 하지 않았느냐고 '김'이 반격하자, 말이 그렇다는 얘기라고 뒷걸음친다.

노인과 청년 그리고 '김'의 개입으로 이루어진 위와 같은 이야기는, 칼 만하임이 『이데올로기와 유토피아』에서 말한 이데올로기와 유토피아가 현실과 유리됨으로써 야기되는 문제를 잘 보여준다. 칼 만하임에 의하면 이데올로기와 유토피아는 2차적인 특징에서만 차이가 있을 뿐 본질적으로 사회적 실재와의 부조화와 불일치를 공통점으로 가진다. 이승만을 들먹이는 노인의 어법은 대체로 '~하더라'이다. 다시 말해 노인의 정치적 발언은 자신의 현실에서 스스로 도출한 것이라기보다는 특정 정치 집단의 이데올로기와 그 선전에 의해 침윤된 것이자 그것을 내면화한 것의 표출이다. 청년이 개입하여 노인의 발언에 대해 면박을 하는 것은 노인의 발언이 내포하고 있는 그러한 정치 이데올로기의 선전에 대한 지적과 비판을 하고 있는 셈이다.

청년이 여운형과 민주주의를 내세우고 '김'이 박헌영과 공산주의를 들먹인 것은 노인의 이데올로기에 대한 유토피아적 속성을 띤다. 이데올로기가 실재를 은폐하여 지배하려는 의도를 담고 있다고 한다면 유토피아는 이데올로기가 은폐하려는 실재를 공격하여 폭로하려는 성격을 띤다. 청년의 발언에 공격성이 느껴지는 것도 바로 이러한 성격에서 연유한 것이다. 그리고 노인이 공산주의에 대한 청년의 말이나 '김'의 설명에 한편으로는 흐뭇해하지만 다른 한편으로는 꺼림칙해 하거나 회의적인 반응을 보이는 것은 유토피아가 안고 있는 현실과의 괴리 또는 비현실성을 감지하고 있기 때문일 것이다. 농민의 입장에서 착취가 없고 계급이 없는 평등 사회라는 공산주의 유토피아가 기대나 소망의 수준에서는 바람직한 것이지만, 현실의 경험에 비추어 보아서는 실현 가능성이 희박해 보인다는 것이다.

그러나 또 다른 측면에서 보면 노인의 반응은 현실의 경험에서 나온 것이라기보다는 지배 이데올로기의 작용에서 유래한 것이다. 폴 리쾨르가 『텍스트에서 행동으로』에서 말하듯이 이데올로기는 실재하는 것에 대한 해석인 동시에 가능한 것의 폐쇄이기 때문이다. 이승만을 둘러싼 노인의 발언이 이데올로기에 의한 실재하는 것에 대한 해석 부분을 받아들인 것이라면, 여운형과 박헌영을 둘러싼 이야기나, 민주주의와 공산주의와 관련된 부분에 대한 노인의 거부감이나 회의감은 이데올로기가 행한 가능한 것의 폐쇄 부분에 해당될 수 있겠다. 다시 말해 실현 불가능성이나 시기 상조와 같은 관념은 현실에 비추어본 것일 수도 있지만, 이데올로기가 현재의 지배를 지속하기 위한 의도로 만든 것일 수도 있다는 것이다. 어쨌든 노인의 발언이나 반응은 나서기도 하고 물러서기도 하면서, 인정하기도 하고 부인하기도 하면서 이데올로기가 행한 내면화의 효과를 적실하게 보여준다.

노인과 청년의 어설픈 논쟁은 결국 이데올로기와 유토피아의 충돌을 구체화시켜 보여주는 셈이다. 이데올로기는 지배를 위한 것이고, 유토피아는 이데올로기가 만들어 놓은 지배적 상황에 저항하거나 그것을 벗어나고자 하는 것이다. 노인의 발언은 이데올로기가 행한 지배의 효과가 어느 정도인지 가늠할 수 있는 척도가 될 수 있고, 청년의 발언은 유토피아가 지배 이데올로기에 대해 어느 정도 견제력을 지니는지 가늠할 수 있는 척도가 될 수 있다. 그리고 이 둘은 현실 상황의 장악을 두고 서로 다투는 형국이 될 수도 있다. 그러나 여기서는 그러한 척도나 장악을 명확하게 보여주고자 하지는 않는다. 이 작품이 정치소설로서의 의도보다는 세태소설의 의도가 강하기 때문이다.

그래서 이데올로기와 유토피아가 다 같이 놓친 현실을 매개시키려 한다. 이 현실을 매개시키려는 역할을 하는 인물이 바로 차창 옆에서 듣기만 하던 시골 신사다. 그는 조선에서 공산주의를 하려다간 공산주의를 하지도 못하고 나라만 망쳐 놓게 된다고, 공산주의를 추종하고 주장하는 것은 38도 이북의 현실을 가서 보지 못했기 때문이라고, 그곳에서는 "공업기계를 뜯어가고, 공출루 식량을 뺏어 가구, 불한당두 공산당원이면 그만이구, 부녀들 겁탈하구, 태극기 대신 적기 내세우구" 하는 것을 알고나 하는 소리냐고 청년을 힐난한다. 이에 대해 청년이 그곳에 가보았냐고 묻고, 신사는 가 보아야만 아느냐고, 듣고는 모르냐고 대답한다. 그러면서 미국식 민주주의를 해야 한다고 말한다.

결국 현실을 매개시켜 이데올로기와 유토피아가 방기한 사회적 실재에 도달하고자 한 의도는 또 다시 미국과 소련의 대리전 양상으로 비화되어 버린다. 이를 지켜보던 '김'은 그들을 외면하고 웃으며 영어로 "Just a reduced drawing"라고 뇌까린다. 신사와 청년의 대립은 미국과 소련의 대립 양상을 축도로서 보여준다는 것이다. 서두에서 말한 것의 확인으로서, 전체 사회의 정치적 갈등이 열차 안의 인물들의 갈등으로 축소되어 표현되고 있다는 것이다. 이러한 양상을 축도로 파악하는 것도 일리가 있지만, 그렇게 되면 간과될 수 있는 것이 생겨난다. 축도라는 개념에는 아무래도 전체 사회를 우선시하고 비중 있게 보려는 의도가 내포되어 있기 때문이다. 전체를 표현하기 위한 방편으로 축도를 제시하고, 축도를 보고 그것을 전체로 확대하여 해석하고자 하는 것이 그 근거가 될 수 있다.

　이보다 더 바람직한 것이 추상적인 틀과 구체적인 결의 개념이라 할 수 있는 '체계'와 '생활세계'이다. 사회적 실재와의 부조화와 불일치를 공통적 속성으로 가지는 이데올로기와 유토피아는 체계분석이론가들이 말하는 체계와 유사점을 가지며, 사회적 실재는 미시사 연구자들이 말하는 일상생활세계와 유사한 면을 지닌다. 위르겐 하버마스는 『의사소통행위이론』에서 생활세계와 체계라는 개념으로 압축되는 전형적인 사회 파악 방식들이 어떻게 서로 관련되는지 살펴보고 있다. 그에 의하면 생활세계의 합리화는 체계복잡성의 증가를 가능하게 하는데, 체계복잡성이 과도하게 증가하면서, 고삐 풀린 체계명령은 생활세계를 도구화하고 생활세계의 수용능력을 폭파하는 지경에까지 이르게 된다고 한다. 따라서 체계와 생활세계는, 전자의 복잡성과 후자의 합리성이 증가하면서 각각 체계와 생활세계로서 분화될 뿐만 아니라, 동시에 서로로부터도 분리된다고 한다.

　농민 노인에 의해서는 이승만으로, 시골 신사에 의해서는 미국식 민주주의로 표현된 이데올로기든, 청년에 의해서는 여운형으로, '김'의 설명에 의해서는 박헌영이나 소련식 공산주의로 표현된 유토피아든, 이는 모두 일상생활세계에서 도출된 것이 아니라는 점에서는 체계이다. 그 체계는 일상생활세계의 합리성에 의해 검증이 되는데, 노인이 무상몰수에 대해 공평하지 못하다고 하는 것이나, 청년이 박헌영을 시기상조라고 하며 논의에서 제외시키는 것 등은 일상생활세계의 합리성의 입장에서 체계의 부적합성에 대해 보이는 반응이라 할 수 있다. 즉 체계와 생활세계 사이의 간극을 인물들의 견해 차이와 갈등 양상을 통해 보여주는 셈이다.

체계와 생활 세계가 틀과 결로서 서로 조화롭게 상호 습합되지 못한다면, 이 둘 사이의 부조화나 불일치는 해소되지 못하고 갈등을 되풀이할 것이다. 그래서 하버마스가 말하는 것처럼, 생활세계의 합리성은 증가될 것이고, 잘못 처방된 체계의 복잡성도 증폭되어 분화와 분리를 계속해 나갈 것이다. 앞에서 '나'가 백성을 걱정하는 것에 대해 '김'이 타박하며 말한 바에 이를 대입시켜 볼 수도 있다. '김'이 말하는 소위 지도자와 정부는 체계에 해당될 것이고, 백성은 생활세계에 해당될 것이며, 이 둘의 부조화나 불일치는 거꾸로 선 피라미드가 이리저리 기우뚱거리며 시이소오 게임을 하는 것에 해당될 것이다.

해방 정국 또는 건국 전야의 이러한 갈등과 혼란은 정치 분야에만 해당되는 것이 아니다. 기차가 천안역에 이르러 보여주는 광경은 경제 분야 역시 마찬가지임을 말해준다. 기차가 구내로 들어섰을 때, 승강대와 출입구는 이미 짐과 사람에 의해 점령당해 쓸모없게 되고, 아우성과 사람과 함께 쌀보퉁이가 차창으로 밀려들어 아수라장이 된다. 청년의 도움으로 커다란 쌀보퉁이와 함께 차창을 통해 들어온 양복 입은 젊은이가 아수라장의 사연을 들려준다. 부산에서 대두 한 말에 8백원하는 쌀을 1천 2백원짜리 월급쟁이가 사먹고 살 수 없어서 천안까지 와서 2백원씩에 두 말을 사서 내려간다고 하며, 쌀 밀수출꾼들에 대한 분노를 드러낸다.

양복 입은 젊은이의 말에 의하면, 일본에 쌀을 밀수출하는 데에는 미군정의 손길도 미치지 못할 뿐만 아니라, 밀수꾼과 농민이 한통속이 된다는 것이다. 젊은이는 시골 신사와의 대화에서 신사의 이야기를 모두 논박한다. 미군정이 치안을 밝히지 않느냐는 말에 대해서는 손이 미치지 않는다고, 쌀 밀수출이 소수의 모리배에 의해 자행되는 것이 아니냐는 말에 대해서는 소수의 모리배가 부산과 여수 등지에서 그런 짓을 할 수 있겠느냐고, 그러면 야미꾼들일 거라는 말에 대해서는 농민들이라고 반박한다.

농민들이 시세가 좋아 내막도 모르고 하는 것이라는 말에 이르러서는, 신사를 서울서 정치하는 양반으로 치부하면서 노골적으로 적대감을 드러낸다.

 이러한 젊은이의 논박과 적대감은 앞의 정치 분야에서 본 체계와 생활세계 사이의 간극에서, 이데올로기 및 유토피아와 사회적 실재 사이의 부조화 및 불일치에서 연유한 것이다. 이를 다시 막스 베버의 용어를 빌려 말하면 이념형과 합리성 사이의 괴리에서 오는 것이라 할 수 있겠다. 젊은이에게는 '건국, 정치, 정당, 우익/좌익, 민족주의/공산주의, 자주 독립' 등은 생활세계나 사회적 실재의 입장에서 보면 체계나 이데올로기 및 유토피아의 허구를 보여주는 사례일 뿐이다. 그리고 이 허구는 허구로서 끝나는 것이 아니라 생활세계를 터전으로 하는 일상인에게 고통으로 이월된다. 그래서 젊은이의 논박과 적대감에 대해 신사가 제기하는 과격성에 대해 오히려 젊은이는 자신이 받는 고통으로 재반박한다. 밀수출꾼에게 넘기면 더 많은 돈을 받을 수 있다며, 쌀가게에서 쌀을 나누어 팔지 않아 저녁거리를 구하지 못했던 것이며, 남의 일터에서 월급에 매어 살면서 한 달에 두세 번씩 부산서 천안까지 행보하는 건 둘째치고, 무거운 걸 들고 차창으로 오르내리는 것이 모두 누구 때문이냐고. 젊은이의 음성과 표정의 '핍진'함에 압도되어 우익 신사와 좌익 청년도 심각한 얼굴이 되어 잠잠히 듣기만 한다. 젊은이의 이야기는 기차가 호남선과 갈리는 대전에 도착하면서 끝나는데, 사회적 실재와 생활세계 쪽의 공격이 이데올로기 및 유토피아와 체계를 침묵케 한 것으로 마무리되는 듯하다. 그러면서도 서술자는 생활세계와 사회적 실재를 긍정적으로 바라보지만은 않는다. 역 대합실의 북새통과 그 속에서 벌어지고 있는 투전판, 이튿날 이리행 혼합열차의 곡간차 꼭대기에 매달린 사람들, 거기에도 못 탄 사람들의 우울한 얼굴들 등이 그려진 것은 그것이 또한 사회적 실재와 생활세계의 모습이기 때문이다.

그 반대편에는 한 칸에 삼사 인 혹은 사오 인씩 탄 한가로운 '미군전용차'가 있는데, 사람들이 행여나 하여 이리저리 내달으며 기웃거리고 맴돌이를 한다. 이런 모습을 미군 병정 하나가 승강대 문을 열고 서서 완상한다. 촌 반늙은이 하나가 앞으로 가서는 손짓으로 자기와 찻간을 가리키며 태워달라는 의사 표시를 하면서, "근친스런 미소와 굽실거리기를" 거듭한다. 그에 대해 미국 병정은 차 꼭대기를 가리킨다. 이런 광경을 목도한 '나'와 '김'은 못 볼 것을 본 것 같은 회오에 얼굴을 돌려 버린다. 이 장면은 '축도 속의 축도'라 할 수 있는 부분이다. 기차와 관련된 지금까지의 이야기가 사회 전체의 축도라면, 반늙은이를 포함해 미군전용차에 몰려든 사람들과 미군과 관련된 에피소드는 미국식 민주주의의 추종이나 미국 의존도 물적 토대 없이는 허구임을, 체계와 생활세계 모두를 겨냥해서 보여주는 것이다.

그러면서 '나'와 '김'이 제시하는 길은 체계 쪽에서는 '일시적 헤게모니 상실'을 두려워하지 않는 양보를 통해, 생활세계 쪽에서는 '일시적 손실'을 두려워하지 않는 양보를 통해 협조하는 것이다. 그것이 '새로운 역사의 주인 노릇을 할 긍지와 도량'이라고 하면서 말이다. 그러면서도 한편으로는 "한 정당의 두령 재목은 있어도 민족의 두령 재목은 아직 없는 모양"이라고 영웅 대망론을 들먹인다. 그래서 '나'와 '김'은 그러한 인물을 기다리듯이, 음산한 정거장에서 언제 올지 모르는 다음 차를 민망히 기다린다. 그러나 후자의 영웅 대망론은 전자의 주인 노릇과 배치되면서 또 하나의 허구를 만들어 낼 수도 있다.

앞에서 본 간극이나 부조화 또는 불일치로 말미암은 고통은 이데올로기나 유토피아 그리고 체계가 제공하는, '민족'이나 '계급'을 바탕으로 하는 이념이 해소시켜 줄 수는 없는 것이기 때문이다. 그것의 해소는 그 속에서 살아가는 존재들이 동물적 욕망을 절제하여 스스로를 '인간'으로 심화시키거나, 적대적 이념을 해제하여 스스로를 '인류'로 승화시켜 진화를 거듭해야 가능해지기 때문이다. 나아갈 길은 지나온 길의 연장선상에 펼쳐진다. 지나온 길이 바람직하지 못할진대 나아갈 길이 음산하지 않고 민망하지 않기를 기대할 수는 없을 것이다.

운명과 파멸의 길
―황석영의 「철길」

 길은 다른 길로 이어지고 통하기도 함으로써 하나의 길에서 다른 길로 들어서기도 하고, 그 길에서 벗어나기도 하며, 또 다른 길로 들어서기도 한다. 그래서 길은 가까운 곳에서 먼 곳으로, 먼 곳에서 가까운 곳으로, 좁은 곳에서 넓은 곳으로, 넓은 곳에서 좁은 곳으로 궤적을 그리며 열려 있는 셈이다. 열린 길의 궤적을 그리는 동인은 필요나 욕구 또는 자유와 같은 것이 될 수 있다. 안치운이 『그리움으로 걷는 옛길』에서 길은 사람들의 필요에 의해서 만들어지므로, 길은 사람들이 만든 욕망의 지도와 같다고 말한 것도 이러한 맥락의 하나일 것이다.
 그러나 어떤 길은 다른 길로 이어지거나 통하기가 쉽지 않음으로써 다른 길로 들어서기도 어렵고, 그 길에서 벗어나기도 힘든 경우가 있다. '철로'가 바로 그러한 길이다. 최연혜는 『시베리아 횡단철도』에서, 정해진 두 개의 길을 절대로 벗어나지 못하는 철도의 원칙은 숙명의 무게를 깨우쳐 준다고 한 바 있다. 이처럼 철로는 개인의 힘이나 의지로는 어찌할 수 없는, 즉 그 길을 벗어나거나 다른 길로 접어들 수 없는 운명의 상징이 될 수 있다. 황석영의 「철길」은 운명의 덫에 걸린 한 인물의 파멸을 바로 이러한 철로에 빗대어 그려내고 있다.
 이 작품에 등장하는 길은 두 가지다. 하나는 자동차가 다닐 수 있는 길이고, 나머지 하나는 철길이다. 군대에서 죄를 지은 인물이 트럭에 태워져 역으로 향하는데, 그곳에서 기차로 사령부로 압송될 예정이다. 트럭에 죄수를 태운 하사가 검문소에 들러, 거기서 2인 1조로 근무하는 병사 중 하나인 병장의 도움을 받아 역으로 압송하는 과정에서, 예기치 못했던 일이 일어남으로써 사건의 전말이 드러나고 해결된다. 사건은 죄수를 둘러싸고 두 겹으로 이루어져 있다. 죄수가 압송되기 전 군대에서 상관을 총으로 쏘아 죽인 것이 그 하나이고, 압송되는 과정에서 탈출하려다가 실패하고 역시 총으로 자살하는 것이 그 하나이다.

이 두 가지 사건의 원인 또는 근저는 처음에 드러나지 않고 어둠 속에 묻혀 있다. 마치 이 작품의 사건이 밤의 암흑 속에서 일어나듯이 말이다. 이 작품의 배경은 달이나 별이 나타날 수 없는 비오는 밤으로 설정되어 있다. 몰아치는 비바람은 전기를 끊고 전화를 불통으로 만들어 주위를 암흑에 빠뜨리는 데 일조하고 있다. 이러한 상황에서 사람의 자취를 느끼게 하는 것은 검문소 안에 켜놓은 촛불과 트럭의 헤드라이트뿐이다. 그러나 이 빛도 지속적으로 빛의 효력을 발휘하지 못한다. 바람이 촛불을 흔들어 꺼질듯 비추기를 반복하고, 헤드라이트 불빛은 굽이도는 산자락을 따라 나타났다 사라지기를 되풀이한다.

이 두터운 암흑과 실낱같은 불빛의 대조는 이 작품의 분위기를 조성하면서 동시에 결말을 예감케 한다. 특히 헤드라이트에 드러난, 쏟아져 내리꽂히는 빗줄기가 연발의 총알을 연상시킴으로써, 그 트럭으로 압송되는 죄수의 운명이 어떻게 귀결될 것인지를 충분히 예상케 한다. 그리고 하사가 죄수를 압송하는 과정에서 둘의 손목에 채운 수갑은 이들이 나중에 타기로 되어 있는 기차나 철길의 이미지와 동궤의 것임을 어렵지 않게 짐작할 수 있다. 수갑이나 기차나 철길은 모두 견고한 쇠를 재료로 한다. 그 견고함은 어떤 개인적 의지로도 쉽게 허물어지지 않는 힘을 발휘한다. 그리고 수갑이 손목을 그 안에 얽어 묶듯이, 철길은 기차를 그것에서 벗어나지 못하게 하며, 달리는 기차는 그 안에 탄 사람을 밖으로 내보내지 않는다. 이것이 바로 이 작품에서 읽어낼 수 있는 운명이고 그것의 힘이다. 실낱같은 불빛이 두터운 암흑을 뚫거나 밀어내지 못하듯이, 운명에 저항하는 죄수의 몸부림은 희망 없는 것이고, 절망의 전도된 몸짓일 뿐이다. 그는 "어깨가 떡 벌어지고 덩치가 큰 무뚝뚝해 보이는 병사"이다. 그의 이러한 외모 묘사는 그가 자신에게 닥친 문제를 이성적으로 판단하고 해결하려 하기보다는 감정적으로 대응하고 신체적으로 대처하려 했을 가능성이 크다는 것을 말하기 위한 전제로 보인다.

그리고 "작은 눈에 펑퍼짐한 뺨은 몹시 그을러서 감정조차 없는 듯이 보이는 얼굴"이라고 묘사한 것 역시 죄수가 자신의 처지나 주위 상황에 대한 현명한 판단을 근거로 행동할 가능성은 없음을 보여주려는 듯하다. 그는 군대에서 이미 두 건의 다른 전과를 가지고 있다. 탈영과 폭행이 그것이다. 그래서 그를 압송하는 두 인물 중 하나인 병장의 두 배를 군대에서 보냈는데, 그 중의 절반을 군 감방에서 보낸 이력을 갖고 있다. 거기에다 이번에는 대대장 당번으로 숙소에 있다가 대대장을 총으로 쏘아 죽인 것이다. 왜 대대장을 쏘게 되었는지에 대한 구체적인 언급이 나타나 있지는 않다.

다만 "돈짝만한 계급장을 쐈는데…그게 사람이잖아"라는 언급으로 보아서, 그가 총을 쏜 이유가 대대장에 대한 개인적 원한이라고 보기는 어려울 것 같다. 군대는 집단 의지에 의해 영위되는 집단이다. 집단 의지는 집단에 소속된 개인을 집단 구성원 이상으로 보지 않는다. 뿐만 아니라 개인적 차원이나 인간적 관계를 개재시켜 구성원을 배려하기도 어려울 것이다.

이는 압송되는 자와 압송하는 자 사이에서도 쉽게 확인되는 것이다. 압송되는 자는 삶과 죽음의 경계에서 절명의 위기에 처해 있지만, 압송하는 자는 압송 업무로 주말이 망쳐진 것을 불평할 뿐이다.

그러니까 총기 살인은 군대라는 특수한 집단의 속성과 그것에 소속된 개인의 의지가 충돌하여 빚어낸 결과로 보아야 할 것이다. 즉 죄수라는 개인은 군대라는 집단의 의지가 허용할 수 없는 감정이나 소망을 품고 있었던 것이다. 그 감정과 소망은 죄수가 일반적인 경우의 병사와 달리 이미 '결혼'한 처지 곧 가정과 가족을 가졌다는 데서 오는 것이다. 가정이 사적인 영역이고 개인적인 친밀과 내밀을 속성으로 꾸려진다면, 군대는 공적인 영역이고 집단적인 명령과 복종을 속성으로 운영된다. 대부분의 병사는 그가 직업 군인이 아니라면 전자에서 후자로 이동하여 일정 기간을 복무하다가 다시 후자에서 전자로 돌아간다. 전자와 후자의 직접적인 소통이나 연결은 면회나 휴가 기간에서만 가능하다.

그러나 죄수는 결혼한 상태이므로 전자와 후자 양쪽에서 오는 압력에 의해 분열된 상태가 된다. 몸은 후자의 영역에 있지만 마음은 늘 전자에 빼앗겨 있는 상태에 있었을 것이다. 앞의 그에 대한 묘사나 두 번의 전과로 본다면 그는 이러한 분열 상태를 조정하거나 통합할 수 있는 능력이 결여되어 있다고 보아야 할 것이다. 그의 비극은 바로 이러한 분열 상태와 그것을 통합하거나 조정할 수 있는 능력의 결여와 그것을 수용할 수 없는 집단의 의지에서 찾을 수 있겠다.

전자의 가정이나 가족의 측면에서 보면, 즉 집으로 가지 못한다는 점에서는 후자의 군대와 그 안의 군 감방은 동일한 것이 된다. 탈영과 폭행으로 군 감방에 들어가 군 시절의 절반을 보낸 것을 죄수가 대수롭지 않게 말하는 것, 이보다 덜 절박한 병장이 "빵깐이 따루 있습니까"라는 말이 이를 입증한다. 그리고 대대장을 총으로 쏘아 죽임으로써 그는 이제 사적 영역인 집이라는 공간에도 공적 영역의 공간인 군대의 감방에도 몸 둘 곳이 없어진 것이다. 그에게 남겨진 것은 분열의 상태를 넘어 파멸의 길밖에 없는 셈이다.
 그렇다고 그 파멸을 그는 쉽사리 받아들이지는 못한다. 다소곳이 그 파멸을 받아들이는 것은 그의 몫이 아니다. 그러한 자세는 자신을 통제하고 정리할 줄 아는 자의 몫이다. 앞의 탈영이나 폭행의 행태로 보아 그가 취할 수 있는 길은 파멸의 순간을 최대한 연장하거나 그 순간을 받아들이지 않으려 몸부림쳐 보는 것 정도일 것이다. 기차의 연착은 그러한 연장의 의도하지 않은 사건이다. 그러나 죄수는 그 정도로 만족할 수는 없다. 하사가 역의 상황을 살펴보기 위해 역사 쪽으로 가고, 병장이 손수건을 꺼내 빗물 젖은 얼굴을 닦는 순간을 노려 병장을 타격하고 총을 빼앗아 버린다.
 이로써 전세가 역전되어 죄수는 병장을 포로 또는 인질로 삼아 하사와 대치한다. 병장과 하사가 설득을 해보지만, 그들의 설득을 받아들일 만큼 죄수는 이성적이거나 합리적이지 않다. 그랬더라면 처음부터 인질극을 벌이지 않았을 것이다. 설득이 불가능한 경우 남은 길은 힘에 의한 대결밖에 없다. 하사가 역과 인근 파출소 그리고 본부에 지원을 요청하고, 이어서 그 지원 세력들이 가세하면서, 죄수의 저항과 몸부림은 점점 더 희망 없는 쪽으로 기울어진다. 병장과 자신의 손목을 함께 묶고 있는 수갑을 풀려고 병장의 머플러에 꽂힌 옷핀으로 시도를 해 보지만, 수갑이 신형이라 말을 듣지 않고 오히려 옷핀이 구부러져 버린다.
 역에 신호등이 켜지는 것을 본 죄수는 기차가 들어오면 일단 그것을 타야겠다고 생각한다. 예정대로라면 하사와 병장이 죄수를 압송해갈 기차다. 그러나 지금은 죄수가 그 기차로 자신이 처한 상황을 벗어나고자 한다. 이제 기차와 철길의 의미는 죄수에게 주어진 운명이자 동시에 그것에서 벗어나고자 하는 의지가 될 수도 있다. 그러한 기차가 하사의 요청으로 역에 들어오지 않고 멀찍이 정거해 버리고, 볼 일이 끝나면 역을 그냥 통과할 것이라고 병장은 말하자, 죄수는 "잠깐, 어처구니없는 생각을 했었다. 나는 기차소리를 듣구 애들 생각을 했어. 언제나… 놓치기만 했다."고 말한다. 그러니까 기차와 철길은 늘 그렇듯이 죄수의 의지를 담는 쪽보다는 운명을 담는 쪽으로 기울어진다.

기차가 다시 철로 위를 달리기 시작하며 바퀴 소리가 들려오자, 죄수는 "벽에 기대 앉아 그 소리가 아주 들리지 않게 될 때까지 귀를 기울인"다. 기차와 철로의 연결 부위가 마찰하며 내는 그 소리는 죄수에게 아마 자신의 운명이 자신의 몸에 새겨지는 소리로 들렸을 것이다. 그리고 그러한 운명의 길에서 자신이 헤어날 수 없다는 것도 같이 느꼈을 것이다. 기차는 떠나고 포위망은 좁혀져 오는 급박한 상황에서 죄수는 자신의 운명에 대해 상징적인 처형을 감행한다. 병장에게서 뺏은 총으로, 자신의 운명의 정체를 들추어 내어, 운명 하나에 총알 한 방씩을 쏘며, 운명의 총살형을 집행한다.

여기에 이르면 앞에서 말한 그를 분열시키고 마침내 파멸에 이르게 한 것 곧 운명의 정체가 구체적으로 드러난다. 그것은 사적 영역과 공적 영역 그리고 그 둘을 연결시키는 매체의 세 부분으로 이루어져 있음을 확인할 수 있다. '집 동네/아내/애새끼들'이 첫 번째 부분이라면, '철조망/군번/계급장/영창/중령의 속옷'이 두 번째 부분이 될 것이고, '휴가증/고향 편지/부쳐온 떡'이 마지막 세 번째 부분이 될 것이다. 마지막 한 발을 남기고 쏘아 총살을 한 '기차'는 그러한 분열과 매개의 긴장이 파국에 도달했음을 알리는 기호가 될 것이다.

기차는 역에서 멀리 떨어진 곳에 머물다 떠남으로써, 기차에 태워져 압송되는 상황을 역전시켜, 기차를 타고 어디론가 벗어나고자 한 기대는 완전히 무너져 버린 것이다. 게다가 하사의 요청을 받은 지원군이 도착하여 포위망을 좁혀 옴으로써 옴짝달싹할 수 없는 상황이 된 것이다. 다시 말해 처음부터 기대할 수 없었던 이성적인 판단이나 해결은 말할 것도 없고, 그에게 가능했던 감정적 대응이나 신체적 대처의 길도 이제는 막혀 버렸다는 것이다. 사적 영역과 공적 영역 사이에서 사적 영역으로 기울어진 죄수의 개인적 저항은 공적 영역의 공권력과의 우위 다툼에서 완전히 좌절한 것이다.

저항이 좌절된 개인이 할 수 있는 것은 자신을 좌절시킨 공적 영역의 힘들을 상징적으로 처단하는 것일 뿐만 아니라, 공적 영역의 힘에 저항하도록 한 사적 영역의 존재들과 그 끈들을 소멸시키는 것이다. 데즈먼드 모리스는 『인간동물원』에서 이와 같은 경우를 공격성의 방향 전환이라고 부른 바 있다. 그러나 상징적인 것으로 상황이 종결될 수는 없다. 실제적인 것이 남아 있기 때문이다. 죄수와 인질인 병장이 바로 그것이다. 죄수는 다른 모든 배출구가 막힌 상태에서 최후의 배출구로 자신을 선택하여 한 발 남은 총알로 스스로를 쏘고, 병장은 그것에서 제외시킨다. 이는 아마 모든 것을 포기한 자 특히 자기 자신마저 포기한 자의 마지막 아량일 수도 있겠다. '계급장을 쐈는데, 그게 사람'이었다는, 대대장을 쏘았을 때와는 달리, 병장의 경우는 '계급장 이전에 그에게서 사람'의 모습을 먼저 보았기 때문이었을 것이다.

즉자와 즉물의 길
―곽학송의 「철로」

　인간이 진화를 하듯이 길도 진화한다. 즉 사회의 변화가 길의 변화를 초래한다. 그래서 농경사회의 시골길과 같은 흙길이 있듯이, 도시화에 따라 생겨난 아스팔트길과 같은 포장도로도 있다. 또한 길의 변화는 그 길을 이용하는 수단의 변화와 맞물려 있다. 흙길은 주로 사람과 우마차 중심의 길인데 비해 포장도로는 차량 중심의 길이다. 이는 육로뿐만 아니라 수로에도 그대로 적용된다. 풍력을 이용한 소규모의 뱃길이 증기기관을 이용한 대규모의 항로로 바뀐 것, 곧 범선에서 증기선으로의 변화에서 이를 확인될 수 있다. 이처럼 길의 진화는 그 길을 이용하는 수단이 자연과 신체적 힘의 의존에서 기계적 동력의 의존으로 변화했음을 보여준다.
　이러한 인간과 길과 교통 수단의 변화는 인간의 진화에 대한 에드워드 홀의 견해를 빌리면 서로 맞물려 있음을 알 수 있다. 그는 『보이지 않는 차원』에서 인간의 진화를 신체에서 연장물로 옮겨서 설명함으로써 그 급속한 진화 과정을 해명한다. 즉 인간의 진화는 신체 자체에서 이루어져 왔다기보다는 그 연장물에서 이루어져 왔다고 보는 것이 옳다는 것이다. 그의 견해에 기대면 도로를 달리는 차량과 같은 교통 수단은 길 위를 걷던 다리의 연장물의 진화된 모습이고, 그 진화된 모습에 맞게 도로가 만들어진 셈이다. 그러니까 인간의 신체인 다리와 길의 관계가 그 연장물로서의 교통 수단과 도로의 관계로 바뀌고, 그 바뀐 것이 급속하게 진화해 온 것이다.

이러한 진화의 한 과정에 철로와 기차의 관계가 있다. 철로와 기차는 도로와 차량의 관계에서 특이한 모습을 보인다. 볼프강 쉬벨부쉬가 『철도 여행의 역사』에서 말하듯이, 철로와 기차의 관계는 선로와 바퀴의 결합으로써 차량과 길을 기계로 통일시키는 결과를 가져온 결정적인 단계이다. 이 둘의 결합은 철로와 차량 사이를 어떻게 움직여볼 여지라고는 전혀 없는 것으로 만들어 버린다. 즉 철도는 교통로와 교통수단을 기술적으로 가장 밀접한 형태로 연결시킨 것이다. 여기에서 한 걸음 더 나아가면, 철도와 그 철도에 종사하는 사람의 밀접한 연관을 다룬 곽학송의 「철로」가 자리한다.

'안현수'는 수색역에서 5년 3개월 동안 철도 통신에 종사해 온 인물이다. 그는 일주야 24시간 근무에 다음 일주야 24시간 휴무로 생활하느라, 일주일 칠요제로 근무하고 생활하는 사람과 시간 감각이 다르다. 그래서 대부분의 사람들에게는 근무하는 엿새와 손꼽아 기다리는 특별한 날인 일요일이 구별되지만, 그에게는 일요일이 나머지 엿새와 다를 바 없다. 이처럼 근무 형태의 다름은 시간 감각의 다름으로 이어지고 나아가 일상의 다름을 초래한다. 물론 그의 일상과 대부분의 사람들이 영위하는 일상의 다름이 그의 근무 형태의 특이함에서 전적으로 생겨났다고 보기는 어렵지만, 작중 상황이라는 문맥에서 볼 때는 그것이 전혀 무관하거나 영향을 미치지 않았다고 보기도 어려울 것 같다.

어쨌든 그의 일상은 모두 철도와 관련되어 있다. 일상생활을 구성하는 세 가지 요인을 노동과 여가 시간 그리고 가정생활이라고 보았을 때, 현수에게는 제일 앞의 노동과 관련된 것만 의식에 있을 뿐, 뒤의 두 가지 곧 여가 시간과 가정생활은 안중에도 없다. 여가 시간은 잠을 자는 것을 제외하고는 '통신약어연구'를 하는 시간으로 할애하는데, 그러한 자신을 두고 '밤낮 그게 무슨 짓이냐'고 혀를 차며 어머니가 나무라면, 대부분의 사람과 소일 방법이 다를 뿐이며, 자신은 지극히 정상 상태고 평온하다고 항변한다. 가정생활 역시 무관심하여, 결혼한 형인 '길수'네와도 거의 교류가 없고, 자신의 새 가정을 꾸리는 데에도 관심이 없다. 그가 아는 여자라고는 어머니와 형수를 제외하고는 같은 직장에 근무하는 '순이'와 '경혜'뿐이다. 이처럼 현수에게는 노동이 일상의 전부이고, 나머지 여가 시간과 가정생활도 노동으로 쏠려 있다.

그래서 일요일인데도 일요일인 줄도 모르고 있을 뿐만 아니라, 그 일요일에 전쟁이 일어났는지도 모르고 있다. 자기와 교대 근무를 하는 직장 동료인 '기호'가 집으로 찾아와서 알려준 뒤에야 전쟁이 일어났음을 알게 된다. 전쟁은 극한 상황이다. 극한 상황에 대응하는 현수의 태도는 극한 상황과 부합되지 않아 보인다. 피난민 행렬을 보며 기호가 현수에게 공동보조를 취하자고 해도 현수는 서울을 떠날 필요가 없고, 따라서 도피책을 강구할 필요가 없다고 흥미를 보이지 않는다. 다시 말해 일상생활에서 보이는 현수의 태도가 노동에 쏠려 있듯이, 전쟁이라는 극한 상황에서도 목숨을 도모할 생각을 하지 않고 일터에 쏠려 있다는 것이다. 그러면서 "사람의 목숨은 장소 여하로 좌우되지 않는 것이고/상식과는 반대로 위험한 장소에서 생명을 보지하기도 쉬운 것"이라고 항변한다. 일상에서의 비정상을 나무라는 어머니에게 스스로를 정상이라고 항변하듯이, 극한에서의 상식적 행동을 유도하는 기호에게 스스로 마련한 상식으로 항변하는 셈이다.

이러한 현수의 태도는 그의 형인 길수와의 만남에서도 그대로 드러난다. 특경대 소대장인 길수가 부대를 이끌고 다니다 잠시 시간을 내어 어머니를 뵈러 왔다가 현수를 만남으로써 둘의 차이가 확연히 드러난다. 길수는 부하를 이끌고 돌아다녀야 하는 군인이다. 군인은 임무를 부여받으면 출동을 해야 한다. 그 출동에는 상황이 중요하고 사람이 움직인다. 현수는 철도의 선로나 검차도 아닌 통신 업무에 종사한다. 출동할 일도 상황의 변화도 그다지 없을 뿐만 아니라, 움직이는 것은 사람이 아니라 소리다. 상황 변화에 민감할 이유도 민첩하게 대처할 필요도 없다. 그래서 길수가 "어떻게 할 작정이냐고/잠시 피해야 될 것이라고/내일쯤 놈들 세상이 될지도 모른다"고 이야기를 해도, 현수는 기호에 대해 그러했던 것처럼 별다른 반응을 보이지 않는다.

이와 같은 경우를 감안하면 현수의 태도는 근무 형태와만 관련된 것이 아님을 알 수 있다. 똑같은 형태로 자신과 교대 근무를 하는 기호와 대비해 보아도 둘은 서로 너무 다르기 때문이다. 따라서 근무 형태는 그의 일상적 삶의 태도나 극한 상황에 대처하는 자세를 전적으로 설명할 수 없다. 그리고 같은 가족 구성원이었던 형 길수와 대비해 보면, 현수의 태도와 자세를 가족적인 차원에서 설명할 수도 없게 된다. 길수 역시 직장 동료인 기호의 유도와 다를 바 없는 압력을 행사하기 때문이다. 결국 남는 것은 그의 개인적 차원 곧 그의 성격이다. 가정과 직장을 오가는 것이 그의 삶의 전부인 인간에게 가정과 직장을 덜어내고 나면 남는 것은 개별적인 인간 그 자체의 특성뿐이다. 물론 그러한 직장과 가정을 오가는 삶이 또한 그러한 성격을 형성하는 데 일조를 했겠지만 말이다.

그의 성격과 태도를 한 마디로 규정하면 즉물적이고 즉자적이다. 그는 자신의 노동인 철도 통신이라는 일에 밀착되어 있다. 그리고 타자와 관계를 맺기보다는 자기 자신과만 관계한다. 이런 즉물적 성격, 즉자적 성격이 그의 일상과 극한에 대응하는 태도를 결정한다. 직장에서 철도 통신 업무에 종사하고 집으로 돌아와서도 여가 시간을 다른 활동으로 보내지 않고 천정에 마련된 자신의 방에 틀어박혀 통신약어연구에 몰두하는 것이 그의 즉물적 성격을 보여주는 한 예라면, 그러한 자신을 나무라는 어머니의 간섭을 이상하게 여기며 스스로를 정당화하는 것이 그의 즉자적 성격을 단적으로 보여주는 예가 될 것이다. 이러한 그의 즉물적, 즉자적 성격은 이 작품의 곳곳에서 확인된다.

먼저 그의 직장 여자 동료인 순이와 경혜에 대한 시선에서 그의 즉물적 성격을 읽어낼 수 있다. 두 여자는 좌익운동에 가담하여 활동한 인물이다. 경혜는 "고된 조직 생활을 견디어낼 수 없어서인지 얼마 지난 뒤에 깨끗이 손을 뗀" 반면, 흥미를 느끼는 정도이던 순이는 "발을 들여놓은 후 온갖 정성을 기울"인다. 그러나 현수는 두 여자의 이러한 활동에는 관심을 가진 적이 없다. 오직 "경혜의 갸름한 얼굴과 고운 몸매/순이의 빛나는 두 눈과 날씬한 허리가 좋았을 뿐"이라고 말한다. 다시 말해 그녀들의 생각이나 행동에는 관심이 없고 단지 신체에만 관심의 초점이 맞추어져 있는 것이다. 그러면서도 순이를 만난 건 그녀가 현수의 철야 당번 날 그를 옥상으로 불러내었기 때문이고, 경혜를 만난 건 어머니가 그녀를 며느리 감으로 생각하고 양가부모들의 합의로 약혼이라는 인연을 맺었기 때문이다.

그리고 전쟁이 진행되어 가는 과정에서 한강을 건너려다 실패한 기호와 현수는 각각 다시 돌아오는데, 기호는 그 사이에 난지도에서 만난 자위대원과 결합하여 육군 본부 유격대 산하의 '태극대'에 소속되어 있다고 말하며 현수에게 입대를 권유하며, 그 부대가 일산 부근의 산중에 집결하고 있다고 하며 함께 갈 것도 권한다. 이러한 상황에서 현수의 결단을 재촉하듯 총성과 포성이 가까이에서 들린다. 그러나 현수는 기호의 권유를 거절하면서 기호의 말에 귀를 기울이기보다는 총성과 포성에 귀를 기울인다. 기호에게 그 소리는 신변의 위협을 의미하지만, 현수에게는 그렇지 않다. 총소리와 포성의 느낌을 비교하면서 포성에서 '따뜻함'을 느끼고, 기호의 존재는 잊어버린다. 이는 현수가 기호에 비해 얼마나 즉물적인가 하는 것을 여실히 보여준다.

　총소리와 포성에 대한 기호의 반응 곧 신변의 위협으로 받아들이는 것은 정상적인 것으로 볼 수 있다. 그리고 입대를 권유하고 입산을 권하는 것도 기호가 현수의 신변을 염려하는 차원에서 이루어진 것으로 그동안의 우정의 발로라고 볼 수도 있다. 그러나 현수가 자신의 행동과 신변을 스스로 책임지겠다고 하며 거절하는 것은 기호의 말과 태도에 내재한 못마땅함에서 유래한다. 입대를 권유하며 기호가 내놓은 것은 흰 손수건이다. 손가락을 물어뜯어 흐르는 피로 그 흰 손수건에 태극기를 그리고 서명을 함으로씨 대원의 증거품으로 삼는다는 것이다. 현수의 시선에 그것은 대원의 증거품으로 보이는 것이 아니라 피로 얼룩진 손수건일 뿐이다. 즉물적 시선은 그러한 물건에 지나친 의미를 부여하는 형식과 격식을 거절할 수밖에 없을 것이다.

　또 하나의 예는 현수가 이른바 '적치하' 석 달 동안 피란을 떠나지 않고 철도 업무에 계속 종사함으로써 서울이 수복되었을 때 부역죄로 심문을 당하는 장면에서 볼 수 있다. 수색 철도 치안대장실로 끌려가서 벽에 붙어 있는 태극기를 보았을 때, 현수는 국군 병사의 소총에 걸려 있던 태극기와 석 달 동안 천정에 두었다가 수복의 날에 현장에 꽂은 자기의 태극기와 연관시켜 생각한다. 그러면서 눈앞의 태극기의 재료를 생각한다. 그 깨끗한 태극기는 어느 집 의롱 밑의 광목이나 어느 여인의 치마 같은 것일지도 모른다고, 그 광목과 치마의 주인들은 이 시간 이 땅 위에 존재할 수 없는 인간일지도 모른다고. 다시 말해 현수에게 태극기는 국가의 상징도, 애국심의 표상도 아니다. 그는 사물의 의미 차원으로 나아가는 것이 아니라 그것의 물질성으로 되돌아가는 것이다.

　이러한 그의 즉물적 성격을 살피면, 즉물의 반대편에 이념이 있음을 알 수 있다. 태극기를 매개로 국가와 애국으로 나아가면 이념이 되고,

태극기를 보고 재료 곧 광목과 치마로 나아가면 즉물이 된다. 현수가 이념으로 나아가는 것을 거부하고 즉물로 되돌아가는 길을 택하는 것은 이념을 떠받치고 있는 희생을 수용할 수 없기 때문이다. 사물이나 일의 차원에서 즉물적 성격은 인간이나 사회의 차원에서 즉자적 성격으로 연결된다. 그래서 현수는 그의 가족 구성원이나 직장 동료에 대해서 대타적인 의식으로 교류하기보다는, 즉자적인 상태에서 스스로를 소외시키거나 칩거하는 쪽을 택한다. 가족 구성원으로서는 어머니와 형 길수가 있고, 직장 동료로서는 기호와 경혜와 순이가 있다. 이들은 가정 생활과 직장 생활에서 현수가 어떤 방식으로서든 대타적인 의식으로 관계를 맺고 함께 생활해야 할 사람들이다. 그러나 현수는 이들에게 관심도 없고, 이들과 정당한 관계를 맺으려고도 하지 않는다.

여가 시간을 철도약어연구에 보내는 것을 본 어머니가 나무랄 때, 소일하는 방법이 다를 뿐이라며 항변하던 것처럼, 어머니가 요구하는 것을 현수가 들어주는 경우는 거의 없다. 현수 모자는 기호를 따라 한강을 건너 서울을 벗어나려 하다 실패하고 집으로 돌아오는데, 어머니는 길수가 특경대 소대장이라 동생인 현수에게 화가 미칠까 염려하여 약혼자인 경혜네 집으로 가 있을 것을 권유한다. 그러나 현수는 그러한 어머니를 못마땅해 하고 어머니의 말을 우습게까지 여기며 선뜻 받아들이지 않는다. 형의 직업이 자기와 무슨 상관이며, 당사자와 집안끼리만 약속이 되어 있지 아직 경혜네 가족과는 친밀한 사이도 아닌데, 그곳에 자신의 몸을 의탁한다는 것은 부자연스럽고 거북하다는 게 그 근거다.

가족과의 관계에서의 현수가 보여주는 이러한 태도는 타자와의 관계 즉 대타 관계를 전혀 의식하거나 고려하지 않는 즉자적인 것임을 말하는 것이다. 앞에서 본 것처럼 형인 길수와의 관계에서도 마찬가지다. 즉자적인 태도는 대타 관계에서 생길 수 있는 친밀성의 여지를 없애 버린다.

현수가 어머니나 형에게 보여주는 태도에는 가족 관계에서 흔히 볼 수 있는 가족적 친밀성의 자취를 찾아보기 어렵다. 대신 타자에게서 독립해 있거나 고립되어 있음으로써 생기는 개인적인 내밀성의 흔적은 곳곳에 흘려놓고 있다. 특히 대타 관계에서 타자의 태도나 견해를 물리치고 자신의 정당성을 항변하는 자리에는 어김없이 개인적 내밀성이 그 모습을 드러낸다.

직장 동료와의 관계에서 현수가 보여주는 즉자적 관계는 기호와의 관계에서 이미 드러난 바와 같다. 여기에 이성 동료인 순이와 경혜의 경우를 덧붙여 생각해 봐도 역시 마찬가지임을 알 수 있다. 현수는 철야 근무 날에는 순이를 만나고 휴무 날 낮에는 경혜를 만난다. 순이와 만나는 것은 순이가 먼저 그를 불러내기 때문이다. 둘의 만남에서 순이가 의도하는 것은 젊은 남녀 사이에서 싹트는 사랑의 내밀함이 아니다. 순이는 현수의 '개인주의'에 내재된 퇴영성과 퇴보성을 지적하며 그것에서 벗어나 집단성을 요구하기 위해서인 것이다. 현수가 경혜를 만나는 것은 그러한 순이가 철도 파업이 있은 후 사라졌기 때문이고, 경혜와의 약혼을 받아들인 것은 순이의 빈 자리에 경혜가 들어와서 서로 가까이 지내게 되었기 때문이다.

현수가 순이를 만나는 것은 순이의 이념이나 활동에 찬성해서라기보다는 순이가 여자이기 때문이다. 순이가 현수를 만나는 것은 현수가 남자이기 때문이라기보다는 그녀의 조직 활동의 범위 안으로 끌어들이기 위해서이다. 순이는 현수에게서 이념적인 차원에서 개인주의를 보고, 현수는 순이에게서 즉물적인 차원에서 여자를 본 것이다. 이 둘이 서로를 젊은 남녀로 보는 것은 훨씬 뒤 순이가 현수를 다시 만나 집으로 따라가서 방공호 속에서 죽어갈 때이다. 그때 이미 그녀는 이념을 버리고 한 사람의 여자로 돌아가 있을 때이기 때문에 그것이 가능했던 것이다. 그때서야 그들은 서로 몸과 마음이 하나가 되는 내밀성을 잠깐 동안 그리고 마지막으로 지녀보게 된다.

현수는 이처럼 즉물적, 즉자적 성격으로 인해 이념적, 대자적인 인물과 세상으로부터 고초를 겪게 된다. 즉물적, 즉자적 성격의 인물은 자기가 자기를 구성하고 규정하려고 한다. 그러나 폴 리쾨르가 『텍스트에서 행동으로』에서 "타자는 내 속에서 구성되는 동시에 타자로서 구성된다"고 한 말을 빌린다면, '나는 나로서 구성되는 동시에 타자에 의해 구성된다'고 말할 수 있다. 그러니까 즉물적, 즉자적 인물은 타자에 의해 구성되고 규정되는 부분을 허용하지 않으려 한다. 이에 비해 이념적, 대자적 인물은 자신이 타자를 구성하는 것을 즐겨하고 스스로 타자에 의해 구성되고 규정되는 것을 허용한다. 현수가 가족이든 동료든 자기에게 간섭하는 것을 못마땅해 하고, 타자와의 관계 속에 끼어들어 가는 것을 어색해하고 부자연스러워하는 것은 그의 즉물적, 즉자적 성격에서 기인하는 것이다.

그에 반해 길수, 기호/순이, '강' 등은 이념적, 대자적 성격을 대변하며 그에게 간섭해 온다. 상황의 변화에도 불구하고 서울에 남아 철도 통신 업무를 계속하려는 현수에게 길수와 기호는 서울을 떠날 것을 종용하며, 순이와 '강'이라는 사내는 자신들의 조직 활동 속에 현수가 편입되기를 재촉한다. 이 두 부류는 상황에 따른 이념을 확실히 선택한 사람들이다. 칼 만하임이 『이데올로기와 유토피아』에서 말했듯이, 이데올로기는 사물의 실제적인 흐름과의 괴리이며 불일치이고, 폴 리쾨르가 말했듯이, 모든 이데올로기는 단순화이고 도식적이다.

실제에 밀착된 삶을 추구하는 현수에게 실제와 괴리된 이념으로 간섭해 오는 기호나 길수 그리고 순이나 강과 같은 인물을 현수는 받아들일 수가 없는 것이다.

단순화되고 도식화된 추상적 이념으로 구체적이고 실제적인 생활을 온전히 포괄할 수는 없다. 그러한 괴리와 포괄의 불가능에도 불구하고 이념으로 실제를 압박하게 되면 그곳에서 이념의 강제성과 폭력성이 노정되기 마련이다. 기호가 대원임을 증명할 근거로 흰 손수건에 피로써 태극기를 그리고 서명을 하게 하려는 것이나, 강이 입당 원서를 쓰게 하려는 것이 이념의 강제성을 보여주는 것이라면, 서울이 수복된 후에 현수가 끌려 다니며 당한 일, 곧 부역죄를 지었고 비밀당원으로서 순이와 공모하여 계략을 꾸민 것을 입증하기 위해 그를 취조하던 형사가 고문하는 것은 이념의 폭력성을 보여주는 부분이다.

그리고 르네 지라르가 『폭력과 성스러움』에서 말했듯이, 폭력이 일단 공동체 속으로 침투하면 그것은 계속해서 증식되면서 강화된다. 현수가 수색 철도 치안대로 끌려가서 구타와 고문을 당하기 시작하여 서울 철도 경찰대에 이르러서 또 다시 구타와 고문을 당하는 과정에서, 그의 죄는 부역죄에서 공산당 비밀당원으로, 다시 순이와 계략을 공모한 죄로 죄는 가중되고, 그 죄가 가중됨에 따라 현수의 몸뚱이는 더욱 더 참혹한 꼴이 되어 간다. 이데올로기의 폭력성과 그 증식 그리고 강화를 현수는 자신의 몸으로 확인하는 것이다. 그럼에도 불구하고 현수는 이데올로기의 폭력성에 쉽사리 굴복하지 않는다. 그것은 이데올로기에 대한 대항 이데올로기 차원이 아니라, 이데올로기 자체와 유리된 자신의 즉물적, 즉자적 태도에서 기인한 것이다.

이 괴리와 포괄 불가능을 불가피한 것으로 여기고 내면화하면 이념적 인간이 될 것이다. 물론 정도에 따라 이념을 주도하고 실천하는 적극적 이념의 인간이 있을 수 있고, 이념을 수용하고 추종하는 소극적 이념의 인간이 있을 수 있다. 길수, 기호, 형사/순이, 강, '황철주' 등이 전자에 해당하는 인물들이라면, 어머니, 경혜, 통신수장 그리고 대부분의 철도 종사자들은 후자에 해당하는 인물들이다. 그러나 현수는 전자의 인물도 후자의 인물도 될 수가 없다. 이념을 주도하든 이념을 추종하든 그것은 둘 다 이념과 무관하지 않기 때문이다. 대원이 되기를 거부한 것과 입당원서 쓰기를 거부한 것이 전자의 인물이 되기를 거부한 것이라 한다면, 어머니의 말을 따르지 않고 경혜와 결별하는 것 등은 후자와 같은 인물과 함께 하지 않겠다는 의지의 표현이다.

이념을 제거하면 사물과 사실이 남는다. 또는 남는다고 생각한다. 현수가 부자연스러움/어색함/거북함을 느끼지 않는 경우는 사물과 사실에 밀착되어 있을 때이다. 그것들과 함께 했을 때는 자연스러움/편안함/즐거움을 느낀다. 직업 동맹 수색지구 위원회 창설대회에 반강제적으로 동원되어서는 부자연스럽고 거북한 감정을 느끼지만, 철도 통신 보수 작업에는 사무실의 어색한 분위기에서 벗어나기 위해 그럴 필요가 없는 데도 자발적으로 참여하여 해방감과 즐거움을 느낀다. 전자에는 조직의 강제와 이념의 교육이 게재되어 있지만, 후자에는 조직과 이념으로부터의 일탈과 일이라는 본분을 수행하는 보람과 즐거움이 들어 있기 때문이다.

이념과 실제를 르페브르나 하버마스의 개념과 관련지으면 체계와 생활세계로 바꾸어 말할 수 있다. 이 둘의 관계 역시 이념과 실제 사이의 관계와 마찬가지다. 즉 체계는 생활세계를 온전히 포괄할 수 없다. 체계와 실제 사이의 관계가 온전히 상호 포괄적일 수 없다면, 또는 막스 베버의 용어를 빌려 전적으로 투명한 '합리화'가 존재하지 않는다면, 인간은 체계와 생활세계 사이에서, 이념과 실제 사이에서 긴장하고 동요하며 살아갈 수밖에 없다. 그러면서 한편으로 이념과 체계 쪽으로 이끌리어 살아가는 인간도 있고, 또 다른 한편으로 실제와 생활세계 쪽에 기울어져 살아가는 인간도 있으며, 때로는 양자를 조정하고 통합하여 성숙한 인간으로 살아가고자 하는 인간도 있는 것이다.

앞에서 언급한 인물들은 주로 첫 번째와 두 번째의 인간군에 포진되어 있다. 세 번째의 인간군에 속한 인물이 등장하기 어려운 것은 이 작품의 작중 상황이 양극단을 요구하는 전쟁이라는 극한 상황이기 때문일 것이다. 현수는 자신의 즉물적, 즉자적 성격으로 말미암아 실제와 생활세계 쪽으로 나아가고 있다. 전쟁 상황이 아니라면 그러한 길이 허용되었을지도 모른다. 그러나 극한 상황은 실제와 생활세계에만 안주하는 것을 허용하지 않는다. 이념과 체계의 선택을 강요하는 것이다. 실제와 생활세계에만 머물기를 원하는 쪽과 이념과 체계를 선택하기를 강요하는 쪽은 서로 충돌하고 갈등할 수밖에 없다. 현수가 인민군 점령 하의 석 달 동안 서울에서 겪은 것과 수복 후 다시 치안대와 경찰대에서 겪은 것이 바로 그러한 충돌과 갈등의 모습이고 이 작품의 내용을 이루는 것이다.

현수가 이념과 체계를 거부하는 것은 그것이 '진실'을 추구한다고 하지만, 현실화될 때 그것은 진실과 한참 동떨어진 괴리나 허위로 나타나기 때문이고, 현실의 인간을 희생물로 삼기 때문이다. 앞에서 본 태극기의 경우가 그러하고, 나중에 자신도 그러한 이념이나 체계의 희생물이 되어 감을 느낀다. 스스로는 그러한 죄를 지었다고 납득할 수 없는데, 이념과 체계 또는 그러한 쪽에 서 있는 사람들은 그를 죄인으로 취급한다. 또한 죄를 인정하라며 구타와 고문으로 몸을 망가뜨린다. 그러한 과정의 막바지에 현수는 병실로 이감되고, 이감된 병실로 기호/길수/경혜가 찾아온다. 그들은 이념이나 체계의 강제성과 폭력성을 감안하여 현수를 동정하는 것이 아니라, 스스로를 이렇게 몰고 간 현수의 어리석음을 탓할 뿐이다.

그러면서 기호는 현수에게 석방될 수 있는 길을 제시해준다. 그것은 현수의 즉물적, 즉자적 성격에서 비롯된 사고방식이나 태도를 정신 이상으로 여기도록 처신하라는 것이다. 물론 석방 여부와 관련된 것이라 잠시 미혹되지 않은 것은 아니지만, 현수는 끝내 거절하고 만다. 그렇게 되어 석방된다면 그것은 자유를 위해 지금까지의 자기 존재를 부정하는 꼴이 되는 것이기 때문이고, 밖으로 나가 자유로운 몸이 된다하더라도 정신 이상자에 지나지 않기 때문이다. 밖에서 정신 이상자로 사는 것이나 안에서 감옥살이를 하는 것이나 자신 안에 갇혀 사는 것은 마찬가지이기 때문이다.

  이제 현수에게는 개인과 사회 사이의 상호 작용이나 상호 교류의 길은 없는 것이다. 이러한 상황에서는 개인성과 사회성, 개인화와 사회화, 개인의 자아 정체성과 사회 정체성 사이에 정당한 관계가 성립될 수 없다. 하버마스가 『의사소통행위이론』에서 미드 또는 호르크하이머나 아도르노의 견해를 빌려 말하는 것처럼, 성숙한 개인성을 위해 사회성을 획득해야 한다든가, 원숙한 개인화를 위해 사회화를 거쳐야 한다든가, 개인의 자아 정체성을 확립하기 위해 사회 정체성을 반영해야 한다든가 하는 것은 의미를 상실하게 된다. 개인은 이제 사회의 덫에 걸린 존재에 불과한 것이다. 그리고 개인의 실제나 생활세계는 집단의 이념이나 체계의 함정에 묵살당하게 되는 셈이다.

  이러한 자신의 처지를 현수는 병실에서 쳐져 있는 거미줄에 빗대어 기호에게 말한다. "그물이 완전하게 쳐 있는 거미줄 옆에 있는 공기 구멍 한쪽에는 밤알만한 왕거미가 도사리고 있"는데, "저놈은 분명 여름내 이 방안에 출입한 버러지들을 잡아먹고 저렇게 컸다"고 말이다. 이념이나 체계와 무관하게 실제나 생활세계에 밀착하여 살려고 했던 자신은 '버러지'가 되어, 이념이나 체계를 등에 업은 자들인 왕거미의 희생물이 되었다는 것이다. 이는 극한 상황 속에서 이념과 체계를 배제하면서 실제와 생활세계를 꾸려가려 하지만, 자신의 활로를 찾지 못한 즉자적, 즉물적 인간이 도달한 막다른 골목이다.

 현수에게 마지막으로 주어진 것은 이념과 체계를 포기하고 다시 그에게로 여자로 다가왔다가 죽어간 순이의 기억과, 철도 업무에 종사하는 동안 자신의 내면에 자리 잡은 궤도뿐이다. 기관차가 기적을 울리며 자기가 갈 길을 기억하며 궤도 위를 굴러가듯이, 현수는 순이의 기억을 간직한 채 내면화된 궤도 위를 굴러가려 함으로써, 즉물적, 즉자적 태도를 버리지 않고, 실제와 생활세계에 밀착된 삶을 견지하고자 한다.

기대와 좌절의 길
―정도상의 「그해 겨울, 먼 길」

　인간의 일상은 그것을 영위하는 사람의 기대대로 진행되지 않는 것이 일반적이다. 이를 한스-게오르크 가다머는 『진리와 방법』에서 현실과 기대와의 관계로 설명한 바 있다. 즉 미래의 미결정성이 기대의 과잉을 허용하므로, 현실은 필연적으로 기대를 다 채울 수는 없다고 말이다. 기대의 추동력과 현실의 저지력이 만나 상호 작용한 결과물이 우리가 영위하는 일상일 것이다. 이러한 일상을 다른 개념으로 살펴볼 수도 있다. 인간의 일상이 영위되는 곳은 주로 사적 영역이나 사회적 영역이다. 사적 영역에서 이루어지는 일상이 거주라면, 사회적 영역에서 이루어지는 일상은 노동이다. 이러한 사적 영역의 거주와 사회적 영역의 노동을 규정하는 것은 공적 영역의 체계다. 따라서 사적 영역과 사회적 영역에서 이루어지는 거주와 노동의 일상은 공적 영역의 체계에 의해서 영향을 받으며 이루어질 수밖에 없다.
　사적 영역 및 사회적 영역과 공적 영역의 관계는 다시 위르겐 하버마스가 『의사소통행위이론』에서 전형적인 사회 파악 방식으로 압축하여 개념화한 '생활세계'와 '체계'로 바꾸어 살펴볼 수 있다. 가다머의 기대는 사적 영역의 거주와 사회적 영역의 노동에서의 개선, 생활세계에서의 상승하는 욕구로 바꾸어 말할 수 있다. 그리고 가다머의 현실은 공적 영역의 체계가 기대 곧 개선과 상승 욕구를 조정하고 지배한 결과로 볼 수 있다. 그런데 이 둘 즉 생활세계와 체계의 역학 관계는 잠재되고 표출되면서 원만하게 유지되기도 하지만, 때로는 충돌하고 폭발하며 상호 파괴적 형태를 드러내기도 한다. 이는 또다시 칼 만하임이 『이데올로기와 유토피아』에서 개념화한 유토피아와 이데올로기의 관계로도 살필 수 있다. 기대나 개선 또는 상승 욕구를 집단화한 것을 유토피아와 관련지을 수 있다면, 조정과 지배의 체계를 이데올로기와 관련시켜 볼 수 있기 때문이다.

정도상의 「그해 겨울, 먼 길」은 이러한 기대와 현실의 괴리, 생활세계와 체계의 알력, 유토피아와 이데올로기의 충돌로 인한 고통과 좌절을 그린 작품이다. 이 작품의 인물들은 일본제국주의 체계가 물러가고 잠시 해방 공간이 되었다가 다시 미군정이 들어선 상황을 겪는다. 일본 제국주의 체계는 식민지 백성들의 삶에 이중의 고통, 곧 봉건적이고 제국주의적인 지배를 초래하고 물러간다. 이 작품의 중심인물인 소작농들은 그러한 고통을 소작료로 환원하여 보여준다. "논 서마지기를 소작하여 나락 열여덟 가마니를 소출하면, 소작료가 그 절반인 아홉 가마니, 수세 한 가마니, 장리쌀 이자 두 가마니, 비료값 한 가마니가 되는데, 이를 제하면 다섯 가마니가 수중에 남는다." 이것으로는 한 해를 살 수 없어 다시 장리쌀을 얻게 되고, 그러면 빈곤과 빚으로 인한 고통의 악순환이 이루어지는데, 이것이 이들의 삶의 실체다.

해방이 되어 제국주의 체계가 물러가자, 소작농들은 억압되어 있던 기대와 욕구를 표출한다. 해방 공간은 기존의 체계가 무너지고 새로운 체계가 정립되지 않아, 기대와 욕구를 집단화하여 표출하기에 적절한 상황이기 때문이다. 그러나 이러한 기대와 욕구는 조직화되어 새로운 체계에 반영되어야 충족될 수 있다. 따라서 기대와 욕구의 충족은 두 단계를 거쳐야 가능해진다. 하나는 기대와 욕구의 조직화이고 다른 하나는 이를 수용하여 운용할 체계의 정립이다. 그리고 이 둘은 서로 연계되어 있다. 소작농들은 조직화를 위해 농민조합에 가입하고, 체계의 정립을 위해 여운형의 인민공화국에 기대를 건다. 태극기를 들고 면사무소로 가는 사람들의 웃음 띤 얼굴과 면사무소에서 만세를 부르는 장면은 일제의 패망과 해방의 기쁨을 실감하는 소작농들의 소박한 표현이다.

해방 공간에서 표출된 기대는 그들의 노동과 직결된 소작료로, 그리고 그것의 조직화인 농민조합의 가입으로 구체화된다. "조합이 생기면 소작료도 7:3으로 나누고, 수세 비료대는 지주헌티 물린다 이 말입니다. 글면 열야달 가마니에서 우리 수중에 남는 건 적어도 열 두 가마니요."가 그것이다. 일제 치하의 다섯 가마니와 해방 공간의 열 두 가마니는 소작농들에게는 엄청난 차이다. 이 차이는 곧 현실과 기대의 차이이기도 하지만, 한편으로 그것은 기대가 현실이 되기 위한 험난한 도정의 함축이기도 하다. 그것은 앞에서 본 '농민조합'의 결성과 '인민공화국'의 수립으로 귀결된다. 그러나 이 둘은 쉽게 이루어지지 않는다. 소작농들에게는 농민조합의 가입조차 힘든 일이다. 지금까지 감당해야 했던 현실의 무게가 그들의 어깨를 누르고 있기 때문이다.

그래서 소작농들 중에는 농민조합에 기대를 거는 사람들이 있는가 하면, 회의를 보이는 사람들도 있게 마련이다. '득칠'이 기대를 거는 쪽을 대변한다면, '현태'는 회의를 보이는 쪽을 대표한다. 그래서 득칠은 소작농들에게 농민조합에 가입하기를 설득한다. 화이트헤드가 『관념의 모험』에서 말한 것처럼, 설득은 개인 간의 교섭이나 사회 집단 간의 교섭에서 취하는 두 가지 형식 중의 하나다. 설득이 상대에게 피해나 상처를 주지 않고 공존하려는 배려에서 나오는 방식이라면, 또 하나의 교섭 형식인 힘은 치명적인 피해를 주더라도 상대를 강제로 지배하려는 욕구에서 나오는 방식이다. 서울에서 공부한 군 인민위원회 선전부장 '최정훈'이 득

기대와 좌절의 길　137

칠을 학습지도한 것도 설득의 형식이며, 그러한 득칠이 현태를 상대로 농민조합 가입을 권유하는 것 역시 설득의 형식이다.

"성님 이제 토지는 우리 것이 됩니다. 해방이 뭔디요. 왜놈들이 쫓겨 간다고 해방이간디요. 우덜 소작인들이 입때껏 부쳐 먹던 땅을 소작인들 의 소유로 혀야 해방입니다. 지주 김성철이가 어떤 작자입니까? 악질 친일모리배 아녀요. 농민조합에 가입하셔요. 곧 인민공화국이 토지개혁 을 한당께요." 이러한 설득은 기대와 논리를 다 충족시켜야 할 뿐만 아니 라 현실적 경험의 두려움도 해소시켜야 하는 어려운 작업이다. 득칠은 최성훈의 설득으로 기대와 논리 그리고 현실적 경험의 두려움도 극복한 상태다. 다시 말해 최정훈의 설득을 내면화하여 자기 것으로 만든 상태로 서 다시 소작인들을 상대로 적극적으로 설득에 나서고 있는 것이다. 그러 나 현태는 아직 그러한 상태에 도달해 있지 못하다. 특히 현실적 경험에 서 받은 두려움은 기대와 논리를 쉽사리 받아들이지 못하게 한다.

그래서 현태는, "글다가 지주나리가 불호령이라도 내리면 어쩔라 고?", "글도 신호리에 사는 마름 박준우가 가만히 있을까? 재작년 소작쟁 의 때도 우덜이 당했잖여." 라고 말하며 득칠의 설득에 회의적인 반응을 보인다. 이는 득칠에게서처럼 설득의 내용만 내면화되는 것이 아니라, 현태에게서처럼 경험의 내용도 내면화된다는 것을 보여주는 예가 될 것 이다. 시촨이 「과거의 해방으로 미래를 해방하자」라는 글에서 말한 것처 럼, 자아는 적어도 세 부분으로 나눌 수 있다. 즉 꿈꾸는 자아, 경험적 자아, 논리적 자아가 그것이다. 세 가지 자아는 혼합되어 하나의 자아를 이루지만, 실제로는 그들 사이에는 심각한 분기점이 존재한다. 시촨의 말을 근거로 하여 득칠을 판단한다면, 그는 최정훈의 인간됨과 학습지도 로 논리적 자아와 꿈꾸는 자아를 통합하고 경험적 자아를 극복하여 농민 조합을 결성하는 데 적극적으로 나서고 있는 소작농이다. 그에 비해 현태는 강력하게 내면화된 경험적 자아가 꿈꾸는 자아와 논리적 자아의 통합을 방해하여 농민조합에 가입하기를 머뭇거리는 소작농이다.

이 두 인물은 대부분의 소작농들의 부류를 대표하는 전형적인 인물이라고 할 수 있다. 설득은 꿈꾸는 자아와 논리적 자아를 극대화하고 부정적인 경험적 자아를 희석시키거나 해소시킴으로써 가능해진다. 득칠은 그러한 설득의 능력으로 현태의 부정적 경험의 두려움을 해소시켜준다. "성님두 참 답답허요. 그때는 지주놈들이 왜놈들을 뒤에 엎고 있응께 우덜이 졌제 우덜 힘이 모지래서 졌간디. 워치케 한평생을 논 서마지기에 맽기고 살겄소. 조합에 가입하시요 성님. 그려야 짐승맨치로 안 살어요." 이와 같은 설득과 가입의 우여곡절 끝에 '김성철'의 땅을 소작하던 득칠과 현태를 포함한 대송리 사람들 모두가 가입한 봉남면 농민조합이 만들어지고, 김제군 인민위원회가 전행정력을 장악하게 된다. 이로써 소작농들의 노동과 거주가 개선되고, 생활세계는 새로운 체계에 수렴되어, 기존 체계의 지배와 이데올로기가 철폐되고 새로운 꿈의 유토피아가 실현되는 시점이 다가온 듯이 보인다.

"따스한 초가을의 햇볕이 김제평야의 노릿노릿하게 익어가는 나락 위에 골고루 쏟아졌다. 그 어느 때보다도 참새를 쫓는 득칠의 목소리엔 힘과 기쁨이 흘러 넘쳤다. 이제 지주에게 굽실거릴 필요가 없었다."와 같은 표현이 '꿈꾸는 자아'에 걸맞은, 사회적 영역에서의 '노동'의 바람직한 모습이라면, "데드롱에다 나이롱, 유똥이 색색깔로 있는디, 올 가실 추석에는 꼭 유똥치마를 해 입어야 쓰것더랑게. 다행히 소작료도 7:3으루 되얐응께 여유가 좀 있겄제이"와 같은 '줄포댁'의 말은 꿈꾸는 자아에 상응하는 사적 영역에서의 '거주'의 바람직한 모습이라 하겠다. 그리고 "바야흐로 세상은 살 맛이 나게끔 바뀌고 있었다. 사람들은 밤 늦도록 정치 이야기며 여운형, 박헌영, 김구, 이승만에 대해서도 이야길 했다."

와 같은 부분에서는 공적 영역의 체계의 변화에 대한 바람을 집약적으로 드러내고 있다.

그러나 기대는 쉽사리 현실이 되지 않는다. 체계는 혁명과 같은 불가피한 경우가 아니라면 스스로를 변화시키지 않을 뿐만 아니라, 대체로 생활세계의 욕구를 모두 수용할 정도로 포용력도 크지 않기 때문이다. 아놀드 토인비가 『역사의 연구』에서 말한 '제도의 끈질긴 힘'도 체계의 이러한 관성과 무관하지 않을 것이다. 기대에 대한 현실의 역습, 생활세계에 대한 기존 체계의 역공을 소작농들은 미군정 28중대가 '이리역'에 내림으로써 경험한다. 이는 또한 소작농들의 기대와 생활세계의 욕구가 국내의 현실과 체계에만 국한되어 관련된 것이 아님을 보여주는 것이다. 해방 이전의 체계인 일본제국주의가 제국주의 세계 체계와 관련되어 있었듯이, 우리의 체계가 아직 확립된 상태가 아닌 해방 공간은 제2차 세계대전이라는 식민지 쟁탈전이라는 제국주의 체계 전쟁의 영향권에서 벗어나 있지 않은 것이다.

일제 때 고등계 형사였던 '전용만, 전우선, 박형백'은 해방이 되자 이리에서 도망쳤지만, 미군정 28중대의 이리 주둔과 함께 미군 전술단에 의해 이리서에서 다시 '순사질'을 한다. 근본적인 변화가 없는 체계의 하부 조직의 모습은 두 체계 곧 일제 체계와 미군정 체계를 동일시하게 한다. "미국 양코백이나 왜놈이나 완전히 같은 놈들이네 그려."라는 득칠의 말이 이를 방증한다. 생활세계에서 본 체계는 복잡하고 혼란스럽다. 지금까지 소작농들의 생활세계를 지배하던 체계인 일제는 물러가고, 그 체계를 대신하기를 바란 인민공화국은 체계로서의 현실적 힘을 발휘하는 듯하다가, 미군정이 실시되면서 체계로서의 힘을 제대로 발휘하지 못할 처지에 이르게 된다. 그 과정에서 일제 체계의 수족들은 위기를 느껴 잠시 몸을 숨겼다가 다시 나타나 미군정 체계의 수족들로 변신한다.

이는 미구에 닥칠 두 체계의 알력과 그것의 생활세계에서의 충돌을 예비하는 것이다.

먼저 그것은 소작료 납부에서 시작된다. 인공의 박헌영은 7:3으로, 미군정의 하지는 3:1로 내라고 하는데, 득칠과 '영수' 등 농민조합에 적극적인 소작농들은 자신들의 마을에서부터라도 7:3으로 내자고 합의한다. 그러나 그 합의가 전반적으로 실행되기도 전에 미군정의 체계는 인공의 체계를 공격한다. 소작료를 조합에서 거둔 것은 군정법령 위반이라며 군 인민위원회 지도자들을 체포하여 구금한다. 소작료를 조합에서 거두는 것을 허용하는 것은 인공의 체계를 인정하는 것이므로 미군정의 입장에서는 이를 저지할 수밖에 없다. 미군정은 인공의 체계를 저지하고 그것에 따른 소작농들의 생활세계와 관련된 조합을 붕괴시키는 효과적인 방법으로 인민위원회 지도자들을 잡아들인 것이다. 이에 대해 소작농들이 농기구를 들고 일어서서 이들을 구하고자 하는 것은 생활세계의 주민이 그들의 기대를 실현하고자 하는 의지의 표현이자 그것에 어긋나는 억압적 체계에 대해 저항하고자 하는 의지의 표현이다. 김제읍에 집결한 천여 명의 농민들이 이러한 의지를 표상한다.

인민위원회 지도자들의 체포와 구금을 가운데 두고 경찰서 앞에서 대치한 농민들과 미 전술고문단 및 순사들은 서로 다른 체계를 떠받치고 있다. 전자는 인공을, 후자는 미군정을 떠받치고 있는 하부조직이다. 폴 리쾨르가 『텍스트에서 행동으로』에서 한 말을 원용한다면, 체계의 하부로 내려갈수록 상황은 격렬해지고, 그에 따라 상황에 대한 지평이 축소된다. 축소된 지평은 다시 상황에 대한 대응의 유연성을 상실케 하고 쉽사리 폭력적인 경향을 노출케 한다. 농민들의 대표와 서장의 협상은 애초에 이루어질 수 없는 것이다. 체계의 하부조직은 체계의 지배를 받는 한 자율적인 결정 능력을 지니고 있지 않을 뿐만 아니라, 인민위원회 간부들은 이미 전주로 압송된 뒤였기 때문이다. 게다가 일제 때 악질 형사였던 경찰서장을 본 농민들은 적개심을 드러내며 돌을 던진다. 경찰서로 도망쳐 들어가는 서장을 뒤따라 농민들은 쇠스랑과 괭이를 치켜들고 경찰서로 몰려가는데, 정문에는 총에 착검을 한 미 전술고문단과 순사들이 포진하고 있다.

인공의 체계는 인민위원회의 간부들을 매개로 농민조합의 생활세계로 연결되며 소작농들의 기대와 욕구를 실현하고자 한다. 미군정의 체계는 미 전술고문단과 순사들을 매개로 경찰서와 연결되며 소작농들의 기대와 욕구를 저지하고자 한다. 소작농들의 기대와 욕구는 그것을 충족시켜 주고자 하는 체계 내에서 설득의 방식을 통해 농민조합의 형태로 나타난다. 소작농들의 기대와 욕구를 저지하려는 체계는 힘의 방식을 통해 인민위원회 간부들을 체포하여 농민조합을 와해시키려는 형태로 나타난다. 농민들이 들고 있는 괭이나 쇠스랑, 순사들이 들고 있는 총칼은 설득이나 협상과 같은 유연한 교섭의 방식이 더 이상 통용될 수 없고, 힘이라는 교섭의 방식만이 남아 있다는 것을 단적으로 보여준다. 인민위원회 간부들의 석방을 요구하는 농민들과 항의 시위가 포고령으로 금지되었음을 내세우며 해산을 요구하는 순사들은 물리적 충돌을 피할 수 없게 된다.

생활세계의 기대와 욕구를 수렴하여 조정하지 못하는 체계는 그것을 힘으로 억압하고 지배함으로써 인간 및 집단 사이의 관계를 물리적 요소로 환원시킨다. 괭이, 쇠스랑/총, 칼의 대결은 체계의 하부조직 또는 생활세계에서 격해진 상황과 축소된 지평을 보여줄 뿐만 아니라, 교섭의 방식에서 선택의 여지가 없음을, 곧 힘에 의한 물리적 충돌밖에 없음을 드러낸다. 그리고 그것이 어떻게 귀결될 것인지도 예감케 한다. 미 전술고문단과 조선인 경찰들의 총칼에 수많은 사상자를 내며 버티던 농민들의 항의 시위는 이리에서 급파된 미군정 28중대의 '무자비한 진압'으로 일단락된다. 농민들의 기대가 고스란히 담긴 인민위원회와 농민조합은 파괴되고, 수많은 사람들이 죽거나 다친다. 그리고 항의 시위에 참여했다 살아남은 자들은 감옥에 갇혔다가 탈옥하여 산으로 간다. 즉 노동과 거주의 생활세계로 다시 돌아갈 수 없게 된다.

체계의 파괴적 지배력은 항의 시위에 참여했던 당사자들에게만 미치는 것이 아니다. 미군정 관리들은 인민위원회에 연루되었던 사람들의 소작지를 환수하고 직접 소작료를 징수한다. 그리고 경찰은 미군과 합동으로 면, 리의 인민위원회를 급습하여 조금이라도 이와 관련된 혐의가 있는 자들은 끌고 가 버린다. 다시 말해 체계는 군대와 경찰을 동원하여 지배의 테두리를 벗어나 기대나 개선을 요구하는 주민들의 생활세계를 힘으로 파괴해 버린다. 이러한 체계의 파괴적 지배력은 화이트헤드가 앞의 책에서, 힘의 향유는 생명의 섬세함에 치명적인 것이라고 말한 것을 여실히 입증하는 셈이다. 그리고 뒤에 다시 보게 되겠지만, 이러한 힘을 소유한 체계는 자기만족에 탐닉하여 스스로 타락하고야 만다는 것이 또한 화이트헤드의 뛰어난 통찰이다.

어쨌든 이러한 일련의 과정을 통해 소작농들의 기대와 욕구는 현실과 좁혀지지 않는 거리가 있으며, 생활세계와 체계 사이, 꿈의 유토피아와 지배의 이데올로기 사이에는 엄청난 간극이 있음을 보여준다. 가다머의 말처럼, 기대는 미래의 미결정성이 과잉을 허용함으로써 현실과의 거리를 만들고, 생활세계는 욕구의 다양함과 복잡함이 수용되지 못함으로써 단순성의 체계와 간극을 만들고, 만하임의 말처럼, 유토피아와 이데올로기는 현실의 실제와 일치하거나 부합되지 못함으로써 충돌한다. 그래서 기대가 현실이 되는 길, 생활세계의 욕구가 체계에 이르는 길은 제목처럼 '먼 길'이 될 수밖에 없다. 더구나 꿈의 유토피아가 지배의 이데올로기를 만나 충돌한 현장에는 지배의 힘에 살상당한 꿈꾼 자들의 피가 얼룩져 있다. 르네 지라르가 『폭력과 성스러움』에서 일단 폭력이 공동체 속으로 침투하면 그것은 계속해서 증식되면서 강화된다고 말했듯이, 꿈꾼 자들의 생명은 체계의 폭력 앞에 보장받기 어렵다.

득칠은 항의 시위에 참여했다가 살아남아 감옥에 갇혔지만 탈옥하여 산으로 들어간다. 그는 자신의 안위를 염려하는 아내 '순실'의 안위를 더 염려한다. 앞에서 본 것처럼, 체계는 항의 시위에 참여한 당사들에게만 힘을 행사하는 것이 아니기 때문이다. 소작지를 환수 당한 가정에서 가장의 부재는 생활세계에서 노동과 거주가 불가능한 상황에 진배없기 때문이다. 이는 곧 생존의 위협을 말한다. 그래서 득칠은 전주 감옥에 있을 때 면회 온 순실에게, 자신을 기다리지 말고 '인월'이나 순실의 피붙이가 있는 '대전'으로 가라고 말한다. 인민공화국과 농민조합에 기대를 걸고 생활세계의 개선을 꿈꾸었던 소작농들의 가족들은 이제 생존에 급급하여 살 길을 찾아 그동안 정주하던 집을 떠나야 하는 처지에 놓인 것이다. 그러나 순실은 쉽사리 걸음을 뗄 수가 없다. 자신이 떠난 사이에 남편이 집으로 돌아올 수 있다는 기대 때문이다.

그래서 소작을 빼앗긴 열악한 처지에서도 젖먹이인 '정주'를 업고 "하루종일 품팔이를 해서 겨우겨우 목에 풀칠하고, 조금씩 모은 쌀로 지은 밥"을 들고 남편에게 면회를 가기도 하고, 산으로 도망친 남편이 몰래 집으로 돌아올까 봐 집에서 기다리며 떠나기를 망설여 온 것이다. 그러나 자기보다 더 열악한 처지에 있는 남편의 말을 거역할 수는 없다. 더구나 같은 마을의 가장 가까운 이웃인 줄포댁이 친정오빠가 있는 서울로 떠난다고 하니 초조해질 수밖에 없다. 게다가 남편을 면회하고 돌아온 얼마 뒤에는 경찰이 들이닥쳐, "남편을 어디에 숨겼는지 대라며 방안 구석구석을 들쑤시고, 순실과 정주를 방바닥에 패대기치고 구둣발로 차는" 바람에 더 이상 버틸 수가 없는 상황이 된 것이다. 이제 순실의 생활세계는 엠마누엘 레비나스가 『시간과 타자』에서 거주와 노동에 대해 말한 것과 정반대의 상황이 된 것이다.

레비나스는 거주가 위협적인 주변세계로부터 자기 자신을 보호하는 것이고, 노동이 주변세계를 정복하고 지배하는 것이라 했다. 그러나 순실의 거주는 위협적인 체계의 힘 앞에 무방비로 노출되어 있고, 노동의 근거는 체계의 정복과 지배 하에 빼앗겨 버렸다. 제대로 된 거주와 노동이 불가능한 순실은 이제 정주의 기대를 접고 집을 떠나 대전으로 향하는 길에 나설 수밖에 없다. 다비드 드 브르통이 『걷기 예찬』에서 말했듯이, 걷는 것은 어떤 거처를 향유하는 것의 반대다. 순실은 거처 곧 거주를 향유할 수 없어 길을 나선다. 그러나 그 길은 제목에서 보는 것처럼, 앞에서 소작농들이 걸었던 길처럼, 아주 '먼 길'이 될 것임을 예고한다. 다시 말해 그 길은 실제의 먼 길일 뿐만 아니라, 남편 득칠에게 그러했던 것처럼, 순실에게 닥칠 고통과 좌절의 먼 길이다. 그 먼 길에 비하면 떠나며 뒤돌아보는 마을의 풍경조차 오히려 푸근할 정도다.

"몇 집을 빼놓고는 지붕 위로 파란 연기가 솟아 오르고 있는 게 보였다. 군불을 때고 저녁밥을 짓는 참으로 따뜻한 느낌을 주는 저녁 연기였다." 라는 표현은, 비록 남편이 떠나고 노동과 거주가 열악하게 된 처지이지만, 집을 떠나 맞게 될 비인간적인 상황에 비하면 그나마 인간들이 사는 생활세계라는 것을 의미한다. 그녀가 대전으로 향하는 길에는 신작로와 철로가 있다. 신작로는 해방 이전에는 일제 체계가 농민들을 착취한 역사가 저장된 길이고, 해방 공간에는 남편을 비롯한 소작농들의 기대와 좌절이 배여 있는 길이다. 순실에게 그 길은 일제 체계가 청산되지 않고 잔존하는 길이며, 미군정 체계의 지배가 공고히 이루어지고 있는 길이다. 그래서 신작로에 면한 면사무소를 비롯한 관공서에는 모조리 미국기가 바람에 나부끼고, 전주에서 중학을 중퇴하고 고등계 형사 밀대짓과 노름

판을 전전하던 건달인 신호리 마름의 큰아들이 하루아침에 면서기가 되어, 면사무소 앞마당에 나와 미국기를 끌어내리고 있다.

김제로 가는 그 길을 버스를 타야 하지만, 기차삯만 고쟁이 속주머니에 있을 뿐인 순실은 등에 업은 정주가 새삼스럽게 무겁게 느껴져도 그냥 걸을 수밖에 없다. 통행금지 직전에 김제역에 지쳐 도착한 순실은 새벽 세시쯤에야 도착한 열차를 타기까지 다시 역 대합실의 추위에 노출되어 정주와 함께 고통을 겪는다. 그야말로 '그해 겨울'의 먼 길을 가고 있는 것이다. 열차 안에서 아이에게 젖을 먹이는 아낙 곁에서 동병상련의 배려로 눈을 붙이지만, 고통의 현실은 잠시의 편안한 잠도 허용하지 않는다. 꿈길에서도 그녀는 수없는 산골짜기를 걷고 능선을 타며, 나뭇가지와 가시에 얼굴을 긁히고, 치마가 찢어지고, 머리 쪽이 풀어져 흉한 몰골이 된다. 이러한 꿈길의 고통은 순실이 맞닥뜨릴 현실의 고통을 예감케 하는 것이다.

꿈속의 산에서 만난 남편은 현실에서 그러했듯이, 진정한 해방을 위해 계속 싸울 것이라 말하며, 순실에게 산을 내려가 정주를 잘 키울 것을 당부한다. 이는 현실에서 순실과 득칠의 만남이 가능하지 않으리라는 것을 예고함과 동시에 진정한 해방 역시 미구에 도래하지는 않으리라는 것을 예감케 한다. 이러한 예감은 열차가 '황등역'에 정차했다가 출발하고, 세 명의 백인과 한 명의 흑인이 공포를 쏘면서 객실로 뛰어들면서 현실로 나타난다. 일제 체계 하의 기차가 앞의 신작로처럼 식민지 조선의 약탈의 역사를 저장하고 있듯이, 미군정 체계 아래의 열차 또한 독자적인 우리의 체계를 정비하지 못한 해방 공간의 백성들을 약취하는 현장이 된다. 미군 병사들은 객실 안의 여자들을 겁탈하고 물건을 탈취한다. 순실의 곁에 있던 아낙은 겁탈을 당하고, 안고 있던 아이는 포대기 채로 창 밖으로 던져진다. 순실의 몸 위로도 네 명의 병사가 지나간다. 아낙은 미쳐서 옷을 벗고 객실 안을 뛰어다니고, 순실은 아랫도리에 통증을 느끼며 정신을 잃는다.

질 들뢰즈가 『의미의 논리』에서 말한 것을 원용하면, 열차는 체계의 도구인 미군 병사들의 본능과 그 체계 하의 생활세계 주민들의 죽음을 머금고 미래를 향해 달리고 있다. 이는 체계와 생활세계의 관계에서 있을 수 있는 양상을 극단적인 측면에서 노골적으로 보여주는 장면이다. 그래서 순실은 그해 겨울에 '먼 길'에 나와 있는 것이며, 그 미래 또한 생활세계의 주민들이 기대했던 정당한 노동과 행복한 거주 그리고 바람직한 체계와는 동떨어진 모습 곧 아주 '먼 길'로 이어질 것이다. 그것은 또한 꿈꾸는 자아나 논리적 자아가 경험하는 최악의 상황이라고 할 수 있다. 그것은 악몽이 현실화된 상황 곧 디스토피아의 세계일 것이다.

단절과 소통의 길
—김남천의 「길 우에서」

세계를 구성하는 인간의 지식은 전체화와 세분화로 대별될 수 있다. 이른바 '백과전서파'나 '총체성'과 같은 용어가 전자와 관련되어 있다면, '전문가'나 '미시사'와 같은 용어는 후자와 관련되어 있다. 세계의 복잡성이 증가할수록 전자에 대한 회의와 후자에 대한 신뢰 쪽으로 기울어지는 경향이 농후해진다. 게다가 후자 쪽에 서는 자들은 백과전서파적인 총체성의 개념에는 음험한 지배성의 요소가 잠복되어 있다는 회의의 눈초리를 보냄으로써 전자는 설 자리가 더욱 협소해지고 있다. 그러나 이 지배의 요소를 후자의 미시적 전문가에게 적용하면 문제는 오히려 이들에게 더 크게 작용한다. 이들은 협소함을 전제로 출발하기 때문에 전체적인 안목을 기대할 수 없다. 깊이를 대가로 전체적 안목을 반납한 것이다. 전체적 안목이 결여된 깊이는 그들이 혐오한 지배를 쉽게 불러들여 스스로 지배 하에 놓인다. 따라서 전자와 후자는 상대의 결함을 지적함으로써 자신을 정당화할 것이 아니라, 자신에게 결여된 것을 상대에게서 가져와 보완함으로써 스스로의 한계를 극복해야 할 것이다.

김남천의 「길 우에서」는 서로 다른 전공을 바탕으로 서로 다른 직업을 가진 인물이 만남의 계기를 통해서, 평소의 전문가적 협소와 단절을 극복하고 소통의 길로 나아가는 것을 보여주고자 한다. '나' 박영찬은 한때 '사회운동에 물불을 가리지 못한' 시절을 거쳐, 지금은 구체적인 직종을 밝히지 않은 채 '한직'에 있다고 하는데, 상대역인 K기사와 대립각을 세우는 것으로 보아서, 인문/사회 분야에 종사하는 것으로 간주된다. 그에 비해 K기사는 '고등공업'을 나와 '토목방면에 종사'하면서 지금은 철도공사 현장에 나와 있다. '나'와 K기사의 종형이 막역지간이라, K기사가 '나'를 기억하여 둘은 만남의 계기를 마련하게 되는데, 그것은 예정된 것이라기보다는 우연히 이루어진다. '나'는 '일가집 혼수일'로 춘천을 다녀오는 길에 '나'가 탄 버스의 타이어가 펑크가 나는 바람에, K기사는 마침 그 부근의 철도 공사 현장에서 인부들의 작업을 감독하러 나왔다가, K기사가 먼저 '나'를 알아보고 그의 공사 현장 사무실과 숙소로 안내함으로써 둘의 만남이 이루어진 것이다.

K기사는 이러한 우연한 만남을 "돌아가신 종형의 지시인지도 모를" 일이라며 '나'를 이끌고, '나' 또한 "철로길을 타고 여행은 해 보았고, 공사 같은 것을 지내는 길에 바라다 본 적은 있으나, 그런 방면에 종사하는 사람들의 생활 같은 건 생판으로 알지 못해", K기사의 권함에 호기심도 섞여서 숙소가 있는 '대성리'에서 하룻밤 묵어가기로 한다. 둘이 걸어서 출장소의 사무실 가까이 왔을 때에야 타이어 펑크 수리를 마친 버스가 그들 곁을 스치고 지나간다. 일상의 차원에서 보면, 타고 가던 버스의 타이어가 펑크가 나고, 거기서 친구의 동생을 만나 그가 일하는 곳으로 안내를 받는 것은 우연이지만 있을 수 있는 일이다. 그러나 이를 소설 전개의 측면에서 보면, 타이어가 펑크가 나지 않아 계속 버스를 타고 갔더라면 알 수 없는 하나의 세상을 알게 되는 계기가 되는 것이다. 이를 레베카 솔닛의 『걷기의 역사』와 다비드 르 브르통의 『걷기예찬』을 원용하여 말하면, 자동차를 타고 갔더라면 도달할 수 없는 세계를 걸음으로써 세계 속으로 빠져들어갈 수 있게 된 것이다.

버스에서 내려 출장소로 향하면서 '나'는 한 세계에서 다른 세계를 향해 나아간다. 평소의 일상에서는 버스의 속도로 지나쳐 버리는 세계가 이제는 걸음의 속도로 '나'의 눈앞에 펼쳐지는 것이다. 게다가 마음만 있다면 멈추어 서서 찬찬히 살펴볼 수도 있게 된 것이다. 출장소에 도착한 '나'의 호기심 어린 눈은 숙소와 사무실의 외양과 내부 구조 그리고 설비 등을 샅샅이 훑어본다. 그리고 목욕탕으로 안내되어서는 "흡사 좋은 여관에 투숙한 것 같은 느낌"을 받고, 목욕탕 속에 몸을 잠그고는 '기술자의 생활상태'라는 것을 머릿속으로 되뇌어 보면서 "이들이 특등석의 대우를 받고 있는 듯한 느낌"을 떨치지 못한다. 그러면서 자신이 '선망 절반, 질투 절반'의 생각에 사로잡혀 있음을 의식하고 고소를 금치 못하기도 한다. 여기까지는 아직 두 사람 사이에 어떤 단절감이나 대립각이라고 할 만한 것이 존재하지 않는다. '나'가 기술자들이 누리는 생활 상태에 대해 선망과 질투의 감정을 느낀다고 하면서도 그러한 감정을 느끼는 자신에 대해 스스로 '고소'를 금치 못한다고 한 것은 그것이 심각한 것이 아님을 말하는 것이기도 한 때문이다.

그러나 '문득' K기사와 '나'의 나이 차이를 떠올리고 세계관을 문제로 삼으면서는 다소 심각한 방향으로 급선회한다. 둘은 '나이'로는 사오년밖에 차이가 나지 않지만, "아무런 공통된 사색이 없고, 서로 다른 개념과 범주로 세계를 해석하고, 서로 통하지 않는 술어로 이야기하는 것은 아닐까?" 하는 의문을 떠올리며 뜻밖의 공포를 느낀다. 이는 나이 차이로는 같은 세대일 수 있지만, 학습과 직업이 다름으로 해서 생길 수 있는 세계관의 차이에서 오는 단절감을 예상하면서 생긴 공포감이다. 세계관의 차이는 일종의 선입견으로 존재하면서 쉽사리 희석되고 해소될 수 있는 경우도 있겠지만, 극단적인 경우에는 같은 공간에 존재하면서도 다른 세계를 사는 것일 수도 있고, 같은 공간에 몸담고 있으면서도 다른 인종일 수 있기 때문에 '나'가 느끼는 공포감이 과장된 것이라고만 할 수도 없다. "취직난이 유례가 없는 시대"에 이들이 받는 '특등석의 대우'가 이미 이러한 빌미를 제공한 것이라 할 수 있는 것이다.

어쨌든 '나'는 이들 특히 K기사의 세계관을 알아냄으로써 단절감과 공포감을 확인하든지 해소하든지 해야 하는 다급한 상황에 맞닥뜨린 셈이다. 세계관을 알아내기 위해 '나'가 착안한 것이 그가 소장한 책이다. "책이 가장 K의 내면생활을 (잘) 증명할 것"이라고 생각했기 때문이다. '킹쿠청년'이나 '강당'의 애독자이기를 바라는 생각과 그렇지 않기를 바라는 생각이 함께 '기묘하게' 설켜 돌기도 한다. 이는 앞의 '선망 절반/질투 절반'의 감정과 대응되는 반대감정이다. 그러나 '나'가 발견한 책들은 K기사의 내면세계를 단정지을 수 없는 상태를 보여준다. '난센스전집'이 있는가 하면 '개조'와 '중앙공론'도 있다. '토목에 관한 기술서적'이나 '수학사', '과학사'에 관한 서적도 있지만, '자연변증법'과 '괴에테'와 '하이네'의 시집, '포앙카레'의 책도 있다. 후자의 책들은 '나'가 기대하지 않았던 책들로서, 그 기대 않음에는 기술자에 대한 '나'의 선입견이 어느 정도 담겨 있는 것이기도 하다. 그래서 후자의 책들을 발견하고는 "가슴속을 설레고 도는 동계를 의식하면서" K기사의 세계관에 대해 쉽사리 결론을 내리지 못한다.

물론 '나'가 쉽사리 결론을 내리지 못한 이유는 기술자에 대한 선입견을 벗어나는 자료가 발견되었기 때문이다. K기사에 대한 선입견을 벗어나는 또 하나의 자료는 그가 데리고 노는 자라새끼다. 그는 나무와 시멘트 그리고 모래로 상자를 만들어서 자라새끼를 키우고 있었던 것이다. 틈만 나면 그 상자로 다가가서 자라새끼와 장난을 치고 노는 것이다. 그 노는 모습을 신기해하며 '나'도 자라새끼를 얻어갈 생각까지 하게 된다. K기사에 대한 '나'의 태도가 앞의 책의 경우보다 훨씬 우호적임을 알 수 있다. 책의 경우에는 선입견과 실제 사이에서 다소의 혼란을 겪지

단절과 소통의 길 151

만, 자라새끼의 경우는 그런 혼란 없이 바로 호감을 드러낸다. 이는 선입견을 전적으로 불식시키는 사례이기 때문이다. K기사와 같은 기술자가 접촉하는 세계는 기차와 철로로 대표되는 물질의 세계다. 그것은 쇠와 나무 그리고 자갈과 같은 생명이 없는 사물의 세계다. 인간은 노동의 영역에서 그가 영위하는 노동, 다루는 도구 등의 영향을 받아 세계관을 형성한다. 따라서 K기사는 기계적이고 무생명적인 사물화된 세계관과 생활세계를 형성하기 십상인데, 의외로 자라새끼를 키우며 그것들과 즐겁게 놀고 있는 것이다.

이와 같은 '나'와 K기사와의 관계는 폴 리쾨르가 『텍스트에서 행동으로』에서 한 말, 곧 타자는 내 속에서 구성되는 동시에 타자로서 구성된다는 말을 떠올리게 한다. K기사를 만나기 전에 '나'가 가진 기술자에 대한 선입견이 '내 속에 구성된 타자'라면, K기사를 만나면서 수정되는 기술자에 대한 '나'의 생각은 '타자로서 구성되는' 기술자라 할 수 있겠다. 그러니까 이 작품은 내 속에 구성된 타자로서의 기술자가 타자로서 구성된 기술자로 대치되어 가는 과정, 또는 K기사를 통해서 평소의 기술자에 대한 선입견이 실제의 기술자의 모습으로 수정되는 과정을 보여주는 이야기인 셈이다. 이는 또한 '나'와 K기사의 관계 변화 곧 단절에서 소통으로 나아가는 과정이라고도 할 수 있겠다. 따라서 이 작품의 '길'은 자아가 타자로 나아가는 길이며, 그 나아감이 그리는 궤적이 이 작품의 서사적 내용이 된다. 그리고 이와 같은 일련의 이야기는 리처드 커니가 『이방인, 신, 괴물』에서, 진정한 서사는 언제나 타자로 향하는 길 위에 있다. 타자로 향하는 이 같은 서사의 요청은 하버마스가 개념화한 바 있는 소통에 대한 관심과 연관된다고 한 말과 맥락을 같이한다.

두 사람의 소통의 1단계 결실은 K기사가 다음날 아침에 강에 나가서 잡아온 자라새끼로 대표된다. '나'가 지나가며 한 말 곧 자라새끼 얻어갈 것을 제안한 것에 대해 K기사가 화답한 것이다. 그렇다고 애초에 '나'가 K기사와 같은 사람들에게 가졌던 의문 곧 "이러한 청년들의 세상에 대하는 근본태도가 무엇인가?"하는 것이 다 풀린 것은 아니다. 그래서 자라가 든 유리병을 든 K기사와 함께 두세 시간 후에 지나갈 버스를 기다리는 겸 해서 공사 구경을 나서서는 그에 관한 이야기를 주고받는다. K기사는 주로 철도 공사의 원칙에 관한 것, 예를 들면 '도로와 교차되는 선로는 평면교차를 허가하지 않는다는 것'과 같은 자부심을 이야기하는 데 비해, '나'는 '인부들의 생활상태 같은 것'을 알고 싶어 하며 묻는다. '나'의 물음의 의도를 모르지 않는 K기사는 묵묵히 걷다가 인부들의 작업 모습이 보이는 공사장이 보이자, "요컨대 인도주의란 한편으로 생각해 보면 일종의 센티멘탈리즘이 아닐까요?"라고 대답한다.

이 부분에 이르면, 앞의 책과 자라새끼로 매개되어 단절에서 소통으로 기울던 길에 제동이 걸린다. K기사의 종형과 '나'를 "범박하게 인도주의로 합쳐서 간주하려는 그의 의도가 미웁기"도 하였지만, "둔하게 보이는 그의 신경 속에 꺾을 수 없는 어떤 신념"이 들어 있는 것 같아, '나'는 "두려움 비슷한 감정"을 품게 된다. 계속해서 K기사는 자신도 "처음 얼마는 몹시 신경에 거슬려서 제깐으론 고민도 해 봤으나, 지금은 청년다운 센티멘탈리즘"이라고 치부해 버렸다고 말한다. 예를 들어 "터널 천정이 무너지거나, 화약이나 폭발물 부주의로 사고가 일어났을 때"에, 부상자가 생기는 경우보다는 사망자가 발생하기를 희망한다고 말한다. 사망자는 장례나 유족을 돈으로 처리할 수 있지만, 중상자는 한두 달씩 성가신 일이 따라붙기 때문이라는 것이다. 그러면서 "심중을 오락가락하는 인도주의적 의분이란 그리 높이 평가할 것이 못 된다"는 것도 알게 되었다고 한다. 그리고 "언제나 큰 사업을 위하여 사람의 목숨이라는 희생을 받아 왔고, 또 그것 없이는 커다란 사업이란 완성되지 않는 것 아니냐"고 반문한다.

　이러한 K기사의 논리 또는 세계관에 대해 '나'는 아무런 대응을 하지 못한다. 대응 논리를 세우는 것이 문제가 아니라, K기사의 생각을 받아들일 마음의 준비가 부족했던 자신의 불안정한 심리 상태가 문제라고 하면서 말이다. 이런 '나'의 무대응에 K기사는 더욱 고무되어 "공식과 방정식과 공리와 정리의 싸늘쩍한 수짜나 활자 가운데서, 뜨거운 휴-매니티를 느껴 보는 것이 일층 더 고귀하고 아름다운 것 같다"는 결론을 내린다. 이러한 K기사의 일련의 논리와 세계관에 문제가 있음을 감지하고 있으면서도, '나'는 자신의 불안정한 심리 상태를 내세워 그것을 지적하지 않고 있다. 이는 '나'가 기술자에 대한 선입견을 수정하는 단계를 지나 그로부터 영향을 받는 단계로 들어섰음을 보여주는 것이다. '두려움 비슷한 감정'이 이를 입증한다. 이는 또한 진정한 소통에 이르는 길이라기보다는, K기사의 논리와 세계관을 강화시켜 주는 길이기도 하다. 특히 사망자/중상자와 큰 사업/희생과 관련된 부분은 일방적인 언급으로 끝나서는 안 될, 문제적인 부분임이 틀림없다.

　우선 사망자/중상자와 관련된 언급은 '편의주의적 사고방식'에 지나지 않는 것이며, 인도주의적 의분과 따로 떼어 무시할 수 있는 것도 아니다. 그리고 큰 사업/희생의 문제도 역사에 결부시켜 정당화할 수 있는 것이 아니다. 이는 김상환이 『니체, 프로이트, 맑스 이후』에서 말한 것에 기댄다면, 기술이 종교적 주술성에 대항하면서 자신의 영토를 넓혀온 결과에 지나지 않는 것이다. 다시 말해 종교가 세계를 주술화하여 자신의 영토를 확장하고 지배하며 비인간화를 자행했던 것처럼, 이제는 그 자리를 과학과 기술이 차지하여 재주술화함으로써 비인간화를 초래하고 있는 것일 뿐이다. 게다가 큰 사업에는 희생이 따를 수밖에 없다는 논리는 큰 사업의 자기 정당화에 지나지 않는다. 왜냐하면 기술의 시대에 일어나는 사고는 기술 자체에 의해 일어난다는 것이다. 다시 말해 사고가 부주의에 의해 일어나는 것만이 아니라, 사고가 기술적 체계 자체를 구성하는 내재적 요소라는 것이다. 과학과 기술에 관한 이러한 일련의 성찰 없이 '나'는 K기사의 논리와 세계관을 강화시켜 주는 데 머물고 있다.

더구나 싸늘한 공식/방정식/공리/정리에서 뜨거운 휴머니티를 느껴야 한다는 K기사의 말은 앞의 자라새끼의 경우와 양립하기 어려운 모순을 내포하고 있다. 그럼에도 불구하고 '나'는 이러한 것들을 지적하여 대응하기보다는, '길녀' 모녀를 대하는 K기사의 태도, 버스에서 K기사가 마련해 준 자라가 뜬 유리병을 엎지르는 '나'의 모습의 희화화를 통해, K의 논리를 더욱 강화시키고 정당화시켜 주고 있다. 이쪽 '가평'의 공사가 끝나 다른 공사장인 '전라선'으로 이동하는 공사장 인부의 가족인 길녀에게 가게에서 과자를 사주고, 길녀의 어머니 입에서 "백의 한사람두 드믄 양반이다"라는 말을 하게 함으로써, K의 인간적인 따뜻함의 면모를 부각시키는 데에 작품의 초점이 맞추어 지고 있다. 그리고 '나'는 K기사와 작별하고 버스에 올랐지만, 버스가 요동을 치는 바람에 자라가 든 병이 깨어지면서, 자라새끼는 차창 밖으로 튀어나가거나 버스 바닥에 뒹굴기도 하고, 물과 모래는 옷을 적시기도 하는 소동을 치른다.

당황한 '나'가 이를 수습하려고 차를 세우려 하나, 운전수는 기관의 소음에 파묻힌 '나'의 목소리를 듣지 못해, '나'는 멍청하게 앉아 있을 수밖에 없다. 이러한 희화화된 '나'의 마지막 모습은 K기사의 내면을 탐색하고자 했던 처음의 다짐과 대응된다. 그러면서 처음의 다짐 곧 '나'의 탐색은, 기술자에 대한 '나'의 선입견의 수정과 기술자인 K기사의 자기 강변에 머묾으로써, 진정한 소통에 도달하는 데에는 한계를 드러낸다. K기사의 책과 자라새끼 기름을 목격한 것이 '나'의 선입견을 수정하는 데 기여한 것이라면, 사망자/부상자에 대한 생각, 큰 사업/희생에 대한 견해는 K기사의 자기 강변으로서 자기 수정이 요구되는 부분이다. 이 둘의 진정한 소통은 '나'의 선입견의 수정과 K기사의 자기 수정이 만나는 지점에서 이루어질 수 있을 것이다.

제3부 | 크고 넓은 길

연정과 작별의 길
―곽하신의 「新作路」

　길에는 좁은 길과 가까운 길이 있다. 시골 동네의 집을 나서면 길은 이웃집으로 이어져, 의사 소통과 감정 교류의 길이 되고, 길은 또한 논밭으로 이어져, 노동과 생산의 길이 되며, 집으로 돌아오는 길은 피로를 묻혀 오는 길이자 휴식을 기대하는 길이 된다. 동네를 벗어나면 길은 읍내나 장터로 이어져 물물 교환의 길 또는 동네의 소식을 동네보다 더 넓은 세상에 알리거나 더 넓은 세상의 소식을 듣고 오는 길이 된다. 시골의 일상은 이러한 좁은 길과 가까운 길의 왕래로 이루어지다, 마침내 집과 길 위에서의 생애를 접고 산길을 따라 뒷산에 영원한 거처를 마련함으로써 마감된다.
　이와 달리 길에는 넓은 길과 먼 길도 있다. 그 길은 시골 동네에서 시작되지 않고 먼 도시에서 시작되어 동네와 멀리 떨어진 곳이나 다소 가까운 곳에까지 이른다. 그 길을 따라 시골에서 못 보던 것이 들어오기도 하고, 시골에서는 일어나지 않던 사건이 밀려들기도 한다. 그러면 시골의 조용한 일상에 술렁임이 일게 된다. 그러한 길을 대표하는 것 중의 하나가 바로 신작로다. 곽하신의 「新作路」에서는 시골의 골목길에서 싹튼 젊은 남녀의 순진한 연정이 신작로를 따라 들어온 도시의 바람에 의해 이별로 마감되는 파문을 그려내고 있다.
　'돌쇠'와 '정이'는 시골의 한 동네에 사는 젊은 남녀다. 그들은 각기

가족에 속한 구성원으로서 지니게 되는 가족적 내밀성과는 별도로 개인적 내밀성을 가꾸어 가는 단계에 들어서 있다. 돌쇠는 자기 집의 얼룩소를 끌고 꼴을 먹이고 풀을 베러 갈 때도, 소를 끌고 지게를 지고 집으로 돌아올 때도 정이네 집 문 앞으로 돌아간다. 그곳에는 정이가 오빠의 아이 '명식'이를 업고 자신을 기다리고 있기 때문이다. 다른 데로 갈 일도 일부러 그곳을 거쳐 돌아갈 정도다. "이웃에 살면서 날마다 보아도 처음 만나는 것처럼 자꾸 반가울" 정도로 둘 사이에는 내밀한 감정 곧 연정이 싹터 있는 상태다.

정이 집 문 앞을 지나는 동네의 골목길은 좁다. 임동헌이 『한국의 길, 가슴을 흔들다』에서 말한 것처럼, 길은 좁아야 그 길을 지나는 사람들이 눈인사라도 할 수 있고, 마침내는 마음을 주고받을 수도 있다. 돌쇠가 정이네 집 문 앞에 이르는 길을 수도 없이 지나면서, 눈을 마주치며 서로의 모습을 눈에 담고, 말을 건네고 받고 하는 동안에 둘은 서로에 대한 연정을 품게 된 것이다. 정이네 문 앞은 그러한 둘의 내밀한 감정을 교환하고 확인하는 내밀성의 장소가 되는 셈이다. 이는 또한 다비드 르 브르통이 『걷기 예찬』에서 흙길이나 오솔길에는 삶의 밀도가 배어 있다고 말한 것처럼, 돌쇠가 정이네 문 앞에 이르는 길은 반복된 만남으로 말미암은 돌쇠와 정이의 개인적 내밀성의 밀도가 배어 있는 곳이다.

그러나 집 문 앞은 길에 노출되어 있기에, 즉 길과 집의 경계에 있기 때문에, 길의 개방성 및 사회성과 집의 폐쇄성 및 개인성의 어중간한 위치에 있어, 진정한 내밀성의 장소가 되기에는 미흡하다. 이는 내밀성을 주고받는 방식에도 결부되어 있다. 다시 말해 그들의 내밀성은 그들의 나이에 걸맞게 아직 성숙한 수준은 되지 못하여, 그들만의 비밀의 장소도 확보하지 못하고 있고, 내밀한 감정을 자연스럽게 표현하지도 못한다. 그래서 감정과 정반대의 행동을 하거나 말을 내뱉고는 스스로 속상해

하기도 하고, 상대방이 마음 상할까 염려하기도 하면서 제대로 표현할 것을 하고 후회하기도 하며, 상대가 마음 상한 기색 없이 여전히 싹싹하게 나오면 안도하기도 한다.

이러한 둘 사이에 변화가 생긴다. 그 변화는 동네와 골목길에서 연유하는 것이 아니다. 동네와 골목길은 일상에 변화가 생겨날 가능성이 희박한 장소이기 때문이다. 변화의 바람은 밖에서부터 불어온다. 그 바람은 둘이 문 앞에서 만나서 티격태격하고 있는데, 정이 엄마가 얼씬거리는 것 같자, 정이가 집 안으로 뛰어 들어가면서 "엄마 팥 내 타 드리께" 하는 말에서 감지되는 것이다. 팥은 곧 떡을 찐다는 뜻이고, 떡을 찐다는 것은 정이네 집에 예사롭지 않은 일이 있으리라는 것을 의미하기 때문이다.

늦게 나간 값으로 '기섭이네' 모 내주고 돌아오는 길이 더뎌, 정이네 문 앞에 이르렀을 때는 정이 보이지 않고, 정이 섰던 자리가 열 나흘 달빛에 더욱 쓸쓸해 보인다. 문 앞에 다가가 안을 들여다 본 돌쇠의 눈에 띈 것은 "달빛 환한 퇴 위에 콧부리 이쪽으로 내 밀고 놓여 있는 처음 보는 '하꾸라이' 가죽 구두"다. "구장집 둘째아들이 뽐내는 구두 따위 열 켤레로 덤벼도 어림없는 구두"다. 그 구두의 임자는 정이 오빠고, 오빠를 위해 떡 찌는 것을 부엌에서 돕느라 정이가 나오지 못한 것을 돌쇠는 짐작하는 것이다.

돌쇠가 동네의 골목길을 지나 정이의 문 앞에 이르는 데는 자신의 의지와 발걸음에 따르지만, 그것이 늘 주효하지 않는 경우도 있다. 그런 경우에 한몫을 하는 것이 그가 끌고 다니는 소다. 소는 농사꾼의 농사 도구이기도 하고, 돌쇠에게는 풀을 베어 먹여 주어야 하는 존재이기도 하지만, 한편으로는 정이를 만나러 가는 길에 동반자가 되기도 하고, 정이가 문 앞에 나와 있지 않을 때는 자신이 문 앞에 와 있다는 것을 알리기 위해 이용하는 도구이기도 하다. 잘 가고 있는 소를 큰 소리로 몰아대고 방울

소리가 크게 나도록 고삐를 마구 흔들어댐으로써 자기 존재를 알리는 것이다.

소를 몰아대는 돌쇠의 큰 목소리와 소 방울 소리에 뒤늦게 달려 나온 정이는 인절미를 건네며 서울로 이사하게 된 사연을 들려준다. "가슴이 뒤범벅이 되고 정신이 뒤집힌" 돌쇠가 한 일이라곤 미친 듯 화를 내며 지게 작대기로 소 엉덩이를 후려갈긴 것이다. 소는 이제 화풀이의 대상이 되기도 하는 것이다. 평소 같으면 파리 쫓는 소꼬리가 자신의 얼굴 스친 것쯤 무심히 넘겼을 텐데 말이다. 그 바람에 놀란 소가 뛰느라 돌쇠는 소고삐에 끌린 채 몇 발걸음이나 끌려가고, 소쿠리 안에 담겨 있다 떨어진 육모초 줄기가 밟혀 쓰러질 뻔 한다.

그런 돌쇠의 눈앞에는 "전찻길, 기차, 마차, 화신 상회, '미쓰꼬시', 자전거, 구두" 등 서울 장안 거리가 닥치는 대로 얼씬거린다. 장안거리는 둘이가 지금까지 살아온 동네와 반대편에 있는 곳이다. 그곳은 정이 오빠가 동네에 오기 위해 그렇게 했듯이, 기차가 철로를 따라 달려오고 다시 버스가 신작로를 따라 들어온 뒤 또 다시 도보로 도달해야 하는, 자기들 동네와 아주 멀리 떨어진 장소다. 그곳으로 진출한 정이 오빠는 자식인 '명식'을 고향집 부모에게 맡겨둘 정도로 서울에서의 자립성이 다소 결핍되어 있었던 셈이다. 그런 정이 오빠가 명식뿐만 아니라 고향 가족 전부를 서울로 데려간다는 것은 이제 고향집과 그 식구에 대한 의존을 넘어 자립성을 완전히 확보했다는 것을 의미한다.

그것은 명식의 존재에 의해 그 끈이 드리워져 있다가, '팥'에서 기미를 띠기 시작하여 '가죽 구두'를 거쳐 인절미와 정이의 '이사'라는 말을 통해 정체를 드러낸 것이다. 돌쇠에게 그 정체는 곧 더 이상 정이를 만날 수 없다는 것, 그래서 정이에 대한 연정을 키워갈 수 없는 것을 의미한다. 그것은 또한 감정과 정신의 혼란 상태를 초래하고, 대신 서울의 풍물들이 그 자리를 헤집고 들어오는 것으로 표현되는데, 이는 정이 오빠의 출현이 정이네 집이 이사를 가는 것 곧 정이와 정이네 집을 완전히 동네에서 들어내 가는 것과 다를 바 없는 것이다.

돌쇠가 정이에 대한 감정을 지금까지 한 번도 곧이곧대로 말해본 적 없듯이, 이번의 경우에도 마찬가지가 된다. "달려들어 얼싸안고 울고 싶은 것"이 자신의 진솔한 감정인데도, 입에서 나오는 말은 "서울 가믄사 너 참 좋갔구나?"이다. 그것에 대해 정이가 반응하는 말 "여기가 좋지, 서울 그깐 데가 뭐 좋아?"에 대한 대답도 "증말 여기가 좋아?"가 되어야 할 텐데, "으째 좋잖아? 그 으리으리한 데가 싫어? 나 가봤을 땐 거기서 살아봤으믄 원이 없갔드라."가 된다. 그래서 정이한테서 돌아오는 말은 "너 따위가 뭘 안다구, 이 밥통, 쬐꾸맹이"다.

결국 감정의 표현은 말로써는 제대로 이루어지지 않는다. 진정한 감정의 표현은 둘이 흘리는 눈물이 된다. 그러나 눈물이 돌쇠의 진솔한 감정을 시원스레 표현한 것이 될 수는 없다. 말로도 담을 수 없고, 눈물로도 드러낼 수 없는 것이 있기 때문이다. 감정 표현이 미숙한 자가 그 감정을 표현하는 방법은 행동뿐이다. 자신의 안타깝고 미진한 감정을 표현하고자 돌쇠가 찾아낸 방법은 이삿짐 나르는 것을 거들어주는 것이다. 이별의 순간을 지연할 수 있을 뿐만 아니라, 그 과정에서 돌쇠는 둘이 만나던 장소인 문 앞을 넘어 집 안으로 들어갈 수 있으며, 그곳에서 정이를 더 볼 수 있고, 정이의 짐을 나른다는 핑계로 정이의 체취가 있는 정이의 방을 드나들 수 있는 것이다.

정이가 이사가는 날은 이미 '윤섭이네' 일을 해주기로 약속이 되어 있는데도 불구하고, 자는 윤섭이를 깨워 약속을 파기하는 것은 정이에 대한 자신의 감정을 표현할 수 있는 마지막 기회라고 생각했기 때문이다. 밤새 잠을 못 이루고, 더 자라는 엄마의 야단도 귓등으로 흘리고 조반도 들지 않은 채 남들보다 유난히 일찍 정이네 집으로 달려간 것도 마찬가지 심정의 표현이다. 이러한 돌쇠의 심정은 짐을 나르며 계속 곁눈질로 정이를 찾다가, 정이의 방에 들어가 책상을 옮기던 중 서랍에서 정이 사진을 빼내는 과정에서 절정에 이른다.

집이 가족적 내밀성의 공간이라면, 방은 개인적 내밀성의 장소다. 그곳은 가족 구성원으로부터는 어느 정도, 가족 구성원이 아닌 타인으로부터는 거의 완전히 차단된, 개인적 비밀이 보장된 장소이다. 그럼에도 불구하고 돌쇠는 그곳 출입에 대한 기억을 갖고 있다. 그것은 3년 전 정이가 '관격'이 되어 돌쇠에게밖에 없던 '위산'을 쓰느라 가능했던 것이다. 이튿날 정이가 틀고 일어나 버리는 바람에 병문안 핑계 대고 자주 들어가 볼 수 있는 기회마저 상실한 것이다. 평소에 돌쇠가 정이의 사적 영역으로 접근할 수 있는 경계는 앞에서 본 정이네 집 문까지였을 뿐이다.

이삿짐을 나르면서 들어온 이번이 돌쇠가 정이의 방에 들어온 것으로는 두 번째이자 마지막인 셈이다. 그 방은 가족 구성원으로서의 정이의 개인적 내밀성의 정도를 보여준다. 학교 졸업 후 쌀독과 팥독을 올려 놓느라 돌쇠에게는 없어진 책상이 있을 뿐만 아니라 모기장까지 쳐져 있어, "방안만 봐선 서울 기와집처럼 반지르르"하다. 그러나 그러한 개인적 내밀성의 공간도 오빠가 이끄는 가족적 삶의 궤적에 이끌려 서울로 옮겨가는 것이다. 이는 돌쇠가 이삿짐 나르는 것을 도와준다는 핑계를 내세워 자신의 개인적 내밀성의 의도를 이루기 위해 농사일 도와주기라는 가족적 구성원으로서의 의무를 파기하는 것과 대조를 이룬다.

일부러 책상을 기울여 서랍이 빠져나오게 하고, 서랍 속에 있는 정이의 사진을 몰래 훔쳐 넣는 것은 떠나가는 정이에게 자신의 심정을 말로 표현하지 못한 것에 비해 훨씬 적극적인 의지의 표현이다. 정이의 사진은 정이를 대신하는 물건이다. 그러한 사진을 몰래 훔쳐 가진다는 것은, 사세 부득하여 정이가 서울로 이사를 가는 건 어쩔 수 없지만, 정이를 진정으로 떠나보내는 것은 아니라는 것을 스스로에게 다짐하는 개인적인 내밀한 감정과 의지의 표현이기 때문이다.

이는 신작로로 향하는 이사 행렬 도중에, 정이가 엄마에게 "버선이 자꾸 거북하다"고 먼저 가라고 말하고는, 버선목을 잡아당기고 발가락을 오물거리며 기다리다가 얼른 돌쇠 귀에 대고 '편지' 이야기를 하고 뺑소니를 치는 것과 상응한다. 개인적 내밀성 특히 남녀 사이의 연정은 사회적 영역 속에서 어렵게 이루어진다. 그것은 가족 구성원과 친구도 장애물이 될 수 있을 만큼 사적인 것이고 개인적인 것이며 내밀한 것이다. 정이가 떠나는 날 같이 있기 위해 돌쇠는 친구 윤섭이에게 거짓말을 하고 어머니에게 야단을 맞는다. 그 결과 정이의 사진을 수중에 넣을 수 있게 된 셈이다. 정이는 돌쇠에게 접근하기 위해 어머니에게 거짓말을 한다. 그 결과 돌쇠에게 '편지' 이야기를 할 수 있게 된 것이다.

사진과 편지는 돌쇠와 정이가 도달할 수 내밀성의 최대한을 의미한다. 남녀 사이의 진정한 내밀성은 사랑과 결혼에 이르러야 성취될 수 있다. 돌쇠와 정이의 내밀성은 그들의 나이만큼이나 아직 미숙한 것이다. 둘의 연정 곧 내밀성을 추구하는 장소가 길과 집의 경계인 집 문 앞일 수밖에 없었듯이, 작별의 순간에서도 그들이 마지막 내밀성을 간직하고 교환하는 상황도 개인의 내밀성과 사회성이 혼재한 순간에 이루어진다. 돌쇠는 이삿짐을 나르는 사회적 상황 속에서 서랍의 사진을 훔쳐내는 개인적 내밀성의 행동을 하며, 정이 역시 이삿짐 행렬이라는 사회성의 대열에서 어머니를 속여 이탈하고 뒤이어 따라오는 동네 사람들의 귀라는 사회적 장애물을 넘기 위해 소리를 낮추어 개인적 내밀의 편지 이야기를 한다.

사회성 속 내밀성의 확보가 쉽지 않음은 돌쇠의 귀에 와 닿은 정이의

'편지'라는 소리가 "내 편지 해주께"인지, "내 편지 기두르께"인지 구별할 수 없는 데서도 확인된다. 이 역시 앞에서 돌쇠의 속마음이 정이에게 곧바로 표현되고 전달되지 않았던 것과 상응한다. 이는 결국 이들의 내밀성이 사회성 속에 자리잡기에는 아직 연약하다는 것을 의미한다. 이러한 개인적 내밀성의 연약함과 사회적 외향성의 강력함은 골목길/신작로, 소와 지게/트럭과 자동차와 기차의 대비에서 더욱 두드러진다.

정이네 집에서 출발한 이삿짐 행렬은 동네 골목길을 빠져나와 서낭당 고갯길을 넘어 벌판길을 거쳐 버스 정류장이 있는 신작로에 이른다. 신작로는 '트럭' 두 대가 이삿짐을 싣고 서울로 이를 길이고, 버스가 정이네 가족을 태우고 역에 이를 길이며, 그 역에서 시작되는 기차 길은 그들을 서울로 데려갈 길이다. 이렇게 보면 신작로와 기찻길은 골목길에서 만들어지던 돌쇠와 정이의 연약한 연정을 무너뜨리는 강한 바람을 몰고 온 길인 셈이다. 골목길이 소박한 사회성 및 연약한 개인적 내밀성과 결부되어 있다면, 신작로와 철로는 강력한 사회성과 개인적 내밀성의 붕괴와 결부되어 있다.

골목길에서 신작로와 철로에 이르는 길의 궤적은, 전통사회에서 근대사회로 변화되어 가는 사회의 변화 과정을 반영하는 것이고, 그러한 길을 밟아나가는 정이 오빠의 삶이나 정이네의 이사는 그러한 사회 속의 가족과 개인의 삶을 통해 구현되는 것이다. 이는 어떤 면에서 인간의 성장이고 삶의 확장일 수도 있겠지만, 어떤 면에서는 지극히 복된 생활에서 황량한 삶에로의 추락이 될 수도 있겠다. 앤 페디먼이 『세렌디피티 수집광』에서 말한 것은 바로 후자와 같은 경우를 염두에 둔 것이리라. 즉 출생부터 성인이 되기까지 우리의 삶은 에덴동산에서 점점 멀어져 가는 과정이라고, 문학 작품에 등장하는 이삿짐 차가 향할 수 있는 유일한 방향도 그런 것이라고, 그게 우리 삶의 궤적이기 때문이라고.

현실은 돌쇠의 바람대로 이루어지지도 않고, 정이의 기대대로 진행되지도 않는다. 현실은 그 현실 속에 있는 자들의 현재의 바람과 기대를 저버리는 모습으로 이루어지거나 진행되기 십상이다. 한스-게오르크 가다머가 『진리와 방법 1』에서 말한 것처럼, '현실'은 언제나 결정되지 않은 미래의 지평 위에 서 있고, 미래의 미결정성이 기대들의 과잉을 허용하므로, 현실은 필연적으로 기대를 다 채울 수는 없는 것이다. 골목길 문 앞에서 돌쇠와 정이 사이에서 만들어진 연정은 신작로와 철로를 통해서 들어올 소용돌이를 예상하지 못할 뿐만 아니라 그것에 대항할 어떠한 방법이나 수단도 갖고 있지 못하다. 크기나 세기에서 골목길을 따라 생성된 것은 신작로와 철로를 따라 들어온 것에 상대가 되지 않기 때문이다. 그들의 운명은 신작로와 철로에 맡겨진다.

그래서 골목길에서 신작로를 거쳐 철로를 따라간 정이 오빠는 이제 그 길의 끝인 서울에서 자리를 잡고 돌아와 자신이 간 길을 따라 정이네 식구를 데려가는 것이다. 그러나 그 길은 정이에게는 열려 있지만 돌쇠에게는 닫혀 있는 길이다. 돌쇠에게는 정이 오빠와 같은 존재가 서울에 없어 그를 데려갈 수 없다. 그가 갈 수 있는 큰길은 신작로의 초입이며 그 끝에는 도달할 수 없다. 기껏해야 고모가 있다는 '문산'이 그의 행보가 미칠 수 있는 최대한이다. 다시 말해 철로가 시작되는 역에까지 미치지 못하고, 따라서 기차를 타고 철로를 따라가야 이르는 서울에는 턱없이 미치지 못하는 것이다.

골목길에서의 헤어짐을 받아들이기 힘들어 이삿짐 거들어주기를 자청하여 작별의 시간을 지연시켰듯이, 신작로 버스 정류장에서의 작별도 받아들이기 어려워 정이 오빠가 준 사례비로 문산행 버스표를 사서 버스에 오르면서 이별의 시간을 지연시키려 한다. 그러면서 돌쇠는 문산에 있는 고모집을 내세운다. 그러나 문산의 고모집은 정이 오빠의 서울집과는 차원이 다르다. 그것은 정이 오빠의 집처럼 정이네 가족이 거주할 집이 아니라, 그곳에 버스가 도착하기까지 정이와 같은 버스에 있기 위해 둘러댄 핑계의 집에 지나지 않는다. 골목길 정이네 문 앞에서의 만남은 둘의 작별로 이제 동네와 서울과의 거리만큼 멀어지려고 하는 것이다.

 이러한 헤어짐은 두 사람의 개인적 내밀성의 힘으로는 거부할 수 없는 사회적이고 가족적 차원의 사건에서 연유한 것이다. 둘이 할 수 있는 것은 헤어짐의 순간을 약간 지연시키는 것뿐이다. 이삿짐을 나르는 것과 같은 버스를 잠시 타보는 것이 바로 그러한 지연을 의도하는 몸짓이다. 그러나 그러한 몸짓은 작별 앞에 선 두 사람의 애틋한 심정과 안타까운 처지를 느끼게 할 뿐이다. 그것이 결정된 사건이나 현실을 변경시킬 수는 없다. 로제 샤르티에가 『사생활의 역사 2』에서 말한 것처럼, 어린 시절은 자기 주위에서 벌어지고 있는 인간사와 인간 집단에서 아직 아무런 역할도 하지 못하는 시기이기 때문이다.

 그 둘에게 남은 것은 '사진'과 '편지' 정도이다. 그 사진과 편지가 그들이 성인이 될 때까지 그들의 삶에서 개인적인 내밀성의 형성에 지속적인 영향력을 발휘한다면, 그것은 그 둘에게 세월을 이겨낸 청춘의 싹이 될 수도 있을 것이다. 그렇지 못하더라고 최소한 어린 시절 또는 젊은 시절의 한 조각의 추억이 될 수는 있을 것이다. 철길이 신작로에 이르고, 그 신작로가 다시 골목길에 이르는, 그러한 길이 남아 있는 한 말이다. 그러나 이 작품이 말하고자 하는 바는 그러한 미래가 아니라, 현재의 소박하고 연약한 연정의 싹틈과 무너짐의 안타까운 모습일 것이다. 동네 골목길과 신작로의 대비를 통해서 말이다.

욕망과 좌절의 길
―정구창의 「四十미터 道路」

근대 이전에는 집과 직장, 거주와 노동, 사적 영역과 사회적/공적 영역 사이에 뚜렷한 경계나 구획이 이루어지지 않았다. 농경사회에서는 거주의 영역인 집 밖을 나서면 곧 노동의 영역인 논과 밭 또는 산에 이르게 되는데, 이 둘의 영역은 거리에서도 그리 멀지 않았고, 성격에서도 그다지 이질적이지 않았다. 거주와 노동의 영역은 혼재하거나 확연히 구별되지 않는 연속적인 공간이었고 동질적인 장소였다고 할 수 있다. 그러나 근대의 산업사회 이후는 집과 직장, 거주와 노동, 사적 영역과 사회적/공적 영역이 뚜렷이 구획되고 구별된다. 직장은 출근해서 노동을 하는 곳이고, 집은 퇴근하여 쉬는 곳이다. 이 둘은 혼재할 수 없고 확연히 구별된다. 그래서 둘 사이는 거리도 멀고, 서로 불연속적인 공간이 되고 이질적인 장소가 된다.

그럼에도 불구하고 근대 이후의 거주와 노동은 상관관계에 있다. 거주의 한 축은 노동에 의해 마련된 물질에 의해 구축되기 때문이고, 이는 또한 거주의 또 다른 축인 가족적 감정에도 영향을 미치기 때문이다. 따라서 노동의 성격이 거주의 성격을 거의 결정하다시피 할 수 있는 것이다. 근대 이전 공동체의 근저를 흐르는 것이 친밀과 유대와 같은 정서적이고 감정적인 것이라면, 근대 이후의 사회를 관통하는 것은 욕망과 이익과 같은 이해 타산적이고 물질적인 것이라 할 수 있는 것도 이러한 노동과 거주의 상관관계에서 기인하는 것이다. 근대 이전의 노동이 주체의 욕망 보다는 자연에 많은 것을 의존해야 하듯이, 거주 또한 자연의 섭리에 벗어나지 않기를 바라게 된다. 근대 이후의 노동이 자연에 의지하기보다는 주체의 욕망에 의해 이루어지듯이, 거주 또한 욕망의 흐름을 따르게 된다.

정구창의 「四十미터 道路」는 노동의 변화가 거주에 어떤 변화를 일으키는지, 나아가 거주자의 심리에 어떤 영향을 미치는지를 그려보여 준다. '나'는 공직에서 물러난 인물이다. 공직에 있는 동안은 월급이라는 노동의 대가로 거주를 해결해오며 별 탈 없이 지내온 셈이다. 퇴직금을 받고 공직에서 물러나면서 별 탈 없던 거주에 변화가 생긴다. 레비나스가 『시간과 타자』에서 말하듯이, 인간은 거주를 통해 위협적인 주변 세계로부터 자기 자신을 보호하고, 노동을 통해 주변 세계를 정복하고 지배한다. '나'는 공직에 있을 동안은 그러한 노동과 거주를 무난히 수행해 온 셈이다. 그러나 공직을 떠남으로써 노동을 대신할 수 있는 일을 모색해야 한다.

노동의 상실을 조금이나마 충당하며 거주에 보탬이 될 수 있는 일로 '나'가 떠올린 것은 퇴직금을 은행에 맡기는 것이다. 그러나 은행 이자로는 거주에 그다지 보탬이 되지 않는다고 판단한다. 그래서 은행보다 부동산에 투자하는 것을 선택하는 데, 이러한 선택에는 이웃동네 사는 당숙의 권고가 작용한다. 그러한 권고에는 항상 긍정적인 자료만 들먹여지게 마련이다. '발전 지구', '부동산으로 재미를 본 사람 무수히 목격', '땅값이 나날이 올라 현기증이 날 정도', '현금 쥐지 못한 게 한' 등이 그것이다. 그러나 아무리 공직으로만 지내와 세상 물정 모른다지만, 살아온 세월의 경력으로 단번에 혹하지는 않는다. 그래서 "그때의 부동산 경기는 불황의 전주곡으로 밀어닥친 이상붐"이었다고 회의를 표시한다.

이에 대해 당숙은 "여기는 딴데와는 다르다"고, "곧 사십 미터 도로가 나게 되어 있다"고, "여기가 이만큼 발전한 것도 사십 미터 도로를 겨냥한 것"이라고, "이곳만은 땅값이 계속 뛸 것"이라고 확신하며, 잘 아는 '신진복덕방'까지 소개한다. '나'는 그 복덕방을 몇 번 출입하며 '허진구'를 만나게 됨으로써, 결국 '신정동 칠번지'에 '삼백여 평의 땅'을 사기로 결심한다. 부동산에 대한 복덕방 김씨의 말들도 '나'의 귀를 솔깃하게 하는 것이었지만, 그보다 훨씬 확신을 심어준 사람은 허진구였다. 그 역시 '나'와 마찬가지로 노동의 일선에서 물러나 '나'보다 서너 달 전에 신정동 칠번지 밭 옆의 논을 먼저 사놓은 것이다. 그가 신문을 펼쳐 보이며, "드디어 사십 미터 도로가 난다"고, '내년 삼월 착공'이라고 즐거운 표정을 짓고, "크리스마스 무렵쯤, 희뜩희뜩 눈발만 흔날리면", "이 대지는 활기를 띠기 시작할 것"이라고 의젓하게 말하는 바람에, '나'는 확신에 차서 그 밭을 산 것이다.

르네 지라르가 『나는 사탄이 번개처럼 떨어지는 것을 본다』에서 말한 것처럼, 욕망은 그 대상을 가치 있게 만드는 타인에 근거하고 있는데, 이 타인은 곧 가장 가까이 있는 제삼자 즉 이웃이다. 이웃이 우리 욕망의 모델이며, 욕망은 곧 모방 욕망인 것이다. 내가 그의 욕망을 모방함으로써 그가 욕망한 것은 욕망할 만한 합당한 이유가 있다는 인상을 준다. 결국 그의 욕망의 크기가 배가한다. '나'가 퇴직금을 처음에 은행에 맡길 생각을 한 것은 굳이 욕망이라 할 정도로 대단한 것은 아니다. 그러나 당숙의 권고나 복덕방 김씨의 권유 그리고 허진구의 참견은 '나'의 욕망을 부추기게 되고, '나'는 결국 욕망의 단계와 흐름에 들어서게 된 것이다. 지라르의 말처럼 욕망은 경쟁과 모방을 속성으로 한다. 부동산 투기로 돈을 번 사람들의 얘기는 '나'의 부동산 투자를 부추기고, 그들과 모방과 경쟁의 관계로 들어서게 한다. 게다가 허진구는 부동산 투자가 야기할 불안을 누그러뜨리고 확신을 갖게 하는 역할도 한다.

그러나 욕망은 모방과 경쟁의 정도에서 끝나지 않는다. 욕망은 추구의 과정에서 타인에 대한 폭력과 자기 파괴에까지도 이르며 그 흐름을 멈추지 않는 속성 또한 가지고 있기 때문이다. 이러한 폭력과 파괴의 모습은 나중에 보게 되겠지만, '나'에게서보다는 허진구에게서 두드러지게 나타나게 된다. 허진구가 예견한 바와는 달리 "가을이 가고 겨울이 다가오는데도 부동산 경기는 침체일로로 빠져들고, 신문이나 방송은 불황의 심각성을 보도하고, 매기가 끊어진 복덕방은 울상을 짓고, 연말은 다가와 '사십 미터 도로'의 착공을 두 달 정도 남겨놓고 있는데도 땅을 찾는 사람은 없는" 것이다. 게다가 새해에 접어든 일월 중순께, 정부 각부의 신년 사업이 신문에 발표되었는데, 그 '사십미터 도로' 공사의 착공이 팔월로 되어 있는 것이다. '나'의 부동산 투자는 장기적 안목으로 이루어진 것이 아닌데다 "당장 처분하여 애들 학비에 충당해야" 하기에 그것은 절망적인 소식이다.

슬라보예 지젝은 『향락의 전이』에서 "당신이 다른 사람의 꿈을 따라간다면 당신은 길을 잃는다"는 질 들뢰즈의 말을 인용한 바 있다. 여기서 꿈을 욕망으로 바꾸어 놓아도 무방할 것이다. 곧 다른 사람의 욕망을 따라간다면 길을 잃게 된다는 것이다. 그것도 이른바 막차를 탔다면 말이다. '나'가 부동산 투자를 한 시기는 당숙의 말에서도 알 수 있듯이, 이미 다른 사람들이 그것으로 재미를 본 뒤이니까 '나'는 시기적으로 늦은 셈이다. 그럼에도 불구하고 결국은 그 욕망의 대열에 참여한다. 참여에 결정적인 역할을 한 이는 허진구다. '나'는 허진구의 욕망을 따라간 셈이다. 허진구 역시 또 다른 사람의 욕망을 따라갔을 것이다. 그래서 둘은 길을 잃은 것이고, 이는 지라르의 모방 욕망, 마르쿠제의 가짜 욕망에 따른 귀결이다.

길을 잃은 두 사람은 애초의 희망적인 근거에만 의존한 긍정적 기대에서, 모방 욕망, 가짜 욕망이 초래한 불안과 초조에 사로잡힌다. 원래 욕망의 문턱에 들어서기 전까지는 긍정적이고 희망적인 근거만 돌출되고 눈에 들어오기 마련이다. 그러나 욕망의 문턱에 들어서면 잠재해 있던 부정적이고 절망적인 자료가 드러나게 마련이다. 그래서 당사자는 "재수 없는 놈은 뒤로 넘어져도 코가 깨진다"는 속담을 투덜거리게 된다. 어쨌든 '나'가 그 불안하고 초조한 심정을 노골적으로 드러내는 것에 반해, 허진구는 태연을 가장하는 것이 다를 뿐이다. 이는 '나'의 처지가 허진구의 처지에 비해 더 급박하기 때문일 것이다. 허진구는 장남이 이미 결혼을 했고, 고등학교 이학년에 다니는 막내 하나만 데리고 있지만, '나'에게는 대학 둘과 중고등학교 두 아이의 새학기 등록금이 코앞에 닥쳐 있기 때문이다. 그래서 '나'가 "눈발은 희뜩희뜩 흔날렸는데 이게 웬 날벼락이냐"고 '가시 돋친' 한마디를 던지고, 허진구는 "인생 살아가자면 오진도 더러 있는 법이라고, 너무 그렇게 공박만 하지 말라"고 태연히 받아넘긴다. 이처럼 욕망의 반대편에는 불안이 도사리고 있다. 그러한 불안을 다독이고 욕망을 유지하는 방법은 불안한 두 사람이 서로 기대는 수밖에 없다. 그래서 둘은 전보다 더 가까워지고, 마침내 '나'가 허진구의 집을 방문하는 데까지 이르게 된다.

    허진구가 '나'에 비해 여유를 보이는 것은 논어를 인용하여 말하는 것에서 알 수 있듯이—군자는 탄탕탕(坦蕩蕩)이요, 소인은 장척척(長戚戚)이라(군자의 마음은 항상 평정하면서도 넓고, 소인의 마음은 항시 근심에 차서 초조하다)—다분히 그의 지식에 근거한다. '나'가 파악한 바에 의하면, 허진구는 "우리나라의 대표적인 교양잡지 한두 권은 빼놓지 않고 받아보고 있었고, 일본의 대표적 교양지도 달 지난 것이나마 계속 구해 읽고 있어", 시사 일반에 대해서 '그 나름대로 명쾌한 판단'을 내리는 인물이다. 허진구의 집을 방문하여 거실로 안내되었을 때, 실제로 조그만 책꽂이에 우리나라 월간잡지와 일본 책들이 꽂혀 있고, 그가 탐독하고 있다는 한국사도 발견한다. 그러나 '나'가 말하듯이 그것은 '장서'라고 할 만한 것은 못되고, 또 그것으로 섭취한 지식과 판단은 그의 욕망 앞에서는 그다지 힘을 발휘하지 못한다. 오히려 자신의 실수를 합리화하는 도구가 될 수 있을지는 몰라도 말이다.

그의 욕망 앞에 그의 지식과 판단은 무력해진다. 그가 현재 거주하고 있는 집은 전세집이다. "부동산경기에 기대를 걸고 강북에 있는 집을 팔아 땅을 산 것"이다. 노동의 상실은 욕망을 부추기고 욕망은 거주를 변화시킨 것이다. '집'은 가족적 삶의 보금자리나 휴식처가 아니라 재산을 증식시키는 수단이 되었고, 거주는 그 안정성을 상실한 것이다. 이는 앞의 '사십 미터 도로'가 단순한 운송 수단이 아니라 주위의 땅값을 상승시키는 요인으로서 물질적 욕망의 수단이 된 것과 일치하는 것이다. 집이 사적 영역에서의 변질이라면 도로는 사회적/공적 영역에서의 변질이라 할 수 있다. 이러한 변질에는 상호성이 존재한다고 볼 수 있다. 다시 말해 사적 영역의 거주가 사회적/공적 영역의 노동과 상관관계에 있다면, 사적 영역의 욕망과 사회적/공적 영역의 체계 사이에도 상관관계가 없을 수 없다는 것이다.

사십 미터 도로는 인천항의 확장과 하역량의 증가로, 인천항과 구로공단 사이의 물동량이 급증하면서, 새로 계획된 순환도로의 일부다. 안치운이 『그리움으로 걷는 옛길』에서 말하듯이, 길은 사람들의 필요에 의해서 만들어지므로, 길은 사람들이 만든 욕망의 지도와 같다. 사십 미터 도로는 그 도로를 만드는 사람들 곧 그 체제를 운영하는 사람들의 욕망이 반영된 것이다. 그래서 욕망의 체제는 도시를 확장하며 길을 내고 집을 짓는다. 그 길과 집을 따라 욕망은 확장되고, 확장된 욕망의 길을 따라 욕망의 대상 곧 물질이나 화폐는 역으로 거슬러 오른다. 제국에서 식민지로, 도시에서 시골로, 중심부에서 주변부로 뱃길과 기찻길 그리고 신작로가 확장되고, 거기서 생성된 부는 역으로 거슬러 올라가게 된다. 그래서 스코트 니어링은 『그대로 갈 것인가, 되돌아갈 것인가』에서, 문명 중심지와 식민지의 관계는 가난한 시골이 부자인 도시를 먹여 살리는 관계와 비슷하다고 했을 것이다.

그러나 이 작품은 욕망의 순환을 제국과 식민지, 도시와 시골의 관계에서 보여주려고 하지는 않는다. 또한 사적 영역에서 생성된 개인의 진정한 욕망이 사회적/공적 영역으로 확산되는 것을 보여주고자 하는 것도 아니다. 이 작품이 보여주고자 하는 것은 체제 곧 사회적/공적 영역에서 생겨난 모방 욕망 또는 가짜 욕망이 사적 영역으로 역류하여 초래하는 부정적인 모습이다. 다시 말해 제국과 식민지의 관계, 도시와 시골의 관계가 가족 내에서 일어나는 것을 보여주려는 것이다. 비록 가장이 사회적/공적 영역에서는 체제에 수렴되는 약자에 불과하지만, 가족 내에서는 남편으로서, 아버지로서 강자의 역할을 충실히 해내고 있는 것이다. 그래서 이득재가 『가족주의는 야만이다』에서 가족이란 자본주의의 식민지, 내적 식민지라 할 수 있다. 가족은 자본주의가 생산하고 재생산하는 것을 소비하는 입이고 배출하는 항문이라고 한 것도 이와 무관하지 않을 것이다.

허진구는 상처를 한 후 열댓 살 먹은 식모 아이를 데려다 살면서 그다지 불편함을 느끼지 못하지만, 한 가지만은 예외다. 그것은 바로 여자 곧 섹슈얼리티다. 미셸 페로가 『사생활의 역사 4』에서 말하듯이, 섹슈얼리티는 사생활에서 가장 중요한 차원 중의 하나이기 때문이다. 허진구는 그것을 때로 술집 여인을 사거나 윤락가에서 해결하기도 하지만, 구질구질하여 못할 노릇이라 '애를 안 낳는다'는 조건으로 지금 살고 있는 여자

-'나'가 '출가한 딸'이라 착각할 정도로 젊은 여자-와 동거를 한 것이다. 젊은 여자에게 허진구는 삶의 물질적 조건을 의탁하기 위한 존재이고, 허진구에게 젊은 여자는 성적 욕망을 충족시켜 주는 존재다. 아이를 갖게 되면 두 사람의 관계가 처음 예상했던 것과 달라질 수 있기 때문이다. 물질적 의존과 성적 욕망의 충족이라는 현재적이고 도구적인 두 사람의 관계가 아이로 말미암아 부부애와 아이의 미래라는 진정한 관계로 발전할 수 있기 때문이다.

허진구가 아이를 갖지 않는다는 조건을 내세운 것은 이러한 관계의 발전을 우려했기 때문이다. 욕망에서 타자는 도구적이고 지배적이며 불평등한 관계의 대상이다. 사랑에서 타자는 목적적이며 호혜적이고 평등한 관계의 대상이다. 체제에서 파생된 욕망을 수렴한 허진구는 사회에서 그것을 발산하는 것이 아니라, 스스로 그것을 역류시켜 가정에서 그대로 실현한다. 체제는 영역을 구획하기도 하지만, 동시에 생산한 욕망을 영역의 구획과 무관하게 경계를 넘어 흐르게 한다. 그것이 욕망의 체제가 작동하는 방식이다. 그래서 욕망은 모든 사회장에 스며들게 된다. 욕망의 흐름이 스며든 영역에서는 정신적, 정서적 차원은 고갈되어 가고, 물질적, 신체적 차원이 흘러넘치게 된다. 자본이 증식되는 만큼, 욕망이 확산되는 만큼 모든 영역에서 삶은 황폐해진다.

허진구는 임신을 못한다고 해서 지금의 여자를 만났는데, 여자는 그 사이에 두 번이나 임신을 한다. 애초에 약속한 것이 있어 두 번째까지는 다소 분란 후에 순순히 떼었지만, 이번에는 낳으려고 애원한다고 말한다. 그러나 처음과 마찬가지로 그 애원을 들어줄 수가 없다고, "인정을 베풀다간 자멸이 있을 뿐"이기 때문이라고 한다. 아이 낳기를 허락해 달라는 여자의 애원과 그것에 대한 허진구의 인정 베풀기는 곧 가족과 거주에 대한 애원과 인정이 된다. 그러나 노동을 상실한 허진구의 입장에서 그것은 엄청난 부담이 된다. 그러한 부담을 지지 않기 위해서 그는 애초에 여자를 들일 때 아이를 낳지 못하는 여자를 원했던 것이다. 더구나 지금처럼 노동의 상실에다 투자한 재산이 묶여 있어 형편이 열악해진 입장에서는 더더욱 받아들이기 힘들 것이다. 그래서 그는 그것을 '자멸'이라는 단어를 동원해서까지 거부하고 있는 것이다.

허진구의 집을 나와 간절한 마음으로 사십 미터 도로가 날 예정지인 풀밭을 걸으면서 허진구 한사람의 입에서 나온 '군자' 운운과 '자멸' 운운의 함수관계 또는 상충됨을 되뇌어 본다. 그 자리에서 만난 복덕방 김씨로부터 '나'는 허진구와 여자가 각자 자신의 의지를 관철하려다가 손찌검이 오가고 여자가 죽어버리겠다고 약까지 먹은 사실이 있음을 듣는다. 그리고 김씨가 여자 쪽을 두둔하고 있는 것까지도 알게 된다. 이처럼 욕망은 그 흐름을 따라가며 포획된 대상들을 파괴한다. 욕망의 메커니즘에 휘말려 그것을 모방하는 자는 자신이 스스로 욕망의 주체라고 생각하지만, 사실은 욕망이 지나가는 통로일 뿐이다. 스스로 파괴되면서 이를 깨닫게 될 수도 있고, 깨닫지도 못하면서 파괴될 수도 있다. 그리고 욕망의 흐름이 끝나는 곳에는 파괴된 욕망의 파편들이 늘려 있을 것이다.

욕망의 체제는 한계를 뛰어넘고 확장하면서 스스로를 작동시킨다. 도시는 논과 밭을 집으로, 풀밭을 도로로 탈바꿈시키며 스스로를 확대한다. 욕망에 포획된 존재는 욕망의 체제가 요구하는 데로 스스로를 몰고 가지만, 결국 체제에게 필요한 것을 빼앗긴 채 체제의 중심부에서 주변부로 밀려나 버려진다. 이것이 욕망의 체제가 작동하는 방식의 또 다른 측면이다. 허진구는 '나'에 앞서 퇴직금을 은행에 넣어두지 않고, 도시의 확장에 따른 집과 도로의 건설을 믿고 부동산에 투자했다가 진퇴양난의 위기에 처해 있다. 도시는 논과 밭을 자신의 체제로 편입하여 집과 도로로 확대한다는 계획으로 허진구와 '나'를 욕망의 체제 안으로 끌어들인다. 그러나 도로 건설 계획은 삼월 착공에서 팔월로 연기되고, 유월이 되자 농지보존 문제가 대두되어, "이미 주거 지역으로 책정된 농지라 할지라도 농지의 보존을 위해 건축 허가를 중지한다"는 기사가 신문에 실린 것이다.

다음날 신문에 식량증산 정책의 일환인 농지보존에 대한 반론으로 개인의 재산권 침해를 주장하는 사설이 실리기도 하지만, "정부가 스스로 정책을 뒤집을 발표가 없는 한", 부동산을 매개로 한 두 사람의 장래는 암담한 것이다. 이는 허진구가 시청을 다녀와 "신정동지대는 제외될 것이 거의 확실하다"고, "사십 미터 도로의 착공이 십일월에나 될 것 같다"고, "좀더 묻어두고 기다립시다"고 말한다고 해서 별로 달라질 것이 없어 보인다. '나'가 허진구와 함께 그의 집에 들렀을 때, 여자와 아들이 없는 '쓸쓸한 집'이 이를 대변해 준다. 아들은 제 형이 있는 간척공사장에서 돈을 벌겠다고 떠나고, 세 번째 아이는 낳겠다고 고집하던 여자와는 흥정을 하여 내보낸 것이다. 여자는 쫓겨나며 허진구에게 "아무리 뱃속에 있는 아이지만 처자식을 한꺼번에 내쫓는 법이 어디 있으냐, 신이 두렵지 않느냐"고 따지고 들더라고 전해준다.

욕망의 체계가 사회적/공적 영역에서 '나'와 허진구에게 했듯이, 허진구는 사적 영역에서 그것을 주로 여자에게 행사한 것이다. 전자가 도시계획의 일환으로 부동산을 매개로 그렇게 했듯이, 후자는 거주의 일환으로 결혼을 매개로 그렇게 한 것이다. 전자에서는 물질적 욕망을 제외하고는 모든 것이 배제되듯이, 후자에서는 성적 욕망을 제외하고는 모든 것이 제외된다. 전통적 가치관에서 형성된 신-인간-물질의 관계는 근대 이후에는 물질-인간-신의 관계로 가치가 전도된다. 그래서 '물신'이라는 개념이 생성되었을 것이다. 즉 물질이 인간과 신의 가치를 잠식하여 오직 물질만이 남아 신적인 힘으로 다른 모든 것을 지배하게 되었을 것이다.

여자가 허진구에게 한 말, "신이 두렵지 않으냐"는 말은 이러한 물신의 시대에는 공허한 울림이 될 뿐이리라.

  물질만이 힘을 가지고, 그래서 물질을 신으로 숭배하고 추구하는 욕망의 시대에 생명을 가진 것이 제대로 삶을 영위한다는 것은 어려운 일이다. 화이트헤드가 『관념의 모험』에서 힘의 향유는 생명의 섬세함에 치명적인 것이라고 한 말도 이와 무관하지 않을 것이다. 욕망의 체제와 힘의 중심부로 접근하고자 한 '나'와 허진구의 삶이 주변부로 밀려나 피폐하게 널브러지게 되었듯이, 허진구의 욕망의 삶에 접근했던 여자의 삶 또한 밀려나 피폐해진 것이다. 노동 없는 욕망의 삶은 쉽게 욕망의 체제에 수렴되어 황폐해지며, 그렇게 황폐해진 삶은 타자의 삶 또한 황폐하게 만드는 것이다. 이는 욕망이 파괴를 향해 흐르기 때문일 것이다.

여성과 수난의 길
—최인훈의 「國道의 끝」

　길은 인생의 비유가 될 수 있고 또한 사회의 축도가 될 수 있다. 길의 구비구비는 인생의 우여곡절을 담을 수 있고, 길과 관련되어 전개되는 풍광은 사회의 여러 양상에 관련시킬 수 있기 때문이다. 그리고 박태순이 『나의 국토, 나의 산하』에서 말하듯이, 길은 객관적이면서 동시에 주관적이다. 이는 안치운이 『그리움으로 걷는 옛길』에서 말하듯이, 지나온 길들이 결국 내 몸 안에 새겨지기 때문이고, 허만하가 『길과 풍경과 시』에서 말하듯이, 길 위에 서는 일은 바깥 세계를 바라보는 일과 자기 내면을 바라보는 일의 변증법적 통일을 끊임없는 과제로 느끼는 지난한 작업이기 때문이다.
　최인훈의 「國道의 끝」은 국도와 철길을 따라가며 이러한 길의 속성, 곧 인생의 비유와 사회의 축도로서의 모습을 보여준다. 그것은 때로는 객관적인 사실의 모습으로 드러나기도 하고, 더러는 주관적인 암시의 형태로 나타나기도 한다. 거기에는 또한 여성의 삶이 중점적으로 매개되어 있다. 남성 중심의 세계에서 여성의 삶은 남성 의존적일 수밖에 없다. 그러나 여성이 의존할 대상인 남성이 부재할 때, 여성의 삶은 희생적인 것이 된다. 전쟁으로 말미암아 남성이 중심이 되었던 가정이 붕괴되면, 남성의 역할을 여성이 짊어져야 한다. 어머니로, 딸로 전이가 되는 것이 그것이다. 그래서 전후의 소설에서 억척스러운 모성상과 희생적인 누이의 상이 확립된다.

　이 작품에서는 한국전쟁의 휴전으로 성립된 전후의 상황이 국도변과 철길 주변에 펼쳐진다. 국도를 따라가면 도로 언저리에는 모두 '미군부대'가 들어앉아 있거나, 이들을 상대하는 이른바 '텍사스 마을'의 영문 간판이 붙은 가게들이 늘어서 있고, 도로 곳곳에는 '검문소'가 있어 헌병과 경관이 그곳을 지나는 차량의 승객을 조사한다. 밤의 철로를 지나는 열차의 객차 차창에는 환한 불빛을 받은 '코쟁이 남자들과 하얀 옷을 입은 코쟁이 여자들의 얼굴'이 비친다. 객차 뒤에는 지붕과 벽이 없는 차량이 매달려 지나가는데, 그 위에는 '대포와 탱크 그리고 지이 엠 씨이'가 '말없는, 상하고, 지친 여행자들'처럼 얹혀 간다. 이러한 철길과 그와 나란히 해서 달리는 국도는 이 작품의 중심을 떠받치는 두 갈래의 흐름이다.

　철길은 팔월 한낮의 햇빛을 받아 끓으며, "아득한 데서 와서 아득한 곳으로 달려가"고, 국도에는 "저쪽 끝에 민간 버스가 한 대가 나타나 평탄한 길을 미끄러지듯이 점점 가까이 달려온"다. 버스에는 여섯 명의 승객이 타고 있는데, 미군주둔지역의 뒷구멍물건 장사치 하나, 시골사람 둘, 시골 청년 둘, 얼굴 하얀 청년 하나가 그들이다. 길이 사회의 축도이듯이, 이 길 위를 지나는 버스 속의 승객은 사회 구성원의 축도라 할 수 있다. 다시 말해 이들은 상인과 농민 그리고 지식인을 대변한다. 차량이 검문소에 다다르면 이들은 어김없이 헌병과 경관의 검문을 받는데, 이들이 속한 사회가 무엇에 의해 통제되는가를 보여주는 장면인 셈이다.

　다리 어구에서 미군 수송차량대를 만남으로써 이들의 사회가 전후에 외세와 어떤 관계를 맺고 있는지를 여실히 보여준다. 이 길에서 미군 수송차량대의 통행은 '원님 행차'다. 앞장서 오는 지이프차에서 비켜서라고 손짓을 하고, 버스 운전수는 투덜거리면서 차를 한쪽으로 비켜 세운다. "언제 끝날 성 싶지 않"게 한없이 지나가는 차량을 기다리며 버스 뒤에는 줄줄이 각종 차들이 밀려 선다. 그러면서 조바심과 역정을 억누르고 있다. 행차가 끝나기를 기다리는 수밖에 별 도리가 없는 것이다. 백성이 원님에게 어쩔 수 없듯이, 늘어선 차량의 행렬은 미군 수송차량대를 어쩔 수가 없는 것이다. 더구나 수송차량대의 트럭들이 '폭발물 위험'의 붉은 글씨와 '해골 탈바가지'의 그림으로 위협하고 있으니 말이다.

검문소의 검문을 받고, 미군 수송차량대의 위협적 행차를 거친 버스는 탄탄대로를 무료하게 달려 이번에는 장례 행렬을 만난다. 버스는 또 비켜 서고, 승객은 창으로 목을 내밀고 구경을 한다. 만장 깃발과 소복 차림은 장례 방식 그대로이지만, 상두꾼과 영구를 멘 사람 그리고 따라오는 사람들 모두가 여자라는 점이 특이하다. 그러나 이런 행렬을 자주 본 듯, 버스 운전사는 '양색시 장례'라고, '조합원들이 메고 나간다'고 말하고, 승객들은 고개를 끄덕인다. 깃발에는 "언니 잘 가요", "수잔 너만 가고 나는 남고"와 같은 글귀들이 보인다. 장례 행렬은 수송차량대 행렬과 대조적이다.

차량의 글씨와 만장의 글씨도 그러하고, 행렬의 모양새와 속도도 그러하다. 수송차량대의 글씨는 주위에 그들의 힘을 과시하는 의미를 띠고, 장례 행렬의 글씨는 힘없이 살다간 자의 애틋함이 묻어 있다. 수송차량대는 다른 차량을 길 한편으로 밀어붙일 듯이 거침없지만, 장례 행렬은 지지부진하다. 앞뒤로 주춤주춤하고 좌우로 비틀비틀하며, 앞으로 나아가기보다는 "길 가운데 자리를 잡고 광대 놀음을 펼쳐 놓은 형국"이다. 이러한 글씨와 속도의 대조는 이들 차량의 주인공들이 이 사회에서 차지하는 위상의 차이에서 기인하는 것이다.

장례 행렬의 곡성과 깃발의 글귀 그리고 행렬의 형국은 죽은 자뿐만 아니라 죽은 자를 보내는 여자들의 삶의 모습을 반영하고 있다. 죽음의 모습이 삶의 모습을 품고 있듯, 장례 길은 죽음의 길이지만 삶의 모습을 담고 있다. 양색시의 장례 행렬은 그 양색시가 살아왔던 삶의 모습이 어떠했던가를 보여주는 셈이다. 이승에 한이 많았던 영혼이 그러하듯, 양색시의 영혼이 수월하게 이 땅을 떠날 수는 없을 것이다. 그것은 장례 행렬에 참여한 모든 양색시에게도 그대로 적용될 것이다. 그래서 그들은 길 한가운데에서 그러한 그들의 삶과 심정을 그렇게 표현하고 있는 것이다. 그러나 이들의 모습은 승객들에게 한낱 구경거리에 지나지 않으며, 자주 보는 운전사에게는 심드렁한 일에 불과하다. 이는 미군 주둔 지역에서 미군을 상대로 생업에 종사하는 여자들의 문제가 사회적 인식에서 어느 정도의 수준에 머무르고 있는지를 보여주는 것이다.

다만 승객 가운데 얼굴 하얀 청년 곧 발령을 받아 부임하러 가는 국민학교 교사에게만 그 의미가 음미될 뿐이다. 장례 행렬이 지나간 뒤에도 그의 시선은 장례 행렬을 뒤따른다. "국민교사는 한참만에 뒤를 돌아보았다. 장례 행렬은 철로와 도로가 마주친 건널목을 넘어가고 있다. 건너간 저편이 쑥 내려간 곳이어서 행렬은 사라졌다. 공허한 철로가 이글거리며 모습을 드러낸다." 이는 앞의 두 경우에서도 마찬가지다. 곧 검문소에서 검문을 받고 난 뒤에 "젊은 교사는 또 철로를 내다본다. 햇빛에 이글거리는 공허한 철로가 말없이 자꾸 따라온다."가 그러하고, 미군 수송차량대가 지나간 뒤에 "교사는 다시 철길 쪽으로 눈을 돌린다. 뙤약볕에 이글거리는 철길은 그저 공허하다."가 그러하다.

국도는 버스와 트럭 등이 다니는 길이다. 그래서 때로는 승객을 태우고, 때로는 수송 물자를 싣고, 때로는 영구를 싣고 버스와 트럭이 지나다니는 길이다. 그러나 국도와 나란히 달리는 철길에는 열차가 다니는 모습이 보이지 않는다. 유일하게 등장하는 것은 소설의 마지막 장면이다. 그 이외의 장면에서는 단지 철길만이 보일 뿐이다. 그것도 젊은 교사의 시선에 잡힌 것으로서 말이다. 그러한 철길은 객관적인 동시에 주관적인 길이다. 철길은 젊은 교사의 시선 밖에 엄연히 존재하는 객관적인 길이다. 그러나 그 길은 그것에 적합한 운송 수단인 열차와 연결되어 묘사되지 않는다. 오히려 철길은 시선이 닿을 때마다 언제나 비어 있고 햇빛을 받아 이글거릴 뿐이다. 곧 철길은 생명체를 찾아보기 힘든 사막의 이미지로 변한다. 그것은 다시 젊은 교사의 내면으로 들어와 공허함이 된다. 그러니까 외부의 풍광은 곧 내면의 풍경이 된다.

그 내면의 공허한 풍경은 버스가 '텍사스' 마을에 닿아 다른 승객을 태움으로써 외부의 풍경 묘사로 돌아온다. 그 마을의 거리 양편에는 "미군을 상대로 하는 가게들이 늘어서 있고", 어느 가게에서는 "젊은 여자가 한 팔로 흑인 병사의 허리를 뒤로 끌어안고 다른 팔 주먹으로 그의 등을 때리고 있다. 병사는 두 손으로 뒤통수를 감싸고 맞고 있다." 이러한 장면을 연출하고 있는 가게 뒤로는 가게와 마찬가지의 "바라크집들이 올망졸망 모여 있다." 이는 앞에서 버스가 마주친 장례 행렬의 주인공의 과거 생활과 공간을 보여주는 것이자, 그 참여자들의 현재의 생활과 공간을 보여주는 것이다. 그러니까 앞의 장례 행렬의 모습은 이곳에 거주하는 여자들의 미래의 모습이고, 지금 묘사되고 있는 텍사스 마을의 모습은 장례 행렬 주인공의 과거인 셈이다.

이러한 여성들과 이들을 둘러싼 일반인과의 관계를 묘사하기 위해 버스는 텍사스 마을에서 승객 넷을 태우는데, 하나는 여자이고 다른 셋은 남자들이다. 여자는 이곳에 생업의 터전을 마련한 여자임을 한눈에 알아볼 수 있는 차림새를 하고 있고, 남자들은 군용 작업복에 술 취한 모습을 한 청년들이다. 남자들을 술 취한 모습으로 등장시킨 것은 여자와의 관계를 노골적으로 드러내기 위한 방편이다. 그래서 버스 안은 이들이 타기 전까지와는 판이한 분위기가 만들어진다. 여자와 남자들 사이에는 음담과 욕설이 오가고, 다른 승객들은 그러한 음담과 욕설에 맞추어 맥없이 '흐드르르' 웃기도 하고, '허어' 또는 '킬킬킬' 웃기도 하며, 소리 없이 '벌죽벌죽' 웃기도 한다.

유일하게 웃지 않는 사람은 앞에서와 마찬가지로 젊은 교사다. 오히려 그는 얼굴이 뻘개지기도 하고, 몸을 일으킬 듯, 입을 뗄 듯하기도 하다가 결국 주저앉고 만다. 이는 그가 나머지 승객과 다른 점이기도 하면서 그 한계를 드러내는 부분이다. 그는 나머지 승객과 달리 음담과 욕설이 오가는 상황을 즐기지 않는다. 그래서 그러한 상황을 제지하려는 의도를 갖고 있다. 그러나 그것을 실행할 의지나 수완은 없는 것이다. 여자를 보며 그녀의 옆얼굴이 아름답다고, 입매가 참하다고 생각하며, 단지 자신이 그 여자로부터 나머지 승객과 같은 부류의 인간으로 취급되는 것을 우려하는 수준에 머물 뿐이다.

결국 상황을 해결해야 하는 것은 그 여자 자신이다. 앞의 장례 행렬에서 그러한 여자의 죽음을 그녀와 같은 처지의 동료들이 처리하듯이, 그러한 여자의 삶도 스스로 해결할 수밖에 없는 것이다. 고립무원의 상황에서 그 여자가 빠져나갈 수 있는 길은 버스에서 내리는 것뿐이다. 버스를 세우게 하고 내리면서 그녀가 승객들을 향해 쏘아 붙이는 말-"개 같은 새끼들아! 너이들 다!"-은 이러한 부류의 여성들을 둘러싸고 있는 일반인의 수준을 짐작케 하는 것이다. 미군 부대에 기생하여 살아가는 이러한 여성들은 그녀들을 둘러싸고 있는 일반인들이 만든 사회의 희생양들이다. 일반인들은 사회를 온전히 지켜내지도 못하고 가꾸지도 못한 채 그러한 사회의 희생양들을 농락함으로써 그들의 고통을 가중시키고 있는 것이다.

사회가 그 특정 구성원을 희생양으로 삼는 것은, 사회의 부정적인 요소와 그것에 책임을 져야 할 대다수 구성원의 책임감을 그 특정 구성원에게 전가시킴으로써, 사회를 존속시키고 스스로를 모면하기 위해서이다. 이 희생양 전략은 외부의 적 설정 전략과 함께 집단과 그 구성원이 자신들의 잘못을 타자에게 전가시키면서 스스로의 존속을 꾀하는 오래된 방법이다. 집단이 이 전략에 대한 의존 빈도가 높다는 것은 그만큼 그 집단의 수준이 낮다는 것을 의미한다. 이는 이미 음담과 욕설이 오가는 상황에서 그것을 제지하지 않고 웃으며 즐기는 것에서 스스로를 증명한 바 있다.

앞에서도 말했듯이, 버스 안의 승객들은 바로 그들이 속한 사회 구성원의 축도다. 여자가 사회의 희생양에 해당된다면, 술에 취해 그녀에게 음담을 퍼붓고 있는 청년들은 그녀를 희생양으로 내몬 구성원을 대표할 뿐만 아니라, 거기에 또 하나의 고통을 가중시키는 야비한 부류이다. 그러한 상황을 말리지 않고 웃으며 받아들이는 사람들 중에서, 시골 청년 둘은 자신들의 관심거리 외에는 어떤 것에도 관심을 보이지 않는 '철없는 젊은이'를, 시골 사람 둘은 이른바 '무지렁이'를, 미군부대 뒷구멍물건 장사치는 자신의 이익 외에는 아무것도 돌보지 않는 '장사꾼'을, 얼굴 하얀 청년인 국민학교 교사는 '나약한' 지식인을 각각 대변한다고 할 수 있다. 이러한 부류의 구성원들 속에서 희생양은 그야말로 희생양이 되어 소외될 수밖에 없다. 그래서 더 이상 승객이 되어 같은 버스를 타고 갈 수가 없어, 버스를 세워 내리게 된다.

개의 수준으로 격하된 승객들을 태운 버스는 그녀가 내리면서 시야 밖으로 사라진다. 교사의 눈에 잡힌 국도와 철로는 서로 나란히 하고 달렸는데, 이제 그녀의 시야에 들어온 철로와 국도는 서로 교차하기도 한다. 국도와 철로의 병행은 각각의 길이 서로 교류하거나 영향을 주고받을 수 없음을 함의한다면, 국도와 철로의 교차는 서로 영향을 미치고 받을 수 있음을 암시한다. 버스를 탄 승객은 열차에 탄 코쟁이 남자들 및 여자들과 교류할 수 없고, 그들에게 영향력을 발휘할 수 없다. 그들이

할 수 있는 것은 그들이 탄 버스에 올라온 양색시를 농락하거나 그것을 방관하며 즐기는 것뿐이다. 그러나 양색시들은 열차에 탄 코쟁이 남자들 및 여자들이 주도하는 세상에서 그들에게 기생하며 살아간다. 그러니까 길은 제각기 그 길에 맞는 인간과 삶을 함축하고 있는 셈이다.

여자가 버스에서 내렸을 때 그녀의 시선에 잡힌 또 다른 풍광-SALEM 담배의 거대한 모형-은 이러한 상황을 다른 측면에서 드러내고 있다. 그것은 거대한 담배곽 위쪽지에서 연통만한 담배 한 개비가 삼분지 일만큼 나와서 포신처럼 하늘을 겨누고 있는 모습이다. 앞에서 버스가 마주친 미군 수송차량대나 마지막 장면의 열차에 실린 포신이나 탱크 등이 이 사회가 외세와 맺고 있는 역학적, 군사적 관계를 보여주는 것이라면, 담배곽의 모형 광고판은 경제적, 자본적 관계를 보여주는 것이다. 또한 담배 개비의 모양이 포신에 비유됨으로써 전자와 후자가 따로 떨어진 것이 아님을 보여준다. 그 둘 곧 역학적, 군사적 관계와 경제적, 자본적 관계는 동전의 양면을 이루는 것임을 말하고자 한다.

이를 증명이나 하듯이, 담배 개비=포신을 멍하니 바라보는 그녀를 군용 트럭이 스쳐가고, 거기에 탄 미군 병사들이 그녀에게 농지거리를 던진다. 그녀는 한참 동안이나 다음 버스가 오기를 기다리지만, 군용 트럭만 몇 대 지나갈 뿐이다. 이러한 상황에서는 그녀가 애초에 가고자 한 곳을 갈 수가 없다. 그곳은 '국도의 끝', 도시의 변두리이자 교외의 초입, 철로와 국도가 마주치는 곳에 있는 그녀의 '집'이다. 그곳에는 그녀의 남동생 '소년'이 기다리고 있다. 그러나 그녀는 가고자 했던 방향과 반대의 방향, 방금 자기가 타고 온 방향으로 가는 버스를 탄다. 그녀가 향하는 곳은 바로 '텍사스 마을'이다. 철로와 국도가 교차하면, 철로의 인간과 삶은 국도의 인간과 삶을 밀어낸다. 국도의 인간과 삶에서도 양색시들과 그녀들의 삶은 국도변에서 밀려난다. 그래서 국도변의 텍사스 마을에서 삶을 영위하다 앞에서 본 것처럼 양색시들의 배웅을 받으며 죽음의 길로 들어선다.

그녀들은 버스의 다른 승객들처럼 버스를 타고 국도의 끝까지 가지 못하고 도로 그녀들의 생업의 장소로 돌아가야 한다. 그런데 그녀들의 이러한 수난과 소외는 그녀들의 문제로 국한되어 끝나지 않는다는 데에 심각성이 놓여 있다. 그녀들에 기대어 성장해야 할 소년이 국도의 끝에서 그녀들을 기다리고 있기 때문이다. 소년은 "해가 중천에 있을 때부터 땅거미가 지는 저녁때까지" 누이가 탄 버스를 기다리고 있다. 많은 버스가 지나가도 누이가 탄 버스는 닿지 않고, 기다리는 누이도 오지 않는다. 소년은 쪼그리고 앉아 기다리고 또 기다린다. 그러나 그를 지나치는 건 누이를 태우지 않은 버스나 코쟁이들을 태우고 부숴진 무기를 실은 채 화내듯, 위협하듯 지나치는 열차뿐이다.

끝없이 이어지는 열차 너머 건널목에 누이를 태운 버스가 와서 기다리고 있을 것만 같아 소년은 마지막 기대를 걸며, "아득한 오랜 시간"을 꾸준히 참는다. 마침내 열차가 지나가고 벌떡 일어선 소년의 시야에 잡힌 것은 아무것도 없다. "길이 없어"진 것이다. 국도도 없고 철로도 없다. "밤을 타고 가버린 것"이다. "남은 것은 소년의 동공 속으로 먹물처럼 넘어들어 가는 어둠과, 그 어둠 속에 깊이 침몰해가는, 소년의 마음뿐이다." 국도와 철로라는 길이 이 사회의 축도라면, 그 길에서 우위를 차지했던 헌병과 경관 그리고 미군 병사와 코쟁이 남녀가 이 사회를 지배하는 주류의 표상이 될 것이고, 버스 안의 다양한 양상들의 승객들은 이 사회의 일반 서민들의 표상이 될 것이며, 버스를 타고 가다 내린 여자를 포함하여 장례 행렬의 양색시들은 이 사회의 소외 계층을 표상할 것이다.

그리고 마지막에 등장한 소년은 많은 문학 작품에서 흔히 그러하듯, 이 사회의 미래를 표상할 것이다. 그러나 소년이 당면한 것은 그를 성장시켜줄 누이도 아니고, 그가 나아갈 길도 아니다. 그가 봉착한 것은 누이도 없고 길도 없는, 밤 또는 어둠과 같은 미래의 암담함과 절망감이다. 작가는 이 짧은 한 편의 작품으로써 이 사회의 현실의 모습을 여성의 수난과 소외를 통해 보여 주고, 미래의 전망을 소년의 기다림과 절망을 통해 비관적으로 예견하고 있는 셈이다.

상처와 불안의 길
— 배수아의 「푸른 사과가 있는 국도」

　집은 거주하는 자의 것이고, 길은 걷는 자의 것이다. 그래서 브르통은 『걷기 예찬』에서 걷기는 집의 반대라고 했을 것이다. 집을 떠나 길에 나선 자는 집에서 향유할 수 있는 가족적 친밀감에서 소외되었거나, 집에서 이루어지는 가족적 지배나 불화에서 탈출한 자일 가능성이 많다. 집과 가족의 변화는 집에 대한 가족 구성원의 태도 변화를 가져온다. 집이 집 밖의 세계로부터 가족 구성원을 보호하는 역할을 할 수도 있지만, 반대로 집이 오히려 가족 구성원을 억압하는 기제로 작용할 수도 있다. 그래서 가족 구성원은 집에서 안락함을 느끼고 휴식을 취할 수도 있지만, 거꾸로 집에서 갑갑함을 느끼고 탈출을 시도할 수도 있는 것이다.
　배수아의 「푸른 사과가 있는 국도」는 후자에 해당하는 집과 길을 그리고 있다. '나'는 집과 학교를 오가며 이루어지는 일상을 견디다 못해 대학을 자퇴하고 동생에게 메모를 남기고는 집을 떠난다. "은경아, 나는 집을 나간다. 사랑하는 사람이 생겼고 이 집에서는 있고 싶지 않다." 이것이 동생에게 남긴 메모 내용 중 일부이다. 집을 나가는 이유가 앞쪽의 '사랑하는 사람이 생겼고'에 있는 것처럼 보이지만, 그래서 나중에 '나'가 근무하는 백화점 매장에 찾아온 사촌이 "반대하는 남자랑 살려고 집 나간 걸로 알았어. 모두 그렇게 상상했어."라고 말하게 한 소지가 되었지만, 사실은 뒤쪽의 '이 집에서는 있고 싶지 않다'가 가출의 진정한 이유다.

'나'가 가출할 즈음의 집안은 가족과 가정이 갖추어야 할 요건 가운데 가장 중요한 것이라 할 수 있는 가족애 또는 가족적 친밀성이 극도의 결핍 상태에 있었다. 『가족 이야기는 어떻게 만들어지는가』에서 권명아가 말한 것처럼, 가족 구성원에게 가족은 척박한 현실 속에서 언제나 개인의 유일한 위안처이며, 최초이자 최후의 근거지이기를 요구받으며, 가족적이라는 것 속에는 따뜻함과 화목함 그리고 포근함이 투영되기를 기대한다. 그러나 가출의 유혹에 직면한 '나'의 가족과 가정은 이와는 거리가 멀다. 집을 나오는 날 저녁에 '나'는 식탁에서 생선을 흘리고, 설거지를 하다가 유리컵을 하나 깨뜨린다. 그날 성적표가 배달되고, 통계학이 D다.

'아버지에게 애정이 없는 엄마'는 '내'가 유리컵 하나 깬 것을 알고 마땅한 구실을 찾은 듯이 '야단'을 친다. 사귀는 여자 친구에게 헤어지자는 통고를 받아 '만사에 짜증을 내던 오빠'는 손톱 깎는 소리가 거슬리는지 골을 내고, 공부도 못하는 주제에 왜 그렇게 뻣뻣하냐며 커피를 빨리 타 주지 않는 '나'에게 화를 낸다. 그런 '나'를 두고 아버지와 어머니는 설전을 치른다. 옛날에는 착하던 애가 매일 저렇게 시무룩하게 된 것은 어머니가 교육을 잘못시켰기 때문이라는 아버지의 나무람에, 어머니는 고집 세고 미련한 아버지의 막내 동생을 닮아 그렇다고, 사사건건 자신에게 트집을 잡아 책임을 전가하려는 아버지에게 공격의 화살을 돌린다.

이러한 가족에 대해 생각을 한다. "나는 통계학이 싫었고 오빠가 싫고 퉁한 얼굴로 TV를 보고 있는 부모님이 싫었다." 가족에 대한 이러한 부정적 감정은 가족이 유지되기 위해 요구되는 구성원 사이의 일반적 감정인 가족애나 가족적 친밀성과는 많이 다르다. 그래서 이러한 감정은 집과 가정에 대한 부정적 관계로 나아간다. "나는 언제쯤 이 집을 나갈 수 있을까, 나는 수없이 나에게 물어 보고 있다." 즉 부모와 자녀의 관계로 이루어지는 집에서의 거주를 부정하는 방향으로 나아간다. 그리고 다시 이를 자신의 장래와 연관시켜 생각한다. "여자 의사나 동시통역사, 하다못해 번듯한 오피스 걸조차 될 자신이 없다." 이러한 불가능한 장래의 모습은 스스로 선망한 것일 수도 있고, 가족이 자신에게 기대하는 모습일 수도 있다. 어쨌든 '공부도 못하는 주제에'라는, 오빠가 '나'에게 한 말에 비추어 볼 때, 그러한 모습에 부합될 자신이 없는 것은 분명하다.

그리고 이러한 생각들의 끝에는 자신이 부부나 부모의 한 사람으로서 또 다른 가족이나 가정을 꾸리는 것이 자리 잡는다. 현재의 부모가 부부로서 자식에게 비치는 모습이 부정적일 때, 자녀가 장차 부부 또는 부모로서의 긍정적인 자아상을 확립하기는 쉽지 않을 것이다. "아버지나 오빠 같은 남자와 결혼하여서 친정에서 김치를 가져다 먹으며 끊임없이 애를 낳으면서, 시집간 사촌언니처럼 그렇게 살고 싶지가 않았다." '나'에게 가족은 애정이나 친밀감을 주고받는 존재가 아니라 혐오의 대상이 되고, 가정은 따뜻함이나 포근함이 흐르는 장소가 아니라 짜증과 불화의 공간이다. 가족 구성원의 한 사람이 그 가족이나 가정을 부정한다면 그가 할 수 있는 일은 가족과 가정을 떠나는 것이다.

그러니까 가족과 가정은 '나'에게 고통과 상처를 초래한다. 그 고통의 수준은 '나'의 수용 능력을 넘어서는 것이다. 그래서 그 고통은 상처가 되고, 그 상처는 외상이 된다. '나'가 가정을 떠난 뒤 다시 기존의 가정으로 돌아오지 않고, 나아가 새로운 가정을 꾸리지도 않으려고 하는 것이 이를 입증한다. 그러나 『사랑, 그 환상의 물매』에서 김영민이 말하듯이, 세상은 그 자체가 상처의 네트워크로 구성되어 있다. 세상을 피할 수 없듯이, 상처 없이 살 수도 없다. 그래서 세상을 사는 방식은 상처를 처리하는 방식과 동연적이다. 상처를 은폐하든지, 상처를 드러내든지, 상처를 미봉하는 것이 있을 뿐이라는 것이다. '나'가 집을 나간 것은 그 상처를 드러낸 것이다. 그러나 집을 나가며 남긴 메모에 '사랑하는 사람'을 들먹임으로써 다른 사람들에게는 은폐와 미봉으로 보일 수도 있는 것이다.

그러나 집과 학교가 처음부터 '나'에게 이런 부정적인 곳만은 아니었다. 어린 시절의 집과 학교는 '나'에게 추억과 회상의 대상이 되기도 한다. 추억과 회상의 대상 중에서 사진만큼 뚜렷한 것은 없다. 그 사진을 '나'가 보관하고 있고 때때로 본다는 것은 아니지만, '나'는 이모네 가족과 사진을 찍으러 간 변두리 사진관과 그곳의 분위기 그리고 함께 찍었던 사촌들을 뚜렷이 기억한다. 특히 '나'가 근무하는 백화점 매장에 가끔 들르는 사촌의 그때의 모습을 기억할 뿐만 아니라, 카메라 앞에 선 '나'와 여동생 은경 그리고 우리 오빠와 이모네 식구인 '섭' 오빠와 사촌과 그리고 결혼해 있던 사촌언니를 기억하며, 그날이 섭 오빠의 생일이었던 것까지를 기억한다.

그러나 가족이 견고한 것이 아니듯이, 그러한 사촌도 견고한 것은 아니었다. 이는 "사촌들이 모두 커가니까 옛날 같지 않다"고 하는 사촌의 말에서도 확인된다. 물론 사촌의 느낌과 '나'의 생각 사이에는 큰 차이가 있다. 사촌의 '옛날 같지 않다'는 말 속에는 동심을 염두에 둔 사촌 간의 친밀성의 소원을 말하는 것이지만, '나'의 생각은 그 같은 차원을 훨씬 넘어서는 것이다. 사촌의 느낌은 동심의 세계를 떠나 성인의 세계로 들어서서 또 하나의 가정과 가족을 예비하는 차원으로 나아가는 과정에서 나온 것이라면, '나'의 생각은 동심의 세계는 물론이고, 기존의 가족과 가정뿐만 아니라 새로운 가족과 가정까지도 부정하며 나온 것이기 때문이다.

집에서의 동심의 세계가 사진관의 추억으로 남아 있듯이, 학교에서의 동심의 세계 역시 '나'에게 기억으로만 남아 있다. 그때 '나'는 "언제나 깨끗하고 단정한 글씨로 노트를 하고 수업시간에는 선생님의 찰랑거리는 원피스 자락을 바라보았다. 지우개 자국이 깔끔한 숙제를 돌려주면서 선생님은 비누냄새가 나는 손으로 내 머리칼을 만지면서 칭찬하였다. 너는 참 착하구나. 앞으로도 계속 그렇게 해라." 이처럼 어린 시절 '나'는 학교에서 선생님에게 칭찬을 받는 아이였지만, 커서는 그렇게 되지 못하고 학점이 형편없는 대학시절을 보냈을 뿐만 아니라, 그마저 지속하지 못하고 자퇴를 함으로써, 가족과 가정을 부정하듯이, 학교와 학업을 부정한다.

집 곧 가정은 거주의 공간이다. 거주에는 물질적 바탕이 필수적이다. 기존의 집에서 거주에 필요한 물질은 가장인 아버지의 노동에서 나왔을 것이다. '나'가 대학을 계속 다녔더라면 '나'의 교육도 아버지의 노동에 의존했을 것이다. 그러나 '나'는 집의 거주와 함께 교육도 포기하기로 작정한다. 집에서의 거주를 포기한다는 것은 거주에 필요한 노동을 스스로 짊어진다는 것을 의미한다. '나'가 집을 나가기 몇 주일 전에 '백화점 판매직'에 이력서를 낸 것은, 가출을 단순한 감정이나 일시적 방편으로 여기고 있지 않다는 것을 말하면서, 동시에 '나'가 자신의 새로운 거주에 필요한 물질적 바탕을 염두에 두고 있음을 말하는 것이다. 노동이 거주의 필요한 조건이 되는 것은 분명하지만 충분한 조건이 될 수는 없다. 이는 '나'가 집을 나가 자신의 거주를 시작하는 과정에서 나타나는 '불안'의 정서와 무관하지 않다.

'나'는 집을 나선 이후 곳곳에 자신의 '불안한' 정서를 드러내고 있다. "나는 그때 스물다섯번째 생일을 앞두고 있을 때였다. 정말 싫은 나이였다. 나는 열다섯 살처럼 생기 발랄하지도 않고 서른다섯 살의 오후처럼 지쳐 있지도 않았다. 나는 내일 일어날 일이 무엇인지 전혀 알 수가 없어 항상 불안하였다." '나'는 자신의 불안감을 어중간한 나이에 비추어 이야기하고 있다. 생기발랄한 나이도 아니고 지쳐 있는 나이도 아니기 때문에, 곧 불안한 나이이기 때문에, 아니면 적어도 불안한 처지에 있는 나이이기 때문에 불안한 것이라고 말이다. '나이'에 혐의를 두고 있는 듯한 이러한 불안감은 그 뒤에 언급된 말을 들어보면 나이보다는 다른 데에서 기인함을 알 수 있다.

"내 주변의 여학교 동창들은 결혼을 하거나 대도시의 커리어 우먼으로 자기자신이 가장 확실해진 때였지만 나는 열다섯 살때만큼이나 불안하고도 불안하였다." '나'의 불안은 이처럼 '결혼'과도 연관되어 있고, 커리어 우먼에서 보는 것처럼 '사회적 지위'와도 무관한 것이 아님을 보여준다. '나'는 집을 떠나왔지만 그것과 대체할 만한 새로운 집을 갖고 있지도 못하다. 처음에 집을 나와 백화점 근무를 시작하며 거주한 곳인 고등학교 동창인 '소영'의 자취방이나 얼마간 돈을 모아 이사를 한 곳 역시 집이라고 할 만한 곳은 아니기 때문이다. 이전의 집이 가족적 불화로 '나'에게 상처를 입혔던 것처럼, 옮겨간 방이나 집 역시 가족이 없는 공허로 '나'를 유해하게 만들기 때문이다.

집은 한편으로 가족 구성원에게 보호와 휴식을 제공하기도 하지만, 집과 가족은 또 다른 한편으로 개인의 성장 과정에서 정체성을 제공하는 유의미한 존재다. 개인의 자아 정체성은 가족적 정체성과 사회적 정체성 그리고 민족 정체성이나 인류 정체성의 수준까지 나아갈 때 제대로 확립된다고 할 수 있다. 물론 이러한 각각의 정체성이 순조롭게 단계적으로 발전한다고 보기는 어려울 것이다. 개인과 가족이 충돌하고, 가족과 사회가 갈등하며, 사회와 민족이 대립하고, 민족과 인류가 알력의 관계에 놓일 수도 있다. 그러나 어쨌든 개인의 성장과 서사적 발전은 자아 정체성에서부터 인류 정체성에 이르는 일련의 과정에서 충돌과 갈등, 대립과 알력을 조정하고 극복하며 최고의 수준 곧 인류 정체성에 이르는 것이 가장 바람직하다고 할 수 있다.

'나'는 이러한 정체성의 확립이라는 측면에서 매우 불리한 출발을 하고 있음에 틀림없다. 정체성의 확립에 바탕이 되는 것은 개인을 둘러싸고 있으면서, 개인이 그 속에서 생활을 영위하는 보다 큰 범주인 가족과 사회가 대표적인 것이다. 그러나 '나'가 직면한 가족과 사회는 '나'에게 친근과 소속의 성격보다는 불화와 소외의 성격을 띠고 있다. 그래서 '나'는 집의 '정주'나 세상의 '안착'에서 멀리 떨어져서, 앞에서 살핀 바와 같은 불안과 우울의 나날을 보내게 된다. 불안은 이쪽과 저편의 어디에도 소속되지 못하고 경계에 선 자의 심리 상태이며, 그러한 심리 상태에 있는 자가 바라보는 세상은 그것이 현재든 과거든 또는 미래든 무채색의 우울로 채색된다.

어린 시절 변두리 사진관에서 사진을 찍고 나와 사촌과 함께 아이스크림을 사먹으면서 바라보던 여름 한낮의 풍경, 시외버스 정류장의 사람들이 버스를 타고 떠나 버린 길이 하얗게 텅 비어버리는 것을 보고는, "언제인가 이런 느낌의 여름 한낮이 다시 올 것만 같은 아련한 슬픔"을 예감한다든지, '그'와 함께 그의 고등학교 동창이 살고 있는 시골 어촌으로 드라이브를 하면서 국도변에서 푸른 사과를 팔고 있는 여자에게서 사과를 사고는, "종이봉투에 담긴 푸른 사과를 팔면서 이 거리에서 살아도 좋겠구나. 밤이 어두워지면 무거워진 발을 질질 끌듯이 하며 낮은 산들 너머 강가의 집으로 돌아가는 나의 뒷모습이 보인다. 스물다섯 늦가을 어느 날에 나는 목이 메었다"고 하는 것이 그것이다. 다시 말해 '나'가 그려보는 과거나 현재 또는 미래의 초상화는 이처럼 불안과 우울이 기조저음으로 깔려 있는 것이다.

그러니까 '나'는 부모의 집에서 거주하면서도 그곳에서 가족적 정체성을 위해 내면화할 긍정적 감정 곧 친밀감을 확보하지 못하고 뿌리 뽑힌 상태로 가출을 감행한 것이다. 그리고 사회에 나와서 노동을 하면서도 직장에서 사회적 정체성을 위해 내면화할 긍정적 감정 곧 소속감을 획득하지도 못하고 이 백화점에서 다른 백화점으로, 매장에서 크레디트 상담실로 떠돌고 있는 것이다. 집에서의 상처는 치유되지 못하고 외상으로 굳어져 사회에서의 불안으로 이어지고 있는 것이다. 가족에 의해 갇혀 있다가 사회로 나오는 자나 가족에 의해 상처를 입고 사회로 탈출한 자는 두 가지 길목에 서게 된다. 그 하나는 아도르노가 『프리즘』에서 말한 바와 같은, 시장이자 황무지인 이 세계에 내맡겨져 도덕적으로 타락을 하는 길이고, 나머지 하나는 김상환과 홍준기가 엮은 『라깡의 재탄생』에서 그들이 말한 바와 같은, 괴로움과 상처와 싸우며 윤리적 주체로 서는 길이다.

도덕적으로 타락하는 길은 자신과 대상에 탐닉함으로써 만들어지는 길이고, 윤리적 주체로 는 서는 길은 대상과 주체가 관계를 정립함으로써 펼쳐지는 길이다. 타락의 길에서 마주치는 타자는 자아의 욕구를 충족시키는 대상으로 존재하고, 윤리의 길에서 만나는 타자는 자아의 또 다른 지평으로서 존재한다. 타락의 길을 운행하는 것이 자아 중심의 나르시시즘이라면, 윤리의 길을 조정하는 것은 자아보다 더 큰 존재이다. 타락의 길에서 자아는 자아로써만 구성되고, 타자는 자아의 도구적 존재로서만 자아와 관련을 맺는다. 윤리의 길에서 자아는 자아뿐만 아니라 타자로써도 구성되고, 타자는 자아와 대등하거나 한 차원 높은 존재로서 관여한다.

이 작품에는 '나'와 비슷한 처지에 있는 다수의 남녀 인물들이 등장한다. 그들의 공통점은 가족과 긴밀한 관계를 맺지 않고 집에서 떨어져 나와 떠돌거나 따로 거주하고 있다는 것이다. 이는 경제적 자립이나 결핍과도 무관하지 않지만, 또 다른 의미를 띠고 있다. 즉 그들은 가족 구성원과 바람직한 관계를 맺고 있지 않다는 것이다. 관계 정립의 실패는 연쇄적으로 반복될 가능성이 많다. 가족과의 관계가 불화의 상태로 남겨져 있듯이, 그들의 남녀관계 역시 원만한 상태를 유지하지 못한다. 가족관계의 지속을 위해서는 가족애 또는 가족적 친밀성이 요구되듯이, 남녀관계 역시 남녀 간의 애정 또는 내밀성의 공유가 요구된다.

'나'는 가족과의 불화로 집을 나와서는 은행에 다니는 남자를 2년 동안 사귄다. 그는 '나'의 생일을 기억하지 못하지만, 생일이라고 말하면 생일 선물을 사주는 사이다. 같이 영화를 보지만, 그 영화를 '나'는 이태리 영화로 기억하는데, 그는 프랑스 영화로 기억한다. 스케치 북에 그림을 그리는 '나'의 내밀한 취미를 그는 이해하지 못한다. "그림이 좋으면 화가가 되지 왜 백화점 같은 데서 점원 같은 것을 하고 있느냐고, 그렇게 특별나게 살고 싶으면 대학을 마저 졸업하고 비슷하게 고상한 남자랑 만나 살 것이지, 왜 나 같은 건달과 만나고 다니냐"고 못마땅해 한다. '나'는 아주 우울하기 때문에 그를 만난다고 말하며, 그에게 정말 좋아하는 여자아이가 생긴다면 헤어질 거라고 말한다.

서해안 어촌에 살고 있는 그의 고교 동창을 만나러 간 여행을 다녀온 후 그에게서는 연락이 끊긴다. 그리고는 '애인이 생겼다'며 전화 연락만 온다. 이처럼 '나'는 가족 관계에서 친밀성을 형성하지 못했듯이, 남녀 관계에서도 친밀성이나 내밀성을 형성하지 못하는 것이다. 한나 아렌트가 『인간의 조건』에서 말했듯이, 사랑은 본질상 무세계적이다. 즉 사랑하는 당사자는 이 세계의 바탕이나 조건을 공유하지 않더라도 사랑이 가능하다고 여긴다는 것이다. 그러나 사랑이 무세계적이라 쉽게 시작할 수는 있지만, 세계의 공유가 배제된 사랑은 이 세계에서 지속되기 어렵다. 그래서 이 세계에는 사랑의 관계를 유지하는 모습보다는 그 관계가 파탄이 난 파편들의 모습만 즐비하게 된다.

앤소니 기든스가 『현대사회의 성, 사랑, 에로티시즘』에서, 사랑에서 생성되는 남녀 간의 친밀성은 사람들이 서로 평등한 맥락 속에서 타자와 감정적으로 의사소통하는 것이며, 에로티시즘은 폭넓은 정서적 목적 속에 재통합된 섹슈얼리티이며, 그 중에서도 가장 중요한 것은 의사소통이라고 말한다. 이를 위해서는 긴 노력과 신뢰가 요구되고, 헌신과 고통의 감내를 필요로 한다. 그럴 때 그것은 합류적 사랑이 되는데, 서로를 인정하고, 유대를 공유하며, 특별한 사람보다는 특별한 관계의 중요성이 부각된다. '나'는 그런 진정한 사랑을 꿈꾸지만 그 실현 가능성에 대해서는 회의한다. "이 세상에 나에게 다정한 남자, 어려운 강물을 손잡고 건네주는 남자, 병들었을 때 생각나는 남자는 영영 없을 듯하였다."고 말이다.

'나'와 함께 기거했던 '소영' 역시 '나'와 다를 바 없다. 그녀는 고등학교 때부터 자취를 하며 집을 떠나와 살고 있다. 그녀는 '형준'과 사귀는데, 그가 형의 가스 가게에서 끌고 온 트럭을 타고 가끔 한밤의 고속도로를 질주하기도 한다. 이렇게 트럭을 타고 한밤의 고속도로를 질주하는 것에는 한낮의 일상에 대한 보상의 심리가 깔려 있다. 그들에게 한낮의 일상은 답답하고 무료한 것임에 틀림없다. 이를 한낮의 일상적 차원에서는 보상받을 길이 없다. 그래서 그들은 비일상적 차원인 한밤의 고속도로 질주를 통해 보상받고자 한다. 다시 말해 그들의 한밤의 '질주'에는 한낮의 '지지부진'이 잠복해 있는 것이다. 그러나 그러한 질주가 지지부진을 보상해 주지는 못한다.

그들이 탄 트럭이 그들의 것이 아니듯이, 형준이 '나'의 파트너로 데려온 '신오'가 몰고 온 세이블 또한 그들의 것이 아니다. 형준이 형의 트럭을 빌려 타고 왔듯이, 신오는 손님이 맡긴 차를 몰래 타고 온 것이다. 그들은 그들의 지위에 맞지 않는 차를 타고 그 차에 맞는 행위를 하고자 하는 것이다. 『현대세계의 일상성』에서 르페브르가 말했듯이, 자동차는 사회적 신분의 상징이며, 자동차의 등급과 생활 수준의 등급 사이에는 유사성이 있다. 형준 형의 트럭과 외제차 세이블 사이에는 등급의 차이가 존재한다. 전자는 생계의 수단으로서의 의미가 강하고, 후자는 사회적 지위의 과시 의미가 더 강하다. 트럭에서 외제 승용차로 그들의 나들이와 질주가 옮겨간 것은 그들의 생계나 사회적 지위와도 무관한 이들의 '우위 흉내'를 보여주는 것이다. 이러한 우위 흉내는 이들이 당면한 일상의 공허함의 다른 측면인 것이다.

공허함은 충족을 요구한다. 그들은 일상의 지지부진을 비일상의 질주로 충족시키려 하듯이, 일상의 공허를 비일상의 향락으로 충족시키려 한다. 그들이 밤의 도로를 달려 도착한 곳은 사람들의 발길이 끊어진 '구기동' 입구다. 눈 오는 추운 한밤의 유원지는 적막하기만 한데, 그들은 그곳에서 여자애와 더불어 나타난 '산경'이 차에 싣고 온 술을 마신다. 그리고 가져온 술이 다 떨어지자 '신오'는 편의점으로 술을 사러 가며 '나'와 함께 가자고 한다. 자동차에 의한 우위흉내와 밤의 고속도로 질주가 그들의 낮의 일상에 대한 보상행위이듯이, 한밤에 한적한 곳에 모여 술을 마시는 행위 역시 그러하다. 술은 그 도취와 마비의 속성으로 그들의 낮의 일상을 망각하게 해주기 때문이다.

그리고 이들 남녀가 모여 술을 마시면서 보여주는 행태는 그들의 현재의 수준을 보여주고 미래의 모습을 예측케 한다. 소영은 조그만 무역회사 경리로 일하면서 형준을 남자친구로 사귀고 있다. "아무래도 형준이와도 깨질 것 같아. 이제 나에게 싫증이 났나봐. 이제 우리 회사 사장하고라도 사귀어버릴까보다. 아이 재미없어. 나 우울해." 산경이는 아직 고등학생인 여자친구 '가을'이를 데리고 와 있다. 이들 남녀의 만남은 그들이 만나서 마시는 술만큼이나 도취적이고 마비적일 뿐만 아니라, 타락된 것이다. 그들의 만남은 즐김을 전제로 한 것이고, 즐긴다는 것은 『계몽의 변증법』에서 아도르노가 말했듯이, 항상 무엇인가에 대해 더 이상 생각하지 않는다는 것을 의미한다. 그리고 즐김의 근저에는 무력감이 깔려 있고, 즐김은 사실상 도피인 것이다. 잘못된 현실로부터의 도피가 아니라 마지막 남아 있는 저항의식으로부터 도피하는 것이다.

앞에서 언급한, 상처 입은 영혼이 선택할 수 있는 두 갈래 길 중 이들은 윤리적 주체로 서는 길보다는 도덕적으로 타락하는 길로 나아간 것이다. 이들의 즐김과 도피의 생활양식 그리고 타락된 의식에는 바람직한 일상과 자신의 모습에 대한 성찰이 들어설 자리가 없고, 타자와의 만남에서 생성될 수 있는 바람직한 관계 곧 진정한 우정이나 사랑의 모습을 찾아보기는 어렵다. 그들은 자신들의 가족 구성원들에게서 소외되어 집을 나왔듯이, 그들이 만나는 타자들을 소외시키고, 그들 또한 타자들로부터 소외되어 있다. 이렇게 소외된 자들이 쉽게 빠질 수 있는 것이 앞에서 본, 대상과 자신에 대한 탐닉 곧 도덕적 타락의 길이다. 대상에 대한 탐닉은 자동차나 그것을 타고서의 질주, 술 그리고 상대에 대한 집착 등이었고, 자신에 대한 탐닉은 나르시시즘이 될 것이다.

이들의 만남에서 그 만남이 지속될 수 없는 것도 이러한 탐닉에 기인한다. 상대에 대한 탐닉 곧 집착은 상대로부터 싫증을 불러일으켜 만남에 대한 매력을 잃게 하고, 자신에 대한 탐닉 곧 나르시시즘은 만남에서 요구되는 노력이나 희생을 거부함으로써 진정한 만남을 불가능하게 하는 것이다. 크리스 로젝의 『포스트모더니즘과 여가』에서 켐벨이 나르시시즘이나 쾌락주의를 다른 사람들과 깊고 감정적인 관계를 맺는 것에 대한 불가능과 연결시킨 것도 이들의 상황에 비추어 보면 충분히 납득이 갈 만한 것이다. 가정과 가족 사이에서 타자와 바람직한 관계 맺기를 학습하지 못하고 집을 나선 자들은 집 밖에서 만나는 타자와도 똑같이 관계 맺기에 실패할 가능성이 높아지는 것이다.

소영은 형준과 헤어진 뒤, 선을 보고 그 남자와 결혼하게 될 것 같다고 말한다. 그 남자는 지금까지 만나던 남자들 특히 형준이와는 달리 가족을 이루기에 가장 안전한 남자다. "그냥 보통 남자야. 내무부의 공무원. 서른 살이고 십칠 평 아파트를 갖고 있는 둘째아들이야." 백화점에서 '약혼자의 와이셔츠를 사러온 여자처럼' 셔츠를 살피며, 소영이 '나'에게 한 말이다. 그러면서 형준이를 그렇게 싫어하던 엄마가 그를 좋아한다고 덧붙인다. 그래서 집 밖을 떠도는 자가 집을 가질 수 있을 것처럼 보이기도 한다. 그러나 소영은 그날 와이셔츠를 사지 않고 주방용 코너가 있는 위층을 가리키며 "주방용 가위를 사려고"한다고 말한다. 와이셔츠를 사지 않고 주방용 가위를 산 것은, 소영이 결혼하고 살다가 남편이 지방에 출장갔다가 공항에서 집으로 돌아오기 전에, 집에서 주방용 가위로 손목을 그은 것에 대응된다. 이는 또한 집을 나와 떠도는 것보다 집을 제대로 이루는 것이 더 어렵다는 것을 말해주는 것이기도 한다.

이를 꼭 겪어야 알 수 있는 것은 아니다. 겪지 않고도 미리 감지하는 이들도 있다. '나'의 동생 '은경'이 그러하고 '사촌'이 그러하다. 사촌이 전해주는 바에 의하면 "은경이는 대학 졸업반이고 디자인 학원도 다닌다. 걘 어쩌면 그리 야무져 보이냐. 이모는 걔 공부시킬 땐 돈 하나도 안 들었다고 자랑이 대단하다." 다시 말해 '나'와 대조적이라는 말이다. 따라서 대학을 그만두지도 않을 것이며, 결혼이나 가족을 부정하지도 않을 것이다. 오히려 결혼과 가족을 위해 '돈 들이지 않고' 또는 '야무지게' '대학'과 '학원'을 열심히 다니고 있는 것이다. 이러한 동생은 가정과 가족을 그리고 대학을 거부하고 부정하며 별 준비 없이 집을 나선 언니인 '나'와는 한 가족이요 자매이면서도 너무 다르다는 것이다.

'사촌'은 이보다 훨씬 더 다르다. '나'의 기억 속의 그녀, 함께 사진을 찍을 때의 모습은 "뺨이 타는 듯이 붉고, 입술이 촉촉한 아주 예쁜 아이"

다. 어릴 때는 예쁜 모습으로, 지금은 의대생과 결혼한 여자로 그녀는 '나'와 마주하고 있다. '나'는 그녀와 마주하기를 꺼리지만, 사촌은 '나'와 이야기하기를 좋아한다. '나'는 가족으로부터 소외되어 있지만, 사촌은 가족의 축복 속에 있을 뿐만 아니라, 부러워할 만한 가정을 이루고 있다. 소외되어 있는 자는 축복 속에 있는 자 앞에 노출되기를 꺼린다. 소외는 위축감을 초래하기 때문이다. 사촌은 넥타이를 사러 왔다고 하면서도 그것은 제쳐두고, '나'에게 가족에 대한 소식을 전해주기도 하고, '나'의 처지를 동정하기도 하며, 자신의 현재 처지를 과시하기도 한다. 그러면서 위축된 '나'의 모습을 즐기면서 쉽게 놓아주지 않기도 한다.

'나'는 사촌의 결혼생활이 행복했을 것이라고 추측한다. 그러나 '나'에게는 "백화점 전용의 쇼핑백을 들고 와이셔츠 매장으로 찾아오는 그녀에게서 무엇인가 빠져나간 것"이 느껴진다. 그 무엇은 바로 '불타는 뺨을 가진 소녀'이다. 기존의 가정에서의 '소녀' 또는 '딸'이 그 일부가 죽지 않은 채 고스란히 새 가정의 '여자' 또는 '아내'가 될 수는 없을 것이다. 가족 구성원으로서의 위상이 달라진 것이니 어쩌면 이는 자연스럽고 당연한 것인지도 모른다. 앞의 소영이 비록 실패했지만, 도달하려고 했던 경지이기도 할 것이다. 그럼에도 불구하고 '나'가 이런 생각을 하는 것은, 현실에 침식되지 않은, 남자와 사랑에 대한 소망 때문일 것이다. 이는 물론 앞에서 본 것처럼, '나'가 몸담고 있던 가정과 가족에게서 역으로 도출된 것이기도 하고, 사촌오빠인 '섭 오빠'의 열정적 사랑과 그 실패의 연민에서 도출된 것일 수도 있다.

'나'의 남자나 사랑에 대한 소망과 사촌오빠의 열정적 사랑에는 현실이 매개되어 있지 않다. 소망과 사랑 자체가 현실이 매개되어 있지 않는 것인데다가, '나'의 남자에 대한 소망은 가족 구성원인 아버지나 오빠에 대한 혐오의 지나친 반작용으로 현실과 너무 동떨어져 있고, 사촌오빠의 열정적 사랑은 사촌의 지적대로 "너무 지나친 관계가 그들을 괴롭혔을" 것이다. 그래서 섭 오빠는 결혼 후 일 년을 살고 합의하에 헤어진다. 어쨌든 '나'와 사촌오빠 모두 현실에 매개되지 않은 소망과 사랑으로 좌절과 실패를 경험한 셈이다. 그러나 남자나 여자 그리고 결혼과 가정은 현실이다. 그러니까 이 작품 속에 등장하는 인물들은 현실의 매개 정도에 따라 나눌 수 있다. 그 매개 정도에 따라 집을 뛰쳐나와 길에서 서성거리기도 하고, 다시 집을 만들어 들어가기도 하고, 그것에 실패해 영원히 집과 길에서 사라지기도 하고, 처음부터 안전하게 집에서 다른 집으로 옮겨가기도 한다.

  '나'가 첫 번째의 경우라면, '신오'가 두 번째의 경우이고, '소영'이 세 번째의 경우이며, '사촌'이 네 번째의 경우가 될 것이다. '섭 오빠'는 첫 번째와 두 번째 경우를 오가는 경우라 할 것이다. 섭 오빠는 열정적 사랑을 통해 결혼했지만 일 년만에 헤어짐으로써, 열정적 사랑을 합류적 사랑으로 발전시키지 못했음을 드러냈다. 사촌은 가장 현실적인 가정의 모습 곧 현실 매개적 요소가 가장 강한 가정의 면모를 보여주는 셈이다. 소영은 형준과 헤어지고 공무원과 결혼했지만 자살로 마무리함으로써, 나르시즘적 사랑을 결혼으로 치유하지 못했음을 스스로 입증했다. 신오는 "별로 예쁘지도 않으면서 맹렬하게 노력하는 타입도 아닌 모델 지망생"과 헤어져 얼굴도 "예쁘고 마음도 고우면서도 모델 같은 건 하려고 생각한 적도 없는" 여자와 결혼하여 아들까지 두고 있음으로써, 보통의 가족과 가정을 꾸리고 있는 셈이다.

  '나'는 위의 어느 경우도 아닌 모습을 드러낸다. 혼자도 아니고 가족을 꾸린 것도 아닌 상태, 독신이면서 결혼을 전제하지 않은 상태로 남자를 만나는 것이다. '나'는 은행원과 신오를 만났고, 지금은 사촌이 그녀의 남편의 동료를 '나'에게 주선하지만, 어느 누구와도 결혼을 생각해본 적이 없다. 그런데 '나'와 비슷한 생각을 지닌 남자- 백화점의 '디스플레이어'-가 있고, '나'는 그를 만나고 있는 것이다. 사촌은 '나'와 "결혼할 생각은 없이 같이 있고 싶다"는 그를 혐오하고 그의 직업을 싫어한다. 그러나 '나'는 지방에 출장간 그가 돌아오며 공항에 마중나와 달라는 것을 거절하지 않고, 그에게 휴가를 얻을 것을 타진한다. 공항에 나가 그를 기다리며, 풍선과 리본으로 치장한 웨딩 카가 들락거리는 주차장을 바라보기도 하고, 옆을 스치는 신혼부부의 이야기를 듣기도 하다가, 전에 헤어졌던 '은행원'을 만나기도 한다.

그 은행원은 방금 옆을 스치며 헤어지기 직전의 상황을 연출한 신혼부부 중의 한 사람이다. 신부는 집으로 가고 은행원 혼자 앉아 있다. '나'는 디스플레이어를 기다리며 은행원과 이야기를 나누다가, 디스플레이어와 함께 호텔로 간다. 은행원이 새롭게 시작하려는 신혼이 순조롭지 않듯이, '나'와 디스플레이어와의 생활도 순탄하지 않다. 디스플레이어가 준 선물-'고디바 초콜릿 한 상자'와 '핑크의 샤넬 립스틱'-보다는 출장간 백화점에서 주더라며 꺼내놓은 '주방용품 세트' 가운데 '헹켈 주방용 가위'에 시선이 머문다. 가위는 소영의 자살을 떠올리게 하는 매개물이다. 그러나 '나'는 소영처럼 가족과 가정을 꾸리려 하지 않으니, 소영과 같은 길을 걸을 가능성은 없어 보인다.

그래서 디스플레이의 물음-"데이트하고 섹스하고 전화하고, 가끔은 호텔 라운지에서 이렇게 하는 것 싫어하지 않냐고"-에 대해 "나는 아무 것도 모른다. 섹스의 기쁨도 모르고 사랑의 감동도 없다."고 혼자 속삭인다. 이는 그와의 만남이 그리 오래 지속될 수 없음을 말하는 것이다. 그러면서 공항을 떠나며 헤어진 은행원을 다시 떠올리며, 푸른 사과가 있던 국도에 대해 물어봤어야 한다고 생각한다. 그러면 그는 옛 기억을 되살려 대답해 주었을 것이고, '나'는 머잖아 "멀리로 나 있는 길을 바라보면서 스산한 먼지 바람 속에 서 있을" 것이라고 생각한다. 그리고 처음 그 길을 갔을 때 예감했던 것처럼, 여행객들은 길을 물으며 푸른 사과를 사고, '나'는 사과를 팔며 차에서 나는 요란한 피아노 음악을 들을 것이다.

 이러한 마지막의 묘사에는, '나'의 삶이 그러하듯이, 인간의 삶이 모두 그러할 것이라는 생각, 견고해 보이는 것들도 겉보기와는 달리 그다지 견고한 것이 아니며, 쉽게 흔들리고 무너질 수 있는 것이고, 그러면 집을 떠나 길에 나서서 불안스레 서성거릴 수밖에 없을 것이라는 생각, 상처 입은 자는 스스로를 치유할 수 있는 길이나 안착할 수 있는 곳이 그 어디에도 없으며, 단지 상처를 끌어안은 채 길 위를 떠돌 수밖에 없다는 생각이 담겨 있다.

현실과 환영의 길
― 김인숙의 「밤의 고속도로」

풍경은 시간에 따라 느낌을 달리 한다. 특히 밤과 낮에 따라 풍경은 현격한 차이를 드러낸다. 낮에는 풍경이 시야에 들어오므로 우리의 의식은 풍경에 쏠리게 된다. 그러나 밤이 깊어지면 풍경을 이루는 사물의 윤곽이 흐려지고 마침내 풍경 전체가 시야에서 사라지고 만다. 그러면 밖의 풍경을 향하던 우리의 시선은 우리의 내면의 풍경으로 향하게 된다. 길 또는 고속도로라고 예외가 될 수는 없다. 낮의 고속도로는 차들이 질주하는 공간과 그 주위의 풍경으로 이루어지지만, 밤의 고속도로는 차량의 헤드라이트 불빛과 그것에 의해 드러나는 좁은 공간으로 축소된다. 그 나머지 공간은 어둠이 차지한다. 그러면 차량에 타고 있는 인간의 시선은 눈앞의 좁은 공간으로 축소되고, 반복되는 좁은 공간에 머물던 시선은 마침내 자기 자신의 내면을 향하게 된다.

김인숙의 「밤의 고속도로」는 밤에 고속도로를 트럭을 타고 질주하는 인간의 내면 풍경을 그려 보여준다. 고속도로를 자동차로 장시간 운전을 하며 달린다는 것은 단조로운 작업임에 틀림없다. 거기에다 그다지 변화 없는 주위의 풍경이 반복해서 시야에 들어오면 졸음은 필연적이다. 낮이 이러할진대 밤은 더 말할 필요도 없을 것이다. 그래서 '나'는 밤의 고속도로 위를 트럭을 몰면서 지방과 서울 사이를 오갈 뿐만 아니라, 졸음과 의식 사이를 오가고, 삶과 죽음 사이를 오가며, 현실과 환영(환상) 사이를 오가게 된다. 그래서 "고속도로 한복판에서 느닷없이 꽃이나 새나 바다"를 만나기도 하고, "가장 최근에 잤던 여자"를 만나기도 하고, "그곳에는 있을 리 없는 눈부시게 환한 톨게이트"를 만나기도 한다.

이렇게 졸음과 의식 사이를 오가며 생사의 경계를 넘나들면서도 '나'는 트럭 운전사로 1년 동안 "다행히 살아" 있다. 그러나 운이 나쁘면 다시는 돌아오지 못하는 길로 접어들 수도 있다. 그것을 '나'는 어느 날 밤에 목격한다. "나는 고속도로의 가드레일을 뚫고 나가 절벽에 걸려 서 있는 트럭 한 대를 본 적이 있다. 트럭의 전면 유리창은 박살이 나 있었다. 운전자는 아마도 유리창을 뚫고 나가 절벽 아래, 강물로 떨어져 내렸으리라." 그럼에도 불구하고 '나'는 '졸음의 순간'을 버텨내지 못하고 그것에 빨려 들어가게 된다. 졸음의 순간을 마치 '마약' 같다고 여기며 말이다. 그러면서 "그 깊고 아득한 구멍 속에서 내가 기억하고 싶어하는 극점의 순간들을 만난다."

졸음을 마약 같다고 여기는 것은 한편으로는 마약의 중독적 성격에 기인하는 것이기도 하지만, 또 다른 한편으로는 환영 또는 환상을 보는 것과도 연관시킬 수 있다. 졸음의 순간에 '나'가 기억하고 싶어하는 극점의 순간들을 만난다는 것은, 환영 또는 환상으로 그것을 본다는 의미로도 풀이할 수 있다는 것이다. 그 환영은 먼저 자신의 몸과 그것의 연장선상에 있는 트럭에서부터 시작된다. "거대한 트럭들이 노란 후미등을 밝힌 채 줄지어 가는, 밤의 고속도로의 풍경은 저 원시 공룡의 시대를 연상케 한다." 낮의 고속도로를 달리는 현대의 자동차들과는 달리, 밤의 고속도로를 달리는 트럭은 현대의 시간을 고속으로 소급하여 질주해 원시시대에 도달한다. 그러면 트럭은 공룡이 되고, 트럭과 동일시된 '나'의 몸도 공룡이 되며, '나'의 "내장은 콘크리트와 철근, 또는 거대한 H빔 같은 것들로 가득 차"게 된다.

『환상문학의 거장들』에서 레이몽 콩페르가 말한 것처럼, 환상(환영) 문학에서는 통상적인 범주들-삶과 죽음, 생물과 무생물, 자연적인 것과 초자연적인 것-사이의 경계가 지워진다. 밤의 고속도로에서 만나는 환영에서는 인간과 트럭, 트럭과 공룡, 인간과 공룡 사이의 경계가 지워지는 것이다. 인간과 트럭은 거대한 공룡이 되어 초식동물 같은 승용차를 내려다보며 발바닥으로 깔아뭉개고 싶은 유혹을 느끼는 것이다. 이는 환영을 보는 것인 동시에 자신의 변신을 말하는 것이기도 하다. 콩페르의 말처럼, 환영이 기지에서 미지로, 현재에서 근원으로, 명확한 의식에서 무의식의 모호함으로 옮겨가는 것이라면, 그러한 환영을 통한 변신은 로즈메리 잭슨이 『환상성』에서 말한 것처럼 자연적인 형식들의 불안정성을 강조한다.

  '나'가 말한 '기억하고 싶어하는 극점의 순간들'은 콩페르의 말에 따르면 미지/근원/무의식의 모호함 속에 존재하는 것이며, 그것은 변신이라는 자연적인 형식들의 불안정성을 통해서 감지될 수 있는 것이다. 그러니까 그것들은 낮의 일상이라는 기지/현재/명확한 의식에서는 포착되지 않고, 자연적인 형식들의 '안정성'을 통해서는 드러나지 않는 것이다. 다시 말해 그것은 '심연'에 존재하는 것으로서, 환영을 통하는 방법 이외에는 드러날 수 없는 것이다. 콩페르의 말처럼, 사람들은 각자 자신만의 심연을 가지고 있고, 환영이나 환상을 통해서 밖에 드러날 수 없는 심연이란 잭슨의 말처럼, 실존적인 불안이나 불편함과 관련이 있는 것이다. 결국 '나'가 말하는 '기억하고 싶어하는 극점의 순간들'은 '나'의 실존적 불안이나 불편함과 관련된 것인 셈이다.

  '나'에게 그것은 그 여자 곧 '정애실'과 관련된 것이다. 정애실은 스물일곱 살의 '나'가 정수기 제조회사에 다니던 시절에 만난 여자다. '나'는 신입 사원에게는 필수적인 과정인 정수기 판매를 위해 동사무소에 들렀다가, 그곳에 근무하는 그녀를 알게 된다. 영업 행위가 늘 그러하듯이, 한 번의 방문으로 물건을 쉽게 팔 수는 없어 여러 번 들르다 보니 그것이 그녀와의 지속적인 만남의 계기가 되고, 결국 그녀와 함께 한 가정을 꿈꾸게 된다. 그녀는 '나'가 꿈꾸는 가정에 적합한 여자다. 그녀는 구 단위 전체 직원들을 대상으로 한 그 달의 친절직원이었을 뿐 아니라, 첫 입맞춤 때 '나는 겁이 나요'라고 떨리는 목소리로 말하던 여자였다. 한 마디로 그녀는 '온순하고 다소곳한 여자'를 꿈꾸던 '나'에게 딱 맞는 여자였던 것이다.

꿈과 현실은 서로 빗나가기 마련이듯이, '나'의 이러한 꿈은 이루어지지 않는다. 신입을 면한 '나'가 다른 신입사원과 함께 동사무소에 갔을 때, 신입사원은 '나'가 그녀와 만나는 줄도 모른 채, 그녀를 안다고 말한다. 자신뿐만 아니라 그보다 앞서 같은 회사 동료와 연애를 한 사이라고 말하는 것이다. 신입사원의 말에 따르면, 그녀는 '나'가 생각하던 온순하고 다소곳한 여자가 아니라, 두 '남자를 육욕에 들뜨게 만든 장본인'이 된다. '나'는 거짓말일 것이라고 부정하고 싶지만, 그 말을 한 사람이 같은 회사의 신입에다, 그 말을 같은 자리에서 들은 영업소 대리가 있는 마당에 부정할 수만은 없게 된다. '나'가 할 수 있는 일은 두 가지다. 하나는 신입사원이 한 말을 본인의 입을 통해 확인하는 것이고, 다른 하나는 신입사원의 말을 무시하고 자신이 생각하던 대로 그녀를 이전처럼 대하는 것이다.

보통 수준의 남자는 후자보다는 전자처럼 되기가 십상이다. '나'는 신입사원의 말을 들은 그날 회사에 들어가지 않고 소주 집에 홀로 멍하니 앉아 있음으로써 그 충격을 드러낸다. 그리고는 '서울시의 가장 넓은 구에서 가장 친절한 그 여자'가 어떤 남자에게는 '육욕의 대상'이었다는 징후를 '열 개나 스무 개쯤은 있었다'는 사실을 기억해낸다. 남자 연예인의 잡지 사진을 보다가, '나는 귀공자 같은 타입보다는 근육질인 남자가 더 멋있어 보일 때가 있어요'라고 말했던 것이나, 결혼 전의 여자의 순결을 문제 삼는 드라마를 보다가, '나'가 어떻게 생각하느냐고 물었을 때, 그녀가 끝내 아무 대답도 하지 않았다는 것이나, '나'와 만나기로 한 카페에서 그녀가 옆 테이블의 남자를 핸드백으로 후려갈기는 장면을 창을 통해 목격했는데도, 늦게 들어서는 '나'를 만나서는 그 여자는 자기가 아니었다고 말한 것 등이 그 대표적인 예들이다.

그러나 '나'가 기억해낸 것은 징후일 뿐이다. 징후는 사실에서 나온 것이지만, 사실 그 자체일 수는 없다. 다른 사실에서 나온 것일 수도 있고, 그 사실과 무관한 것일 가능성도 있다. 가장 확실한 것은 본인에게서 확인하는 것이다. 그것은 '나'의 불확실과 그녀의 불확실을 동시에 해소시켜 줄 수 있는 것이다. 그래서 '나'는 그녀를 만나 추궁에 추궁을 거듭한다. "너 대체 누구야?"라고. 점심시간에는 동사무소 바깥으로 불러내고, 퇴근시간에는 가까운 소주 집, 카페, 공원으로 끌고 가서 분이 풀릴 때까지 묻고 또 묻는다. 그것도 말로써만이 아니고, 카페에서는 물 컵을 집어던지고, 소주 집에서는 소주병을 깨고, 공원에서는 미끄럼틀에 머리를 부딪쳐 자해를 하며, "네 정체가 뭔지 그것만 말하라"고. '나'의 이러한 추궁에 대한 그녀의 반응은 다소곳한 자세로 고개를 떨군 채 눈물이 그렁그렁해져서 "대체 무슨 말을 하라는 거예요"라는 말뿐이다.

'나'의 추궁과 그 여자의 반응은 여기에서 멈추지 않는다. 그녀가 비명을 지르고 도망을 쳐도 '나'는 그녀를 끝끝내 쫓아간다. 그녀가 "빨간 불 켜진 건널목을 정신없이 뛰어 건너든, 막 출발하려는 버스에 필사적으로 올라타든" 관계없이. 급기야 그녀는 점심시간에 불려나와 오후 근무를 못하게 되기도 하고, 새벽까지 붙잡혀 있다가 얼굴도 씻지 못한 채

동사무소로 가는 버스에 올라타기도 한다. 이러한 '참혹하고도 수치스러운' 지경까지 가게 된 배경에는 극에 달한 '나'의 분노가 자리를 잡고 있고, 그 근저에는 신입사원이 말한 것과는 달리, '나'는 그녀와 '하룻밤에 다섯 번은커녕, 한 번도 자 본 적이 없다'는 사실이 깔려 있다. 그 여자는 신입사원이나 같은 회사 동료에게서의 그 여자처럼 육욕의 대상이 아니었기 때문이다. 그 여자는 '나'에게 '청춘이고 미래고 꿈'이었기 때문이다. 즉 그 여자를 사랑했기 때문이다.

그 여자에 대한 '나'의 사랑은 그 여자에 대한 신입사원의 욕망의 이야기를 듣는 순간 분노로 바뀐다. 그것은 '나'와 그녀가 함께할 미래를 그녀가 다른 남자와 함께한 과거로 돌려놓고, '나'와 그녀가 함께 할 꿈을 그녀가 다른 남자와 함께 한 현실로 돌려세운다. 그리고는 그녀의 과거와 현실을 알고자 한다. 그러나 『라깡의 재탄생』에서 김상환과 홍준기가 말 한 것처럼, 사랑의 관계를 가능하게 하는 것은 상대방에 대한 지식이 아니라 상대방을 알지 못함이다. 이는 앎의 결핍을 뜻하는 것이 아니라 사랑이 앎의 구조로는 설명될 수 없는, 영원히 내게서 벗어나는 것과의 관계라는 것을 보여준다는 것이다. 신입사원이 촉발한 그 여자에 대한 욕망은 그 여자의 과거와 현실에 대한 '나'의 앎을 자극하여, 그것을 추궁하게 하고 또한 얼핏 '나'의 욕망을 들추게 함으로써 그 여자에 대한 사랑을 질식시킨다.

신입사원의 촉발에 이끌림으로써 그 여자에 대한 '나'의 사랑은 앎과 욕망으로 관계가 변질되어 버린 것이다. 관계의 변질에 봉착했을 때 최선의 길은 곱게 관계를 끝맺는 것이다. '제발 이젠 그만해요'는 그러한 끝맺음을 요구하는 그 여자의 최후의 말일 것이다. 그러나 '나'는 그러한 끝맺음을 받아들이지 못한다. '사실을 인정하라'고, '진실을 알고 싶은 것뿐이라'고 곧 '네가 그런 여자인 걸 인정하라'고 압박한다. '나'에게 돌아온 것은 '나'가 알고자 한 그녀의 정체가 아니라 그녀가 '나'를 규정한 욕설이다. "넌 개자식이야. 알아? 넌 개자식이라구. 그게 진실이야. 이제 됐어?"라는. 이것이 타인의 욕망의 언어에서 촉발되어, 자신의 미래와 꿈 곧 사랑의 가능성에서, 과거와 현실 곧 앎의 강박증으로 선회한 자의 파국이다. 이는 어쩌면 사랑의 무세계성이 지닌 한계이기도 할 것이고, 사랑의 주체가 지닌 나약이기도 할 것이다. 그것은 관계의 파국이기도 하고, 두 주체의 피탄이기도 하다.

그 여자는 동사무소로 돌아와 주위 사람들이 놀랄 정도로 대성통곡을 한 뒤 그곳을 그만두고 자취방에서도 종적을 감춘다. '나'는 그 여자와 헤어진 뒤 15년이 지난 지금 결혼도 하지 않은 채 고속도로에서 밤의 고속도로를 달리고 있다. '나'가 그 여자를 만나면서 '나'는 그녀와 더불어 미래와 꿈을 향한다. 그러나 신입사원의 말을 들은 뒤부터 '나'는 그녀의 과거와 현실에 집착한다. 전자의 상태에서는 둘 사이에 사랑이 게재되어 있었다. 그러나 후자에서는 사랑이 사라지고, '나'에게는 그녀에 대해 알고자 하는 욕구만 남는다. 알고자 하는 지나친 욕구는 과잉 근접성을 낳고, 과잉 근접성은 슬라보예 지젝이 『향락의 전이』에서 말하듯이, 현실의 상실을 야기한다. '나'는 신입사원의 말에 얽매여, 그녀를 추궁하고 압박하는 과잉 근접성을 통해, 그녀와의 사랑을 앤소니 기든스가 말하는 동반자적, 합류적 사랑으로 발전시키지도 못하고, 현실의 상태로 유지하지도 못한 채, 현실의 상실 곧 끝내는 관계의 파국으로 몰고 간 셈이다.

타자의 실존은 앎으로 확인될 수 없고, 자신의 실존도 스스로의 설명으로 환원될 수 없다. '나'가 그 여자의 과거를 확인하려고 그 여자를 추궁하는 것이 부질없는 것만큼이나, 그 여자가 '나'의 추궁에 대해 스스로 명확하게 대답을 하지 않는 것 또한 당연한 것이다. 실존은 그만큼 앎이나 설명에서 벗어나 있는 것이기 때문이다. 그래서 『인간에 대하여』에서

쟝 그르니에는 실존을 설명하는 것은 실존을 그 이하의 어떤 것으로 축소시키는 것이라고 말했을 것이다. 그르니에에 의하면 실존은 존재 이유를 넘어서 있는 것이다. 근본적으로 인간은 인간을 알 수 없다는 것이다. 실존은 불투명성으로 특징지어지니까 말이다. 그럼에도 불구하고 '나'는 그 여자에게서 과거에 대한 스스로의 해명을 듣고자 한다. 곧 그 여자의 투명한 실존을 요구하는 것이다.

  투명한 실존은 인간에게 불가능한 상태일 뿐만 아니라, 그것에의 도달 또한 불가능한 것임은 말할 필요도 없다. 그럼에도 불구하고 '나'는 그녀에게 그리고 스스로에게 그것을 요구하는 것이다. 이는 곧 그 여자의 실존을 수용할 수 없음을 말하는 것이다. 투명한 실존은 라깡의 말에 기대면 실재계와 통할 수 있다. 라깡은 인간의 욕망을 설명하기 위해 상상계와 상징계 그리고 실재계를 상정한다. 이는 각각 쾌락과 현실 그리고 진실과 관련시킬 수 있을 것이다. 그 여자 장애실 및 관련된 남자를 이러한 개념들과 결부시킨다면, 신입사원과 같은 회사 동료는 그 여자와 상상계 및 쾌락과 관련되었다가 멀어져 간 셈이고, '나'는 그 여자와 상징계 및 현실과 결부되었다가 앞의 두 남자와, 한편으로는 같이, 또 다른 한편으로는 달리 멀어져 간 셈이다.

  두 남자가 그러했듯이 '나' 또한 그 여자를 실존적 존재로 수용하지 못한다. 두 남자가 그 여자를 욕망의 대상으로 삼다가 멀어졌듯이, '나' 또한 두 남자가 가진, 그 여자에 대한 관념의 간섭을 떨치지 못하고 그녀를 추궁하다가 관계의 파국을 맞는다. 그런 면에서 '나'와 두 남자는 다를 바가 없는 것이다. 그러나 두 남자가 상상계와 쾌락의 단계에서 상징계와 현실의 단계로 들어서지 않고 그 여자를 떠나간 것과 다르게, '나'는 그러한 상상계와 쾌락의 단계를 거치지 않고 상징계와 현실의 단계에 들어서려고 한다는 것이다. 두 남자에게는 각각 그 여자와 함께 한 상징계와 현실에서의 삶이 불가능한 것은 애초에 그것을 염두에 두지 않았거나 상상계와 쾌락 때문일 것이다. 쉽게 말해 그 여자는 결혼하여 가정을 꾸릴 여자로서는 적합하지 않고, 연애를 하기에 적합한 여자라고 자기 중심적으로 판단했기 때문일 것이다. 그래서 두 남자가 기억하는 그 여자의 특성은 '명기'이다.

이들에 비해 '나'는 그 여자와의 결혼과 그녀와 함께 한 가정을 꿈꾼다. 그래서 '나'가 기억하는 그 여자의 특성은 '축축한 손과 떨리는 입술 그리고 긴장으로 굳은 등'과 같은 것이다. 이는 '나'가 꿈꾸어 온 '온순하고 다소곳한 여자'에 부합되는 징후인 것이다. 신입사원의 말은 그 여자에 대한 이러한 '나'의 꿈을 한 순간에 나락으로 빠뜨리는 것이다. 온순하고 다소곳한 여자는 남자를 육욕에 들뜨게 만든 여자가 되어 버린 것이다. '나'는 상징계와 현실에 서 있다가 상상계와 쾌락의 간섭을 받아 그 여자를 실재계와 진실로 몰아간다. 이 지점이 '나'와 두 남자 사이에 놓인 다른 점이다. 두 남자에게 그 여자는 남녀 사이에 있을 수 있는 한낱 에피소드에 불과할 수 있지만, '나'에게 그 여자는 삶의 많은 것이 달린 문제이기 때문이다. '나'가 그것을 '내 청춘', '내 미래', '내 꿈'이라 한 것에서 확인할 수 있다.

모든 꿈이 현실이 될 수 없듯이, 특히 중대한 꿈은 현실이 될 수 없듯이, 실재계는 라깡의 말처럼 도달할 수 없는 세계요, 진실은 현실에 잠깐 나타났다 사라지면서 그 존재를 증명할 뿐이다. 그 여자와의 만남과 사랑은 실재계로부터 상징계의 현실에 잠시 빛과 그림자를 던지고 사라진 진실 곧 꿈과 같은 것이다. 그것을 상징계의 현실에 잡아두는 것은 불가능한 것이다. 특히 그 여자를 추궁하고 압박하는 방법으로서는 더욱 그러하다. 따라서 그 여자를 잃지 않기 위해서는 그 여자와 함께 할 수 있는 다른 방법과 다른 상태의 관계가 필요한 것이다. 그것은 그 여자에 대한 신입사원의 말의 간섭에서 벗어나는 것이고, 그 여자에 대한 '나'만의 주체적 태도를 확립하는 것이다. 신입사원이 한 말의 사실 여부가 중요할 수도 있지만, 그것에 대한 '나'의 태도가 더 중요할 수도 있기 때문이다.

'나'가 그녀를 추궁하고 압박하는 과정에서 늘 염두에 둔 것이 바로 그 여자의 정체를 알고 있는 신입사원과 대리의 존재다. 그들이 없었다면 그 여자가 '그런 여자'였는지도 알지 못했을 것이고, 설령 '나'가 알았다 하더라도 그 여자를 그렇게 벼랑으로까지 몰고 가지 않았을 수도 있는 것이다. 그 여자의 과거를 스스로 문제 삼을 때 늘 뒤따라오는 것이 그들의 시선이다. "그런 이야기를 같은 회사의 신입에게 듣지 않았다면 어땠을까. 정애실이라는 그 여자와 내 관계를 환히 알고 있는 영업소 대리가 있는 자리에서 듣지 않았다면 어땠을까. 그건 과거라고. 그런 게 무슨 상관이냐고. 한 마디쯤은 흰소리를 낼 수도 있었을까?" 이처럼 그들의 존재와 시선이 그 여자에 대한 추궁과 압박 곧 과잉 근접성을 촉발케 하고, 그 여자와의 헤어짐 곧 현실을 상실케 한 것이다. 그러니까 '나'가 그 여자에 대한 주체적 태도를 버리고 그들의 시선에 의존한 태도를 가짐으로써 파국을 초래한 것이다.

그 여자와의 관계에서 파국을 초래하지 않을 수 있는 길을 '나'는 몰랐을까? 앞에서 언급한, '나'가 할 수 있는 일 두 가지 중 하나 곧 신입사원이 한 말을 그 여자를 통해서 확인하는 것 말고, 또 다른 하나 곧 신입사원의 말을 무시하고 그 여자를 이전처럼 자신의 생각대로 대하는 것이 그것이다. '나는 그것을 모르지는 않았지만 그 길로 갈 용기나 자신이 없었다고 해야 할 것이다. '그건 과거라고. 그런 게 무슨 상관이냐'는 것이 '나'가 또 하나의 길을 알고 있었다는 증거라면, '한 마디쯤은 흰소리를 낼 수도 있었을까?'는 그 길로 나아갈 자신이나 용기의 결핍을 입증하는 대목이다. '나'가 신입사원의 말을 듣고 그 여자의 과거에 집착한 것은 그 여자를 질식시킨 것이다. 만약 신입사원의 말에도 불구하고 그 여자의 과거를 무시했더라면, 그것은 그 여자를 용서해 준 것이고, 따라서 과거에서 해방시켜 준 셈이 되었을 것이다.

리처드 커니가 『이방인, 신, 괴물』에서 리쾨르의 말을 인용하여 말한 것처럼, 용서는 과거에 미래를 제공한다. 그리고 용서하고 있는 것이 무엇인가를 확실히 할 수 있기 위해, 과거는 회상되어야만 하고, 다시 숙고되어야만 하며, 다시 상상되고, 극복되어져야 한다고 말한다. 그러나 '나'는 정반대의 길을 간다. 그 여자를 용서하지 않음으로써 그 여자뿐만 아니라 '나'의 현재와 미래를 과거에 고착시켜 버린 것이다. 따라서 그 여자와 함께 한 과거의 회상이나 숙고 또는 상상은 그 여자의 바람직한 측면에서 바람직하지 못한 측면으로 기울어진다. "곱고 온순하던 웃음, 아주 적은 말수, 극장의 어둠 속에서 촉촉이 젖어 있던 손…골목길의 어둠, 난 겁이 나요, 라고 말하던 작은 입술의 떨림…" 이것이 밤의 고속도로 트럭에서 '나'의 기억 속에 떠오르는 15년 전 그 여자의 바람직한 모습이다. 그러나 '나'의 반복되는 추궁과 압박을 받으며 헤어지기 직전 그 여자가 남긴 것은 앞에서 본 욕설과, "당신이 날 믿으려고 하지 않기 때문에, 나는 이미 그, 무엇도 아니에요."라는 말이다.

그 여자가 '나'에게 기대한 것은 사실 여부를 확인하려는 집요한 노력이 아니라, 현재의 자신을 그대로 받아들이는 것이다. 사실 여부를 확인하려는 것은 사실의 여부에 관계없이 이미 자신을 믿지 못하는 마음이 '나'의 내부에 굳게 자리잡고 있다는 것을 뜻하기 때문이다. 그러면 둘의 관계는 더 이상 진척될 수 없다는 것을 그 여자는 알고 있는 것이다. 하물며 그 여자의 과거가 신입사원의 말처럼 사실이라면 더 이상 말할 필요도 없는 것이다. 그래서 그 여자는 '나'의 끈질긴 추궁과 압박에도 사실 여부와 관련된 말은 일체 하지 않고, '나'의 달라진 태도에 대해서만 응대한 것이다. 나아가 이러한 그 여자의 응대는 앞에서 말한 것 곧 사랑이나 진실과 같은 인간의 실존은 앎이나 설명 또는 변명으로 축소되거나 환원될 수 없다는 것을 그 여자가 알고 있다는 것을 입증하는 것이다.

상징계의 현실은 앞의 두 남자가 그 여자를 매개로 말했던 상상계의 쾌락이나 '나'가 그 여자를 상대로 추궁하고 압박했던 실재계의 진실보다 풍요로운 것이다. 상상계의 쾌락은 일시적인 탐닉에 고착됨으로써, 실재계의 진실은 도달할 수 없는 불가능에 매달림으로써 현실의 결핍을 증명할 뿐이다. 그것은 각각 순간적인 것이요, 메마른 것이다. '나'는 쾌락에의 일시적 탐닉을 말하는 신입사원의 간섭으로 도달할 수 없는 진실을 추구하다 풍요로운 현실의 삶을 놓쳐 버린 것이다. 그럼에도 불구하고 '나'는 아직도 잘못된 길에서 벗어나지 못하고 있다. 시골에서 서울로 진입하는 톨게이트를 통과해서 보이는 '빵집'을 들르면서, 그 빵집의 여주인이 15년 전 그 여자일 것이라고 믿어 버리며 집착하는 것이 이를 입증한다. 그래서 15년 전에 그 여자를 추궁하듯이, 빵집 여자를 미행한다.

그러면서 '나'가 확인한 것은 두 가지이다. 15년 전의 그 여자와 같은 것과 다른 것이 그것이다. 같은 것은 '정애실'이라는 이름이고, 다른 것은 사람이다. 곧 동명이인인 것이다. 그러면서 빵집의 여자는 '나'가 그 여자와의 관계에서 상실한 것이 무엇인지를 보여준다. 미행하는 도중에 빵집 여자는 남편이 몰고 온 고급 승용차를 타고 사라지고, '나'는 그 고급 승용차가 사라진 길 어느 곳에 있을, 그것과 어울리는 저택을 떠올린다. "잘 꾸며진 거실, 올망졸망한 아이들, 따뜻하고 풍요로운 밤, 어린 계집아이가 치는 피아노 소리…". 이러한 풍경은 15년 전 '나'가 그 여자와 만나면서 꿈꾸었던 것이다. 그러나 '나'는 메마른 진실을 추구하느라 이러한 풍요로운 현실 향유의 가능성을 놓친 것이다. 그러한 자에게 주어진 것은 현실에 굳건히 정착할 기약 없는 불확실함, 곧 밤의 어둠 속에서 트럭에 몸을 싣고 고속도로를 질주하며, 현실과 환영 사이, 삶과 죽음 사이를 넘나드는 것뿐이다.

부유와 항진의 길
― 김연수의 「7번국도」

　인간은 가족 속에서 태어나 자라서 사회로 나아가며 자아를 형성한다. 이는 일상의 생활세계의 삶을 통해 개인성과 사회성을 발달시키는 과정이기도 하다. 달리 말하면 사적 영역에서 개인적 정체성과 가족적 정체성을 확립하여 사회적 영역으로 나아가며 사회적 정체성을 정립하는 것이라고도 할 수 있다. 이러한 자아의 형성이나 정체성의 확립은 개인에 따라 또는 시대에 따라 순조롭게 이루어질 수도 있고, 어렵고 힘들게 이루어질 수도 있으며, 지지부진하게 진행되다 제대로 이루어지지 않고 병리적 현상을 노출하며 끝날 수도 있다. 전통 사회에서는 그것이 바람직한 것이었든 바람직하지 않은 것이었든 간에 자아 형성과 정체성 확립이 순조로운 시대였다고 할 수 있다. 그것은 개인을 둘러싸고 있던 가족이나 사회가 공동체였고, 그 공동체가 개인에게 자아와 정체성을 하나의 의례나 관념으로 부여해주었기 때문이다. 개인은 그러한 의례나 관념을 통해 그것을 인정하고 수용함으로써 자아 형성과 정체성 확립을 자연스럽게 이룰 수 있었던 것이다.
　그러나 근대에 들어서면 이러한 순조롭고 자연스러운 진행은 불가능해진다. 개인에게 그러한 자아와 정체성을 의례나 관념으로 보장해줄 공동체가 붕괴되어 갔기 때문이다. 퇴니스가 『공동사회와 이익사회』에서 말했듯이, 근대가 시작되면서 공동사회는 이익사회로 변해간다. 따라서 개인은 공동체가 보장해 주던 것을 스스로 탐색하고 추구해야 하는 처지가 된다. 그리고 근대의 복잡한 체계와 생활 속에서 개인과 가족, 가족과 사회, 사회와 국가의 관계도 복잡해지고 변화해 간다. 이들은, 개인이 가족에, 가족이 사회에, 사회가 국가에 순조롭게 함입되는 관계가 되기보다는, 서로 대립하고 충돌하며 알력을 형성하기가 일쑤인 관계가 된다. 따라서 개인은 가족과 사회 또는 국가 속에서 자아 형성과 정체성 확립을 위해 지난한 도정을 밟기도 하고, 때로는 자아 분열이라는 병리를 노출하기도 한다. 그러한 개인적 병리는 그 개인으로 하여금 일상의 생활세계를 영위하기 어렵게 만들기도 하고, 그러한 병리를 초래한 일상의 생활세계와 체계의 병리를 성찰하도록 요구하기도 한다.

김연수의 『7번국도』는 현대의 젊은 세대를 그들의 가족과 사회, 거주와 노동, 생활세계와 체계, 일상과 여행에 관련지어 묘사하고 있다. 그들이 관련되어 묘사되는 상황이나 풍경은 현대 젊은이들이 만들어내는 하나의 풍속도로 볼 수 있으며, 그것은 음울하기도 하고 기괴하기도 한 분위기를 지니고 있다. 이러한 풍속도의 이면이나 배후를 생각하면 이는 다시 현대라는 체계가 만들어내는 시대의 풍속도로 볼 수 있게 한다. 젊은 세대들이 만들어내는 풍속도는 한마디로 포스트모던 시대의 그것이며, 그들을 지배하는 체계는 후기산업사회다. 포스트모더니즘의 근간은 기원과 근원 및 중심에 대한 거부이며, 후기산업사회의 근간은 모든 것의 계량화이며 사물화이다. 이 작품의 젊은 세대인 '나, 재현, 세희, 서연' 등은 이러한 후기산업사회라는 체계 속에서 포스트모더니즘의 특성들을 표출하며 부유한다. 그들이 부유하며 표출하는 행위와 사고가 이 작품을 구성하는 내용이 된다.

기원과 근원 및 중심에 대한 거부는 각각 부모와 가족적 삶에 대한 거부 및 일상적 삶에 대한 부정으로 나타나고, 체계의 속성인 계량화와 사물화는 굴절되어 인물들에 이르러 비인간화와 나르시시즘 현상으로 나타난다. 그래서 이 작품의 인물들이 안고 있는 우선적 특징은 가족적 삶의 결여가 된다. '나'와 '서연'은 가족적 삶에 대한 언급이 거의 없고, '재현'은 아버지가 일찍 죽고 어머니만 7번국도변에 있는 마을에 살고 있는 것으로 되어 있으며, '세희'는 어머니가 일찍 죽고 아버지는 일본인 으로 일본에 살고 있는 것으로 되어 있다. 재현은 일찍 죽은 아버지에 대해 '뒈졌다'고 말할 정도로 증오가 극심하며, 세희는 아버지에 대해 증오 반 그리움 반의 정서를 가지고 있다. 재현이 자신의 아버지에 대해 언급하는 다음과 같은 말은 이 세대의 부모관을 대변한다고 할 수 있을 것이다.

 "아버지가 내게 남긴 영향은 두 가지뿐이지. 하나는 가정을 이끌어나 갈 만한 능력이 없는 남자에 대한 경멸이고 다른 하나는 자신도 그런 남자가 될지도 모른다는 불안감이었어." 부모는 한 인간의 기원이며, 가족은 자아나 정체성 형성의 기본적 집단이다. 인간은 가족 속에서 태어나 가족 구성원으로서 가족적 삶을 통해 감정과 사고의 발판을 마련하고, 보다 큰 사회로 나아가며 사회 정체성의 기초로 삼는다. 그러나 재현은 아버지를 거부하고 홀로 거주하며 음악에 몰두한다. 기타를 연주하며 대학에서 밴드를 결성하고자 하지만 그 뜻을 이루지 못한다. 부모와 관련하여 가족적 삶 안에 거주하지 못하듯이, 집 밖에서도 타인과 결속하여 그룹을 형성하여 활동하지 못한다. 재현은 그가 상대하는 사람이 누구든지 오랫동안 관계를 유지하며 삶을 지속하지 못한다. 아버지와의 관계 맺지 못함과 가족적 삶의 결여가 일종의 외상으로 작용하며 그의 관계적 삶에 박탈감과 같은 지속적인 고통을 초래하는 원인이 된다. 그러한 박탈감과 외로움을 보상하는 방법이 자신의 방을 기타리스트의 사진으로 도배하는 것이다. 그들도 외로웠기 때문에 기타를 잡았으리라 생각하면서 말이다.

 주지하다시피 프로이트는 정상적인 가정을 상정하여, 어머니는 '쾌락원칙', 아버지는 '현실 원칙'과 관련된다고 한 바 있다. 쾌락원칙은 불쾌감을 피하고 쾌감을 얻고자 하는 것을 목표로 하는 반면, 현실원칙은 외부세계가 부과하는 원칙에 따라 만족의 추구를 위해 지름길을 택하지 않고 우회할 줄 알고 목표 획득의 지연을 감수하게 한다. 라깡은 이를 각각 상상계와 상징계에 관련시킨다. 어머니는 상상계와 관련되는데, 여기서 아이와 어머니는 즉자적 관계로 맺어져 이항적, 융합적, 소외적 관계를 형성한다. 이는 비사회적, 폐쇄적, 개인적 질서를 함의한다. 아버지는 상징계와 관련되는데, 여기서 아이와 아버지는 '아버지의 이름'으로 매개되어 상징적 관계를 형성한다. 이는 자기 중심적이 아니라 사회적 질서와 법을 상징한다. 프로이트와 라깡의 이와 같은 개념을 보다 쉽게 풀이하면, 아이는 가정에서 성장하면서 어머니의 사랑이라는 개인적 차원의 단계를 지나 아버지의 법이라는 사회화의 단계를 거치면서 성인이 되어간다는 것이다.

 이는 결국 공동체가 힘을 발휘하던 전통사회의 관점에서 보면, 아이가 성인식 또는 관례라는 통과의례를 거쳐 그 사회의 책임 있는 구성원이 되는 것과 유사한 이야기가 된다. 공동체가 존재하던 시절의 사회적 절차가 공동체가 사라진 시대의 심리적 절차로 변화한 것이라 할 수 있겠다. 산업사회라는 체계는 사회만 변화시킨 것이 아니라 그 사회 속의 가정도 변화시킨 것이다. 그래서 전통사회에서 가정이 했던 역할을 할 수 없도록 만든 것이다. 아도르노와 호르크하이머가 『계몽의 변증법』에서 말한 것처럼, 거대 산업사회는 가정에서 사랑을 축출하고 상처를 입힌다. 중산층이 붕괴되고, 자유로운 경제 주체가 몰락함으로써 가정은 더 이상 예전의 명예로운 사회의 세포가 아니게 된다. 그래서 가정은 시민적 생존을 위한 경제적 토대를 제공할 수 없게 됨으로 말미암아 그러한 지위를 박탈당하게 된다. 따라서 성장기의 아이들에게 가정은 더 이상 삶의 터전으로서의 역할을 하지 못하게 되고, 부모 역시 아이들에게 프로이트의 이른바 쾌락원칙과 현실원칙을 정상적으로 부과할 수 없게 되며, 라깡의 이른바 아버지의 이름도 역할을 발휘하지 못하게 되는 것이다.

등장인물들의 삶이 가족적 삶과 연계되지 못하는 것은 산업사회가 가정에 미친 이러한 영향으로 인한 가정의 붕괴와 무관하지 않은 것이다. 특히 재현에게 아버지가 일찍 죽은 것, 아버지의 죽음에 대해 '뒈졌다'는 표현을 쓰는 것 등에서 보이는 아버지의 거부와 가족적 삶에 대한 부정에는 재현의 가족에 한정된 의미보다는 산업사회 전반에 걸친 가정의 역할 변화가 전제되어 있다고 보아야 할 것이다. 더구나 산업사회 또는 자본주의라는 체계의 압력으로 가정에서 사회나 국가로 나아가는 길이 막히거나 역류하는 경우에는 이러한 현상이 보다 심각해진다. 그래서 이득재는 『가족주의는 야만이다』에서 가족을 자본주의의 내적 식민지로 규정하면서, 가족을 자본주의가 생산하고 재생산하는 것을 소비하는 입이고 배출하는 항문이라고 표현하고 있는 것이다. 이는 가족에서 시민사회로, 민주국가로 나아가는 길이 막혀 있으므로 해서 생기는 왜곡현상이다. 따라서 아버지는 왜곡된 사회를 가리키며 자신의 이름으로 아이를 인도할 수 없는 것이다. 아버지는 거부되고 가족적 삶은 부정될 수밖에 없는 것이다.

이러한 가족적 삶의 결여와 부모 특히 아버지의 부재는 아이의 전기적 삶 또는 서사적 삶을 불가능하게 한다. 전기적 삶은 출생에서부터 죽음까지 지속적이고 유기적인 생활이 바탕이 되어야 가능하고, 서사적 삶은 그러한 전기적 삶이 성장과 발전을 제공할 때 가능한 것이다. 그것이 불가능할 때 삶은 단편화되고 파편화된다. 이 작품이 전통적인 스토리나 유기적인 플롯을 지니고 전개되지 않은 것은 등장인물들이 지닌 삶의 양식과 무관하지 않다. 그들의 삶은 출생과 성장 곧 가족적 거주의 삶이 절단된 채 도시의 한정된 공간을 부유하며 단편적 사고와 관념을 흘려놓다가 '7번국도'로 자전거 여행을 떠나는 것으로 되어 있는데, 자전거 여행 중에 마주친 사건과 회상의 내용에 흘러들어간 관념을 뒤섞어 작품의 소제목을 만들어 서술한 것이 바로 이 작품이다. 따라서 소제목으로 나뉘어 서술된 내용은 인과적 사건과 무관할 뿐만 아니라, 인물들이 도시의 좁은 공간에서 부유하며 생성한 관념이나, 그곳을 벗어나 7번국도를 자전거로 달리며 회상하거나 생성한 관념으로 채워진다.

소제목 아래 서술된 내용이 이처럼 인과적인 사건들로 이루어지지 않고 관념으로 채워지는 연유에는 인물들의 삶이 부모나 가족의 삶과 연계되지 않는 것이 크게 작용한다. 앞에서 말한 것처럼 그것은 그들의 삶이 전기적이지도 서사적이지도 않기 때문이다. 즉 기원을 지니지 않기 때문이다. 기원이 없는 삶은 잘려진 것처럼 곳곳에 절편들로 늘려있게 된다. 이러한 기원 없는 삶은 근원 없는 삶으로 이어진다. 다시 말해 일상의 거주에 기원이 없는 것과 마찬가지로, 일상의 노동에서는 근원이 없는 형태로 나타나게 된다는 것이다. 등장인물들은 일정한 직업을 가지고 있지 않아 지속적인 노동에 종사하지 않는다. '나'는 방송국에 몇 개월 근무하다 그만두고 시나리오를 써서 현상공모에 응모하여 당선이 된다. 그러나 시나리오를 계속 쓰면서 그것을 직업으로 삼을 수 없다. 시나리오 때문에 만나야 하는 사람들에게 '진절머리'가 났기 때문이다. "음모와 야합, 설득과 복수가 없이 돌아가는 세상이란 어디에도 없는 것처럼 보였"기 때문이다.

재현은 음악을 좋아해 기타에 집착하지만 대학에서 밴드를 결성하지도 못한다. '서연'을 사랑해서 서연이 가입한 동아리에 나가야 했기 때문이다. 더구나 그와 헤어진 서연이 캐나다로 가버린 뒤에 그녀에게 공중전화에서 전화를 걸다가 통화가 되지 않자, 공중전화 부스에 분풀이를 하다가 왼손을 다치는 바람에 마비가 오고 기타 연주를 계속할 수 없어, 음악을 직업으로 삼지도 못한다. 돈이 필요할 때 재현이 하는 일상적 노동은 신도시의 창고형 백화점에 아르바이트를 할 때뿐이다. 이는 세희의 경우에도 마찬가지다. 그녀는 태어나서 아버지를 못 본 채 자라다가 어머니가 일찍 죽자, 외할머니와 함께 외삼촌네 집에서 살다가 거기서 나와 친구네 집을 전전하는 생활을 하기도 하고, 더러는 재현과 '나'의 집에서 살기도 한다. 이처럼 그녀는 거주에서부터 불안한 나날을 살면서 음악이나 만화로 소일하다가, 역시 돈이 필요해지면 재현이와 마찬가지로 일시적으로 편의점 같은 데서 노동을 한다. 이와 같은 등장인물의 노동은 후기 산업사회라는 체계에서의 노동의 양식을 반영하는 것이기도 하지만, 이들의 삶의 양식을 규정하는 노동의 양식을 반영하는 것이기도 하다.

 이와 같은 이들의 기원이 없는 불안한 거주와 지속적이고 직업적이지 못한 불안한 노동은 존재론적 안정감의 결여로 이어진다. 웨이드가 『시간 밖의 문명』에서 말한 것처럼, 어린 시절에 부모를 잃으면, 이 세상의 실체가 있는 존재들을 결코 완전히 믿지 않게 된다. 어떤 일이라도 산산조각이 날 수 있다는 생각을 떨칠 수 없기 때문이다. 뿐만 아니라 부모를 잃은 아이는 이 세상에 자신만이 홀로 남겨졌다는 생각을 하게 된다. 크리스 쉴링이 『몸의 사회학』에서 말한 것처럼, 부모를 잃고 자신만이 홀로 남겨졌다는 것은 삶에 실질적으로 정당성을 부여하는 어떠한 외적 준거도 남아 있지 않게 되었다는 것을 의미한다. 세상에 대한 불신과 자신이 간직한 불안은 온전한 자아와 정체성 형성을 불가능하게 하며, 존재론적 안정감에 지장을 초래하게 된다. 다시 크리스 쉴링의 말을 빌리면, 존재론적으로 안정되어 있다는 것은 모든 인간의 삶이 일정한 방식으로 제기하게 되는 근본적인 실존적 문제에 대하여 대답을 가지고 있다는 뜻이다. 그러나 기원과 근원이 결여되어 있는 이들의 거주와 노동은 그러한 존재론적 안정감을 마련해 주지 못한다.

그래서 이들은 도시의 변두리를 부유하는 존재가 된다. 기원과 근원이 결여된 존재는 중심으로 진입하지 못한다. 물론 포스트모더니즘의 중심에 대한 거부는 체계가 내포하고 있는 중심에서의 지배 의지를 부정하려는 의도가 담긴 것이기도 하지만, 이들이 변두리를 배회하고 부유하는 것은 존재론적 안정감의 결여와 더 결부되어 있다. 그리고 존재론적 안정감의 결여는 자아와 정체성 결여와 또 다른 면인 것이다. 다시 말하면 가족적 삶과 사회적 삶의 결여는 한편으로는 자아와 정체성의 결여의, 다른 한편으로는 존재론적 안정감의 결여의 원인이 되는 셈이다. 그러니까 자아와 정체성의 형성과 존재론적 안정감의 확보를 위해서는 타자의 존재가 필수적인 것이다. 리처드 커니가 『이방인, 신, 괴물』에서, 존재가 자신의 고유한 존재를 갖기 위해서는, 자기 자신이 되기 위해서는 반드시 타자를 분유해야 한다고, 자아 정체성의 관념들은 대개 어떤 타자 개념들과의 연관 아래에서 구축된다고 말한 것도 이와 무관하지 않을 것이다. 커니의 말처럼, 그때 타자는 변형된 에고로 나타나고, 타자성은 자아성의 지평이 되는 것이다.

그러나 이들은 가족적 거주의 기원에서 부모와 가족의 타자를 분유하지 못하고, 직업적 노동의 근원에서 그 구성원들의 타자를 분유하지 못하여, 자아와 정체성 그리고 존재론적 안정감에서 불안을 야기하며 정주하지 못하고 도시의 유목민으로 떠돌고 있는 것이다. 사막의 유목민이 김인자가 『사색기행』에서 말하듯, 만나고 헤어지는 일에 익숙하고, 소유와 욕망에 집착하지 않음으로써 자유로운 사람들임에 비해, 도시의 유목민들은 정체성의 결여와 존재감의 결핍으로 불안하게 떠도는 사람들이다.

이들의 떠돎의 근저에는 소유와 욕망을 버리지 못함에도 불구하고 교류하지 못함과 분유하지 않음 또는 교류해도 분유하지 않음이 깔려 있다. 특히 교류해도 분유하지 못함은 이들의 이성 교제에서 가장 잘 드러난다. 재현과 세희, '나'와 세희, 재현과 서연의 사귐은 상대를 전유하지도 않고 분유하지도 않으며, 오직 상대를 부분적으로 착취하거나 부분적으로 증여하는 차원에 머물고 있다. 곧 이들의 성은 에로티시즘과 무관하며 섹슈얼리티에만 관계한다.

앤소니 기든스가 『현대사회의 성, 사랑, 에로티시즘』에서 말했듯이, 에로티시즘은 신체의 감각을 통해 표현되는 감정을 의사소통이라는 맥락에서 가꾸어 가는 것이다. 그것은 폭넓은 정서적 목적 속에 재통합된 섹슈얼리티이며, 그 중에서도 가장 중요한 것은 의사소통이다. 그러나 이들의 성에는 그러한 에로티시즘적인 요소 곧 감정과 정서의 교류라는 의사소통이 결여되어 있고, 오로지 섹슈얼리티만 존재한다. 다시 말해 희박한 감정과 높은 강도의 섹스에만 집중한다. 그래서 서연은 재현 사이의 성교에서 전면적 신체 접속을 거부하고 신체의 말단부인 입과 손의 접촉만 허락한다. 그리고 세희는 '나'의 집에서 지내는 동안 '나'에게 방값으로 섹스를 지불한다. 즉 그들의 성은 에로티시즘이나 사랑이라고 이름 붙일 요소를 최대한 배제하는 것을 특징으로 하는데, 이들은 그것을 그들 세대의 사랑법이라고 여기며 내세우는 듯하다. 그러나 이러한 사랑법은 성을 상품화하는 체계가 배후에 존재한다는 것을, 그들이 거부하고 부정하는 체계에 스스로 수렴되어 있음을 보여주는 것에 다를 바 없다.

따라서 이들은 시종 결핍감에 시달릴 수밖에 없다. 거주에서 가족적 삶의 결여가 있었듯이, 노동에서 사회적 삶의 결여가 있었듯이, 사랑이라는 이성과의 관계적 삶에서도 결여가 존재하여 결핍감은 가중되는 것이다. 결핍감에 시달리는 이들이 그것을 보상받기 위해 취하는 방법은 세 가지 정도다. 하나는 결핍감을 자극하는 존재를 자신의 삶에서 추방하는 것이고, 다른 하나는 결핍을 초래한 존재를 자신의 기억 속에 가두는 것이다. 그리고 나머지 하나는 결핍감을 초래한 존재를 추적하여 자신의 존재와 연계시키는 것이다. 앞의 둘은 재현이 취한 방법이고 마지막 것은 세희가 선택한 방법이다. 재현은 자신의 결핍감을 자극하는 아버지의 존재를 끊임없이 이야기하는데, 그것은 아버지의 실체에서 비롯되어 그의 죽음을 거쳐 마침내 관념으로 존재하는 데까지 이른다. 그 관념은 프로이트의 견해처럼 자식을 가정에서 사회로 안내하고 인도하는 아버지가 아니라, 강요와 폭력의 모습을 한 아버지다. 그래서 아버지가 죽기를 원하지만 죽일 수는 없다. 그래서 실체를 관념으로 바꾼 것인데, 아버지가 죽고 나서도 그 관념은 살아 있게 된 것이다.

게다가 그러한 아버지라는 관념은 강요와 폭력의 이름으로 곳곳에서 출몰하며 재현의 삶에 간섭해 온다. 그 아버지의 이름으로 간섭해 오는 강요와 폭력을 맞이하여 해결하는 방법은 아버지를 대하는 방법에서 찾아질 수 있다. "달리고 달려 나는 아버지를 만난다. 그리고 내가 아버지를 용서하듯이 아버지는 나의 죄를 사해 주시고 한줌 기억 속으로 편안하게 사라졌다." 그러니까 용서가 곧 해결책인 셈이다. 기억될 수밖에 없는 과거 곧 용서 없는 과거는 루이스 월처가 「시간의 언어」에서 말하듯이, 과거로 죽은 것이 아니라 미래 속으로 밀어내는 살아 있는 힘이다. 그리고 장피에르 페이유가 「투명한 도시」에서 말하듯이, 고갈되지 않는 과거는 아직 완전히 지나가버린 것이 아니다. 그것은 결코 통분될 수 없으며 잘린 채 타자로서 저기 잠들어 있는 것이다. 그래서 아버지는 죽었음에도 불구하고 여전히 그 부재로서 또는 아버지라는 관념으로서 재현을 압박한 것이다. 그러나 리처드 커니가 『이방인, 신, 괴물』에서 폴 리쾨르의 말을 인용하여 말했듯이, 용서는 과거에 미래를 제공한다. 서로를 용서함으로써 아버지와 아버지라는 관념은 과거로 편안하게 사라지고, 재현은 그의 미래로 나아갈 수 있는 것이다.

아버지는 죽었으면서도 관념으로 재현을 압박했듯이, 서연은 떠났으면서도 기억으로 재현을 압도한다. 그러나 전자가 재현으로서도 어쩔 수 없는 불가항력적인 측면이 농후했다면, 후자는 재현 스스로가 자초한 자발적인 측면이 강하게 작용한다. 다시 말해 서연이 떠남으로 말미암아 생긴 공허감과 결핍감을 그녀를 자신의 기억 속에 가두어 둠으로써 채우고자 하는 것이다. '나'와 재현이 7번국도를 여행하며 만난 '유령'과 마찬가지로, 이때의 기억은 레비나스가 말한 존재자 없는 존재와 같은 것이다. 다시 말해 존재자의 사라짐을 인정하지 못하는 주체가 그 존재자를 기억 속에 담아둠으로써 존재를 향유하려는 것이다. 재현이 대학에 가서의 꿈이었던 밴드 결성을 포기할 정도로 사랑한 여자가 서연이다. 그래서 그녀가 가입한 운동권 서클에도 들어간다. 그러나 서연이 그 서클 회장에게 겁탈을 당함으로써 둘 사이에 금이 갈 뿐만 아니라, 재현과 사귀면서도 회장과 만난다는 사실을 재현이 알게 됨으로써 둘 사이는 파탄을 맞게 된다.

서연이 재현을 만나도 그와의 전면적 접속을 거부하고 마침내 캐나다로 떠나버린 이면에는 이와 같은 사건이 깔려 있었던 셈이다. 그러나 재현은 서연의 그러한 떠나감을 받아들일 수 없다. 그래서 재현은 사라진 그녀를 그의 기억 속에 가두어 둠으로써 그녀가 사라진 공허감 또는 결핍감을 채우려 한 셈이다. 재현의 이러한 기억 속에 가두어 두기는 이미 그녀와 마지막 밤을 보내면서 시작된다. "난 널 잊지 않을 거야, 결코. 너의 모든 것을 기억할 거야. 네가 빗소리에 대해 얘기했던 방식도, 너의 입술도, 네 손의 따뜻함도. 오래오래, 아주 오랫동안, 내가 죽고 나서도 아주 오랫동안 기억하고 있을 거야. 네가 떠나도 그 기억을 안고, 너를 다시 만날 것이라는 희망을 안고 살아갈 거야." 비록 입 밖에 내어 서연에게 얘기해 줄 수는 없었지만, 이러한 재현의 결심은 서연이 떠난 이후 내내 지켜진다. 그래서 세희를 만나서도 기억 속 서연의 존재로 말미암아 세희와의 관계를 순조롭게 끌고 가지 못한다. 세희도 재현의 그러한 상태를 눈치챘기 때문이다.

"재현도 세희를, 혹은 세희의 육체를 사랑했고 필요로 했기 때문에, 또 자신도 빨리 머릿속에서 지워버리고 싶었기 때문에 처음에는 세희의 요구대로 서연과 관계된 것들을 하나하나 치워버렸다. …하지만 머릿속에 들어 있는 1991년의 서연의 존재만은 결코 지울 수 없었다." 서연의 존재 때문에 자신을 전면적으로 받아들이지 못하는 재현을 세희 역시 받아들일 수는 없었을 것이다. 세희와의 관계를 파탄에 빠뜨린 서연에 대한 기억은 재현의 머릿속에서 빠져나와 현실에 존재하는 차원에 이른다. '나'가 서연을 본 것이다. 물론 그것은 서연의 실체라기보다는 환상이다. "나는 그때 경부선 고속터미널 안에 있는 롯데리아에서 콜라와 불고기 버거를 먹고 있었다. 아직 스물한 살의 나이인 서연은 말 그대로 솟아올랐다. 아래층 지하에서 에스컬레이터를 타고 올라왔던 것이다. …재현이 녀석은 자기의 필요 때문에 서연을 그런 상태로 빠뜨린 것이다. 그래서 서연은 아직도 스물한 살의 나이로 저렇게 유령처럼 떠 다니는 것이다."

김상환과 홍준기가 엮은 『라깡의 재탄생』에서 라깡은 환상을 주체의 상실 즉 사라짐을 막기 위해 주체를 대상에 고정시킴으로써 자신을 유지시키려는 시도라고 정의한다. 이를 재현의 경우에 관련지운다면, 서연의 사라짐이 재현의 결핍감이나 공허감을 초래하는 정도를 지나 '사라짐'의 위기를 촉발했음을 의미하는 것이다. 그래서 자신의 사라짐을 막기 위해 재현은 서연을 현실 공간에 환상으로 존재케 한 것이다. 로즈메리 잭슨이

『환상성』에서 말했듯이, 환상은 대상의 소유가 아니라 대상에 대한 욕망 속에서만 자치권을 누린다. 즉 서연의 환상은 서연에 대한 재현의 욕망이 어느 정도인지를 말해주는 것이다. 그리고 그러한 서연의 존재가 '나'의 시선에 잡힌 것은 '나' 또한 재현의 심리 상태와 다름없기 때문이고, 서로 감염되어 있기 때문이다. 이러한 사라짐의 위기를 해결하는 방법을 재현은 7번국도를 따라 여행하는 과정에서 찾아낸다. 그것은 앞에서 아버지와 아버지의 관념을 해결하는 방법과 다르지 않다. 서로를 용서함으로써 아버지는 과거로 사라지고 재현은 미래로 나아갔듯이, 서로를 잊어버림으로써 서연과 재현은 각자의 삶으로 돌아갈 수 있고 나아갈 수 있는 것이다.

"이제 나는 그 모든 것을 잊어버릴 수 있어. 더 이상 기억하지 않아도 괜찮은 거야. 더이상 아버지를 기억하지 않고 서연을 기억하지 않고 7번국도씨를 기억하지 않고 비틀스를 기억하지 않고 불꽃놀이를 기억하지 않을 수 있어. 그런 망각이 이제는 나를 자유롭게 해." 이언 와트가 『근대 개인주의 신화』에서 말했듯이, 태연하게 자기 생각만 하는 것은 젊음의 한 가지 특징이기도 하다. 이 작품에 등장하는 젊은 세대의 인물 역시 예외가 아니다. 후기 산업사회로 진행되면서 이러한 특징은 젊은 세대에게만 한정된 것이 아니라 모든 사람들에게 해당될 정도로 만연된다. 그래서 현대인의 특징 중 하나에 나르시시즘적 성향을 포함시키는 것이다. 이 나르시시즘적 성향을 사랑에 결부시키면 이종영이 『사랑에서 악으로』에서 말한 사랑의 착취가 된다. 앞에서 본 것처럼 이들은 상대에 대한 배려가 없고 자기 헌신을 염두에 두지 않기 때문에 사랑은 애초부터 불가능할 뿐만 아니라, 감정을 주고받지 않고 의사소통을 하지 않기 때문에 에로티시즘도 불가능하다. 오직 남는 것은 섹슈얼리티뿐이다.

나르시시즘적 성향의 인간은 유아론적이다. 자아를 자아로써 구성하듯이, 타자도 자아로써만 구성하려고 한다. 타자가 타자 스스로 구성된다는 것을 인정하지 않는 것이다. 이종영의 말처럼 자신의 의지를 관철하기 위해 타자의 의지를 부정하고 타자를 사물화하는 것이다. 이는 곧 타자의 장을 증오하는 것에 다름 아닌 것이 된다. 재현이 서연을 그의 머릿속 기억으로 가둔 것은, 서연이 스스로를 구성하고 자신의 의지를 관철하며 자신의 장을 가지는 것을 부정하는 것이다. 그래서 서연은 1991년의 서연으로 고정되는 것이다. 이러한 재현의 의도는 관철될 수 없다. 그것은 사랑의 착취이자 존재의 착취이고, 착취 관계에서 자아나 타자는 진정한 존재자가 될 수는 없다. 자아나 정체성은 타자를 부정함으로써 획득되는 것이 아니라, 타자와 정당한 관계를 맺음으로써 확립되는 것이기 때문이다. 재현은 앞에서 인용한 것과 같이, 7번국도의 여행이 끝나가는 지점에서 이것을 깨닫는다. 그래서 기억하지 않음 또는 망각이 자신을 자유롭게 할 것이라고 말하는 것이다.

  기억하지 않음 또는 망각은 단순히 잊어버림으로써 이루어지는 것이 아니다. 앞에서 스스로 말한 것처럼 잊어버리려고 해도 그것은 머릿속에 떠오르기 때문이다. 기억하지 않음 또는 망각은 그의 머릿속에 가두어 두고 있는 기억을 밖으로 풀어내야 가능해지는 것이다. 그것은 자아 속에 있는 타자를 자아의 욕망의 대상이 아니라 또 하나의 독립된 자아로 인정하는 것에서 시작된다. 리처드 커니가 앞의 책에서 말한 것처럼, 자아가 자아이기 위해 필요한 열쇠는 타자를 타자로 놓아주는 것이기 때문이다. 이러한 깨달음은 도시의 이곳저곳, 이 사람 저 사람을 부유하는 과정에서는 획득될 수 없는 것이었다. 그것은 7번 국도의 자전거 여행이라는 항진이 있었기 때문에 가능해진 것이다. 도시에서의 부유와 아버지 및 서연의 기억이 재현으로 하여금 전기적 삶과 서사적 삶의 성장을 불가능하게 했다면, 7번국도로의 여행은 자전거의 항진과 그에 따른 경험에 힘입어

서사적 삶의 성장을 가능하게 해주었기 때문이다.

다시 리처드 커니를 원용하여 말해 본다면, 전자가 재현으로 하여금 나르시시즘에 머물며 외부의 요소를 받아들이지 못하도록 차단한 것이라면, 후자는 재현으로 하여금 서사적 카타르시스를 통해 과거의 기억에 대한 강박적 집착에서 스스로를 분리시켜 덜 억압된 미래를 향한 자유를 가능하게 해준 것이다. '여행이 시작되었지만 길은 이미 끝나 있다' 라든가, '길에 올랐지만 여행은 이미 끝나 있다' 라는 등, 여행과 길에 대한 부정적 언급에도 불구하고 이 작품에서 여행과 길은 아직 유효한 것처럼 보인다. 이는 길의 시작과 끝, 여행의 출발과 도착이 다름으로 해서 생성되는 효과일 것이다. 이는 또한 전기적 삶의 상처를 서사적 삶의 항진으로 치유하는 과정이기도 한 셈이다. 또 다시 리처드 커니를 따른다면, 진정한 서사는 언제나 타자로 향한 길 위에 있고, 타자로 향하는 서사의 요청은 하버마스의 소통에 대한 관심과 연관되기 때문이다. 다시 말해 7번국도 여행은 타자를 자아의 기억 속에 가두는 유아론자를, 타자를 타자로 놓아주고 타자와 소통하는 성숙된 자아로 만들었기 때문이라는 것이다.

세희는 '나'와 재현의 7번국도 자전거 여행에 동참하지 않는다. 세희는 재현과 달리 부모나 가족적 삶에 대해 완전한 거부나 부정의 태도를 취하지 않는다. 어머니가 일찍 죽었지만, 어머니의 사랑 또는 쾌락 원칙을 외할머니가 대신한다. 외삼촌 집을 나와 친구나 재현 그리고 '나'의 집을 전전하면서도 가족과 그 가족의 삶을 담는 집에 대한 애착을 여전히 간직하고 있으며, 아버지로부터 집을 물려받은 '나'를 부러워하기도 한다. 세희는 아버지에 대한 증오 반 그리움 반의 감정을 지니고 있다. 아버지가 어머니와 세희를 버리고 떠났기 때문에 한편으로는 아버지를 증오하면서도, 그 아버지가 일본에 살아 있기 때문에, 아버지를 만나면 집에서의 가족적 거주가 가능할 것이라 믿기 때문에 한편으로는 아버지를 그리워한다. 그래서 아버지를 만나러 일본에 가기 위해 일본어를 공부하기도 하고, 아버지를 만나러 일본으로 가면서 7번국도를 여행하는 '나'와 재현에게 편지를 보내기도 한다.

세희는 일본에서 아버지를 만나 핏줄을 확인하고, 아버지의 충고를 받아들여 아버지에 대한 증오를 풀며, 아버지가 죽으면서 남긴 집을 가지게 된다. "자기가 있을 곳은 이 세상 어디에도 없다"고 여기며 이 세상 여기저기를 전전하면서 그리워하던, '따뜻한 불빛'과 '두런두런 흘러나오는 가족들의 목소리 있는 작은 집'에는 도달하지 못하지만, 세희는 한국으로 돌아갈 결심을 한다. 한국으로 돌아가면 '집'이 있고, 집이 있으므로 살아갈 수 있다고 생각한다. 재현이 7번 국도를 여행하며 아버지를 용서하고 서연을 기억에서 풀어놓아 주었듯이, 세희는 아버지를 찾아 떠난 일본으로 간 여행에서 아버지를 만나 증오를 풀어낼 수 있게 된 것이다. 증오가 한편으로 서로를 분리하고 단절시키면서 다른 한편으로 상대를 자신의 자아에 연루시켜 스스로를 괴롭히는 감정이라면, 용서나 사랑은 한편으로 서로를 접근시키고 접속시키면서 다른 한편으로 상대를 자신의 자아에서 해방시킴으로써 자신도 해방되는 감정이기 때문이다.

한국으로 돌아온 세희는 '나'와 재현에게 연락을 취하지 않는다. 다만 '나'와 재현이 7번국도 여행을 끝내고 서울로 돌아가면, 세 명이 죽을 때까지 행복하게 살 수 있기를 바란다는, 그들의 삶도 옛날 얘기처럼 행복하게 끝이 났으면 하는 바람의 메시지를 세희에게 보내는 것으로 끝맺음을 한다. 그러나 이들의 바람이 이루어질지는 미지수다. 재현과 세희가 해결한 것은 대체로 그들의 감정세계다. 아버지와 서연에 대한 재현의 증오와 용서 및 사랑, 아버지에 대한 세희의 증오와 사랑과 같은 감정은 한나 아렌트의 용어로 말해 본다면 무세계적인 것이다. 다시 말해 일상의 생활세계와 그것을 규정하는 체계의 문제와 같은 세계가 연루되어 있지 않은 것이다. 따라서 이들에게 세계가 적극적으로 개입하게 되면 이들의 삶이 어떻게 전개될지 알 수가 없는 것이다. '7번국도씨'의 삶과 죽음은 이러한 세계의 개입으로 인간의 삶이 어떤 모습으로 전개될 수 있는지를 보여주는 단적인 예가 될 것이다.

'7번국도씨'는 재현이 신도시의 창고형 백화점에서 아르바이트를 할 때 처음 만난다. 그는 그곳에서 아기용품을 잔뜩 사서 계산하려다 계산대 여자와 싸움을 한다. 여자는 팔지 못하겠다고 하고, 그는 왜 팔지 못하느냐고 하면서. 지배인이 대신 계산을 함으로써 싸움은 끝나는데, 여자는 "여기 안 다녀요! 미쳐도 곱게 미칠 것이지!"라고 말하며 사라지고, '7번국도씨'는 손수레를 밀고 주차장으로 나간다. 지나가던 재현의 동료 아르바이트생은 7번국도씨가 유명한 싸이코라고, 아내와 갓 태어난 아들이 살해당했다고 말하지만, 경찰 조사에서 세상이 살기 싫어서 그냥 죽였다고 말한 미친놈이라고, 한 달에 한 번씩 월급을 타면 아기용품과 여자 생리용품을 따위를 사는데, 여직원들이 겁을 낼 수밖에 없다고 알려준다. 여직원들이 겁을 내는 것은 7번국도씨의 구매 행위 속에서 '광기'를 읽어냈기 때문이다. 광기는 현실의 상실이나 결여를 보여주는 지표다. 아기용품과 여자의 생리용품을 구입하는 것은 현실에 아이와 아내가 결여되어 있다는 것을 보여주는 행위인 것이다. 다시 말해 현실에 아이와 아내가 존재하지 않는다는 것을 인정하지 않으려는 심리가 마치 현실에 아이와 아내가 존재하는 것처럼 그들이 쓸 물건을 사는 병리적 징후로 나타난 것이다.

이러한 '7번국도씨'의 심리와 행위는 재현이 사라진 서연을 인정하지 않고 그의 기억 속에 가두는 것과 그다지 멀지 않은 것이다. 그러나 재현이 서연을 기억 속에서 해방시키는 것으로 해결 방법을 모색한 것과는 달리, 7번국도씨는 자신을 없애는 방법을 선택한다. 그가 선택한 장소는 상당히 상징적이다. 그곳은 원래 최신식 테마 빌딩을 조성하려다 공사가 중지됨으로써 폐허와 진배없는 곳이다. 첫 번째 건축주인 시의원에서 두 번째 건축주인 건축회사를 거쳐 세 번째 건축주인 부동산 업자에 이르는 동안, 짓다만 건물은 사람들에게 '묘비'로 불린다. 사람들은 밤에 몰래 묘비로 와서 쓰레기를 버리고 도망을 친다. "그들이 먹고 마신 것들은 모두 이제는 공공연한 쓰레기 하치장이 된 묘비로 옮겨졌다." 이는 앞에서 이득재가 가족을 자본주의의 내적 식민지로서, 자본주의가 생산하고 재생산하는 것을 소비하는 입이고 배출하는 항문이라 한 것을 연상하게 한다. 묘비는 도시가 배출한 쓰레기들로 사람들의 '배후'를 형성하고 있는 것이다.

  그러한 묘비가 세 번째 건축주인 부동산업자의 손으로 넘어가면 판타지랜드로 탈바꿈을 한다. 자본주의라는 체계가 욕망을 미끼로 욕망을 지연시키면서 욕망의 성취를 단지 환상으로서만 제공하듯이, 도시에 사는 사람들에겐 쇼핑몰과 놀이공원 그리고 스포츠 시설을 두루 갖춘 자족적인 공간인 '판타지랜드'가 욕망을 실현시켜줄 것이라는 환상을 제공한다. "주말이면 가족들과 손을 잡고 판타지랜드!로 몰려드는 신도시의 사람들은 가끔씩 7번국도씨의 죽음마저도 판타지가 아니었을까, 하는 생각을 한다." 다시 말해 체계는 생활세계에 환상을 심어주는데, 그 환상에는 생활세계에서의 죽음과 그것의 외면이 깔려 있다는 것이다. 그러나 앞에서도 본 것처럼 환상은 주체의 자아나 정체성의 정립과 무관한 것이고, 욕망의 진정한 실현과도 거리가 먼 것이다. 환상은 단지 주체의 상실 곧 사라짐을 막기 위해 주체를 대상에 고정시킴으로써 자신을 유지시키려는 시도일 뿐이며, 욕망의 지연을 통해 욕망의 대상을 계속 욕망하게 하는 기제일 뿐이다.

그러니까 사람들은 환상을 통해 자신들이 욕망의 주체인 것처럼 느끼지만, 사실은 그러한 욕망을 환상으로 제공하는 체계가 바로 욕망의 주체인 것이다. 스스로를 주체라고 여기는 사람들은 질 들뢰즈와 펠릭스 가타리가 『앙티 오이티푸스』에서 말하듯이, 사실은 그러한 욕망이 지나가는 통로에 불과한 셈이다. 그러면서 체계는 욕망과 환상을 통해 원하는 것을 챙기는 것이다. 체계와 생활 세계를 잇는 통로 또는 체계분석 이론의 용어를 빌려 핵심부와 주변부를 잇는 통로는 상호적이기보다는 일방적이다. '나'의 말에 의하면 비가역적이다. 상품과 환상은 체계나 핵심부에서 생활세계나 주변부로 흘러가고 이윤은 그 역으로 흘러, 상호적인 것처럼 보인다. 그러나 체계와 핵심부에서는 실제적인 것을 소유하고, 생활세계와 주변부에서는 비실제적인 환상을 향유함으로써 진정한 상호 관계는 아닌 것이다. 이와 같은 관계 곧 일방적이며 실제와는 다른 환상은 상품을 둘러싼 모든 것에 두루 확대되면서 적용된다. 달리 말하면 사람들은 상품을 구매하여 소비하듯이 사람을 사귀며 소비하지만, 환상은 실제가 아니듯이 욕망은 실재에 가 닿지 못한다.

앞에서 본, 나르시시시즘 성향의 인물들, 감정 교류나 의사소통 없는 섹스, 부모나 가족적 삶이 거부된 거주, 지속적 직업이 결여된 노동 등은 포스트모던 시대의 기원과 근원 및 중심의 거부와 관련된 것이기도 하지만, 다른 한편으로는 후기산업사회 또는 자본주의라는 체계가 생활세계에 작용한 결과와 관련된 것이기도 하다. 그것은 인간의 삶이 사랑보다는 착취나 고갈로 가는 데 기여한 것이다. '나'는 그것을 나무 '7번국도'를 사서 키우다가 죽이고 나서는 알아챈다. "그러자 갑자기 그런 생각이 들었다. 나는 나의 생명력을 받고 그 나무가 자라기를 원했지만, 결국에는 그 나무의 생명력을 내가 빼앗게 된 셈은 아닐까?" 이러한 관계를 나르시시즘적인 사랑에 적용하면, 이종영의 '사랑의 착취'가 될 것이고,

거대 산업사회의 가정에 적용하면, 아도르노와 호르크하이머의 '사랑의 축출'과 '중산층의 붕괴'와 '사회 세포로서의 지위 박탈' 등이 될 것이며, 사회 전체에 적용하면 '악몽'이 될 것이다. 악몽에 빠진 사회는 '유토피아'를 꿈꾼다. '나'와 재현이 7번국도를 따라가다가 42번 국도로 갈아타고 들어간 곳의 '무릉계곡' 편은 '무릉도원'을 재현하며 유토피아를 얘기한다.

그러나 재현하는 서술자도 알고 있듯이, 그것은 재현의 머릿속에 있는 서연의 확대판에 지나지 않는다. 재현의 머릿속 서연이 개인과 사랑의 차원이라면, 무릉도원의 유토피아는 사회와 삶의 차원이다. 현실에 현존하지 않는 사람을 개인의 머릿속에 저장하듯이, 현존하지 않는 이상적인 사회를 인류의 머릿속에 보관할 수 있는 것이다. 그러나 그것은 글자 그대로 도달할 수 없는 곳이다. 현실적 요소가 상당히 배제된 그래서 이 작품의 인물들의 말로 하자면 그곳은 '방부된' 시간이고 '방부된' 공간이며 '방부된' 사회이다. 따라서 '방부된' 인간이 아니라면 살 수 없는 곳이다. 그래서 어부는 무릉도원을 돌아서 나오고, '나'와 재현은 무릉계곡을 돌아나온다. 라깡의 용어로 말하면 인간은 상상계와 상징계의 존재이지, 실재계에 도달할 수 있는 존재는 아닌 것이다. 다만 실재계를 사후에 조성하고 그것에 영향을 받을 수 있을지는 모르지만 말이다.

7번국도를 자전거로 여행하면서 '나'와 재현은 도시를 벗어나고, 전적으로는 아니지만 자신과 타자를 놓아주고, 유토피아를 돌아나옴으로써 다시 일상으로 돌아갈 채비를 한다. 그러나 감정과 관념의 단계 정도만 해결된 셈이라 아직 해결해야 할 많은 문제가 그들 앞에 놓여 있다. 그러나 그것은 또한 일상 밖에서가 아니라, 돌아간 일상에서 해결되어야 할 문제일 것이다. 다만 그들 모두가 좋아하는 음악처럼 현실적 요소가 거의 배제된 것에 탐닉해서는 문제를 헤쳐 나갈 힘이 생기지 않을 것이다.

문제를 해결하는 능력은 문제를 외면하지 않고 부딪치는 것에서 얻어질 것이기 때문에 말이다. 그런 점에서 이 작품의 형상화에 동원된 포스트모더니즘의 기법인 패러디나 혼성모방, 특히 덧붙이는 말을 통해서 친절하게 안내한 음악과 글 그리고 7번국도를 여러 곳에 붙이는 기법 등은, 음악을 끼고 사는 인물들의 형상화와 작품의 분위기 조성에는 어울릴 수 있겠으나, 형상화의 기법이 작가의 수준을 가늠하는 잣대로도 활용된다는 것을 감안한다면, 보다 진지한 탐색이 따라야 할 것이다.

제4부 | 가깝고도 먼 길

상실과 포용의 길
— 호영송의 「고향으로 가는 길」

　전쟁은 공적 영역에서 시발되어 사회적 영역과 사적 영역의 경계를 뚫고 들어와, 각각의 영역에서 정상적으로 영위되던 노동과 거주를 일거에 허물어 버리는 위력을 지니고 있다. 전쟁은 인간의 일상적 삶을 휘저어 놓는 극한의 상황이므로, 현실의 일상을 살아가는 정상적인 사람이라면 이러한 전쟁을 반길 사람은 없을 것이다. 평화를 유지하려고 애쓰고 전쟁이 발발하지 않기를 염원한다. 그럼에도 불구하고 인간의 삶에 전쟁은 끊임없이 있어 왔다. 이는 클라우제비츠가 『전쟁론』에서 이야기했듯이, 위정자들이 전쟁을 정치의 한 수단으로 삼아 왔기 때문이다. 특히 내부의 희생양이나 외부의 적을 설정하고, 그들로부터 민족이나 국가의 안위를 위해서라는 명분을 내걸어 전투를 하거나 전쟁을 치르면, 평화로운 시기에 위정자들을 향하던 비판과 저항을 손쉽게 막아낼 수 있을 뿐만 아니라, 왜곡된 애국주의까지 충동해 대부분의 사람들을 자기편으로 끌어들일 수 있다.

　따라서 파시즘이나 군산복합체와 같은 체제의 압력에 의한 전쟁은 별도로 하더라도, 국민의 평화롭고 행복한 삶에 무관심한, 지배 야욕에 불타거나 무능한 집권자들일수록 전쟁의 유혹을 뿌리치기가 쉽지 않을 것이다. 온갖 이데올로기와 유토피아를 동원하여 국민들을 전쟁에 끌어들인다 하더라도 그것은 국민이나 시민의 전쟁이 아닌 위정자의 전쟁일 수밖에 없는 것이다. 전쟁의 수행과 그 결과만으로도 이를 입증하고도 남기 때문이다. 다시 말해 전쟁은 정당한 정치행위가 아닌 것이다. 공적 영역에서의 권력은 폭력이 되어 파괴와 살상을 공공연히 자행하게 되고, 사회적/사적 영역에서의 삶은 피폐해져 사상과 상처와 상실로 점철된다. 이렇게 피폐해진 삶은 전쟁 수행의 몇 갑절의 노력을 쏟아도 쉽사리 복원될 수 없는 것이다. 호영송의 「고향으로 가는 길」은 이러한 전쟁의 상처와 그 복원의 기미를 보여주고자 하는 작품이다.

이 작품의 '나'는 열한 살의 국민학교 오학년생이다. 여름방학을 맞아 서울에 있는 집을 떠나 '고향으로 가는 길'에 나와 있다. '나'가 서울을 떠나 고향을 향하는 것에는 남다른 사정이 있다. 조부모와 부모 그리고 손자로 구성되는 3세대의 삶은 대체로 근대사의 전개에 따라 조부모는 시골에, 부모와 손자 세대는 도시에서 형성되는 것이 일반적이다. 그래서 방학이 되면 손자 세대가 시골의 조부모를 방문하는 것이 연례행사가 되기도 한다. 그러나 '나'의 서울 집에는 어머니 대신 계모가 아버지와 함께 살고 있다. 그리고 고향에는 조부모가 생존해 있는 집이 있는 것이 아니라, 조부모와 어머니 그리고 동생들이 폭격으로 죽어 무덤에 누워 있다. 그런데도 아버지의 만류에도 불구하고 '나'가 굳이 고향으로 가고자 집을 나선 것은 아이들이 흔히 자기 집에서 느끼는 가족적 친밀감 또는 가족적 정체성을 현재의 서울 집에서 느끼지 못하기 때문일 것이다.

'나'가 이런 처지에 처하게 된 것은 '나'와 같은 어린 아이로서는 감당할 수 없는, 어른들의 일 또는 공적 영역에서 발생한 사건 때문이다. 즉 로제 사르티에가 『사생활의 역사 2』에서 말한 것처럼, 어린 시절은 자기 주위에서 벌어지고 있는 인간사와 인간 집단에서 아무런 역할도 못하는 시기이기 때문이다. 아버지는 전쟁 전에 '나'의 어머니가 아닌 다른 여자를 좋아하다가 전쟁이 나자 '우리' 가족들을 버려두고 그 여자와 피난을 갔고, 남겨진 가족들은 안전한 곳으로 제대로 피신을 하지 못한 채 "폭격을 받아 불구덩이가 된 집 속에서" 희생된 것이다. 다시 말해 '나'는 사적 영역에서 벌어지는 아버지의 개인사에도 개입할 수 없었을 뿐 아니라, 사회적/공적 영역에서 벌어진 전쟁과 피난 그리고 폭격에 의한 가족의 죽음이라는 가족사나 사회사에 어떠한 역할도 할 수 없었던 것이다. 그리고 전쟁이 끝난 뒤에는 전쟁 전과는 전혀 다른 가족과 거주가 이루어지는데, 여기에서도 '나'는 어리기 때문에 아무런 역할을 할 수가 없다. 육촌 아저씨가 수소문해서 데려다 준 전주의 아버지의 집에 들어갈 수밖에 없었던 것이다.

그러나 아버지의 집에서는 가족적 친밀감이나 가족적 정체성을 느낄 수가 없다. 아버지를 제외한 모든 가족들을 죽음의 구렁텅이로 몰아넣은 사람이 아버지이기 때문이다. 그런 아버지가 멀쩡하게 살아남아 어머니가 아닌 다른 여자와 살고 있는 곳이 바로 서울의 집이다. 아버지는 그 계모와 살기 위해 가족을 버린 것이다. 아버지와 계모를 보면 죽은 가족이 생각나 슬픔에 사로잡히고, 죽은 가족에 대한 슬픔에 사로잡히면 그 끝에서 아버지와 계모에 대한 분노가 솟아오른다. 이러한 집이 '나'의 거주 또는 정주의 집이 될 수는 없다. 집이 거주나 정주의 장소가 되기 위해서는 그곳에 가족적 친밀감으로 충만한 따뜻함과 편안함이 흘러야 하기 때문이다. 그래서 '나'는 방학이 되면 전쟁 전에 그러한 집이 있던 고향으로 가고자 하는 것이다. 비록 고향에는 가족들이 살고 있는 그러한 집이 이미 사라졌고, 가족은 모두 죽음의 집인 무덤에 누워 있지만, '나'가 굳이 그곳으로 가고자 하는 것은 그러한 친밀감이 그립고 간절했기 때문일 것이다.

그러나 아버지는 '나'의 그러한 바람을 쉽사리 들어줄 수 없다. 고향 마을 사람들은 '나'의 아버지를 "식구들을 내버리고 첩년만 데리고 도망친 난봉꾼 불한당"이라고 욕을 하기 때문이다. 아버지가 그러한 곳에 아들인 '나'가 가는 것을 좋아할 리 없는 것이다. 그렇다고 '나'의 이러한 바람을 매번 막무가내로 막을 수는 또한 없는 것이다. 게다가 '나'는 아버지와 계모에 얽힌 가족사나 감정을 고향으로 가는 길에 나서기 전에는 두 당사자에게나 다른 사람에게 드러내어 표현한 적은 없었던 것이다. 어린 아이지만 이러한 속 깊음도 '나'의 고향으로 가는 길을 아버지가 허락한 데 한 몫 했을 것이다. 그러나 고향의 집이 폭격으로 불타 무너졌듯이, 고향으로 가는 길도 온전하지 못하다. 우선 운송수단이 길에 걸맞은 버스가 아니다. "사용 연한이 지나버린 군용트럭들을 민간업자가 불하받아서 미처 빛깔조차 바꾸지 않은 채 운행하는" 것이다. '나'의 맞은 편에 앉은 할머니와 아주머니, 시어머니와 며느리로 보이는 이들이 안고 있는 것도 "군대 낙하산 기지로 만든 빛바랜 보자기"이다.

　이처럼 고향으로 가는 길은 아직 전쟁의 후유증이 곳곳에 널려 있는 길이다. 그것은 비단 사물에만 한정되지 않는다. 같은 트럭에 탄 "허름한 군복바지를 입은 중년남자"는 "한쪽 눈동자가 허여스름하고, 그 눈으로는 앞을 잘 보지 못한다"고 하는데, "전쟁통에 징발되어 탄약상자를 나르다가 상했다"고 한다. 이는 전쟁의 상처 또는 후유증이 사물에서 사람으로 옮겨져 표현될 조짐을 보이는 것이면서, '나' 개인이나 가족에서 다른 사람들과 가족으로 확대되어 묘사될 기미를 보이는 것이기도 하다. 이러한 판국에 자연 재해까지 겹쳐지면서 가는 길은 난항에 부딪친다. 장마로 자동차가 가는 길이 끊긴 것이다. 선택은 두 가지 길밖에 없다. 타고 온 자동차로 도로 서울로 돌아가거나 끊긴 길에서부터 목적지까지 걸어가는 것이다. 차에 남아 도로 돌아가는 사람은 아무도 없다. '나'는 차에서 조금 가까워진 검은 작업복 청년과 동행하여 걷기 시작한다. "키가 크고 호리호리한 편에, 얼굴에 핏기는 없었으나 눈빛이 맑은" 첫 인상처럼, 그 청년은 말씨 또한 "익히 아는 사람처럼 다정하게 느껴"진다.

게다가 '나'의 목적지가 '주내 하얀돌'이라는 것을 알고는 자기 고향인 '금촌'과 가까운 곳이라 "너하고 나는 동향사람인 셈"이라고 반가워하기도 한다. 걷는 시간을 줄이기 위해 자동차가 다니는 길을 버리고 기찻길로 들어서 철교를 건널 때는, 침목 간격이 넓은데다 침목 사이로 내려다 뵈는 적황색의 급류에 겁을 먹은 '나'의 손을 잡아 건네주기도 한다. 철교를 건넌 뒤에는 아버지가 차를 탈 때 사 준 옥수수도 꺼내어 같이 먹는다. 세 개의 옥수수로는 두 사람의 요기가 될 수 없어 철로변의 가게에 들러 국수를 사 먹는데, '나'가 자기 몫의 국수값을 내려다가 청년에게 핀잔을 듣기도 한다. 이처럼 걷기의 동행으로 두 사람은 급속도로 가까워진다. 임동헌이 『한국의 길, 가슴을 흔들다』에서 말한 것처럼, 길의 덕목이란 사람끼리 마주치게 하는 데 있다. 이 두 사람에게 자동차를 내려 걷는 길은 단지 마주치게 하는 정도를 넘어 마틴 부버가 『너와 나』에서 말한 '만남'의 차원까지 가능하게 해 준다.

두 사람이 들러 국수를 먹은 가게 역시 전쟁의 후유증을 앓고 있는 곳이다. "전쟁 전에 기차가 정상으로 운행하던 시기에는 간이역에 내리고 타는 사람들을 상대로 간단한 장사를 하던 집들" 가운데 하나였는데, 지금은 하나만 남아 "조악해 보이는" 물건 몇 가지를 늘어놓고 있는 것이다. 그리고 가게집 아주머니는 그 후유증이 지금도 진행 중임을 노골적으로 드러낸다. "땅 좋고 인심 좋은 고장"이었는데, "빌어먹을 놈의 전쟁이 터지고, 미군부대가 주둔하면서 이상하게 돌아가기 시작"했다고. 전쟁의 후유증과 상처가 확대됨에 따라 속내로만 간직되어 있던 '나'의 상처나 상실도 타인에게 드러나게 된다. 두 사람에 대한 궁금증 특히 여기에 이르게 된 것과 앞으로 갈 길에 대해 묻는 과정에서, 고향 이야기가 나오고 뒤이어 가족 이야기로 이어지는 바람에, '나'는 가족 외에는 아무에게도 한 적이 없는 가족들의 죽음에 관한 이야기를 감정에 북받쳐 토로하게 된다.

같은 감정은 서로 쉽고 빠르게 전염되고 감염된다. '나'의 이야기를 들은 가게집 아주머니는 떨리는 듯한 음성으로 말한다. "개성서 피난 나오다가 일사 후퇴 때 비행기 폭격을 당하는 바람에 나도 자식을 몽땅 잃었다"고. 가게집을 나서는 청년의 표정은 어두워져 있고, '나' 역시 그 뒤를 묵묵히 따라 걷기만 한다. 그리고 또 다시 철교가 나타났을 때, 그것을 건너기 전에 쉬면서 '나'는 청년에게 폭격으로 죽은 가족들의 이야기 외에 그 전후의 사정을 모두 들려준다. '나'가 고향으로 가는 것을 아버지가 말린다는 것, 동네 사람들이 아버지를 욕하는 것, 전쟁 통에 헤어진 아버지를 만난 것 등을 말이다. 그러면서 한편으로는 처음 만난 사람에게 너무 많은 이야기를 한 것 같아 꺼림칙하기도 하지만, 다른 한편으로는 누구에게도 하지 못하고 있던 속내를 털어내어서 후련함을 느끼기도 한다.

어린 아이인 '나'를 감안한다면 고향으로 가는 길은 작은 여행일 수 있다. 그것도 차에 올라타자마자 쉽게 고향 마을로 실어다 주는 것이 아니라면 말이다. 정상적인 시절이라면 볼 수 없는 군용트럭에 몸을 싣기도 하고, 자동차 안에서 전쟁의 상처를 지닌 사람을 만나기도 하고, 도로가 끊어져 차를 버리고 걷기도 하고, 걷다가 들른 가게에서 자기와 같이 전쟁 통에 가족을 몽땅 잃은 사람의 얘기를 듣기도 하고, 처음 만난 동행과 속내를 드러내며 얘기를 나누기도 한 것이니까 말이다. 그래서 다비드 르 브르통이 『걷기예찬』에서 말했듯이, 여행은 여로에서 채집한 일련의 속내 이야기들의 길, 그러니까 말과 서사의 길이 되는 것이다. '나'가 서울 집을 떠나 고향으로 가는 길은 '나'의 전쟁의 상처를 안고 가는 길일 뿐만 아니라, '나'와 같은 수많은 사람들의 상처를 확인하는 길이기도 한 것이다. 또한 그러한 길 곧 여로는 '나'가 가는 길인 동시에 이 소설의 구도가 되기도 하는 것이다.

그리고 여행의 의미 또는 여로의 구도가 가지고 있는 뜻은 그 출발과 도착 또는 처음과 끝이 다름에 있다. '나'가 고향으로 가기 위해 군용트럭에 몸을 싣기도 하고 길을 걷기도 하면서, 보고 듣고 느낀 것이 그 다름의 기미를 어느 정도 제공했겠지만, 그 결정적인 제공은 '나'와 동행한 청년에 의해서 이루어진다. '나'의 속내를 들은 청년은 '나' 속에 잠복한 분노와 증오를 감지해 내고서는, "네가 너나 네 어머니를 고향집에 둔 채, 다른 여자하고만 피난을 갔던 네 아버지를 미워한다면, 그래, 그분은 미움을 받을 만한 잘못을 저질렀는지도 모르지. 그렇지만 네 어머니나 여러 가족들이 아까운 목숨을 잃게 된 진짜 까닭은 무엇인지… 너는 그걸 생각해야 돼."라고 말해준다. 앞에서 '나'가 목격한 것들이 전쟁의 폭력과 그로 인한 파괴의 인식을 확장하고 확대하는 계기가 되었다면, 청년이 들려준 말은 인식을 심화시키고 승화시켜줄 수 있는 말이다.

폴 리쾨르가 『텍스트에서 행동으로』에서 한 말을 원용한다면, 상황과 지평은 상관관계에 있다. '나'가 사적 영역 곧 개인적/가족적 상황에 한정되어 있다면 '나'의 인식의 지평 역시 그러한 수준에 머물 수밖에 없다. '나'가 분노와 증오의 대상이 된 아버지와 어머니가 사는 서울 집을 나서 그리움의 대상인 어머니와 동생들 그리고 할아버지와 할머니가 묻혀 있는 고향으로 가는 길에 들어선 것은 '나'가 여태까지 사적 영역이나 개인적/가족적 상황 그리고 감정적 차원에 머물고 있었음을 보여주는 것이다. 고향으로 가는 길에서 만난 전쟁의 상처들과 청년의 말은 이러한 영역이나 상황 그리고 차원에서 한 걸음 더 나아갈 것을 재촉하는 것이다. '나'가 안고 있는 문제를 사회적/공적 영역으로, 민족적 상황으로, 인식적 차원으로 지평을 확대하여 볼 것을 요구하는 것이다. 물론 열한 살의 어린 '나'가 쉽게 이러한 지평을 획득하리라고 청년 역시 생각하지는 않는다.

전쟁의 상황 속에 놓인 가족의 불상사에 어린 '나'가 아무런 역할을 하지 못한 것처럼, 전쟁과 전쟁의 상처를 인식하는 것에서도 어린 아이의 한계를 벗어나지 못할 수도 있다. 다시 말해 역학적 관계에서 힘이 열등한 존재는 아무런 대응 능력을 갖지 못하듯이, 이해적 관계에서도 이해력이 떨어진 존재는 제대로 된 인식 능력을 갖추지 못한 채 자기 감정에 매몰될 수 있는 것이다. 고향으로 가는 길에 나선 '나', 청년을 만나기 전의 '나'는 이러한 차원에 머물러 있었다고 보아야 할 것이다. 그러나 '고향으로 가는 길'에 나서서 보고 들은 것들, 청년과의 만남과 대화로 말미암아 인식의 확장이나 지평의 확대가 불가능하지만은 않으리란 것 역시 보여준다. 위치우이가 『유럽문화기행』에서 말했듯이, 모든 길은 저마다의 해답을 품고 있기 때문이다. 즉 '나'가 생각한 것처럼 '고향'이 해답을 제공해 줄 수 있는 것이 아니라, '고향으로 가는 길'이 해답을 품고 있었던 것이다.

서울 집에 사는 아버지와 계모에 대한 분노와 증오를 어머니와 동생들이 묻혀 있는 고향의 무덤에 가서 슬픔으로 쏟아놓는다 해서 '나'의 감정적 상처가 치유되는 것이 아니듯이, 서울 집에서 느끼지 못한 가족적 친밀감과 가족적 정체성을 고향의 무덤에서 찾을 수 있는 것도 아닌 것이다. 상처는 자기의 상처에 집착함으로써 치유되는 것이 아니다. 타자의 상처를 치유함으로써 자기의 상처를 치유할 수 있는 것이다. 고향으로 가는 길에서 만난 사람들 중에는 자기 일신에 상처를 입은 사람들뿐만 아니라 '나'처럼 가족적 상처를 입은 사람도 있었다. 이들의 상처를 '나'가 직접 치유해 줄 수는 없지만, '나'가 보고 느낀 그들의 상처가 '나'의 상처 치유와 무관하지는 않을 것이다. 그리고 '나'의 가족적 정체성도 '나'의 가족에 국한해서는 획득되는 것이 아니다. 개인이 가족의 구성원이듯이, 가족은 민족의 구성원이다. 개인이 정체성을 가지는 데 가족과 같은 개인보다 더 큰 범주가 필요하듯이, 가족이 정체성을 가지는 데에도 민족과 같은 가족보다 더 큰 범주가 필요한 것이다.

　고향으로 가는 길에서 만난 사람들 모두가 이러한 계기가 될 수 있지만, 역시 결정적인 계기를 마련해 주는 인물은 동행한 청년이다. 두 번째의 철교를 건너 철길을 걸으며 청년이 담배를 피우려고 성냥불을 켰을 때, '나'는 그의 왼쪽 손 두 손가락이 거칠게 잘려나가 없어진 것을 발견한다. 청년은 자기의 목적지에 도달했는데도, 혼자 걸어갈 '나'가 염려되어 고향 가는 길에 동행해 주기로 한다. 그리고 자신도 이번 전쟁에서 죽을 고비를 두서너 번 넘겼다고 말하면서, "나는 네가 폭격에 쓰러진 엄마를 생각할 때마다 어떤 노여움이나 미움을 느끼듯이, 내 손의 상처를 볼 때마다 누군가에 대한 분노를 느끼곤 한다"고, '나'의 감정에 일정 정도 공감함을 표시한다. 그러나 앞에서도 이미 청년이 말했듯이 거기에 머물러서는 안 된다고, "내가 정말 미워해야 할 것은 나를 향해서 수류탄을 던졌던 적병이 아니라, 그보다도 더 뒤에 있는 그 누구일 거라는 걸 생각할 뿐"이라고 말한다. '나'는 청년의 말을 다 이해할 수는 없다. "반쯤은 알아들을 것 같고, 반쯤은 알아듣기 어렵다"고 생각한다. 그러나 서울 집을 떠나올 때와는 달라진 것임에는 틀림없을 것이다.

　이러한 일련의 과정을 통해서 개인적/가족적 범주 곧 사적 영역에 갇혀 있던 '나'는 타자적/민족적 범주 곧 사회적/공적 영역에 자신을 놓을 수 있는 가능성이 열리는 것이다. 그러면서 전자 속에 있던 '나'를 부정하고 후자 속의 '나'로 나아갈 수 있다. 곧 과거의 '나'를 부정하고 미래의 '나'를 긍정할 수 있게 되는 것이다. 권명아가 『가족 이야기는 어떻게 만들어지는가』에서 말한, 성장이란 스스로를 부정하고 마침내 자신의 장례를 치르는 것과 같다고 한 것과 일맥 상통할 것이다. 다시 말해 '나'는 고향에 도착해서가 아니라 오히려 고향으로 가는 길에서 이미 성장과 성숙을 획득해 나가고 있는 것이다. 그리고 결정적으로 그러한 성장과 성숙의 바탕은 분노나 증오가 아니라 사랑과 포용이라는 것도 청년을 통해 배운다. 철길을 걷는 그들을 향해 열차가 굉음을 내며 돌진해 왔는데, 청년이 '나'의 손을 움켜잡고 레일 밖으로 이끌어낸 것이다.

  두 사람을 향해 돌진하는 열차가 사회적/공적 영역에서 발생한 힘이 사적 영역으로 침범해 들어오는 것을 상징한다면, 서로 손을 움켜잡고 레일 위에서 벗어남은 그러한 힘을 사적 영역에서 극복하는 길은 상처 입은 자들의 포용에 있다는 것을 암시한다. '나'의 손을 움켜잡은 청년의 손은 손가락 두 개가 잘려나간 바로 그 손이다. '나'는 그 손이 "괴물 같은 느낌으로 살아났으나" 그 손을 뿌리치지 못한다. 오히려 "그 손을 오래도록 부여잡고 어둠속을 걷고 싶었다"고 말한다. 이러한 장면은 '나'의 상처는 타인의 상처를 통해서 또는 타인의 상처를 끌어안음으로써 치유될 수 있다는 것을 극명하게 보여준다. 앞의 분노와 증오가 애착과 집착으로 작용하여 사적 영역과 개인적 차원에서 갇힌 '나'를 벗어나지 못하게 하는 것이라면, 끌어안음 또는 포용은 타인을 거쳐서 '나'를 봄으로써 '나'를 사회적/공적 차원으로 열어놓는다. 결국 이 작품은 자신의 상처와 상실은 타자의 상처와 상실을 포용함으로써 제대로 인식될 수 있고 진정으로 치유될 수 있다는 것을 보여주고자 한 것이다.

이향과 귀향의 길
—황석영의 「삼포 가는 길」

　근대 이후의 삶을 규정하는 대표적인 말은 '뿌리 뽑힘', 또는 '고향 상실'이다. 뒤이어 등장한 말이 '이익' 또는 '유동성'이며, 최근에 유행하는 말은 '노마디즘' 또는 '유목주의'이다. 이처럼 근대 이후의 삶은 산업화의 진행에 따라 자연과 시골 곧 고향을 떠나 도시와 객지 곧 타향을 떠도는 삶으로 규정될 수 있을 것이다. 이 떠남과 떠돎을 바탕으로 이루어진 산업화는 시골에서 이루어지는 느리고 적은 생산을 빠르고 많은 생산의 체제로 바꾸어 놓았다. 자연의 주기적 변화에 기대는 전통사회의 생산물은 시간이 너무 많이 걸리고 그 결과도 미미하다. 그래서 생산의 주기를 줄이고 그 결과를 증대시키기 위해서는 생산 체제를 바꾸어야 한다. 그것이 곧 산업사회 체제이다. 이러한 산업사회의 생산력 증대의 근저에는 이익 증대의 극대화를 꾀하고자 하는 욕망이 깔려 있는 셈이다.

　황석영의 「삼포 가는 길」은 산업화의 여파로 고향을 떠난 인물이 고향을 찾아가는 과정을 그리고 있다. 이 작품의 '삼포'는 그러한 고향을 대표하는데, 고향을 떠나는 일은 쉬웠지만, 고향으로 다시 돌아가는 일은 쉬운 일이 아님을 말하고 있다. 산업사회는 생산과 소비를 확장시킴으로써 스스로를 존립시키는 체제이므로, 기존의 도시를 확장할 뿐만 아니라 시골까지 그 영역에 수렴하여 변화시키기 때문이다. 그래서 전통사회의 고향은 고향에 살고 있는 사람이든 고향을 떠난 사람이든 그 사람들의 머릿속 기억에만 존재하는 것이 되어 버린다. 그러나 타향을 전전하는 사람들은 객지에서의 피폐한 삶의 위안처로서 고향을 무시로 떠올리게 되고, 마침내 피폐한 삶의 끝에서 고향 마을과 고향 집을 향해 지친 발걸음을 떼놓아 보는 것이다.

 이 작품에는 고향 마을과 고향 집을 떠난 그러한 인물들이 타향에서 어떠한 삶을 살았는가 하는 것을 보여주는 동시에, 고향을 찾아가지만 머릿속에 기억된 고향에서의 새로운 삶이 가능하지 않다는 것을 또한 보여주고자 한다. 이들이 고향을 떠나게 된 배경에는 산업화가 있고, 고향을 떠나 마주치게 된 타향은 산업화된 사회다. 산업사회는 자연과 인력에 의존하던 생산을 기계의 작동에 의한 체제로 바꿈으로써 대량 생산과 대량 소비를 가능하게 하는 사회다. 그래서 많은 인적 자원을 필요로 하여 '이촌향도'를 촉진시켰고, 그에 따라 많은 사람들이 시골을 떠나 도시의 공장으로 향했다. 그리고 그러한 산업사회의 체제는 스스로를 확장시키기 위해 이윤의 많은 부분을 재투자하게 되고, 재투자를 위해서는 저임금 정책을 쓰게 되며, 저임금을 받는 노동자가 최소한의 물질적 생활을 유지할 수 있도록 저농산물 가격 정책을 실시한다. 이에 따라 농업에 의존하는 사람들이 시골에 머물러 산다는 것은 더욱 어려운 일이 된다.

 이렇게 하여 산업사회는 도시의 공장이나 도시의 확장에 따라 이루어지는 공사판으로 시골에 사는 사람들을 급속하게 끌어낼 수 있게 된다. 이 작품에 등장하는 '영달'이나 '정씨' 그리고 '백화'는 그렇게 시골의 고향에서 불려나와 여러 곳을 전전하던 인물이다. 그러나 고향을 떠나왔다 해서 타향 객지에 쉽사리 자리를 잡거나 둥지를 틀 수 있는 것은 아니다. 정씨가 '큰집' 곧 교도소에 들었던 경험이 있는 것이 그러하고, 영달이 공사판 여러 곳을 떠도는 것 또한 그러하며, 백화가 여러 곳의 군부대 주위나 술집을 옮겨 다닌 것이 그러하다. 이러한 인물들이 같은 길에서 만난 것은 그들의 삶이 다 같이 신산스러운 공통점을 지니고 있기 때문이다. 다비드 드 브르통이 『걷기 예찬』에서 말했듯이, 걷기는 집의 반대다. 걷기는 어떤 거처를 향유하는 것의 반대다. 이들은 물론 거처의 향유를 거부한 것이 아니라, 거처를 마련하지 못했기 때문에 길에 나와 걷고 있는 것이다.

그들은 고향집을 나와 타향에 거처할 집을 마련하지 못하고 있는 상태일 뿐만 아니라, 타향에서 입은 상처로 몸과 마음이 극도로 피폐해 있다. 그 피폐함을 위무받고 싶어 고향을 떠올리고 그곳을 향해 걷고 있는 것이다. 그러나 그 길의 항진이 쉽지 않음은 우선 눈과 추위라는 계절과 날씨가 보여준다. 물론 겨울이라는 계절은 공사판을 떠도는 정씨와 영달에게 일거리가 없음을 말해주는 것이기도 하지만, 고향으로 가는 길의 지난함을 말하는 것이기도 하다. 게다가 정씨가 향하고자 하는 고향 삼포는 몇 백리라는 거리의 만만찮음을 통해서도, 그 거리를 버스와 기차 그리고 배로 가야하는 번잡한 도정을 통해서도 또한 지극히 험난할 것임을 강조한다. 이처럼 고향으로 향하는 발걸음의 험난함은 타향에서의 삶의 힘들었음을 소급하여 보여주는 것이기도 하다.

떠돌이 노무자로서의 영달과 정씨에게는 지속적인 일거리가 없었을 것인데, 수중의 몇 푼 안 되는 여비가 이를 증명한다. 백화는 이들보다 더욱 열악한 처지인데, 빚에 쪼달리는 생활을 뒤로 하고 도망쳐 나온 것이 이를 입증한다. 다시 말해 이들의 노동은 거주를 충족시켜 줄 정도가 못 되는 것이다. 이들의 노동과 거주는 엠마누엘 레비나스가 『시간과 타자』에서 개념화한 것에 한참 미치지 못하는 것이다. 이들의 노동은 함축적인 의미에서 주변세계를 지배하고 정복하지 못하고, 이들의 거주는 직설적인 의미에서 위협적인 주변세계로부터 자기 자신을 보호하지 못한다. 오히려 주변세계로부터 위협을 받고 상처를 입으며 쫓기기도 하고 떠돌기도 하는 것이다. 이들의 노동의 열악함은 그 도구의 열악함을 통해 드러나기도 한다. 백화가 짐작하듯이, 정씨나 영달의 짐 속에는 '망치나 톱'이 들어 있을 것이고, 백화 자신의 보퉁이에는 '헌 속치마, 빤스, 화장품'이 들어 있다.

산업사회에 걸맞은 노동의 도구는 기계다. 이들의 도구는 여기에서 동떨어진 것이다. 이는 이들의 삶이 산업사회의 주류나 중심으로 흘러들어가기에는 너무나 전근대적이고 전산업적이라는 것, 거기에 흘러들어가는 과정의 준비 없이 흡수되었음을 단적으로 보여주는 것이다. 그래서 이들은 산업사회의 변두리와 밑바닥을 전전하는 삶에 이르게 된 것이다. 그리고 임동헌이 『한국의 길, 가슴을 흔들다』에서 길의 덕목이란 사람끼리 마주치게 하는 데 있는 것이라고 했듯이, 같은 처지에 있는 이들이 같은 길에서 마주친 것이고, 길을 걸으면서 서로의 속내를 드러내게 되는 것이다. 영달은 공사장 인부들을 상대로 하숙도 치고 밥도 파는 '천가'의 아내를 넘보다 천가에게 들켜 도망쳐 나온 김에 다음 공사판을 찾아가는 길이고, 정씨는 공사판을 전전하던 10여년의 세월에 지쳐 공사가 없는 겨울에 고향 섬에 가보려는 길이고, 백화는 술과 몸을 파는 세월 동안 빚만 잔뜩 늘어 쫓기듯이 고향 집으로 가는 길이다.

이들이 걸어온 길이 그러했듯이, 이들이 나아가고 있는 길도 순탄치 않다. 얼었던 길바닥의 흙이 햇살에 녹아, 신발에 흙이 묻기도 하고, 붙어 올라와 떨어지기도 하며 걸음을 힘들게 한다. 그리고 나중에는 눈이 많이 내려 쌓여, 걸음을 옮기기 위해서는 새끼로 감발을 쳐야 할 지경에 이른다. 신작로에 올라서서도 시간이 맞지 않아 버스를 타지도 못하고 계속 걸어야 하기도 하고, 쫓기는 백화의 처지를 고려하여 먼 길을 둘러가야 하기도 한다. 이러한 나아가는 길의 험난함은 지금까지 걸어온 길의 험난함에 맞먹는 것이다. 정씨의 경우는 삼포를 떠난 뒤의 사정이 자세하게 언급되지는 않지만, 교도소에서 일정 기간을 보내고, 거기서 배운 목공과 용접 그리고 구두 수선 기술이 그의 생계의 도구가 되었다는 것으로 그의 힘난했던 삶을 충분히 짐작할 수 있을 것이다. 정씨가 본 영달의 생계 도구는 착암기다. 착암기라는 도구는 한정된 용도로 말미암아 한정된 일거리와 벌이의 한계를 초래했을 것이다.

백화는 이들보다 훨씬 더 힘난한 길을 걸어온 셈이다. 먼저 그녀의 생계 도구는 앞의 두 사람과 달리 자신의 몸이라는 면에서 그러하다. "열 여덟에 집을 나와 이제 겨우 스물 두 살"이지만, "쓰리게 당한 일이 많기 때문에 삼십이 훨씬 넘은 여자처럼 조로해" 있다. 게다가 마을의 청년들은 '서울식당'이 백화 때문에 장사가 잘 되었다고 말하지만, 주인 여자는 그렇지 않다. 마을 청년들이 하는 말, "서울식당이 원래 백화 땜에 호가 났던 거 아닙니까. 그 애가 장사는 그만이었죠."와 같은 말이나, "군인들이 백화라면, 군화까지 팔아서라두 술을 마실 정도였으니까."와 같은 말은 백화가 서울식당에 고용되어 기여한 바를 인정하는 것이다. 그러나 청년들의 말을 빈정거리며, "웃기네 그래봤자 지가 똥갈보라. 내 장사 수완 덕이지 뭐, 그년 요새 좀 아프다는 핑계루 …이건 물을 깃나, 밥을 제대루 하나, 손님을 받나, 소용없어."라고 하는 주인여자의 말은 백화의 기여를 인정하지 않으려 한다. 그러면서 백화가 진 빚이 '오만 원'이라며 그녀를 잡아오라고 주인남자를 재촉한다. 이에 연루된 또 다른 당사자인 백화는 어떻게 생각하는가. "나는 그 사람들께 손해 끼친 거 하나두 없어요. 빚이래야 그치들이 빨아먹은 나머지구요."에서 보는 것처럼, 백화의 생각은 주인여자의 그것과 아주 다르다.

서울식당을 둘러싼 주인여자와 백화 그리고 마을 청년들의 생각은 당사자와 제 3자의 관점을 보여주는 것인데, 이는 산업사회를 구성하는 인적 관계를 밑바닥에서 축도로서 보여주는 셈이다. 산업사회를 관통하는 것은 이익을 추구하고자 하는 욕망이다. 이익을 추구하고자 하는 욕망의 구도에서 타자나 인간 관계는 모두 도구나 수단으로 전락한다. 사용자의 고용에 의해 이루어지는 고용자의 노동은 생산을 통한 이윤 창출의 수단일 뿐이다. 나아가 노동의 주체인 노동자 역시 도구가 될 수밖에 없다. 서울식당의 주인여자에게 백화는 오만 원짜리 빚을 진 노동 기계일 뿐이다. 따라서 도망간 백화는 주인여자에게 오만원의 손실을 입혔고, 그것을 회복하기 위해서는 일만 원의 보상금을 주고서라도 되찾아와야 하는 것이다. 그러나 영달과 정씨는 그들이 만난 여자가 서울식당에서 국밥을 먹으며 주인여자가 잡아와 주기를 당부한 백화임을 알면서도 잡아가서 일만 원의 보상금을 받으려 하지 않고, 마지막 헤어져야 할 순간까지 그들이 갈 길에 동행을 한다.

그리고 도중에 영달과 백화는 급속도로 가까워진다. 처음 영달은 허허벌판의 송림 사이에서 급한 볼일을 보던 백화의 엉덩이를 훔쳐보던 낯선 사내였고, 다음에는 그녀를 잡아다 주고 일만 원의 사례비를 챙길 수 있는 치사한 사내였으며, 그 다음에는 같은 길을 함께 가는 동행자였을 뿐이다. 그러나 길을 함께 하면서 처지가 서로 다를 바 없음을 알게 되고, 길가의 퇴락한 초가에 들러 불을 피우며 쉴 때는 괜찮은 사내가 된다. 특히 백화가 눈 덮인 길의 고랑에 빠져 발을 삐었을 때, 영달이 그녀를 업고 가기도 하고 부축해 걷기도 함으로써 친밀감을 느낀다. 그래서 나중에는 백화가 영달에게 정해진 곳이 없으면 일자리를 주선해 줄 것이니 고향에 함께 가자는 권유까지 받는 입장이 된다. 정씨도 두 사람 사이의 낌새를 알아채고 영달을 부추기기도 한다. 물론 영달은 백화가 고향에 가더라도 며칠을 견디지 못할 것이라 여기고, 백화의 권유를 뿌리치고 정씨와 함께 삼포 쪽으로 갈 결심을 하지만 말이다.

이처럼 산업사회의 밑바닥을 전전하는 과정에서 삶은 피폐해졌지만, 이들의 가슴 한 구석에는 아직 인간적 감정이나 정서가 고갈되지 않고 남아 있음을 보여주기도 한다. 그리고 영달과 백화는 고달픈 삶에서 비록 한때의 순간이지만 그러했던 세월을 소중한 보물처럼 간직하며 가끔 꺼내보기도 한다. 영달은 대전에서 옥자라는 여자를 만나 살림을 차리고 애도 하나 가질 뻔한 추억을 지니고 있다. 이는 떠돌이 노무자가 부랑을 끝내고 정착을 할 뻔한 이야기, 노동을 통해 온전한 거주를 할 뻔한 이야기, 부부와 자식으로 이루어진 가족적 삶을 실현할 뻔한 이야기인 셈이다. 그러나 영달의 실직으로 그러한 행복한 거주의 꿈은 날아가고, 돈을 모으면 다시 모여서 살자는 지키기 어려운 언약을 끝으로 둘은 헤어진 것이다. "사람이란 곁에서 오랫동안 두고 보지 않으면 저절로 잊게 되는 법"이라는 정씨의 말처럼, 둘이 함께 한 짧았던 삶은 이제 험난한 삶의 길목에서 잠시 떠올려 보는, 가슴속에만 남아 있는 순간일 뿐이다.

백화에게도 그러한 순간이 있었음을 스스로 말한다. 그것은 백화가 주점 '갈매기집'에서 나날을 보내고 있을 때의 일이다. 군대 감옥의 군죄수들이 마을의 제방공사를 돕기 위해 작업을 나왔을 때, 백화는 그들 중 얼굴이 해사한 죄수에게 담배 두 갑을 사서 쥐어 주곤 하며. 그 다음에는 음식을 장만해서 감옥으로 면회를 가곤 했다. 그렇게 옥바라지를 한 두 달만에 죄수는 계급장을 단 병사로 돌아와 백화를 만나러 와서는 하룻밤을 같이 보내고 전속지로 떠나곤 했다. 그렇게 백화가 옥바라지한 병사가 모두 여덟 사람이었고, 그 옥바라지로 "옷 한 가지 제대로 못해 입었지만, 지나간 황폐한 3년 중에서 그때만큼 즐겁고 마음이 평화로웠던 시절은 없었다"고 회상한다. 백화가 병사들을 옥바라지하며 꿈꾸었던 것 역시 앞의 영달이 옥자와 함께 잠시 누렸던 아내와 남편으로 이루어진 가족과 가정 곧 온전한 거주였을 것이다. 그녀는 그것을 흉내내봄으로써 그것을 애틋하게 꿈꾸었고, 그 꿈으로 그것을 살뜰하게 흉내내본 것이다.

영달과 백화가 이러한 과거의 순간을 회상하는 것에도 고향에 대한 그리움이 깔려 있다. 고향에서는 타향에서의 피폐한 삶 곧 노동과 거주의 결여와는 달리, 비록 궁핍한 상태나마 온전한 노동과 거주가 있었기 때문이다. 그리고 전광식이 『고향』에서 말하듯이, 회상은 인식적 차원에서의 고향 회귀이기 때문이다. 회상의 대상이 그러하듯이, 회상의 행위 자체도 '고향'과 무관할 수 없는 것이다. 회상은 근원적인 것에 대한 돌아봄이다. 고향에는 인간 삶의 근원인 유년의 산천, 집, 가족, 동무, 풍물 등이 있었던 곳이다. 곧 떠도는 자의 뿌리가 있었던 곳이다. 마찬가지로 회상이 가닿는 곳은 인간적 감정과 행위의 뿌리인 사랑이다. 그래서 영달은 옥자를, 백화는 얼굴 해사한 병사를 가슴에 품고 그 시절을 마치 고향을 간직하듯 간직하고 있는 것이다.

세 인물이 함께 길을 가면서도 이와 비슷한 감정에 젖는 장면이 나온다. 작품이 끝나는 순간에 이들이 고향에 가 닿지 못할 것이라는 것을 암시하면서도, 기차가 닿는 '감천' 읍내 못 미쳐 있는 길가의 퇴락한 초가에서, 이들이 고향 집에서와 같은 분위기와 감정에 빠져드는 것을 묘사하고 있는 것이다. 이 폐가는 "지붕 한 쪽이 허물어져 입을 벌렸고 토담도 반쯤 무너져", 한편으로는 산업화의 진행이 시골을 어떻게 황폐화시켰는지를 단적으로 보여주지만, 다른 한편으로는 "봉당은 매끈하고 딴딴한 흙바닥이 그런 대로 쉬어 가기에 알맞아" 황폐화되기 전의 시골집, 그들이 떠나온 고향집의 향수를 떠올리게도 하는 것이다. 거기에다 영달이 땔 만한 것들을 끌어모아 불을 지피고, 불을 가운데 놓고 둘러서 젖은 신과 바지가랑이를 말리는 동안 "세 사람 모두가 먼 곳에서 지금 막 집에 도착한 느낌이 들었고, 잠이 왔다."고 말한다.

불은 그 주위로 사람들을 불러모을 수 있는 힘을 가졌을 뿐만 아니라,

그 따뜻함으로 말미암아 고향과 집의 속성 곧 가족의 집결과 가족애의 온정을 불러일으킨다. 불에 젖은 신발과 바지가랑이를 말리듯이, 집 밖에서 겪은 노동의 피로를 씻고 쉬는 곳이 집이다. 불의 따뜻함에 외풍과 추위를 녹이듯이, 세상의 위협과 공포를 가족애의 온기로 감싸는 곳이 또한 집이다. 이들 세 사람이 세파에 시달리며 가슴에 품고 있는 것, 찾아가고자 하는 곳이 바로 이러한 곳이다. 그래서 이들은 모닥불을 피워 놓은 폐가에서 온전했던 고향집을 그리워하며 그 자취에 젖고, 마치 고향집에 온 듯이 잠까지 온다고 말하는 것이다. 전광식이 앞의 책에서 말하듯이, 잠 곧 수면은 고향에서 누릴 안식과 평안의 상징일 뿐만 아니라, 고향에서의 인간의 가장 근원적인 모습인 것이다. 말하자면 단잠은 고향적 행위인 것이다. 그러나 현실은 이러한 잠이 계속되도록 놓아두지 않는다. 그들은 더 어두워지기 전에 기차역이 있는 감천 읍내에 도착해야 하고, 거기서 기차를 타고 삼포로 가든지 아니면 또 다른 길로 나서야 하는 것이다.

그들의 고향이 다르듯이, 그들의 갈 길이 다르기 때문이다. 백화는 헤어지기 직전까지 영달이 함께 자기 고향으로 향하길 기대하지만, "저런 애들 … 한 사날두 시골 생활 못 배겨나요."라고 정씨에게 하는 말에서 보이는 것처럼, 영달은 백화에 대해서 기대를 하지 않는다. 더구나 그는 옥자와의 생활에서 그러한 삶이 지속되지 못하고 얼마나 쉽게 깨어지는지도 이미 경험한 바 있기 때문일 것이다. 그래서 영달은 길을 함께 하며 생긴 친밀감을 '삼립빵 두 개와 찐 달걀 그리고 기차표'를 사서 백화에게 내미는 것으로 표시하고, 백화는 눈이 붉게 충혈되어 개찰구로 가다가 돌아와, 아무에게도 말해준 적이 없는 자신의 본명이 '이점례'라고 알려주는 것으로 답례를 한다. 이 두 사람의 만남과 작별의 과정에서 보여주고자 하는 것은 산업화에 따라 시골 고향에서 뿌리 뽑혀 떠나온 사람들이 산업사회에서 온전한 노동과 온전한 거주를 영위하기가 쉽지 않다는 것이다.

그리고 정씨 역시 역 대합실에서 만난 노인을 통해 고향의 변화를 듣고는 영달과 똑같은 입장에 처했음을 알아챈다. 고향 섬은 이제 방둑으로 육지와 연결되어 섬이 아니게 되었고, 고기잡이나 하고 감자나 매던 곳에 관광호텔이 들어서게 되어 공사판이 벌어지고 장까지 들어서 떠나올 때의 고향, 머릿속 고향이 아니게 된 것이다. 그러니까 현실에서 말 그대로 고향이 사라진 것이다. 그러니까 산업화는 생산체제의 변화만을 의미하지 않는 것이다. 그것은 시골을 도시에 수렴하여 복속시키고, 그 속에 살고 있는 사람들의 사고와 감정을 변화시키며, 마침내 전통사회가 지니고 있던 모든 가치와 문화를 도시적인 것으로 재구성하는 것이다. 따라서 고향에 근거한 모든 것, 고향에서 찾고자 하는 모든 것은 상실되어 버리는 것이다. 노인의 이야기를 듣고 정씨가 '마음의 정처'를 잃어버리는 것은 당연한 것이다.

그래서 연착한 기차가 삼포로 향해 달려가지만, 그것은 고향으로 가는 기차는 아닌 것이다. 기껏해야 또 하나의 공사판으로 향하는 기차일 뿐인 것이다. 그들이 눈길을 걸어 신작로에 들어섰을 때도 그 길을 오가는 버스가 그들의 삶과 무관하듯이, 기차역에 들어섰을 때도 철길을 달리는 기차는 그들의 꿈과 무관한 것이다. 신작로와 철로, 버스와 기차는 고향을 향하고자 하는 이들의 꿈을 싣고 달리는 길과 수단이 아니라, 산업사회의 욕망과 이익을 싣고 달리는 운송수단일 뿐인 것이다. 그래서 고향으로 향하고자 하는 정씨의 앞길은 지금까지 걸어온 것과 마찬가지로, 기차가 달리는 들판에 날리는 눈발과 깔리는 어둠처럼 암담한 것이다.

여행과 일상의 길
— 양귀자의 「천마총 가는 길」

　문학 비평의 갈래 중에는 시를 틀과 결로 나누어, 그것의 상호 관계로써 작품을 분석하고자 하는 경우가 있다. 이와 마찬가지로 인간의 삶을 살피는 것들 중에도 삶을 큰 틀과 작은 결로 나누어, 그것들의 교호 작용으로써 살피고자 하는 경우가 있다. 사회적/공적 영역과 사적 영역이나, 체제와 생활세계가 그러한 경우가 될 것인데, 각각의 경우 전자가 큰 틀, 후자가 작은 결에 해당될 것이다. 이러한 범주와 개념으로 삶을 살피고자 하는 것은, 현대를 사는 인간의 삶이 그만큼 복잡한 메커니즘에 의해 영위되고 있다는 의미일 것이고, 그렇게 복잡하게 조직화된 현대 사회 속의 인간의 삶을 보다 명확하게 인식하고 이해하기 위해서는 그에 걸맞은 범주와 개념이 요구된다는 의미일 것이다.
　그런데 일상의 인간은 자신의 분주한 삶을 보다 큰 틀에 넣어 성찰하고 음미할 여유가 없다. 일상의 인간에게 그러한 기회가 주어지는 경우는 드물기 때문이고, 간혹 그러한 여유가 주어진다 해도 그 여유 시간을 유흥이나 오락으로 소비하는 경우가 대부분이기 때문이다. 그도 그럴 것이 일상의 인간을 지배하는 체제가 제공하는 것은 반성이나 성찰이 아니라 유흥이고 소비이기 때문이다. 양귀자의 「천마총 가는 길」에는 그러한 기회가 여행을 통해 만들어진다. 일상이 순조로우면 오히려 일상에 대한 음미가 이루어지기 어렵듯이, 여행도 순조롭게 이루어진다면 그 여행에 대한 성찰이 쉽지 않을 것이다. 순조로운 일상이나 여행은 즐거운 향유로 끝남으로써 자의식을 지극하지 않을 것이기 때문이다.

'그'와 그의 아내 그리고 딸로 이루어진 한 가족의 여행은 순조롭게 진행되지 않는다. 그 이유는 그 여행의 출발 자체가 온전한 여행이라고 볼 수 있는 것은 아니었기 때문이다. 즉 일상의 일 처리와 여행 둘 다를 겸한 것이었다. 빠듯한 가계를 감안하여 왕복 교통비만 준비하고, 그 밖의 여행 경비는 여행지에서 조달하기로 한 것이다. 여행지의 동사무소에 들르면, 시립묘지에 안장되었던 그의 아버지 묘를 이장한 보상비를 받을 수 있을 것이고, 그러면 그 보상비로 여행 경비를 충당할 수 있으리라 여긴 것이다. 그러나 예상과 달리 일은 순조롭게 진행되지 않는다. 한때 그의 생활 근거지였던 곳이 너무 많이 달라져 동사무소 찾는 일마저 쉽지 않은 것이다. 그의 아버지 묘의 이장 자체가 그곳의 변화를 전제로 한 것인데, 그는 그 사실을 간과한 것이다.

아버지의 묘를 쓸 때만 해도 그곳 '성서 땅'이 대구시로 편입될 줄은 몰랐고, 대구를 떠나온 뒤로는 한 번도 아버지의 묘소를 찾은 적이 없는 것이다. 즉 도시를 떠나와 도시에 살면서도 그는 도시에 대해 제대로 생각해 본 적이 없었던 것이다. 스코트 니어링이 『그대로 갈 것인가, 되돌아갈 것인가』에서 말한 것처럼, 도시는 커져야 하는 것이다. 그리고 문명 또한 마찬가지여서 가만히 있지를 못하고 끊임없이 바뀌어야 하는 것이다. 도시가 커져서 인구가 늘면 그에 따라 집과 공장 그리고 회사 등 거주 및 노동과 관련된 많은 요소들이 그만큼 늘어나야 하는 것이다. 그래서 시골의 산과 논밭 등이 도시에 편입되어야 하는 것이다. 따라서 도시에서 멀찍이 떨어져 있던 산도 도시에 편입되어 개발되고, 그에 따라 그 안에 있던 묘지도 이장이 강요될 수밖에 없는 것이다.

이런 도시와 문명을 포함하는 자본주의 체제는 들뢰즈와 가타리가 『앙티-오이디푸스』에서 말한 것처럼, 항상 더 커지는 규모로 이 극한들을 재생산하고 확대시킴으로써만 작동하는 것이다. 즉 자본주의 체제는 스스로를 확대재생산함으로써 작동하고 동시에 한계도 극복하는 체제인 것이다. 그 확대재생산의 과정에서 도시와 문명 그리고 자본의 체제는 자신과 경계를 이루고 있던 자연과 시골을 자신의 영역으로 끌어들여 한계를 넓히고, 그것들을 도시와 문명 그리고 체제에 수렴하는 것이다. 묘지의 이장은 그러한 과정에서 도시와 문명과 그리고 체제가 죽은 자의 영역을 침범하여 그것을 자기화하는 일례인 셈이다. 뿐만 아니라 그로 인해 체제는 산 자의 영역인 거주 또는 생활세계에도 간섭하여 그것을 힘들게 한다. 200만 원짜리 곗돈을 타면 무엇을 할까 한껏 기대에 부풀어 있던 아내는 그 돈을 이장 비용으로 내놓았는데, 보상금은 고작 16만 원 남짓에 불과했던 것이다.

 체제는 또한 복잡한 하위 체제를 거느려 체제 내에서의 생활세계의 욕구 실현을 어렵게 한다. 무거운 여행 가방을 둘러메고 어렵게 잡은 택시를 타고 찾아간 성서1동 동사무소에서는 보상금 지급에 까다로운 설차를 요구한다. 지난번에 개장 신고증과 필요한 서류를 제출했음에도 불구하고 봉분을 헐기 직전의 사진과 개장 후 시신을 수습한 뒤의 빈 구덩이 사진이 필요하다고 하여 오늘 사진 2장을 제출했는데, 동사무소의 여직원은 다시 인우 보증 두 명을 빠뜨렸다고, 보증인을 세워서 구청으로 가라고, 보상금은 거기서 지급한다고 말한다. 보증인의 주민등록번호와 도장이 필요한데, 여행지에서 당장 그것을 구한다는 것은 쉬운 일이 아니다. 그것이 마련되지 않으면 보상금을 받지 못하게 되고, 그러면 경비 충당이 어려워 애초의 여행 계획은 거기서 끝나는 것이다.

 보상금 몇 푼을 챙기기 위해 평소에 찾지도 않는 사람에게 연락하여 보증인이 되어 달라고 할 남편이 아니라는 것을 아는 아내는 절망을 하고, 그는 서구청에 가서 사정을 이야기해 보기로 마음을 먹는다. 그러나 택시를 잡으러 낯선 길을 나서는 그의 어깨는 가방의 무게에 짓눌리고, 아내는 아내대로 비닐봉투와 손가방 그리고 벗어든 재킷 등의 짐으로 걸음이 쉽지 않다. 여기에 이르면 여행의 들뜸과 설렘은 벌써 일상의 고역으로 바뀌어 버린다. 택시를 잡아탔을 때, 뒤에 놓인 모과 바구니에서 풍기는 향과 택시 기사의 다감한 응대가 잠시의 위안이 되었을 뿐, 서구청에서의 반응도 성서 1동 사무소와 다를 바 없다. 그는 인우 보증서에 서울의 매형과 구미의 매제의 이름만 써넣어 제출하는데, 창구의 담당자는 제 볼일을 다 본 뒤에야 서류를 들여다보고는, "이맛살을 찌푸리며 돼먹지 않았다는 표정이 역력한" 채로, "주민등록번호하고 도장요, 여기 안 보여요?"라고 말한다.

그도 화가 치밀어 "서울에서 일부러 내려온 길"이라고, "돌아가면 곧장 인우 보증 서류를 우송해 드리겠다"고, 기자 신분증을 사내가 펼쳐놓은 지적도 위에 올려놓는다. 잠시 후 사내는 "도장이 네댓 개 박혀 있고 그가 받아야 할 금액이 조잡한 인쇄로 새겨진" 종이 한 장을 내민다. 체제의 복잡함과 까다로움에 직면한 생활세계의 인간은 그러한 것을 또 다른 체제의 힘을 빌려 한꺼번에 능가하고 싶은 유혹을 느끼게 된다. 관료 체제의 그러한 면을 그는 언론 체제의 힘으로 해결한 것이다. 일층의 '국민은행 출장소'에 가면 현금으로 내드릴 거리고, 서류는 곧장 우송해 달라는 담당자의 목소리에 '비굴함과 모욕감'이 함께 배어 있음을 그가 느끼게 되는 것은, 이러한 체제와 또 다른 체제 사이의 알력이 하위 단위에서 어떤 형태로 나타나는가 하는 것을 보여주는 예가 될 것이다.

어쨌든 그가 일층 민원실의 국민은행 출장소를 찾았지만, 담당자의 말과는 달리 거기서는 안 되고 은행에 가서 찾으라고 여자행원이 수령증을 밀어낸다. 화가 난 그는 원하지 않는 해결 방법으로 기자 신분증을 이용한 것도 있고 해서, 이층에 올라가 담당자에게 따지지 않고 구청 청사를 나선다. 그러나 은행은 여자행원의 말과 달리, 바로 밑에 있는 것이 아니라 버스로 두 정거장이나 걸어가야 되는 거리에 있었던 것이다. 체제의 하위 단위에서 만나는 사람들의 말은 이처럼 사실과 거리가 있는 것이다. 즉 체제는 생활세계를 영위하는 사람들을 그다지 고려하지 않는 다는 것이다. 그래서 사실과 거리가 있는 말을 하게 되고, 그것은 고스란히 생활세계의 불편과 고통으로 연결되는 것이다. 그러면서 체제는 그 대가로 편의를 취하게 되는 것이다. 이것이 이른바 '행정편의주의'라는 것이 될 것이다.

이처럼 그와 그의 가족은 서울에서 출발하여 대구에 이르러, 동사무소와 구청 그리고 은행을 경유하며 체제로 인해 발생하는 생활세계의 불편과 고통을 골고루 경험하고 있는 셈이다. 그것들은 각각 도시와 관료 그리고 금융과 같은 체제의 하부 단위들이며, 그것들이 제공하는 복잡함과 까다로움은 그들의 일상을 불편과 고통으로써 지배하고 있는 것이다. 그리고 은행으로 가는 길을 걷다가, 그 길이 예전에 '감샘못'이라 불리던 저수지로 가는 길임을 알아채고, 그 저수지에서 낚시를 하던 시절로 거슬러 올라간다. 그러면서 아버지의 삶과 무위를 떠올리게 되는데, 그것은 곧 아버지가 당면했던 두 가지 체제와 맞물려 있다. 물론 어릴 때 그의 눈에 비친 아버지는 무위의 삶을 사는 사람, 가장으로서의 책임을 어머니에게 떠맡김으로써 가족들에게 가난의 고통과 공포를 안겨준 사람이었고, 따라서 증오의 대상일 뿐이었다.

그러나 무위와 무책임의 근원으로 거슬러 올라가면, 그 나름대로의 근거가 존재함을 알 수 있는 것이다. 아버지가 당면했던 체제는 제국주의와 사회주의다. 제국주의는 아버지에게 곤궁을 강요했지만, 아버지는 결혼을 하고 일본으로 건너가 어머니와 함께 곤궁을 헤쳐 나가기 위해 사력을 다한다. 나고야에 정착하여 아버지는 산판의 인부로, 어머니는 소작농으로 억척스럽게 일하여 번 돈으로 고향 근동의 땅을 조금씩 사들여, 해방이 되었을 때는 아버지의 이름으로 등기된 논과 밭이 상당한 수준에 이르게 된다. 이는 그들의 지금까지의 곤궁함과 사력을 다한 노력을 보상하기에 충분한 것이다. 그런 면에서 아버지는 제국주의 체제에 대해서는 별다른 거부감이나 저항감을 노출하지 않고 있다. 이는 어쩌면 그 앞의 체제에서 빈농의 아들로 태어나 그다지 체제의 혜택을 받지 못하고 궁핍하게 살았던 처지에서 연유할 것이다. 제국주의 체제에서 비록 황국 신민이나마 상당한 논과 밭을 가지게 되었으니, 오히려 개인적 처지에서는 더 나아진 셈이니까 말이다.

그러나 사회주의 체제에서는 이와는 완전히 달라진다. 아버지와 어머니가 애써 이룩한 자신들 소유의 논밭을 체제가 빼앗아 갔기 때문이다. 아버지의 고향은 북쪽이었고, 북한에 사회주의 체제가 들어서면서 토지 개혁에 대한 법령이 공포된 것이다. 경자유전의 명분으로 5정보 이상을 소유한 조선인 지주의 토지, 일본인 및 일본 국가나 단체 소유의 토지는 몰수하여 소작농에게 무상 분배된다는 것이었다. 아버지는 토지를 몰수 당할 정도의 지주는 아니었기 때문에 안이하게 방관하는 사이에, 아버지의 땅은 군인민위원회에서 위탁 관리하는 토지로 분류되었고, 얼마 지나지 않아 영구적인 몰수 대상으로 처리됨을 통고받게 된다. 그 이유는 아버지가 "일본인 밑에서 민족을 배반하며 사리사욕을 채운 모리배이며", 해방 당시 고향 땅에 없었으니 "투쟁 열의가 없는 민족 반역자"였기 때문이다. 몇 번씩이나 군인민위원회를 쫓아다녀도 체제의 장벽만 실감할 뿐 별 도리가 없어, 식솔을 끌고 월남한 것이다.

삶의 틀은 결을 결정한다. 결이 모여 틀을 형성하지만, 형성된 틀은 결과는 다른 독자적인 메커니즘으로 다시 결에 힘을 행사한다. 따라서 틀이 결에 끼치는 작용력에 비하면, 결이 틀에 미치는 영향력은 미미하다. 체제는 생활세계를 결정한다. 체제는 생활세계의 욕망을 수렴하여 충족시켜주거나, 욕망을 충족시킬 수 있다는 환상을 제공하여 생활세계를 수렴한다. 또한 체제는 체제에 수렴되지 않는 생활세계의 욕망을 배제함으로써 생활세계를 지배하며 스스로를 유지한다. 따라서 생활세계의 존재는 체제에 순응하고 적응하기도 하고. 체제에 저항하거나 체제에서 도피하기도 한다. 이처럼 체제는 막대한 힘으로 생활세계를 지배하고 결정하지만, 생활세계의 욕망을 모두 배려하거나 수렴할 수 없다. 그렇게 해서는 체제 자체의 존립이 불가능하기 때문이다.

그래서 빈농의 아들로서 땅을 소유하고자 하는 아버지의 욕망은 사회주의 체제 하에서 참담하게 무시된다. 그러나 아버지의 땅에 대한 욕망은 쉽사리 수그러들지 않아, 국군의 북진을 따라 "자신의 땅을 둘러보려고" 고향으로 떠났다가 폭격을 맞아, 한쪽 귀가 먹고 왼쪽 다리를 절며 돌아온다. 이로부터 아버지는 '음울한 인간'이 되어 '무위의 삶'을 살게 된다. 아버지의 신체적 불구는 삶의 불구로 이어지고, 가장의 불구는 가족적 삶 곧 거주의 불구를 초래하여, 그의 유년의 삶을 가난의 공포로 몰아넣는다. 그리고 이 모든 것의 근원인 아버지에 대한 그의 감정을 증오로 일관하게 만든다. 그 증오가 희석되고, 아버지의 묘를 북녘 땅이 보이는 포천 쪽으로 이장한 것은 세월이 많이 지나, 아버지의 삶을 전체적으로 조망할 수 있게 된 이후이다. 그 세월은 아버지의 무위의 삶이 전적으로 아버지에게만 책임이 있는 것이 아니라, 아버지로서는 어쩔 수 없는 체제에게도 다분히 책임이 있다는 생각을 갖게 할 만큼 충분한 시간이었던 것이다.

그 시간은 단순히 길이를 의미하는 것이 아니라, 체제의 힘을 경험할 수 있었던 시간을 말한다. 체제의 힘이 생활세계로 찾아드는 경로에 따라 체제의 성격을 가늠할 수 있다. 그의 생활세계 가운데 노동이 영위되는 곳은 앞의 기자 신분증이 말해주듯이 어느 일간지의 출판국이다. 그런데 어느 날 아침 두 명의 사내가 편집부에 나타나 그를 연행하여 S서에 구금한다. 그리고 곧바로 취조와 고문에 들어간다. 생활세계에 나타나 그 속에 살고 있는 존재를 느닷없이 체포/연행/구금/고문을 자행할 수 있는 체제는 파시즘 체제다. 파시즘 체제는 모든 것을 권력 관계로 환원시키는 체제다. 그래서 인간 관계에서 정신이나 정서를 배제하고, 인간 관계를 힘 또는 그것의 작용인 지배와 복종과 같은 물리적 요소로만 환원시킨다.

김영민이 『컨텍스트로, 패턴으로』에서 말하듯이, 파시즘 체제가 스스로를 정당화하면서 인간 존재를 그 체제 안으로 수렴하면서 권력 관계로 환원시키는 두 가지 방법은 폭력과 신성화이다. 고문은 그 가운데 폭력의 가장 대표적인 방법으로 파시즘 체제가 즐겨 사용하는 방법일 것이다. 취조실로 끌려간 그에게 고문자들은 팬티 하나만 남기고 옷을 벗게 만든다. 이는 인간성의 한 요소라 할 수 있는 치욕감 또는 수치심을 자극하여 그것을 뺏고자 하는 것이다. 그런 다음 당나귀가 막대기에 매달린 형태로 만들어 곤봉으로 발바닥을 난타한다. 한 시간 가량의 발바닥 난타는 육체의 고통에도 불구하고 정신이 멀쩡한 상태를 제공하여, 견디기 어려운 끔찍함을 맛보게 한다. 그러나 이것은 고통의 서막에 불과하다.

두 손과 두 발을 묶은 채로 얼굴을 수건으로 덮고 그 위로 주전자의 물을 쏟아 붓는다. 그러면 곧이어 "목구멍으로 물 넘어가는 소리, 코에서 치솟는 단내, 숨은 금방이라도 끊어질 것처럼 막히는" 상황이 오는데, 이 때쯤이면 "임신 육개월의 아내와 노모와 회사 동료들을 마음속으로 애타게 부르던" 심정도 어디론가 사라지고, "살아 있는 한은 그 고통을 견뎌야만 했으므로 차라리 죽어버리고" 싶은 심정이 된다. 그럼에도 불구하고 물고문은 계속된다. 그러면 "함부로 휘둘러대는 물줄기에 따라 코와 입이 막히면 미처 삼켜지지 않은 물이 콧구멍으로, 입으로 다시 역류해" 온다. 그럴 때마다 "찢어질 듯 부풀어오른 심장에서 불꽃이 튕겨지는 느낌"이 생긴다. 그러면 "누군가 저 흉포한 물줄기를 거두어주기만 한다면 그를 위해서 평생 개처럼 충성을 바칠" 수 있을 것 같은 심정이 된다.

체제의 권력이 하위 단위에서 고문의 형태로 힘을 발휘하기 시작하는 단계가 된 것이다. 고문은 신체적 고통을 극대화시켜 인간 존재로 하여금 죽음의 공포를 경험케 하고, 그 공포로 인해 권력에 저항하지 못하고 권력의 품 안으로 돌아와 굴복케 하는 것이다. 그러나 이러한 감정적 굴복으로 고문은 끝나지 않는다. 파시즘 체제는 온전한 굴복을 요구하고, 그 하수인인 고문자들은 그것을 검증할 수 있는 오랜 수단을 가지고 있다. 그들은 종이와 볼펜을 건네며 그들이 염두에 둔 기간 동안의 행적 진술을 요구한다. 그것을 진술하는 과정에서 그가 여기에 잡혀 온 이유를 어렴풋이 짐작한다. 운동권 출신의 대학 동창으로, 연극 쪽으로 진출한 친구가 얼마 전 그를 찾아온 적이 있었다. 그러나 "다른 쪽에서 얽혀들었다면 엎친 데 덮친 격"이 될 수도 있고, 또한 확신이 서지 않아, 그 친구에 관한 일은 쓰지 않는다. 진술서를 읽어 본 반장은 진술서로 얼굴을 후려치며 "인정사정 볼 것 없는" 고문을 명령한다.

반장과 두 사내가 각목을 들고 달려들어 무차별 가격을 한다. 그는 "한 마리의 돼지에 불과한 짐승"이 되어, 각목에 맞고 쫓기며 굴욕감과 공포에 휩싸인다. 그렇게 맞아 만신창이가 된 상태에서 그는 다시 취조를 받는다. 그러면 조금 전과는 달리 그들이 요구하는 진술에 가까워진 진술이 그의 입에서 흘러나온다. "처음부터 고문자들이 모든 열쇠를 쥐고 있었듯이 그는 자진하여 그에 알맞는 자물통이 되어야 했던" 것이다.

한번 시인을 하면 그 다음은 그들의 각본대로 진행이 된다. 진행되는 각본에 저항을 하면 다시 무차별 각목 구타와 물고문이 가해진다. 그러면 죽음의 공포가 몰려와 그들이 요구하는 또 다른 진술을 하게 된다. 그 과정에서 그는 친구와 대질 심문도 당하게 되고, 친구가 어떤 상황에서 자신의 이름을 말하게 되었고, 어떻게 그가 여기까지 이르게 되었는가도 짐작하게 되는 것이다. 그는 이러한 고문과 취조를 사흘 동안 받고, 유치장에서 이틀을 보낸 뒤에야 S서를 나오게 된다.

그러나 경찰서를 들어가기 전의 그와 경찰서를 나온 그는 이미 다른 사람인 셈이다. 고문을 통해 그는 다른 사람이 되어 버린 것이다. 몸에 가해지는 고문은 자아와 외부 세계의 경계를 허물어뜨리는 권력의 행사이다. 권력은 고문이라는 폭력의 방법을 통해 그 경계를 뚫고 들어가 경계 안쪽의 정신 또는 영혼을 무너뜨리고 그것을 재구성하는 것이다. 무너진 영혼은 그 상태를 밖으로 노출할 수도 있고, 안으로 간직할 수도 있다. 사회주의 체제 하에서 영혼이 무너진 아버지는 그것을 노출하며 무위의 삶으로 일관하다 떠나간다. 그는 무너진 영혼을 안으로 간직하며 아버지와는 다른 면에서 일종의 '무위의 삶'을 영위한다. 매형의 주선으로 풀려난 뒤에는 자신의 직업적 노동에 어느 정도의 자부심을 가진 제대로 된 기자로서보다는 '탤런트나 영화배우'를 상대로 취재 기사를 만드는 여성지 '여성생활'의 '한심한' 기자로 살아온 것이다. 이러한 자괴감이 스스로 사표를 쓰게 하고, 그러한 대강의 사정을 아내에게 이야기하기 위해 가족 여행을 떠나온 것이다.

체제의 폭력은 그 당사자만을 파괴하는 것이 아니다. 아버지는 땅의 소실로 인한 가난으로 아들 둘을 잃는다. 그의 아내는 만신창이가 되어 돌아온 남편의 몸을 보고 놀라 사흘 만에 6개월 된 사내아이를 유산한다. 그러니까 체제는 그 체제의 유지나 확장에 방해가 되는 개인을 파괴하면서, 그 개인이 몸담고 있는 생활세계에까지 파괴력을 행사하는 것이다. 반면 체제에 도움이 되는 존재와 생활세계에게는 그에 걸맞은 시혜를 베푸는 것이다. 이는 이종영이『내면성의 형식들』에서, 권력은 인간에게 경계를 체험시킬 수 있는 능력을 지니고 있다. 인간은 이 경계로부터 놀라 도망쳐 권력에 복종한다. 그 경계에 가 닿으면 생명을 비롯한 모든 것을 잃는 반면, 권력에 복종하면 목숨을 보존할 수 있을 뿐만 아니라 권력의 시혜를 입을 수도 있다고 말한 것과 맥락을 같이 하는 것이다.

그래서 그가 고문을 받고 의식의 단절을 경험하며 지옥의 시간을 보내는 동안, 고문자들은 딸이 피아노 경연대회에서 금상을 받은 이야기를 하고, 곧 고3이 될 큰놈이 공부는 잘하는데 몸이 약해서 큰일이라는 이야기를 하며 일상의 생활세계를 영위할 수 있는 것이다. 뿐만 아니라 그가 풀려나 가족들과 함께 갈비집에서 외식을 할 때, 고문자들 중의 하나인 반장과 그 가족들을 우연히 만나게 되는데, 거기서도 반장은 예사롭게 일상의 인사를 나누고 가족 얘기를 했던 것이다. 그는 고문을 당하고 풀려난 뒤 "고문자들을 결코 잊지 않았고, 용서할 수도 없었으며, 이 시대를 증오하지 않을 수 없었다." 그런데 그들은 고문한 사실이 없었던 것처럼 말하고 행동하는 것이다. 이는 정상적인 사고방식으로는 이해할 수도 수용할 수도 없는 것이다. 이는 파시즘과 같은 비정상적인 체제이기 때문에 가능한 것이다.

아도르노와 호르크하이머가『계몽의 변증법』에서 말한 것처럼, 권력 환원론에 입각한 파시즘은 건강한 이성을 가진 인간에게는 그 모순이 너무나 쉽게 간파되기 때문에 스스로를 지탱하기 위해서는 병든 의식을 필요로 한다. 그래서 파시즘이라는 병든 체제는 병든 의식을 가진 인간들이 주도하는 병든 생활세계를 만드는 것이다. 따라서 정상적인 인간은 그러한 체제에서 정상적인 생활세계를 영위할 수 없게 된다. 따라서 체제에 맞서 적극적 저항의 길을 선택하거나, 아놀드 토인비가『역사의 연구』에서 말한 '내적 망명'과 같은 소극적 저항의 길을 선택할 것이다. 그가 취조실에서 고문을 당하고 내려가 있던 유치장의 대학생들이나 교수, '4·13 호헌 조치'를 맞아 전경과 떼를 지어 대치하던 학생과 시민들의 경우가 전자에 해당될 것이고, 사표를 제출하고 새로운 삶의 길을 모색하는 그는 후자의 경우에 해당될 것이다.

이러한 그의 경험은 우여곡절 끝에 이루어진 경주 여행에서도, 일상의 일탈을 꿈꾸는 그의 의식을 놓아주지 않고 머리를 짓누른다. 특히 천마총의 천마를 보는 순간에는 두통이 절정에 이른다. 왕을 보며 체제의 지배를 떠올리고, 천마의 날개를 보며 그것의 필요성을 궁금해 한다. 지배자와 체제도 꿈을 필요로 하는가, 비상을 꿈꾸는 영혼이 있었는가, 그 꿈은 이 세계를 전부 지배하고 싶다는 꿈이었는가, 아니면 지배의 끝을 본 순간이 있어 허무를 느끼고 하늘로 나는가, 그리고 그곳은 어디인가 하고 말이다. 이러한 궁금함에 대한 답은 그 체제와 생활세계의 관계에서 나올 수 있을 것이다. 체제가 생활세계의 꿈과 영혼을 질식시키면서 스스로의 존립을 꾀한다면, 체제 또한 꿈과 영혼을 지닐 수 없을 것이다. 파시즘 체제가 바로 그러한 체제의 단적인 예가 될 것이다.

파시즘 체제가 아니더라도 어차피 체제는 생활세계에 우호적이 되기가 쉽지 않다. 따라서 날개를 달고 생활세계와 체제 위를 난다는 것 곧 초월적인 삶은 불가능하다. 그래서 그는 천마총을 나서며 "저들의 백마는 마지막 지평선에서 하늘로 날아가버릴지라도, 그는 바로 이 땅에서 끝까지 엉겨붙어 한번 살아보고 싶"다고 생각하는 것이다. 그러한 삶은 '천마총 가는 길'을 안내하는 팻말을 발견하고, 그곳에 그의 아이 '한별'이를 세워놓고 사진을 찍으며 다짐하는 것에서 마지막으로 표명된다. 아버지의 삶에서도 그러했고, 그의 삶에서도 그러했듯이, 아이의 삶에도 렌

즈를 통해 보이는 것처럼 '어둠과 밝음, 칙칙함과 눈부심'이 섞여들 것이다.

그가 할 수 있는 일은, '서두르지 않고 침착하게' 사진기를 조작하여 '거리를 재고 구도를 맞추어', "팻말을 받치는 말뚝도, 아이의 다리도 자르지 않는" 사진을 찍는 것이다. 다시 말해 "어느 것도 다치지 않게, 어느 쪽으로 치우치지도 않게, 그렇게 온전하게" 아이를 사진에 담는 것이다. 이러한 생활세계 또는 가족적 삶의 온전함은 체제의 온전함을 전제로 한다. 따라서 이러한 바람 또한 쉽사리 실현되기 어려운 꿈이 될 수도 있을 것이다. 앞에서 본 여러 체제의 과거가 그러했던 것처럼, 현재의 체제가 그들의 일상과 여행을 힘들게 했던 것처럼, 미래의 체제 또한 체제의 그러한 폭력적, 파괴적 속성을 생활세계에 언제 행사할지 모르기에 말이다.

집착과 결별의 길
— 김재순의 「돈암동 가는 길」

집에서의 거주는 직장에서의 노동으로 가능하다. 노동은 거주에서의 물질적 여건을 마련해 주기 때문이다. 그러나 사회적/공적 영역에서의 노동이 사적 영역에서의 물질적 여건의 마련에만 관여하는 것은 아니다. 그것은 노동의 한 측면에 불과하다. 존재의 의미는 존재의 상실에서 뚜렷이 부각되듯이, 노동의 의미는 노동의 상실에서 확연히 드러난다. 그러니까 노동의 상실은 물질적 여건의 결핍으로만 나타나지 않는다는 것이다. 노동의 상실은 사회적/공적 영역에서의 존재감의 상실을 초래하고, 이는 다시 거주에서의 존재감의 위축으로 이어진다. 그리하여 거주의 또 하나의 축인 부부관계에 문제를 만들어낸다. 그래서 노동이 영위되던 때와는 달리 부부 사이에 알력과 갈등이 생기고, 그로 말미암아 파탄을 불러일으키기도 하여, 마침내 가족의 해체에 이르기도 한다.

그래서 레비나스는 『시간과 타자』에서 노동이 인간의 삶에 지배와 소유의 차원을 열어준다고 했을 것이다. 레비나스가 말하는 '지배'와 '소유'를 '영향력'이라고 고쳐볼 수도 있는데, 노동의 상실은 곧 타인과 세상에 대한 주체의 영향력 상실, 스스로에 대해서는 존재감의 상실과 직결될 수 있을 것이다. 또한 노동이 물질적 여건의 획득이라는 차원으로 다시 돌아가 보면, 인간의 일상이 많은 부분 물질적 여건에 의해 영위되고, 나머지 부분 곧 정서적, 정신적인 부분에도 물질적 여건이 영향을 미침을 알아챌 수 있다. 김재순의 「돈암동 가는 길」은 이러한 것들, 곧 노동과 거주, 노동의 상실과 그로 인한 거주에서의 변화, 부부관계에서의 애증의 생성과 착종 등을 살펴보기에 좋은 작품이 될 듯하다.

'지원'과 '기웅' 부부 그리고 아들 '영재'는 이 작품의 가정을 이루는 가족 구성원이다. 이들의 거주에 문제가 생기게 되는 계기는 남편인 기웅의 해외 파견 근무다. 남편의 해외 근무 기간 동안에도 부부 사이에는 별 문제가 생기지 않는다. 오히려 멀리 떨어져 있는 남편의 안부를 묻기 위해 지원은 광화문 전화국이나 공항까지 나가 전화를 걸곤 한다. 필리핀 남부의 자카라를 거쳐 무아라이님이라는 밀림 우거진 도로공사 현장에 나가 있는 남편과 목소리로나마 연결되기 위해 말이다. 간혹 남편이 전해준, 공사 현장에서 일어난 사고 소식에 지원은 가슴을 졸이기도 하고, 그 나라에서 일어난 쿠데타로 남편의 안위가 염려되어 밤새 뒤척거리기도 한다. 여느 부부와 다름없는 가족적 친밀감 또는 부부애를 주고받으며 살았던 셈이다.

남편의 해외 근무가 의미하는 바가 무엇인지는 귀국을 한 뒤에 드러난다. 귀국해서 "회사로 출근했을 때 그의 자리는 이미 사라진 뒤였던" 것이다. 그러니까 회사에서 남편을 해외로 발령을 낸 것은 해고를 위한 전초 단계였던 것이다. 노동이 이루어지는 사회적/공적 영역에서 이러한 일이 드문 것은 아니다. 특히 이윤율이 저하되어 가는 기업적 상황에서 이를 고용의 유연화를 통해 보상하려는 사회에서는 말이다. 어쨌든 남편의 실직은 노동의 상실을, 사회적/공적 영역에서의 자기 설자리의 없어짐을 의미한다. 이는 곧바로 거주와 사적 영역에서의 남편의 변화를 초래한다. 남편은 실직한 뒤로 "지원을 품에 안는 횟수가 급격하게 줄어들고", "피스톤은 형편없이 망가져" 신경장애라며 그것을 부끄러워한다. 이에 대해 지원은 "본능조차 위축된 그의 감수성을 모성애로 감싸주고자" 한다. 그녀는 그러한 본능의 위축이 어디에서 비롯되는가를 알고, 그 극복을 위해 무엇을 해야 하는지도 알고 있는 것이다. 그래서 그의 일자리를 구하러 다닌다. 다시 말해 노동의 상실은 거주에서의 무능력으로, 거주에서의 무능력은 부부관계에서의 무능으로 이어진 것이었음을, 이러한 일련의 과정을 정상적으로 회복하기 위해서는 노동의 획득이 첫 번째 과제임을 지원은 알고 있었던 것이다.

그러나 그것이 생각만큼 쉽지만은 않다. 그래서 "퇴직한 지 일년째 접어들 무렵부터 그는 벽을 보고 잠이 들곤" 한다. 그리고 "외출해서 돌아온 그 상태로 옷을 입은 채 거칠게 그녀를 끌어안거나 그녀의 입술 끝에 그의 술내나는 입술을 바짝 들이밀기도" 한다. "새벽에 그녀는 둔중한 무게를 느끼고 눈을 뜨기도" 한다. 지원은 그러한 남편을 참아낼 수 없다. 그러면서 "남편을 향한 기대가 무너지며 그에게로 향한 따뜻했던 마음이 차츰 변질되어 가는 감정"을 느낀다. 그녀가 기억하는 남편은 "사교적이고 재주가 다방면으로 많은" 사람이었고, "그와 함께 있으면 즐거워, 따뜻한 가정을 얻을 수 있을 것 같은" 사람이었던 것이다. 과거의 기억과 대비된 현재의 남편은 너무나 달라져 있는 것이다. 이제 두 사람 사이에는 간극이 생겨나고 점차 거리가 멀어지게 된다.

사적 영역의 거주에서 부부에게 생성되는 것은 친밀감과 에로티시즘 그리고 사랑과 같은 것이다. 앤소니 기든스가 『현대사회의 성, 사랑, 에로티시즘』에서 말했듯이, 친밀감은 사람들이 서로 평등한 맥락 속에서 타자와 그리고 자기와 감정적으로 의사소통하는 것이고, 에로티시즘은 신체의 감각을 통해 표현되는 감정을 의사소통이라는 맥락에서 가꾸어 가는 것이며, 사랑한다는 것은 긴 노력, 신뢰, 의사소통, 헌신, 고통, 그리고 즐거움이다. 그러니까 사적 영역인 거주에서 조화로운 부부관계의 근본은 평등한 맥락과 의사소통이라 할 수 있다. 그런데 남편 기웅은 사회적/공적 영역에서의 노동의 상실로 말미암아 거주에서도 이러한 평등한 맥락과 의사소통의 길을 상실한 것이다. 실직 곧 노동의 상실은 사회적/공적 영역에서의 자기 존재감의 결여로, 이는 다시 사적 영역에서의 위축감으로 연결된다.

기웅이 경마장에 출입하고, 술 취한 상태의 귀가가 잦아지는 것은 그러한 자기 존재감의 결여나 자기 위축감을 스스로 향락에 빠지거나 스스로를 마비시킴으로써 망각하고자 하는 상태의 표현이다. 그리고 지원에 대한 일방적인 접근은 전과 달리 위축되어 당당하지 못한 자신의 처지를 역으로 발산하고자 하는 것에 지나지 않는다. 그러한 행위에는 평등한 맥락이나 의사소통이 개재될 여지가 없다. 따라서 지원과 기웅 사이는 불평등과 의사불통의 나날이 이어지고 둘 사이에는 앞에서 본 부부관계에서 필수적인 것들 곧 친밀감, 에로티시즘, 사랑 등이 희박해진다. 지원은 현재의 부정적인 남편의 모습과 대비되는 과거의 긍정적인 남편을 떠올리는 일이 잦아지고, 기웅은 아내로부터 소외되어 집의 거주에서 아내로부터 주고받아야 할 것들을 집 밖으로부터 구하려고 하게 된다. 지원은 남편이 손재주가 좋아, 살이 부러진 우산, 고장이 난 선풍기, 굽이 떨어져 나간 구두를 고쳐주며 자상하던 모습을 보여주던 때를 떠올리고, 기웅은 경마장 출입이 잦아지고 그 과정에서 여자를 사귀게 되는 것이 바로 그러한 예다.

두 사람 사이에는 이제 부부로서 지니고 있던 친밀감과 에로티시즘 그리고 사랑이 희박해지고 메울 수 없는 간극이 생긴다. 화이트헤드가 『관념의 모험』에서 말한 것처럼, 간극이 있다는 것의 최대 결점은 상대쪽에서 일어나고 있는 것을 서로 알기가 지극히 어렵다는 것이다. 기웅은 아내 지원의 변화한 감정을 알지 못하며, 지원은 남편의 소외된 처지를 알지 못한다. 그래서 기웅은 아내의 싸늘해진 감정을 무시한 채 아내에게 접근하는 행동을 하게 된 것이고, 지원은 그러한 남편을 모성애로 감싸고자 하는 태도를 포기하게 된 것이다. 이러한 두 사람 사이의 간극이 돌이킬 수 없는 상태가 된 것은, 기웅이 아내로부터의 소외감을 경마장에서 만난 여자에게서 보상받고자 하면서이다. 둘이 속리산으로 놀러가던 중 청주고속도로에서 추돌사고를 냄으로써 그들의 관계가 드러나게 된다. 기웅의 실직이 실질적인 부부관계의 단절을 의미한다면, 교통사고는 실질적인 부부관계뿐만 아니라 법적인 부부관계의 종말을 의미한다.

부부관계의 청산은 부부가 되게 하는 요소들의 청산이다. 그것은 물질적인 바탕의 청산과 감정적인 얽힘의 청산으로 대별될 수 있다. 전자는 쉽사리 이루어질 수 있다. "집을 정리해서 세간은 지원이 갖고 돈은 남편과 나누었다"에서 볼 수 있는 것처럼, 그것은 간명한 표현대로 아주 쉽게 이루어진다. 그리고 남편은 그 돈으로 추돌사고에 어느 정도 원인을 제공한 자신의 도의적 책임을 졌을 것이라고 짐작도 한다. 그러나 후자의 감정적 얽힘의 청산은 그렇게 쉽게 이루어지지 않는다. 사고로 다쳐 병원에 누워 있는 "남편의 얼굴을 보기가 역겨워 병실을 서둘러 빠져 나온" 후, 기웅이 "퇴원할 때까지 병원에 가지 않았다"에서 보는 것처럼, 지원은 처음에 분노와 배신감 같은 감정에 사로잡힌다. 그래서 남편과 헤어진 것이다. 그러나 헤어진 뒤에는 '회한-증오-자책'의 혼돈에 시달린다. 즉 몸은 떨어져 나갔지만, 마음은 남편에게서 떨어져 나가지 못한 것이다.

지원은 이러한 자신의 삶을 '실패한 삶'이 분명하다고 생각한다. 알프 뤼트케 등이 『일상사란 무엇인가』에서 말하듯이, 남성보다 공간적, 감정적, 경제적으로 가족에 더 강하게 연결되어 있는 여성으로서의 지원이, 거주의 한 축인 남편의 부재 곧 가족적 구성원의 결여를 염두에 둔다면, 스스로의 삶에 대해 그렇게 규정하는 것도 무리는 아닐 것이다. 그러한 결여 또는 헤어진 남편에 대한 애증의 착종 속에서도 "그녀를 지탱해 준" 것은 아들 "영재가 곁에 있다"는 것이라고 그녀는 또한 생각한다. 다시 말해 남편의 부재를 대신할 수는 없지만, 아들 영재가 있다는 것은 그나마 남편의 부재를 어느 정도까지는 보상해 줄 수 있다고 여기는 것이다. 그러나 아들 영재는 그러한 역할에만 머물지 않는다. 레비나스가 앞에서 인용한 책에서 말했듯이, 아이를 통해서 과거는 절대성을 잃게 되고 절대적 미래의 차원이 열린다. 쉽게 말해 아이는 부부의 분신이므로, 아이의 성장은 아이 자신의 미래일 뿐만 부부의 미래도 되는 셈이다.

그러나 이는 온전한 부부에 한에서이다. 지원에게는 부부로서의 결여인 남편의 부재로 말미암아 아이를 통해 미래를 향하는 것이 아니라, 아이를 통해 과거로 향하고 있다. 즉 아이를 통해 과거의 남편을 떠올리는 것이다. "발톱을 깎아줄 때마다 혹은 아이가 잠들었을 때 아이의 발을 만져보며 남편을 떠올렸다. 남편의 유전자를 보유하고 있는 아이에게서 그의 그림자가 어른거리고 있는 것을 느낄 수 있었다."에서 그러하고, "영재의 발톱은 앙고라발톱이었다. 발톱이 살 속을 파고들기 때문에 신경써서 관리해 주어야 했다. 기웅을 닮은 아이의 발톱을 보노라면 남편의 잔영이 떠올랐다."에서도 반복하고 있다. 그러니까 아들 영재는 남편의 부재를 감당하고 지탱하게 하는 존재일 뿐만 아니라, 남편의 부재를 떠올리게 하고 남편의 결여를 상기시키는 존재인 것이다. 그래서 그녀는 '설움'으로 참담한 심정이 되기도 하고, '노여움'으로 갈피를 잡지 못하게 되기도 한다. 이는 곧 자신의 처지와 남편 기웅에 대한 감정이 착종된 모습이며, 법적인 부부관계의 정리와는 달리 감정적인 정리가 이루어지지 않았음을 보여주는 것이다. 거기에 아들 영재가 한몫을 하고 있는 것이다.

남편에 대한 지원의 착종된 감정을 자극하는 존재는 아들 영재만이 아니다. 영화 수입 대행회사에 근무하는 지원이 직장 일로 들르는 극장의 지배인이 그러한 존재다. 극장 여사장의 남동생인 '재욱'은 여러 가지 면에서 지원이 호감을 느끼는 인물이고, 재욱 역시 지원에게 호감 이상의 감정을 품게 된다. 지원은 남편에 대한 감정과 별도로 자신의 '울타리가 되어줄 남자'를 막연히 그리워하는 감정에 사로잡히기도 하는데, 재욱이 그러한 남자로 다가온 셈이다. 독감으로 지원이 직장에 사흘 동안 결근했을 때, 병문안을 위해 들른 재욱과 지원 사이에 서로가 남녀로 최대한 접근하는 계기가 마련된다. 그러나 지원은 끝내 재욱을 받아들이지 못한다. "그녀의 정직한 몸은 의지와는 달리 그를 받아들이고 있었다. 그녀는 눈을 감으며 남편의 오버랩되는 웃음을 설핏 보았다. 그녀의 어느 부분에 웅크리고 있다가 하필 그때 나타나다니, 그녀는 기습을 당한 것처럼 남편의 환영에 놀라 옷깃을 여몄다."는 표현이 그것이다.

남편 기웅은 떠나갔지만, 지원은 진정으로 남편을 떠나보내지 못한 것이다. 그래서 아들 너머에서 남편의 모습을 보고, 다른 남자 재욱을 받아들이려는 순간에 남편의 모습을 떠올린 것이다. 이러한 현상은 남편이 아내에게 남긴 흔적이라고 볼 수도 있고, 존재는 부재하면서 자신의 존재를 증명하는 것이라는 측면에서 볼 수도 있다. 그러나 이를 돌려 말하면, 남겨진 아내가 떠나간 남편에 집착하는 것이라고도 볼 수 있다. 재욱이 스스로 떠나간 것도 지원의 이러한 면을 감지했기 때문일 수 있는 것이다. 지원 스스로도 남편에 대한 자신의 입장을 확실하게 처리하는 것이 남은 일이라고 판단하고 그 일에 착수한다. 그것이 바로 '돈암동으로 가는 길'이다. 그러니까 이 작품은 지원이 돈암동으로 가기로 마음먹은 데서 시작하여 버스를 타고 그곳의 구청을 들렀다 나오면서 끝난다. 그 사이에 아내 지원과 남편 기웅의 결혼, 아들 영재의 모습, 기웅의 해외 발령과 근무, 귀국 후의 실직과 그에 따른 기웅의 변화와 이혼,

재욱과의 만남과 헤어짐 등이 그려진 것이다.

돈암동은 남편인 기웅이 태어나서 자란 곳이다. 예전에 이곳은 "남편을 기다리는 동안 그리움이 무르녹았던" 곳이다. 그러나 지금은 이곳에서 "타인의 뒷조사를 하러 온 탐정처럼 수치스럽게" 스스로를 느낀다. 물론 이곳을 찾기 전에도 "남편의 행방을 알아보고 싶다는 충동"을 느낀 적도 있었고, "남편의 뒷조사를 하겠다는 발상"을 해 본 적도 있었다. 그래서 "경마장에서 알게 된 여자와는 정말 그 후로 만나지 않았을까, 재혼을 했을까" 궁금하기도 한 것이 사실이었다. 그러나 지금 이곳을 찾은 이유를 지원은 '확인사살'을 하러 온 것이라고 스스로에게 다짐하고 있다. 구청 민원창구의 호적계로 가서 번지와 이름을 적은 용지를 내밀어 '호적등본' 한 통을 신청해 놓고 기다리고 있는 것이다. 그러면서 기웅이 혼자라면 어떻게 할 것인가를 고심한다. 지원은 확인사살이라고 스스로 다짐하고서도 "그의 호적을 몰래 들쳐보려는 심리를 똑바로 댈 수가 없다."

게다가 지원 스스로도 이미 눈치채고 있듯이, 남편이 재혼을 아니 했더라도 동거를 할 수도 있는 것이고, 푸념처럼 말했듯이 외국에 나가 있는지도 모르는 일이다. 따라서 '확인사살'이라는 다짐은 자기를 기만하는 것일 수도 있는 것이다. 그래서 그녀는 자문한다. "왜 이런 짓을 하는 걸까.", "못난 아버지지만 영재에게 부권을 회복시켜 주려고 하는 것인가." 라고. 그러나 그 답 또한 기만에 불과한 것을 그녀는 알고 있다. 그녀는 직장에 나가고 있고, 그 직장에서의 노동으로 거주에 필요한 물질적 여건을 충당할 수 있기 때문이다. 즉 아버지 없이도 아들 영재를 잘 키울 자신이 있는 것이다. 물론 아버지나 남편이 존재하는 것이 부재할 때보다 거주의 요소 중 하나인 가족적 친밀감에서 차이가 날지라도 말이다. 보다 중요한 문제는 지원이 깨닫듯이, "그녀 자신이 정리되지 않았기 때문"이다. 그럼에도 불구하고 지금까지 지원은 스스로를 정리하려고 하지 않고 남편을 정리하려고 한 셈이다. 그런데 남편을 정리하려고, 확인사살하려고 돈암동 구청에 와 있는 과정에서 그것을 확연히 깨달은 것이다.

성전은 『유혹-산과 바람과 도반의 그리움』에서, 삶의 집착을 버리는 것은 삶을 전체적으로 조망할 수 있을 때만 가능하다고, 삶의 전부를 이해하는 바른 눈을 갖지 못한다면 우리는 거칠고 삭막한 나날을 살다가 끝 모를 벼랑을 만날 뿐이라고 말한 바 있다. 지원의 경우에는 '삶' 대신 '남편'이 바로 집착의 대상이 된 셈이다. 대상에 집착하면 주체의 시야가 협소해지고, 협소해진 시야는 다시 대상을 정당하게 판단하지 못하게 한다. 그것은 나아가 주체의 바람직한 입지를 무너뜨리고, 결국 삶 전체를 바람직하지 못한 모습으로 몰아가게 한다. 신청한 남편의 호적등본이 나왔음을 알리는 전광판의 번호를 보고 일어서서, 전광판을 뒤로 하고 호적계를 지나 정문을 향하여 걸어 나오면서 지원은 그것을 깨닫는다. "남편과의 인연이 이미 오래 전에 끝난 일이었음"을.

주체와 대상의 정당하지 못한 관계맺음은 대상에 대한 집착을 만들어 내고, 대상에 대한 집착은 주체의 감정을 착종시키며, 착종된 감정은 나날의 삶을 불안정하게 만든다. 이를 지원은 불안정한 거주의 삶의 끝에서 깨달은 것이다. 집착해서는 안 되는 대상에게 결별을 고함으로써 착종된 감정은 정리될 것이고, 감정이 정리된다면 거주의 삶도 안정을 되찾을 것이다. 가족 구성원의 '결여로 생긴 집착과 감정의 착종 그리고 거주의 불안정한 삶'은, 가족 구성원의 '결여에도 불구하고 이를 받아들여 결별함으로써, 착종된 감정은 정리되고 불안정한 거주의 삶도 안정될 것'이라고 지원은 돈암동을 떠나면서 깨닫는 것이다. 이는 리처드 커니가 『이방인, 신, 괴물』에서, 자아가 자아이기 위해 필요한 열쇠는 타자를 타자로 놓아주는 것이라고 말한 것의 좋은 예가 될 것이다. 그래서 지원이 돈암동으로 가는 길은 남편 기웅의 자취를 추적하러 간 길이 아니라, 남편을 타자로 놓아주어 지원 자신을 찾기 위해 돌아온, 먼 길이자 가장 가까운 길이다.

사랑과 소멸의 길
― 김인숙의 「양수리 가는 길」

누구에게나 가고 싶지만 가지 못하는 길이 있는가 하면, 가기 싫어도 가야만 하는 길이 있다. 대체로 전자는 꿈과 소망의 길일 것이며, 후자는 일상과 현실의 길일 것이다. 이는 프로스트가 「가지 않은 길」에서 두 갈래 길을 말하면서, 전자를 '가지 않은 길'이라 명명한 것과 무관하지 않을 것이다. 가능성으로서의 두 갈래 길은 인간의 삶이 꿈과 소망의 차원에서 일상과 현실의 차원으로 옮겨지면서, 전자에서 점점 후자로 굳어지게 될 것이다. 일상과 현실의 삶의 무게가 무거워질수록 꿈과 소망의 삶의 가능성은 희박해지기 때문이다. 그래서 한쪽의 길은 포기하고 다른 한쪽의 길을 향해 달려가게 된다. 그렇다고 하여 전자의 길이 뇌리에서조차 사라지는 것은 아니다. 특히 후자의 길이 순조롭게 진척되지 않을 때, 포기한 것으로 여겼던 전자의 길이 후자의 길 위에 슬며시 뚫고 올라와 간섭하게 되는 것이다. 김인숙의 「양수리 가는 길」은 이러한 두 길의 모습을 잘 그려 보여준다.

'그'가 '양수리'를 처음 만난 것은 대학교 3학년 때 속초행 버스를 타고서이다. 물안개가 피어 있는 양수리의 풍경은, "충동적인 사람이었다면 속초행을 포기해 버렸을지도 모를" 정도로 압권의 풍경이었다. 그러나 그는 버스를 멈추게 하여 그곳에 내리지는 않았다. 그 당시 그에게 아름다움이 최선은 아니었기 때문이다. 그는 속초에 가서 바다를 보아야 했던 것이다. 속초로 떠나기 직전 그는 가두시위에서 연행되어 보름간 구류를 살았고, 그 구류 기간 동안 '두려움'이라는 것을 배웠으며, 풀려난 뒤에는 시위 대열에 용기 있게 참여할 수 없게 되었다. 부끄럽고 괴로워진 그가 한 일이 곧 속초로 가서 바다를 보는 일이었다. 대체로 바다로 떠나는 자의 뇌리에는 그것이 지니고 있는 광활함으로 자신의 협소한 속내를 시원히 풀어 주리라 기대한다. 그 또한 마찬가지였을 것이다. 부끄러움과 괴로움에 시달리고 있는 자신의 속내를 바다가 해소해 주리라 기대했을 것이다.

그러나 해소는 문제의 해결이 아니다. 그것은 문제에 대한 자신의 감정이나 태도의 변화에 불과한 것이다. 그는 대학을 다니며 가두시위에 참여함으로써 대학생으로서의 자기 정체성을 행동으로 표현한 것이다. 위르겐 하버마스가 『의사소통행위이론』에서 말한 것처럼, 개인은 집합적 정체성의 특징들을 곧 자신의 특징들로 여기거나 그것들을 내재화함으로써만 개별 인격체로서의 자신의 정체성을 획득한다. 다시 말해 개별적 정체성은 집합적 정체성의 반영인 것이다. 그의 대학생으로서의 이러한 정체성은 연행과 구류로 말미암아 흔들리게 된 것이다. "또다시 연행될까 봐, 징역이라도 살게 될까 봐, 눈물 콧물이 범벅되던 어머니의 모습을 또 보게 될까 봐" 두려워진 것이다. 사회적 영역의 특정한 집합적 정체성을 개별적 정체성으로 내면화하는 것을 철회하여, 또 다른 집합적 정체성을 개별적 정체성으로 내면화하도록 하는 장치는 어느 사회/국가에나 있다.

'연행'과 '구류'에서 보는 것처럼 경찰이나 감옥이 그러한 장치이고, 이어 속초에 도착해서 바다에 뛰어들었을 때 건져준 뒤 거의 죽을 정도로 얼차려를 시킨 군대가 그러한 장치이다. 연행과 구류 또는 징역과 얼차려를 통해 그는 '자유의지'와 '용기' 그리고 '미래에 대한 환상'을 포기한다.

즉 경찰이나 감옥 그리고 군대는 체제에 위협이 되는 이러한 것들을 제거하고 순치시켜 체제에 적응하도록 만든다. 미셀 푸코가 『감시와 처벌』에서 설파한 것도 이와 무관하지 않을 것이다. 그러나 체제는 상실만을 강요하지는 않는다. 체제는 적당한 타협을 제시하며, '안락'과 '쾌적'을 반대급부로 제공하는 것이다. 그 적당한 타협은 약간의 자기 기만을 스스로 허락할 수 있다면, '이 시대 이 땅'에서는 '양심'과 '고결'을 다치지 않게 해 주기도 하는 것이다. 그렇게 된다면, 대학생이라는 집합적 정체성의 협소함은 이 시대 이 땅의 집합적 정체성으로 확대되고, 그것의 개별적 정체성으로의 수용도 거리낌 없이 가능해지는 것이다. 그래서 타협을 통한 안락과 쾌적의 선택은 그의 삶의 확대와 더불어 확대될 수 있게 된다.

직장을 얻고 결혼을 하고 아이를 갖게 되면서 이러한 그의 깨달음은 더욱 확연해진다. 그래서 그는 아내에게 "조금만 기다려, 금침대와 다이아몬드 변기가 머지 않았어"와 같은 허세를 부릴 수 있었고, "그 자신조차 자신이 날리고 있는 공수표의 최면에 나른한 현실을 팔아버릴 수 있는" 자기기만을 행할 수 있었던 것이다. 그러나 3년 전 "다니던 회사를 때려치우고 독립을 꿈꿨을 때쯤에는 자신의 삶에 대해 터무니없는 환상"을 가지고 있었음을 알아챈다. 앞에서 본 것처럼, 체제는 안락과 쾌락을 제공하며 체제에 맞서는 존재를 체제 속으로 끌어들임으로써 체제 밖에서 체제의 미래에 대한 환상을 가지는 것을 허락하지 않는 것처럼, 그렇게 하여 체제 속으로 들어온 존재에게 체제 안에서의 환상을 제공하지만, 결코 그 환상을 충족시켜 주지는 않는다. 그것이 체제의 속성이며, 개체보다 더 굳건하고 지속적인 이유인 것이다. 그래서 그것은 또 하나의 환상이 되고, 허세가 되며, 공수표가 되는 것이다.

이쯤 되면 그는 대학 3학년 때 보았던 양수리의 건너편에 와 있는 것이다. 양수리에서 그가 본 것은 물안개가 피어 있는 모습이다. 그것은 아름다운 풍경인 동시에 미정형의 풍경이다. 안개는 물에서 피어나지만, 물 그 자체는 아니며, 물을 감추고 있다. 안개는 사물의 뚜렷한 윤곽을 베일로 감싼다. 그래서 아름다울 수 있고 신비로울 수 있다. 그러한 물안개의 풍경은 삶이 꿈과 소망을 머금어 고갈되지 않은 상태와 비견될 것이다. 그러나 햇살이 쏟아지면 물안개가 휘발되고 물이 그 속살을 드러내듯이, 삶은 꿈과 소망이 고갈되고 일상과 현실의 적나라한 모습으로 드러난다. 그렇게 되면 안락과 쾌락의 반대급부로 체제가 가져간 것이 무엇인지 또 다른 깨달음을 얻게 된다. "세상에게 자신이 장악당하는 순간, 그것이 어느 일부분의 장악이 아니라 속속들이, 남김없이, 깡그리, 모든 것의 완벽한 장악"이라는 것이다.

그래서 이제 체제는 체제 밖에서의 자유의지나 용기 또는 미래에 대한 환상을 용납하지 않았듯이, 체제 안에서의 그것 또한 허락하지 않는다. 그는 대기업의 셀러리맨 생활에 만족하지 못하고, 이미 개업을 하고 있던 친구의 오퍼상에 합류할 결심을 한다. "치열한 경쟁의 그물 사이를 뚫고 다녀야 하는 일"에 지쳐 있었기 때문이고, '대리-과장-차장-부장-이사'로 요약되는 약육강식의 경쟁에 승자가 될 자신이 없었기 때문이다. 그리고 "용꼬리보다는 닭대가리가 낫다"는 기분에서, "좀 내 마음대로 일을 해봤으면 좋겠다"는 생각에서 그러한 결심을 한 것이다. 그러나 그는 그 결심을 실행에 옮기지 못한다. 그것은 어쩌면 체제 속에서의 꿈이고 소망일 수 있다. 그러한 꿈과 소망은 현실화되기 어렵다. 체제는 그러한 위계와 경쟁을 통해 스스로를 유지하고 확충해 나가는 것이기 때문이다. 체제에서 벗어나는 것이 그가 생각한 것만큼 쉬운 일이라면, 체제가 그토록 완강하게 버티며 개인을 장악해 올 수 있었겠는가 말이다. 소망적 사고가 가지고 있는 결함 곧 현실 인식의 불충분성을 그는 몸소 실현하고 있는 셈이다.

그러나 그의 소망적 사고는 체제와 직접 충돌할 여유도 없이 무너진다. 체제를 내면화한 아내라는 현실에 먼저 부딪쳐 무너지기 때문이다. 셀러리맨 생활을 그만두고 오퍼상 동업을 꺼내는 그를 향해 아내는 우선 '어이 없다'는 표정으로 반응하며 묵비권으로 대응하다가, "좋아, 해봐. 어디 해보라구!"라는 도발적인 태도로 반격한 다음, "출세할 자신이 없으면 가정을 지킬 책임감은 있어야 하는 거 아냐? … 최소한 동거인으로서의 윤리는 있어야 하는 거 아냐"로 마무리한다. 아내의 이러한 철저한 공격에 그는 자신감을 잃고 주저앉았을 뿐만 아니라, 그에게 가장은커녕 동거인으로서의 자격밖에 부여하지 않는 아내의 분노 앞에 '참담할 정도로 왜소해져' 버린다. 그래서 그는 "백기를 들고 포기를 선언한다." 그러면서 결혼 초기의 허세나 공수표도 이제는 남발할 수 없다는 것은 이미 알았고, '무모한 도전을 할 용기'를 내어서는 안 되며, 삶이 '무수한 타협의 연속'이라는 것에 의문을 제기하지 않고, 그저 '가급적 무사히 살아갈 뿐'이라는 것을 재삼 깨닫는다.

아내가 그를 반격하고 공격하며 제시한 '책임감'과 '윤리'의 이면에는 체제 속의 삶에 대한 욕망과 공포가 깃들어 있다. 그가 체제 속으로 타협해 들어오며 '안락'과 '쾌적'을 얻었듯이, 아내는 체제가 제공한 욕망과 공포를 내면화한 것이다. 체제 속에 있으면 체제 속의 욕망을 추구할 수 있지만, 그 체제 안에서 탈락하면 욕망을 추구할 수 없게 된다. 욕망의 추구가 내면화된 존재에게 욕망을 추구할 수 없음은 곧 죽음과 맞먹는 엄청난 공포가 된다. 아내는 책임감과 윤리와 같은 말로써 그 공포감을 포장하고 있는 셈이다. 그가 아내에게 허세를 부리고 공수표를 남발하면서 자기 기만에 빠졌듯이, 아내는 아내 식의 또 다른 방식으로 욕망과 공포를 표현한 것이다. 이런 방식으로 체제는 체제 속에 있는 존재에게 그 체제의 가치관을 내면화하도록 한다. 이것이 앞에서 그가 "세상이 자신을 완벽하게 장악"했다고 말한 것의 의미일 것이며, "그들에게서 꿈이 사라지게 만든", "그 자신을 몰락시켜 가는 체제의 공범자 또는 장본인"으로서 그들 스스로를 규정한 것의 의미일 것이다. 이는 또한 아놀드 토인비가 『역사의 연구』에서 말한, '제도의 끈질긴 힘'과 무관하지 않을 것이다.

이렇게 되면 체제 곧 사회적/공적 영역에서 이루어지던 경쟁과 대결의 양상이 생활세계 곧 사적 영역으로 침투해 들어오게 된다. 그래서 사적 영역인 거주에서 가족적 친밀감이나 보호처로서의 속성은 희박해지고, 사회적/공적 영역인 노동에서의 속성인 지배와 소유가 농후해진다. 알프 뤼트케 등이 『일상사란 무엇인가』에서, 가족은 결정적으로 남성과 여성 사이의 대결의 장으로 파악되어야 한다고 말한 것도 이와 맥락을 같이할 것이다. 아내는 자신의 모교이기도 한 서울의 여자대학교 앞에 이미테이션 액세서리 집을 냄으로써 사회적 영역의 노동에서 남편과 대등한 입장이 된다. 남편에게 경제적으로 의존하지 않는 노동에서의 대등함은 사적 영역의 거주에서의 대등함으로 이어진다. 노동과 거주에서의 대등함은 앤소니 기든스가 『현대사회의 성, 사랑, 에로티시즘』에서 말한 것처럼, 부부의 친밀감 형성의 조건으로 작용할 수 있지만, 이들 부부에게는 적용되지 않는다. 이는 오히려 욕망의 대등함과 경쟁으로 이어진다.

이들 부부가 친밀감을 돈독히 쌓아가는 관계로서보다는 욕망의 대등함과 경쟁 관계에 있음을 보여주는 대표적인 사건이 아내의 자동차 면허 시험 응시다. 이 기간에 그는 직장에서 월차를 내는데, 그것은 그의 해외 파견 근무 여부를 아내와 상의하기 위해서이다. 그의 해외 파견 근무는 사회적 영역에서의 노동에 국한된 문제가 아니다. 그가 해외 파견 근무를 받아들이면 사적 영역인 거주에 엄청난 변화가 일어날 수 있기 때문이다.

긍정적인 변화로 예상할 수 있는 것은 "3년 간의 고생의 대가로 국내에서는 도저히 꿈도 꿀 수 없을, 아내의 오랜 꿈인, 서울 입성"이다. 모든 것에 양면성이 있듯이 부정적인 변화도 고려하지 않을 수 없는데, 그것은 "썩은 줄을 잡았다가 고생은 고생대로 하고도 다시 들어와서는 채 1년도 안 돼 대기 발령을 받는 것"이다. 이는 주로 노동에서 예상되는 것이다. 거주에 이르면 이와 같이 일도양단식으로 명쾌하게 정리가 되지 않을 정도로 복잡해진다.

해외파견 근무를 받아들인다고 하더라도, 3년 동안 그 혼자 갔다 올 수도 있고, 식구들을 동반해서 같이 갈 수도 있다. 가더라도 이곳에서의 생활을 어떻게 정리하고, 낯선 곳에서의 생활을 어떻게 감수할 것인가 등 복잡하고 세세한 문제가 얽혀 있다. 게다가 그보다 먼저 해외 파견 근무를 한 '조대리'의 경우를 떠올리고는 스스로도 결심을 하지 못하고, 아내에게도 말을 꺼내지 못한다. "40도를 오르내린다는 끔찍한 더위와 숨막히는 습기의 나라", "에어컨조차도 제대로 성능을 발휘하지 못하는 그곳에서 10개월 만에 첫 휴가를 나왔던 조대리의 모습"에 대한 기억은 그를 더욱 소심하게 만들었을 뿐이다. "떠나기 전 80킬로를 육박하던 조대리는 10개월 만에 완전히 비비 틀린 걸레조각처럼 말라버린데다가 동남아 사람을 방불케 할 만큼 시커멓게 그을린 모습"이었던 것이다. 그럼에도 불구하고 조대리는 휴가 끝에 가솔들을 모두 끌고 비행기를 타면서 귀족의 성으로 복귀한다고 큰소리를 친 것이다.

그러나 조대리 아내가 아내에게 들려준 그 나라 이야기는 경이와 호기심의 대상이었지, 아내가 직접 당면할 만한 현실의 이야기로 받아들이지는 않았을 거라고 그는 여긴다. 그래서 자신의 남편이 그런 나라로 떠나야 할 것 같다는 이야기를 듣는다면 어떤 표정을 지을까를 생각해 본다. 그는 아마 셀러리맨 생활을 그만두고 친구의 오퍼상에 합류할 결심을 말했을 때 아내가 보이던 반응을 떠올렸을 것이다. 그리고 설령 아내가 해외 파견 근무를 받아들인다 하더라도 조대리의 아내처럼 결코 그를 따라나서지는 않을 거라고 확신한다. "곧 유치원에 들어가게 될 아이의 교육문제"도 있고, "불붙은 듯이 잘 되어 가고 있는 가게"도 있으며, 결정적으로 "3년 정도 떨어져 지내는 걸 못 참아할 아쉬운 정"이 있는 것도 아니기 때문이다. 오히려 혼자 떠나는 걸 아내는 반색할지도 모른다고 그는 생각한다. 아내는 파견근무 수당을 가외로 챙길 수 있고, 남편과 관련된 귀찮은 의무로부터 해방될 수 있으며, 이제 면허 시험을 통과하면 자기 차가 생겨서 그것을 타고 즐길 수 있을 테니까 말이다.

그는 이제 아내가 너무 노골적으로 반길지 모른다는 두려움 때문에 해외 파견 근무 얘기를 꺼내지 못하는 지경이 된다. 그래서 스스로 돌이켜 본다. "도대체 언제부터 이렇게 왜소한 사내놈이 되어버린 것일까"하고. 아내가 경제 전선에 나선 이후부터를 짚어보며 그것을 부정한다. 아내의 두툼한 전대가 그에게도 감격이었다는 사실을 근거로 말이다. 그러나 그의 부정에도 불구하고 그는 제대로 짚어낸 것이다. 경제적 의존 관계에서 탈피한 아내는 그것을 발판으로 한걸음 더 나아간다. "아내가 가게 문을 닫는 시간은 늘 열한시가 넘는 시간이었고, 가게가 잘 되기 시작하면서 가게 문을 닫는 시간은 자꾸 늦어져 갔고, 최근에 들어서는 시외버스 막차를 놓쳐버리는 수도 종종 있었다." 총알택시에 '신변의 안전'과 '목숨의 위협'을 걸어야 하는 '아내의 불안한 귀갓길'을 모른 채 할 수 없는 것이 그의 처지인 것이다. 그에 비해 "그는 전철만 타면 회사 문 앞이었고, 또 전철만 타면 집 앞이었으니까." 그래서 그는 아내의 결심을 막을 수 없는 것이다.

그가 할 수 있는 일은 아내가 "좀더 오래 면허 따위를 갖지 않기를" 바라는 것뿐이다. 그러나 아내는 그의 바람과는 달리 코스도 주행도 한꺼번에 다 합격해 버린다. 그러면서 네 번 만에 면허를 딴 나를 두고, "아무리 생각해도 이런 건 자기보다 내가 낫다구, 안 그래?"라고 흥분한 어투로 말한다. 그러면서 그가 타고 온 차를 두고는, "그 차 인제 내거다!"라고 하며 그에게서 자동차를 건네받을 다짐을 한다. 자동차 면허 시험과 자동차 소유에 관한 아내의 말과 태도는 자동차에 한정된 것이 아니라는 것을 그는 내심으로 알고 있다. 다만 자동차를 매개로 했을 뿐이라는 것을 말이다. 아내는 노동의 대등함을 통해 거주의 대등함을 확보했고, 면허 시험에 합격하여 자동차를 넘겨받아 거주에서도 남편을 압도할 태세를 갖추고 있는 것이다. 이제 자동차는 아내의 욕망을 담고 질주할 준비가 되어 있다. 앙리 르페브르가 『현대세계의 일상성』에서 말한 것처럼, 자동차가 정복하고 구조화하는 것은 사회가 아니라 일상이다. 아내의 노동과 거주의 일상은 자동차의 획득에 따라 자유분방하게 질주할 것이다. 그 질주는 곧 욕망의 질주이고, 욕망의 질주는 사랑의 나아감과 반대 방향이 될 것이다.

그는 대학 3학년 때 보았던 양수리를 10년 뒤 다시 지나게 된다. 부서의 후배 '양현석'의 차에 동승하여 동부지사로 출장을 가는 길에서이다. 그는 그곳을 지나며 10년 전의 이야기를 들려준다. 그다지 각별한 사이가 아니기 때문에, 자세한 사정과 속내를 털어놓지 않고, '미친 바람'이나 '객기'로 적당히 얼버무려진 이야기이지만 말이다. 아내와의 사이에도 '물안개' 정도만을 이야기했지, 자세한 이야기를 나눈 적이 없기는 마찬가지다. 그러면서 "내 차가 생기면 제일 먼저 여길 한번 와볼까. 가족사진이라도 한 장 박아야지."라고 말해 양현석의 웃음을 산다. 그러나 그는 정작 차가 생겨서도 양수리를 찾지 못한다. 늘 아내가 반대를 했기 때문이다. 그리고 그 반대는 양수리를 가는 것에만 한정되는 것이 아님을, 그 양수리가 곧 그가 살고 싶어 한 삶을 모두 포괄한다는 것을 깨닫는다.

그래서 결혼 후로 언제나 "아내의 반대에 기댄 채로 살아왔을 뿐"이라는 생각을 지우지 못한다. 다시 말해 '양수리 가는 길'은 서두에 제시한 두 갈래의 길 중 꿈과 소망의 길, 그가 가고 싶어 하지만 갈 수 없는 길, 그래서 살지 못한 삶을 표상한다.

아내는 그가 그러한 길을 가는 것을 가로막아 일상과 현실의 길로 걷도록 하며, 스스로 또한 그 길을 가고 있는 것이다. 일상과 현실의 길은 욕망과 소유의 길이며, 체제에 수렴되고 장악되는 길이다. 아내는 그가 체제를 벗어나는 기미도 허락하지 않을 뿐만 아니라, 체제 안에서의 도전이나 모험도 허락하지 않는다. 그것은 체제에서 탈락하면 체제 속에서 가능한 욕망의 충족과 안락 그리고 쾌적이 위협받기 때문이다. 이리하여 그는 노동과 거주 양쪽에서 압박을 받아 "출구를 찾을 수 없는 궁지"로 몰려가고 있는 느낌에 빠져든다. 노동의 세계에서는 셀리리맨으로서의 치열한 경쟁에 지치고, 그것을 벗어나고자 친구의 오퍼상에 합류하고자 한 결심도 아내의 반대로 포기하며, 삶의 전환을 꾀할 수 있는 해외 파견 근무는 아내에게 말도 꺼내지 못한다. 거주는 노동에, 곧 생활세계는 체제에 수렴되고 장악되어 제 기능을 상실한다. 그래서 거주의 세계에서는 보호나 휴식, 친밀감이나 사랑이 고갈되어 간다.

사적 영역에서의 거주는 사회적/공적 영역의 위협을 막아냄으로써 제 기능을 발휘할 수 있다. 이를 다시 말하면 거주의 기능인 보호나 휴식, 친밀감이나 사랑은 한나 아렌트가 『인간의 조건』에서 말한 무세계적인 것이다. 그러나 사적인 영역인 거주에 사회적/공적 영역인 세계의 힘이 밀려들어 오는 것을 허용하면, 보호나 휴식의 장은 경쟁의 장으로 변하고, 친밀감이나 사랑은 고갈되어 욕망으로 변질된다. 욕망은 주체를 주체로서 살게 하지 않는다. 욕망은 스스로 주체가 되어 욕망에 사로잡힌 존재를 욕망이 지나가는 통로로 만들어 버린다. 그러할 때 스며드는 감정이 바로 '공허감'이요, 떠올리는 것이 '존재의 이유'와 같은 것이다. 그는 이미 이러한 과정을 거친 셈이다. 아내는 액세서리 집에서 생긴 한 사건을 통해 욕망의 질주에 다소 제동이 걸린다. 가게에 빈번히 드나드는 손님 통에 더러 물건을 도둑맞곤 했는데, 도둑질하던 여대생을 잡아 그동안의 분풀이 겸 파출소에 넘기는 바람에 문제가 벌어진 것이다.

여대생은 억울한 누명을 썼다고 버티고, 아내는 흥분하여 언성을 높이는 바람에 젊은 순경에게 '아줌마'라는 소리를 들으며 호통을 당한다. 자정 넘어 돌아오던 고속도로에서 아내는 급기야 그의 면전에서 울음을 짜낸다. "난 어쩌다 이런 아줌마가 됐지?"라고 말하며. 아내가 아줌마라는 말에 민감한 반응을 보인 것은 그것이 지닌 부정적인 의미를 생각했기 때문이고, 그것은 또한 현재 자신의 삶이 지닌 부정적인 면을 떠올렸기 때문이다. 그래서 아내는 이어서 말한다. "나도 꿈이란 게 있었는데. 그런 시절이 있었는데…". 이러한 아내의 말은 현재 자신의 삶이 꿈과 동떨어진 상태 곧 욕망에 사로잡힌 채로 굴러가고 있다는 것을 깨달았다는 의미일 것이다. 그렇다고 이 일회적 사건이 아내의 삶의 진로에 큰 변화를 초래하지는 못할 것이다. 자동차 면허 시험에 합격하고 월미도의 카페에 마주 앉았을 때, 그는 해외 파견 근무에 대해 이야기를 하려고 입을 떼었으나, 아내가 말을 가로 막고 먼저 "차는 안 돼. 하지만 출근은 내가 시켜줄게. 대신 차는 내가 몰 거야."라고 말한다.

이런 아내 앞에 그는 더 이상 입을 열 수가 없다. 게다가 "나 차 몰기 시작하면 첫 기념으로, 그래, 우리 양수리 갔다 오지. 당신 맨날 양수리 타령 했잖아. 까짓 거 한번 갔다 오지 뭐."라고 말하며 애교까지 부리는 아내 얼굴을 보며, 아름다움과 불쌍함을 느끼며 사랑한다고 말하고 싶은 충동을 느낀다. 이 정도가 바로 이들이 살고 있는 시대의 노동과 거주의 수준이며 사랑과 욕망의 풍속도인 것이다. 그러면서 그는 자신이 "결코 양수리에 갈 수 없을 것임을", 그가 가 있을 곳은 지도상에 "양수리라는 지명이 적혀 있지 않은" 동남아의 어느 나라일 것임을, 그리하여 그에게 "양수리는 물안개만이 기억에 남아 있을 뿐" 만 아니라, 양수리를 더 이상 "생각하지 않아야 한다"는 것도 확신한다. 이것이 욕망의 체제가 생활세계에까지 침투한 현대의 삶에 타협하여 살아남는 방법이기 때문에 말이다.

윤리와 욕망의 길
─김문수의 「온천 가는 길」

    체제의 변화와 관습의 변화 또는 제도의 변화와 문화의 변화는 병행해서 이루어지지는 않는다. 전통사회에서 근대사회로 또는 농경사회에서 산업사회로 사회의 체제나 제도가 바뀌어도, 전통사회의 관습이나 농경사회의 문화가 변화된 사회에 여전히 유지되고 존속되는 경우가 허다하다. 세시풍속 가운데서는 설과 추석 명절이 그러하고, 관혼상제 가운데는 상례와 제례가 그러한 축에 들 것이다. 이러한 때를 맞으면, 산업사회에 걸맞게 변화된 핵가족의 구성원들이 모여 전통사회의 대가족적 유습을 재현하거나 문화를 향유하기도 한다. 그러나 이러한 유습의 재현이나 문화의 향유를 찬찬히 들여다보면, 거기에는 전통사회에서 누리던 고유의 가치는 소실되고, 근대사회의 새로운 이해가 흘러들어가 자리를 잡고 있는 경우가 많다. 다시 말해 알맹이는 바뀌었는데, 외피만 전통을 뒤집어쓰고 있는 꼴이라는 것이다. 이는 내용 없는 형식적인 관습이요 문화이며 전통인 셈이다.

    김문수의 「온천 가는 길」은 이러한 모습을 잘 보여주는데, 특히 어머니의 임박한 임종과 죽음을 가운데 둔 자식들의 태도를 통해, 전통사회의 효성과 상례가 근대 이후의 사회에서 어떻게 변질되었는지를 그려 보여주고 있다. 그러나 그러한 변질을 속속들이 보여주는 데는 어려움이 많다. 전통사회는 개인의 권익을 보호하는 것을 위주로 한 사회가 아니라,

개인 간의 유대를 더 중시하는 공동체 사회였다. 따라서 사생활이나 사적 영역이 보장될 수 없고, 오히려 그것이 쉽사리 노출되는 사회였다. 이는 달리 말하면 타인의 눈을 피하기 어렵다는 것이고, 타인을 속이기가 쉽지 않다는 뜻이다. 그러나 근대사회는 개인 간의 유대보다는 개인의 권익과 사생활의 보호가 우선시되어, 구획된 공간에서 영위하는 시간이 일상의 대부분을 차지하기 때문에, 타인의 시선에 쉽게 노출되지 않는 사회다. 이는 달리 말하면 타인의 눈을 피하기 쉽고, 타인을 속이기도 쉽다는 뜻이다.

이종영이 『내면성의 형식들』에서 부르주아적 내면성을 이야기하면서, 거짓이 일상화되고, 서로가 서로의 일상화된 거짓에 대해 일상적으로 무관심해지는 사회가 형성된다고 말한 것도 이러한 맥락과 무관하지 않을 것이다. 이렇게 타인을 속이고 거짓말을 하는 것은 자신의 의도 곧 이익이나 욕망을 관철하기 위해 타인을 이용하고자 하기 때문이다. 근대사회는 이해타산과 이익을 기반으로 한 사회이므로, 타인은 항상 자기의 이익을 위해 이용할 수 있는 대상이다. 그리고 이러한 사회에서 인간관계는 서로의 욕망을 실현하기 위한 도구적 관계가 될 수밖에 없을 것이다. 이용과 도구로서의 타인은 가족이라고 해서 예외가 아님을 이 작품은 보여준다. 그리고 가족도 같은 장소에서 부대끼며 생활하는 경우가 아니라면, 곧 이미 분가하여 새로운 가족을 형성하여 따로 산다면, 그 내면의 사정을 속속들이 알 수는 없다. 그런 경우에는 타인과 마찬가지로 서로를 진정으로 이해한다는 것은 쉬운 일이 아니다.

타인을 자기 이익과 욕망의 대상으로 삼는 관계에서 인간은 자신의 모습을 그 실현에 맞는 얼굴로 만들어 타인에게 보여준다. 다시 말해 인간은 여간해서는 자신의 본모습을 보여주지 않는다. 따라서 현대사회를 사는 인간들은 서로가 서로에게 자신이 보여주고자 하는 모습을 보여주면서 자신의 진정한 모습은 감추고 있는 셈이다. 그래서 인간이 달을 볼 때처럼, 서로는 늘 보여주지 않는 모습은 보지 못하고, 보여주는 모습만 본 채 서로를 잘 안다고 착각하는 것이다. 이 작품의 작자가 의도하는 것은 이러한 보여주는 부분 밑에 감추고 숨기고 있는 부분 곧 본모습을 드러내고자 하는 것이다. 특히 어머니의 임종과 상례를 매개로, 겉으로 표현하는 전통적인 윤리 이면에 숨기고 있는 현대적인 욕망을 드러내어 보여주고자 한다. 일상적인 차원에서는 이러한 감추고 숨기고 있는 부분이 잘 드러나지 않기 때문에, 작가는 자동차 사고와 의식을 잃은 상태에서의 환몽을 묘사함으로써 이를 드러내고자 한다. '신인'과 '형광구'는 이를 위해 등장시킨 인물이고 장치이다.

표면적인 사건은 '나'와 국장이 1박 2일의 연휴를 보내기 위해 '온천 가는 길'을 달리다가 자동차가 길을 벗어나 밭에 떨어져 의식을 잃는 것으로 되어 있다. 이는 '나'가 의식을 지닌 일상의 상태로 경험한 것을 묘사함으로써 이루어진다. 이면적인 사건은 의식을 잃은 상태에서 신인이 형광구를 통해 보여준 것 또는 '나'가 환몽의 상태로 본 것으로, 의식을 지닌 일상의 차원에서는 보지 못한 것이다. 전자는 국장이 타인에게 보여주고자 하는 윤리의 측면이고, 후자는 타인에게 숨기고 감추고 있는 욕망의 측면이다. 전자는 '나'를 비롯한 타인이 잘 알고 있는 부분이고, 후자는 일상의 타인으로서는 잘 알 수 없는 부분이다. 이 둘을 모두 보아야 한 인간으로서의 국장의 정체를 제대로 알 수 있을 것이다. 일상에서는 전자를 표면에 내세우면서 후자를 이면에 감추기 때문에 후자의 상태를 드러내기 위해 신인과 형광구를 동원한 셈이다.

사건의 표면에 해당하는 1박 2일의 연휴 여행은, '나'가 국장의 어머니 "장례식의 호상이 되어 헌신적으로 애쓴 것에 대한 일종의 보답"으로 이루어진 것이다. '나'는 국장의 '충견'이라는 쑥덕거림도 있고 해서 여행

제안을 사양하지만, 충견이기 때문에 또한 끝까지 거절할 수는 없는 것이다. 게다가 보답 행위를 내세워 국장은 처음 나온 휴게소에서 자신이 운전대를 잡는다. 그러면서 "남의 차를 몰면 마치 마누라가 아닌 딴 여자를 즐기는 기분"이라며, 여행이 일상의 일탈이듯이, 욕망의 일탈 기미를 보인다. 앙리 르페브르가 『현대세계의 일상성』에서 말하듯이, 자동차는 일상에 게임과 모험의 의미를 덧붙여줌으로써 일상에서 벗어나고자 하는 노력을 압축시킨다. 국장은 자동차의 운전대를 잡자마자 그러한 일상의 일탈에 젖고, 일상의 일탈에 들어서자마자 욕망의 일탈을 감행하고자 하는 것이다.

'나'의 아내도 이번 장례식에 수고가 많았다고 치하를 하다가, 평소 술자리에서 그러듯이, '나'의 아내가 미인이라느니, 부인이 미인이라 딴 여자는 눈에 뵈지 않느냐는 둥 국장의 얘기는 금방 욕망의 일탈로 귀결되어 버린다. '나'는 '사십구재도 넘기지 않은 상제'에게 어울리는 분위기로 돌리려고, 음악 애호가인 친구가 골라준 쇼팽의 피아노 소나타 제3번 '장송 행진곡'을 틀었다가 국장에게 핀잔만 듣는다. 국장은 휴가 여행을 떠나올 때부터 이미 작정한 바가 있었던 것이다. "떡 본 김에 제사지내더라고 자네나 나나 이왕에 허가받은 외박이니 이번에 싱싱한 계집 좀 품어 보자고. 계집 값까지 다 계산에 넣은 여행이니까 마단 말은 절대로 하지 말라고."

이런 유들유들한 국장의 심보를 모른 채 고지식한 '나'는 일부러 친구에게 부탁하여 카세트 테이프를 골라온 것이다. '나'가 죽음과 장례에 따른 전통의 윤리와 심정을 간직하고 여행에 임한 반면, 국장은 여행을 준비하면서부터 출발하여 여행을 하는 과정 내내 오직 다른 여자를 품을 욕망만을 생각하며 들떠 있는 것이다. 빅터 프랭클이 『로고테라피 이론』에서 말한 바를 빌리면, 지나친 걱정은 그 걱정하는 일이 일어나도록 만들고, 지나친 의도는 그 의도를 이루지 못하게 만든다. '나'가 국장이 운전대 잡는 것을 불안해했다면, 국장은 지나치게 다른 여자를 품는 것에 들떠 있었다. 그래서 국장이 운전하던 자동차는 길에서 벗어나 밭에 굴러 떨어졌고, 국장은 다른 여자를 품을 수 없게 되었다.

여기까지가 표면을 이루는 사건이다. 이면의 사건은 '나'가 자동차 사고로 의식을 잃은 후 신인의 안내로 형광구라는 장치를 통해 보게 된다. 그것은 자동차 사고가 나기 전 그러니까 여행을 떠나기 전과 자동차 사고가 난 후로 크게 두 부분으로 나눌 수 있다. 전자는 다시 국장이 모친을 서울로 모셔오기 위해 시골의 형님과 옥신각신하는 과정, 모셔오는 길에서 모친이 죽어 장례를 계획하는 과정, 장례식을 치르는 과정 등 세 부분으로 나누어 볼 수 있다. 마지막 과정은 '나'가 의식을 지닌 채 호상으로 참여하여 알고 있는 것과 이면의 모르는 것이 섞여 있다. 어쨌든 위의 두 부분과 세 과정은 대부분 '나'가 의식을 지닌 채로는 볼 수도 없고 알 수도 없었던 것이다. 이를 형광구를 통해서 보여주는 것은 겉으로 드러난 것이 전부가 아님을, 표면과 이면 모두를 살펴야만 국장을 대표로 한 인간됨의 전모를 알 수 있다는 것을 드러내기 위해서다.

형광구는 제일 먼저 국장 부부가 승용차를 타고 시골의 가족들이 다 모여 있는 집에 도착하여 병석의 모친을 두고 벌이는 설전을 보여준다. 국장 가족들은 모친을 가운데 두고 "국장 내외가 병석의 왼쪽에, 국장의 맏형 내외가 오른쪽에 자리하여 마주보고, 남편과 동행하지 못한 두 딸은 발치에" 앉아 있다. 이러한 가족들의 구도는 설전의 구도를 반영한다. 마주보고 앉은 국장 내외와 맏형 내외가 서로 대립되는 입장이 될 것이고, 남편 없이 와 있는 두 딸은 중립적인 또는 중간적인 입장이 될 것이다. 국장과 맏형은 참석 못한 국장의 둘째 형이 있었더라면 서로 자기 의견에 동조했을 거라며, 없는 사람을 끌어들여서라도 자기 의견이 옳다는 것을 강변하고자 하는 판이니, 두 딸이 각각 자기들 의견에 동조해 주기를 바랄 것이다. 그러나 '발치'의 '중간'에 앉아 있는 두 딸이 자기 의견을 강하게 내세워 어느 한쪽에 동조하기를 기대한다는 것은 어려울 것이다.

국장 내외가 병석의 어머니를 서울 자기 집으로 모셔가려고 하는 데서 설전이 시작된다. 맏형은 "성한 사람도 차타는 일이 여간 피곤한 일이 아닌데, 공연히 길에서 일을 당하려고 그러느냐"고 반대한다. 국장은 "상태가 안 좋으시니까 한시라도 빨리 서울로 모셔가겠다고, 차를 곱게 몰면 괜찮다"고 반박한다. 다시 맏형이 "어머님 계신 데에서 왈가왈부하는 것도 죄스런 노릇"이니 없었던 걸로 하고 다른 얘기를 하자고 말머리를 돌리려 하나, 국장은 "일단 나온 얘기니 딴 방으로 옮겨 매듭을 짓자"고 낚아챈다. 병석의 노모를 제외한 딴 방에서 맏형은 "지금 어머님께선 언제 어떻게 될지 모르는 상태인 줄 보면 모르겠냐"고 재반대하자, 국장은 "그러니까 서두르는 거라고, 이 비좁은 집에서 일을 당하기 전에, 돌아가실 때라도 좀 편안하게 돌아가시게 해드리고 싶은 거"라고 재반박한다. 여기까지는 여느 집안에서나 있을 수 있는 광경이다. 얘기의 초점이 병석에 누워 있는 모친에 맞추어져 있기 때문에 말이다.

그러나 이 단계를 넘으면 이야기의 방향이 다소 틀어지기 시작한다. 특히 국장이 비좁은 집과 방을 들먹이며 모친의 죽음 이후를 얘기하자, 그 부분에 대해서 맏형은 목소리를 낼 수가 없다. 장례 치를 사람들과 조문할 사람들의 불편을 나열하면서, 자기네 넓은 집과 방의 널찍함과 편안함을 대비시킨다. 국장 내외는 맞장구를 쳐가며 두 딸의 동의를 구하고, 두 딸은 난처한 표정을 짓는 가운데, 맏형은 "오늘낼 하는 노친네를 아우에게 떠념겼다"는 욕을 먹을 것이라고 우려하고, 맏형수는 "모실려면 진작 모실 일이지 다 돌아가시게 되니까"라며 국장 내외 욕먹을 일을 염려한다. 여기에 이르면 이야기의 초점이 병석에 누워 있는 사람이 아니라, 노인이 죽고 난 뒤에 남은 사람들의 입장으로 옮겨진다. 장례와 조문의 불편과 편의와 같은 실제적인 일에서 시작되어 타인들의 눈을 의식한 욕과 효도와 같은 명분으로까지 나아간다.

국장은 맏형수의 염려대로 "욕을 먹더라도 마지막 효도는 해야겠다"고 서울로 모셔갈 것을 고집하고, 맏형은 "계시던 데에서 편하게 돌아가시게 가만 놔두는 게 효도"라고 한다. 둘의 좁혀지지 않는 의견과 고집을 계속할 수 없어, 두 딸에게 의견을 묻는다. 큰딸은 "여태 한 번도 딸 노릇 못한" 것을 내세워 어느 한 쪽에 동조하지 않고 입을 다물어 버린다. 그러나 작은딸은 양시적인 의견을 내세워 입장을 유보한다. 그녀는 한편으로는 "효자·효부한테 계시다 임종하시는 것도 좋다"고 생각하지만, 또 다른 한편으로는 "엄마가 고생하신 걸 생각하면 돌아가신 뒤에라도 좀 호강하셨으면 싶기도 하다"고, "문상객이 한 사람이라도 더 올 테고 조화가 들어와도 더 들어올 테고", "전 어떻게 하는 게 더 좋은지 모르겠다"고 말한다. 그러나 작은딸의 결론적 유보에도 불구하고, 그 말의 내용에서는 경중에 차이가 있다. 큰오빠의 경우를 언급한 내용은 임종의 경우에만 해당되어 간단하다. 그에 비해 작은오빠의 경우는 임종과 그 후의 장례까지 감안하여 내용이 길어진다. 언급한 내용 안에 이미 경중의 판단이 들어 있는 셈이다.

이는 결국 관습적 현실도 이제 명분이나 윤리보다는 힘의 우열에 의해 결정됨을 보여주는 것이다. 맏형은 사업에 실패하고 낙향하여 곤궁한 처지에 있고, 동생은 관직에 나아가 장차 차관과 장관을 바라보는 촉망받는 국장 자리에 있다. 그러니까 맏형은 설전의 시작에서부터 국장에게 이길 수 없는 처지에 있었던 것이다. 작은딸의 양시적인 지적과 유보에도 불구하고 저울은 현실적 비중이 무거운 쪽으로 기울게 마련인 셈이다. 근대 이후는 명분보다 실리가 우선하는 사회니까 말이다. 문제는 말보다는 실제 행동에 있다. 맏형과의 설전에서 이겨 자기 뜻을 관철한 국장은 형 앞에서 말한 것을 실행하지 않는다. 다시 말해 형 앞에서 한 말은 어머니를 모셔오려는 의도를 이루기 위해 내세운 명분에 지나지 않았던 것이다. 국장은 명분밖에 내세울 수 없었던 형을 명분과 실리를 내세워 물리쳤지만, 자신의 명분은 형의 진정한 명분과는 다른, 실리를 얻기 위한 거짓 명분이었던 것이다. 그리고 그 실리도 장례를 치를 가족이나 조문객을 위한 것이 아니라 오직 자신을 위한 것이었음이 밝혀진다.

두 번째 과정 곧 서울로 모셔가는 길에서 모친이 죽어, 장례를 계획하는 과정에서 국장의 이러한 면모가 잘 드러난다. '차를 곱게 몰겠다'는 약속은 처음부터 지켜지지 않는다. 뒷자리에 모신 어머니는 아랑곳하지 않고 속도를 내며 달린다. 휴게소에 들러서도 '뒷자리의 병자를 살필 생각은 않고' 커피숍에 앉아 느긋하게 커피를 즐긴다. 어머니가 곧 돌아가시지 않을 경우를 아내가 걱정하자, 국장은 쓸데없는 걱정으로 아까운 시간 낭비하지 말라며 자리에서 일어선다. 즉 "사시는 동안만이라도 효도하겠다"는 말도 거짓이었음이 드러난다. 게다가 서울로 돌아와서도 곧장 집으로 들어가지 않고 갈비집에 들러 식사를 함으로써 '시간낭비'가 어머니를 위한 배려가 아니라, 자신들의 배를 채우기 위한 식사 시간에 늦을까봐 재촉한 것임이 드러난다.

앞의 '다른 여자를 품는 것'과 지금의 고기로 '배를 채우는 것'은 거의 같은 맥락이라고 볼 수 있겠다. 이는 국장의 사고와 행동을 지배하는 것이 대체로 원초적인 욕망의 충족 곧 향락이나 즐김임을 보여주는 것이다. 아도르노가 『계몽의 변증법』에서, 향락 속에서 인간은 사유로부터 면제되며 문명으로부터 탈출한다고 말한 바 있다. 즉 향락적인 인간은 향락을 위해서 사유를 하지 않을 뿐만 아니라, 결국 야만적이 될 수밖에 없다는 것이다. 그래서 타인의 고통에 대해서 생각을 한다거나 그것에 대한 배려를 한다는 것은 안중에도 없는 것이다. 헨리 데이빗 소로우가 『구도자에게 보낸 편지』에서, 문명인은 보다 경험이 많고, 보다 영악해진 야만인에 불과하다고 말한 것도 이와 무관하지 않을 것이다. 국장은 어머니나 효도를 들먹이면서도 그러한 야만적인 사고나 행위를 서슴지 않고 해대는 것이다.

아내가 뒤늦게 "뒷자리에 있는 어머니"를 걱정하자, "정신도 못 차리는 양반이 도망이라도 갔을까봐" 걱정이냐며 나무라고, "차 안에 너무 오래 혼자 계시게 했지 않냐"고 재차 걱정하자, "혼자 계신다고 심심한 걸 아시기나 하며, 서운한 걸 느끼시기나 하시느냐"고 재차 나무란다. 그리고는 "꼬장꼬장한 양반이 마음이 안 놓여 집에 전화라도 걸면 곤란하다"고, "조심해서 차를 모느라 늦었다"고, 집에 도착하는 즉시 또 전화하겠다고 맏형한테 전화나 걸라고 지시한다. 이러한 국장의 말에는 어머니에 대한 존중심, 병자에 대한 배려심이 전혀 들어 있지 않다. 뿐만 아니라 어머니 또는 병자를 거의 죽은 사람처럼 취급하고, 아내를 거의 직장 부하 대하듯 하는 태도를 드러낸다. 이와 같은 국장의 말에서 자신의 이익 또는 욕망을 무엇보다도 우선시하는 현대인의 모습을 볼 수 있을 뿐만 아니라, 오랜 관직 생활을 통해 몸에 익힌 모든 존재를 생명이 없는 대상으로 사물화시키는 관료적 의식을 읽어낼 수도 있겠다.

그 결과는 자신을 제외한 모든 존재의 사물화 곧 죽음이다. 집의 차고에 도착한 국장이 뒷문을 열고 담요 자락을 들어올리며 발견한 것은 "해골과 다를 것이 없는 노인의 창백한 얼굴"이다. 아내는 어머니의 죽음을 확인하기도 전에 온몸을 떨며 무서워하는데, 국장은 죽음을 확인하고도 태연하다. 그리고는 "돌아가신 걸로 하면 안 된다"고 말한다. 그의 감정은 죽은 사람처럼 차지만, 그의 머릿속은 빠르게 회전한다. 마침 애들이 용평 스키장에 가 있고, 집안일을 돌보는 '이천댁'이 친정 조카 결혼식참석 차 나가 있어, 안도할 뿐만 아니라 일이 착착 맞아떨어진다고까지 말한다. 돌아가신 어머니가 차 안에 계신다고 아내가 이의를 달자, 사실 만큼 사셨으니 호상이라고 도리어 핀잔을 준다. 다시 아내가 언제 어디서 숨을 거두셨을까 의아해 하자, 국장은 그런 것 따질 때가 아니라며, 사람들의 비난을 피하면서 많은 조문객을 받을 수 있게끔 돌아가신 날짜의 조작을 계획한다.

 돌아가신 날을 오늘로 하면 일요일인데다 삼일장을 치르면, 연락도 제대로 안 되어 조문객이 줄어들 것이고, 오일장을 하자니 가정의례 준칙을 어겼다고 비난을 받아 공무원으로서의 품위에 손상이 간다. 그래서 돌아가신 날을 몇 시간 늦추어, 실제의 사일장을 '삼일장'으로 바꾸어 치른다. 이렇게 국장이 많은 조문객에 연연하는 것은 그 돈으로 차관으로 승진하는 데 필요한 '상납금'을 만들어야 하기 때문이다. 자신의 돈으로 상납금을 마련한다는 것은 국장에게는 있을 수 없는 일이다. 자신의 노력으로 생긴 '생돈'이 아니라 타인을 이용하여 만든 돈이라야 그런 곳에 어울리는 것이다. 어머니의 죽음을 확인한 후 그의 뇌리를 스친 생각이 바로 이런 것이다. 그래서 국장은 자신이 시키는 대로 하면 "어머님과 당신이 날 차관으로 만드는 일"이 된다고 아내에게 말할 수 있는 것이다.

 이러한 국장의 말과 행동은, 화이트헤드가 『관념의 모험』에서 힘의 향유가 생명의 섬세함에 치명적인 것이라고 말한 것과 일맥 상통할 것이다. 국장은 자신의 관직이라는 힘을 향유함으로써 어머님을 끝까지 모시려는 맏형의 의지를 꺾을 수 있었고, 자신의 의지대로 어머니를 서울로 모셔오면서 제대로 살피지 않아 죽음을 재촉했고, 아내의 두려움에도 아랑곳하지 않고 다시 그 죽음을 이용하여 차관 승진을 꾀하고 있다. 타인의 섬세한 감정과 진실한 태도 그리고 생명에 대한 연민의 정을 모두 힘으로 묵살하고, 그것을 이용하여 다시 더 큰 힘을 획득하기를 의도하는 것이다. 이는 앞에서 본 국장의 향락과 쾌락을 추구하는 향락적 인간됨이 힘과 권력을 향한 의지와 연관됨을 알 수 있다. 그리고 향락과 쾌락이 그러하듯이, 권력과 힘 역시 사고나 문명과는 무관하게 잔인하고 야만적으로 행사될 수 있음을 보여주는 것이다. 뿐만 아니라 크리스 로젝이 『포스트모더니즘과 여가』에서 말한 것에 기댄다면, 향락과 쾌락이 그러하듯이, 권력과 힘은 타인과 감정적 관계를 맺는 것을 불가능하게 만든다는 것을 보여주는 셈이다.

장례를 치르는 장면인 세 번째 과정은 두 번째 장면에서 국장이 계획한 의도가 제대로 실현되는 과정을 보여준다. "조화의 행렬은 빈소에서부터 대문 밖까지 이어져" 있고, 거실에는 "석 대의 전화가 마련되어" 있으며, "접수 테이블을 맡은 사람은 잇따라 밀려드는 조의금 봉투" 때문에 진땀을 빼고 있다. 이 장례식은 앞의 '상납금' 외에 부수적인 효과까지 노리고 있다. 물론 그것은 진실을 왜곡하여 자신의 승진에 필요한 덕목을 추가하는 차원에서 이루어진다. 그 역할은 호상 역을 맡은 '나'가 담당하고 있다. 그러한 역할을 잘 해내기 위해서는 국장과 가까우면서도 진실을 모르는 인물이어야 한다. 앞에서 말한 것처럼, 어차피 현대인은 타인의 사생활을 속속들이 알 수 없기 때문에 타인을 속이기가 어렵지 않고, 타인은 또 자기와 직접적인 이해관계로 서로 부딪치지 않는 한 속을 준비가 되어 있으니까 말이다.

진실을 모르기 때문에 왜곡된 진실을 진실로 알고 연출할 수 있다. 게다가 '나'는 평소에 국장의 '충견' 소리를 듣는 판이니 '나'가 적합한 인물로 선택될 수밖에 없었을 것이다. '나'의 연출에 의해 국장은 "막내인데도 이십 년을 넘게 모신 효심이 두터운 아들"이 되고, 그것을 "아무한테도 그런 내색을 하지 않은" 속 깊은 인물이 될 뿐더러, "오 년도 넘게 모친의 대소변을 직접 받아낸" 지극한 효자가 된다. 이런 '나'의 연출은 맏상제로 와 있던 국장의 맏형에게 발견된다. 맏형은 진실을 왜곡하는 '나'에게 폭언을 퍼붓고, '나'는 영문을 모른 채 당황한다. 구경거리를 수습하기 위해 둘째 상제는 '상복 입은 처지'를 들먹이며 맏상제를 끌고 들어가고, 국장은 '어머님을 못 모신 죄책감'이 원인이라며 '나'를 데려간다. 그러면서 맏형을 자극할 수 있는, 자신이 '병구완한 얘기'는 안하는 게 좋겠다고 다독거린다. 국장의 입장에서는 이미 그 효과는 거둔 셈이고, 다시 화근을 만들 필요가 없겠기에 말이다.

  이 장면은 '나'가 직접 경험한 현실적 사건이다. 그러나 그것을 겪을 당시에는 국장의 표면만 알고 있을 때이다. 이제 그 이면을 알고 다시 '형광구'를 통해 그 장면을 보고 난 뒤의 소감은 한마디로 '부끄러움'이다. 그 당시에는 자신이 국장의 말대로 호상 노릇을 '헌신적으로' 했다고 여겼겠지만, 지금은 국장이 진실을 왜곡하는 일에 자신이 적극적으로 일조를 한 것이니 부끄러울 수밖에 없을 것이다. 그러나 '나'는 국장과 관련됨으로써 도덕적으로 또는 윤리적으로 수치심을 느끼는 정도로만 끝나지 않는다. 그것은 바로 자동차가 도로를 벗어나 밭에 굴러 떨어져 '나'가 의식을 잃은 뒤에 일어난다. '나'는 의식을 잃은 상태이기 때문에 현실 차원에서는 알 수가 없다. 신인이 형광구를 통해 그 상황을 보여줌으로써 알게 된다. 그것은 한마디로 자신의 '생사'와 관련된 것이다.

  밭에 굴러 떨어진 승용차는 "얌전하게 주차해 놓은 듯이 정상적인 모습"이다. 얼마쯤 시간이 지나고 난 뒤, '멀쩡한 모습'의 국장이 굼뜬 동작으로 차 앞문을 열고 나오는데, '나'는 벨트에 묶인 채 '죽은 닭처럼' 축 늘어져 있다. 국장은 '나'의 몸의 벨트를 풀어 운전석에 끌어다 앉히고 다시 벨트로 '나'의 몸을 묶는다. 그리고는 다리를 절며 갓길에 올라선 국장은 지나는 차량 중에 봉고차를 세워 구원을 요청한다. 봉고차에 내린 세 명의 청년이 '나'의 몸을 확인하고 봉고차에 태우고 가면서 국장에게 묻는다. "어쩌다 그렇게 됐냐"고. 국장은 대답한다. "모르겠다"고, "저 친구가 운전을 했고 난 잠이 들어 있었는데, 눈을 떠보니까 차가 밭 가운데 있더라"고. 그러면서 자신의 구원 요청에도 불구하고 그냥 달아난 차량들을 들먹이며 '세상 인심'을 탓한다. 형광구를 보며 사실이 전도되고 진실이 호도되는 것에 안타까워하며, 처음 주유소에서 주유할 때의 장면을 요구하는 장면에서 '나'의 의식이 깨어난다.

신인과 형광구 대신 세 청년 곧 '나'의 심장 뛰는 것을 확인했던 청년, 안전 벨트를 풀어준 청년, 업어 옮겼던 청년의 모습이 보이고, 그 옆에서 '나'를 바라보는 국장의 모습도 눈에 들어온다. 청년들은 '나'의 의식이 깨어난 것을 기뻐하며 소리를 지르지만, 국장은 아무 말없이 바라볼 뿐이다. 여기에 이르면 가족의 임종이나 죽음뿐만 아니라, 타인의 목숨도 자신의 목적을 이루기 위한 도구로 삼는 모습을 보여주는 셈이다. 그러니까 이 작품은 이익이나 욕망의 충족을 삶의 목표로 삼는 사람, 쾌락이나 향락에 탐닉해 있는 자는 가족의 죽음이나 타인의 목숨까지도 얼마든지 희생물로 삼을 수 있음을 보여주는 것이다. 이는 또한 이 작품의 등장인물인 국장에 한정된 것이 아니라 현대를 살아가는 모든 이에게 해당될 수 있음을 보여주는 것이다. 국장은 단지 그것의 전형일 뿐이며, 그런 의미에서 이 작품은 현대의 풍속도인 동시에 현대인의 초상일 수 있는 것이다.

교육과 성장의 길
— 이순원의 『아들과 함께 걷는 길』

 인생은 흔히 길에 비유되고, 그 우여곡절은 고갯길이나 길의 굽이에 자주 비유된다. 전국 곳곳에서 발견되는 아리랑 고개나 민요 아리랑은 이를 확인할 수 있는 대표적인 예가 될 것이다. 인생의 우여곡절은 개인에 따라 모두 다를 수 있지만, 전통사회에서는 그것을 공식화해서 의례로 치러지기도 했다. 통과의례가 바로 그것인데, 주지하다시피 우리의 경우는 삶뿐만 아니라 죽음까지도 포괄하여 관혼상제라는 네 가지 의례를 중요한 통과의례로 격식화했다. 이러한 통과의례 중 가장 보편적인 경우가 성인식 또는 성년식일 것이다. 성인식은 공동체의 한 인간이 무지와 미숙의 상태로부터 사회적, 정신적 성인 곧 성숙을 성취하고 그가 속한 사회적 집단의 충분한 자격이 있는 구성원이 되는 데 필요한 통과의례이다. 그러니까 전통사회에서는 한 인간이 성인이 되는 것은 개인적 차원이 아니라 공동체적 차원의 사건이었던 셈이다. 그러나 현대사회에서 성인이 되는 것은 개인의 몫이다. 성인식을 관장할 공동체도 없을 뿐더러 개인과 그 개인이 속한 사회 사이에 연속성이나 지속적인 유대감도 상실된 지 오래이기 때문이다.
 이순원의 『아들과 함께 걷는 길』은 이러한 현대사회에서 한 가정의 아버지가 아들의 성장을 위해 해줄 수 있는 진정한 교육이 무엇인지를 고민하고 실행하는 이야기라 할 수 있겠는데, 이는 전통사회에서 치러지던 성인식에 가깝다. 자라나는 아들을 둔 아버지로서, 성인이 되어 다음 세대와 세상을 살아갈 아들에게, 공동체에서 이루어지던 성인식과 같은 것은 아닐지라도 그에 걸맞은 뭔가를 해주어야 한다는 의무감 같은 것이 작용한 것이라 할 수도 있겠다. 작품은 아버지가 아들을 데리고 대관령 서른일곱 굽이를 걸어서 내려오며 주고받는 이야기로 구성되는데, 각 굽이마다 한 가지 주제를 정해 일상의 분주함과 격절 속에서는 나눌 수 없었던 대화로 부자가 소통하고 교감하는 내용을 담고 있다. 사회의 공적인 영역에 아이들을 위한 교육기관이 버젓이 있는데도 불구하고 왜 아들과 함께 이런 길을 걷게 되었는지, 아들과 길을 걸으며 이런 대화를 하게 되었는지, 다시 말하면 일종의 자식 교육을 위해 왜 굳이 이런 일을 하게 되었는지를 작가는 작가의 말 '이 땅의 모든 아이들과 아이들의 아버지에게'에서 토로하고 있다. 그것에는 공교육뿐만 아니라 가정교육을 포함한 모든 기성 교육에 대한 비판이 담겨 있다.

"아이들이 바르게 자라고 훌륭하게 자란다는 것이 어떤 것인지 어른들이 먼저 그 가치관을 내버린 듯한 느낌입니다. 자기들 세상만으로는 부족해서 장차 아이들의 세상까지 지옥으로 만들자는 것이지요." 그래서 어른들은 자식들에게 공부 잘하기만을 요구한다. 이는 프로이트의 '현실원칙'이나 라깡의 '아버지의 이름'에도 훨씬 못 미치는 수준이다. 그나마 이 둘은 사회적 영역에서 통용되는 법이나 질서에 대한 존중의 의식이 담겨 있기 때문이다. 그러나 부모가 자식들에게 요구하는, '공부만 잘하기'에는 살아가며 지켜야 할 어떠한 소중한 덕목도 들어있지 않다. 오로지 경쟁에서 이기기만을 요구할 뿐이다. 공부만을 요구하고, 경쟁에서 이기기만을 강요하는 처지에서 전인격적 소양의 함양을 교육적 지표로 내건다는 것 자체가 허위의식에 지나지 않는다. 그래서 목적을 위해서 수단과 방법을 가리지 않는 풍토가 그 다음의 수순이 된다. 김동춘이

『독립된 지성은 존재하는가』에서 말한 것도 이러한 사정과 무관하지 않을 것이다. 즉 한국인에게는 가족을 벗어난 사회에서 어떻게 행동해야 하는가에 대한 논의는 없고, 가정에서나 학교에서의 가르침도 없다. 가족을 벗어난 사회는 남들이 살고 있는 전쟁터일 뿐이라고 말이다.

작가는 이러한 상황이 기성세대 곧 '어른들의 잘못된 가치관'에 기인하는 것으로 보고 있다. 그러나 아도르노와 호르크하이머는 『계몽의 변증법』에서 주체보다는 '체계'에 더 짙은 혐의를 두고 있다. 즉 거대 산업사회라는 체계가 인간의 삶에서 사랑을 축출함으로써, 중산층은 붕괴되고, 자유로운 경제 주체는 몰락하며, 가정에 상처를 입힌다는 것이다. 그 결과 성장기의 아이들에게 가정은 더 이상 삶의 터전으로서의 역할을 하지 못하게 된다는 것이다. 김용석은 『일상의 발견』에서 이를 더 근원적인 차원에서 살피고 있다. 즉 가족 자체가 열린 공간으로서의 교육의 장이 되기에는 한계가 있다는 것, 열린 가족은 존재하기 어렵다는 것이다. 혈연, 혼인 등 가족이 될 수 있는 조건 자체가 편협하기 때문에 어차피 폐쇄적일 가능성이 높다는 것이다. 그럼에도 불구하고 김용석은 다른 가능성을 제시한다. 즉 가족이 가정의 개념을 수용한다면, 열린 가정이 가능하며, 열린 가정은 열린 개인이 만든다는 것이다. 결국 주체와 체계 사이를 잇는 가닥은 다양하고 많겠지만, 그 한 가닥을 잡고 시작할 수밖에 없다는 것이다. 이 작품 역시 그러한 관점에서, 한 가정의 아버지와 아들에서부터 시작하는 것이다.

대관령 내리막길 60리 끝에는 아버지의 아버지가 살고 계시는 고향집이 있다. 자동차로는 30분쯤 걸리는 길인데, 걸어서는 4시간 반 또는 5시간 반쯤 걸리는 길이다. 어머니와 작은아들은 자동차로 내려가고, 아버지와 큰아들은 걸어서 내려간다. 작은아들은 아직 먼 거리를 걷기에 어리기 때문이다. 몸도 편하고 시간도 절약할 수 있는데도 아버지와 큰아들은 굳이 걸어서 내려간다. 자동차로 이동하는 것과 보행으로 이동하는 것은 차이가 있기 때문이다. 자동차로 이동하면 레베카 솔닛이 『걷기의 역사』에서 말하듯이, 세계는 도달할 수 없는 곳이 되기 때문이다. 그리고 크리스토프 라무르가 『걷기의 철학』에서 말하듯이, 걸을 때 우리는 더이상 사물의 모습을 그저 스쳐지나가지 않고 바라보게 되며, 그러다 보면 사물에 대해 숙고하는 법을 배우게 되기 때문이다. 또한 다비드 르 브르통이 『걷기 예찬』에서 말했듯이, 걷기는 세계 속으로 빠져 들어가는 방법이며, 걷는다는 것은 세계를 온전하게 경험하는 것이기 때문이다. 그래서 이들 부자는 걷기를 통해 평소에는 얻기 힘든 사물과 세상 그리고 인간에 대한 직접적이고 감각적인 배움의 기회를 얻게 되는 것이다.

오늘 부자가 걷는 그 길은 이미 그들의 선조가 걷던 길이기도 하다. 따라서 그 길을 걸으면서 선조들의 삶을 음미할 수 있는 기회를 마련한다. 이때 길은 박태순이 『나의 국토, 나의 산하』에서 말한 것처럼, 시간과 시대와 역사를 저장한 길이 된다. 그리고 다비드 르 브르통이 앞의 책에서 말한 것처럼, 세상의 모든 길은 땅바닥에 새겨진 기억이며 오랜 세월을 두고 그 장소를 드나들었던 무수한 보행자들이 땅 위에 남긴 잎맥 같은 것, 여러 세대의 인간들이 풍경 속에 찍어놓은 어떤 연대감의 자취 같은 것이다. 그들 부자가 걸어 내려가고 있는 길 역시 여느 길과 마찬가지로 역사와 시대와 시간을 저장하고 있다. 그래서 아버지는 아들에게 그것을 이야기한다. 처음 길은 한 사람의 발자국에서 시작되고, 그 발자국이 모여 오솔길을 만들며, 다시 수많은 사람들의 걸음이 가마와 수레가 지나다닐 수 있는 길을 만들고, 또 다시 자동차가 다닐 수 있는 포장도로를 만들었다고. 이처럼 길은 길 자체의 역사를 담고 있는 것이다.

그러나 길은 거기에서 머무는 것이 아니라 나아가 그 길을 만들고 걸었던 인간과 삶의 역사를 내장하고 있다. 그래서 아버지는 아들의 고조할아버지와 증조할아버지가 일제시대에 이른바 '신작로'라는 지금 걷고 있는 길을 닦는 데에 강제 동원되었고, 해방 후에는 할아버지가 '인부'로 품삯도 받지 않고 바쁜 농사철에 동원되었으며, 아이의 아버지 역시 새마을운동의 일환으로 큰 장마 후에 패인 길을 보수하는 데 인부로 동원되었다는 사실을 들려준다. 이처럼 길에는 그 길을 만든 사람들의 피와 땀이 밴 곳이다. 그러나 그렇게 만들어진 길을 이용하는 사람들은 그 사실을 쉽게 잊어버린다. 심지어 그 길에 밴 삽과 곡괭이질 그리고 피와 땀을 묵살하고 기껏 포장한 사실을 과대 선전하며 마치 자신들이 그 길을 처음 낸 것처럼 호도하기도 한다. "이 길을 포장한 회사의 가장 높은 사람이 신문에서도 그렇게 말하고, 방송에 나와서도 그렇게 말했단다. 자기가 이 길을 닦았다고. 그때 아빠는 그 사람이 우리 할아버지와 아버지의 피와 땀을 모독하는 느낌을 받았단다."가 그것이다.

 길을 걷고 있는 부자와 도로를 포장한 회사의 사장은 길과 도로에 대한 두 태도를 대변한다. 즉 피에르 쌍소가 『느리게 산다는 것의 의미』에서 말한, 길은 우리를 겸손하게 만든다는 것이 전자의 경우라면, 조지프 아마토가 『걷기, 인간과 세상의 대화』에서 말한, 더 넓고, 더 길고, 더 똑바르고, 표면이 더 평탄한 도로는 고도로 조직화된 사회들이 속도와 지배권을 다투는 과정에서 생겨났다는 것이 후자의 경우다. 길을 걷는 사람은 걷기를 통해 스스로를 낮추고 겸손해져 길에서 깨달음을 얻는 데 비해, 도로를 포장하고 그 포장된 도로를 자동차로 이동하는 사람은 공간과 시간을 지배한다는 느낌으로 오만해져 깨달음을 얻을 기회는 고사하고 길의 고마움을 망각한다. 그 망각 속에는 길의 역사와 길을 낸 사람들의 노고까지 포함되는 것은 말할 필요도 없다. 그래서 서술자인 아버지로 하여금 다음과 같은 말을 하게 만든다. "그 사람은 자기 회사의 이익을 위해 돈을 받고 단지 이 길을 포장한 것뿐이거든. 우리 할아버지들처럼 이 길을 위해 피땀으로 희생했던 게 아니라." 길의 역사를 알고 있는 이, 길을 내기 위해 희생을 치른 이에게 도로를 포장한 이가 내세우는 과대선전은 그들에 대한 모독이 될 수밖에 없는 것이다.

대관령을 내려오는 고갯길 굽이들은 모든 고갯길이 그러하듯 자연으로 둘러싸여 있다. 도로는 포장이 되어 자동차가 다니고 있지만, 도로 주위에는 아직 옛길 그대로의 풍광을 유지하고 있는 것이다. 레베카 솔닛이 앞의 책에서 말하듯이, 노래는 깊은 사막을 건너는 항해 도구이고 풍경은 이야기를 떠올리는 기억장치이다. 굽잇길 주위에 펼쳐진 풍경을 보며 걷는 이들에게 그것은 이야기를 떠올리게 하는 장치가 된다. 주된 풍경은 산이라는 자연이고, 그것의 대부분은 나무와 풀과 꽃으로 이루어져 있다. 자동차를 타고 내려가면 자연의 풍경은 시선이 잠시 머물기조차 힘든 것이 되어 시야에서 사라져 버리지만, 걸어서 내려가면 그것은 배움과 깨달음의 자료가 될 뿐만 아니라, 인간의 삶과 연결된 소중한 생명체가 된다. 그래서 아들은 아버지에게 '50가지 풀 이름 대기' 내기를 제안하기도 하고, 글을 쓰는 것이 직업인 아버지는 글 쓰는 종이의 원료가 나무라는 것을 근거로 글쓰기의 자세에 대해서 말하기도 한다. 풀이름을 많이 안다는 것은 그것과의 직접적인 접촉의 경험이 많다는 것과 그를 통해 그것에 대한 기억과 사랑을 오래 간직할 수 있다는 것을 의미할 것이다. 종이를 나무와 연결지어 생각하는 것은 "내가 쓰는 이 글이 저 푸른 나무들을 베어내 책으로 만들어도 부끄럽지 않은가"를 생각하게 하는 것이다. 이 둘은 관념과 사물, 노동과 원천이 분리되고 단절된 현대인의 삶을 성찰게 하는 것이다.

그리고 '물푸레나무 회초리와 물푸레나무 책상'에 대해서도 이야기한다. 물푸레나무 회초리에는 전통적인 가정교육의 방식이 배어 있고, 물푸레나무 책상에는 전통적인 자식 사랑의 방식이 녹아 있음을 말한다.

옛날 어른들은 회초리를 맞을 아이들에게 직접 회초리를 만들어 오라고 시킴으로써 그 과정까지도 교육적으로 활용하는 지혜를 발휘했다는 것이다. "형제가 같이 낫을 들고 밭둑으로 나가 회초리를 만들다 보면 우리가 왜 싸웠는지, 그게 싸울 만한 일이었는지 아닌지 반성하게 되고, 어떤 일로 잘못을 하고, 또 어떤 일로 싸웠든 형제가 함께 회초리를 만드는 동안에 서로 얼굴만 마주봐도 저절로 부끄러운 생각이 드니까. 회초리를 만들 때에도 자기 것은 굵은 것으로 만들고 동생 것은 일부러 작은 걸로 만들어주고 말이지." 그리고 회초리를 만들어오는 과정에서 이미 반성을 하였다면, 벌을 받은 것으로 간주하여 늘 때리지는 않았다고 말한다. 잘못에 대해 즉각적으로 반드시 벌을 부과함으로써만 교육적 효과를 거둘 수 있다고 생각하는 현대의 처벌관보다는 훨씬 여유가 있는 경우인데, 이에는 현대인의 조급성에 대한 비판도 담겨 있다. 그리고 그 조급성의 바탕에는 욕심이 깔려 있음을 지적하는 것도 잊지 않는다.

　물푸레나무는 또한 타작 도구인 도리깨에도 사용되어 '도리깨 머슴'이라 불리기도 한다. 도리깨 자루 끝에 '엄지손가락 굵기 만한 나뭇가지 몇 개'를 대는데, 그것을 도리깨 날개라고 부르지 않고 '곡식을 터니까 일하는 머슴'으로 불러준 것이다. 이러한 명명에도 사물에 대한 농심이 배어 있는 셈이다. 즉 자신들의 고된 노역을 도와준다는 면에서 사물에 대한 고마움의 정이 묻어 있는 것이니까 말이다. 이는 노동에 대한 대가로 임금을 지불함으로써 그 어떤 인간적, 정서적 느낌도 배제해 버리는 현대의 노역과는 다른 것이다. 이는 전우익이『혼자만 잘 살믄 무슨 재민겨』에서, 날마다 만나는 사람들과 물건들을 어떻게 만나고 다루는지에 따라서 그 사람됨이 이루어진다는 말과 무관하지 않을 것이다. 즉 전통사회의 인간과 현대사회의 인간은 사람과 사물을 대하는 태도에서 다분히 다르다는 것이다. 전통사회의 인간은 인간과 사물을 대하는 태도가 포괄적인 반면, 현대사회의 인간은 인간과 사물을 대하는 태도가 배제적이다. 전자는 자신의 목적을 이루기 위해 인간과 사물을 수단으로 이용하면서도 그 나머지 부분을 수용하는 여유가 있었던 반면, 후자는 수단에만 한정하여 이용하고 나머지 부분을 배제한다는 것이다.

물푸레나무 회초리는 다시 물푸레나무 책상으로 이어진다. 아버지의 아버지는 아버지에게 회초리로 쓰는 나무보다 더 큰 물푸레나무를 보내어 책상을 만들게 하는데, 그것에는 아이 때의 가정교육이 어른이 된 아들에게도 지속되기를 바라는 아버지의 사랑이 녹아 있는 것이다. "할아버지께서 아빠한테 특별히 그 나무를 보내주신 건 그 물푸레나무 회초리로 종아리를 맞으며 공부하던 어린 때를 생각하며 글을 쓰라고 일부러 보내주신 걸 거야. 그러니까 할아버지는 지금도 아빠가 글을 쓸 때 큰 물푸레나무 회초리를 들고 계신 거나 마찬가진 거야." 그러니까 옛날의 교육은 단편적이거나 단기적인 것이 아니고 전면적이고 지속적이었다는 것, 교육이나 사랑이 자기 아이 하나가 잘 되기를 바라는 차원을 넘어서 있는 것, 곧 가정적 차원을 넘어서 사회적, 공적 차원에까지 확대되어 있는 것이다. 과학과 기술을 앞세운 현대적인 교육이 오히려 인공적이고 인위적인 것으로 차단되어 협소하게 됨으로써, 자연의 섭리나 인정의 도리를 무시하여 교육에 역효과를 낼 수 있음을 말하고 있을 뿐만 아니라, 교육이나 사랑이 자신의 아이 하나와 사적 영역에 머물고 있음을 비판하고 있는 셈이다.

아버지의 아버지가 물푸레나무 회초리를 들고 아버지를 교육한 것이나, 물푸레나무로 아들의 책상을 만들게 한 것은 앞에서 본, 성인식이 공동체적 차원의 행사라는 것과 통하는 것이다. 현대의 교육이 개인 차원이나 지적 차원에 머무는 것으로 미루어 볼 때, 얼마나 교육의 파장이 협소해졌는지를 짐작케 한다. 이러한 협소화는 교육의 차원에만 머무는 것이 아니라 현대인의 사고와 행위의 모든 부면에도 적용이 된다. 앞에서 자기 이익을 위해 도로 포장을 한 회사 사장이 도로를 자신이 낸 것처럼 말할 때, 그 길을 희생으로 닦은 사람들에 대한 모독으로 여긴 것처럼, 농사를 지어보지도 않고, 앞의 도리깨머슴에 묻어 있는 농심도 모른 채, '농사짓는 일을 깔보는 사람들'에 대해 분노를 느낀다. 농사는 고역일 뿐만 아니라, '이 세상에서 가장 무서운 하늘의 눈치'와 '도시 사람들의 눈치'를 봐야 하고, 심지어 아버지 스스로 지어본 배추농사의 경우에서처럼, 그 해의 소출량에 따라 농사가 도박이 되어 버린 상태인데도 불구하고, 농사를 '쉽고 뱃속 편한 일'로 치부한다는 것이다. 도로 포장을 한 회사의 사장이 한 말에 대해 모독을 느끼고, 농사일을 깔보는 사람들에 대해 분노를 느끼는 것에는 동일한 생각이 깔려 있다. 그것은 현대인들이 타자의 고통과 희생에 대해 너무 모른다는 생각이다. 자신의 고통과 희생은 대단한 듯이 과장해서 말하지만, 타자의 그것에 대해서는 알려고도 하지 않는다는 것이다. 이는 유아론적 사고의 발로로서, 협소해진 현대인의 삶을 성찰케 하는 것이다.

현대인의 삶을 특징짓는 유아론적 사고는 타자를 배제하는 것에서 가장 잘 드러난다. 현대사회가 과학과 기술 또는 문명으로 시간을 지배하고 공간을 확장하며 삶의 영역이 엄청나게 확대된 것은 사실일 것이다. 그러나 그것은 외면적인 사실에 지나지 않는 것일 수도 있다. 내면적인 사실에 착안하면 현대인의 삶은 오히려 축소되고 협소해진 것이 또한 사실이다. 그것은 주로 타자를 배제하며 이루어진 것이다. 가장 먼저 배제된 타자는 '자연'이었을 것이다. 자연은 인간의 생존을 위협하는 공포의 대상이었다가 인간의 욕망을 충족시키는 대상으로 바뀌었을 것이다. 그 과정에서 자연은 그 자체의 의미나 가치를 상실하고, 인간의 욕망의 실현이라는 관점으로 축소된 의미나 가치만으로 한정되었을 것이다. 그 다음으로 배제된 타자는 '신'이었을 것이다. 신이라는 존재나 관념은 인간적인 것을 억압하며 삶에 부정적으로 작용하기도 한 것은 사실이다. 그래서 '신을 죽임'으로써 억압된 인간적인 것을 회복한 것 또한 사실이다. 그러나 신을 죽임으로써 인간은 자신의 욕망을 충족시키기 위해 질주하는 과정에서 가장 큰 걸림돌을 제거한 셈이다. 자기 파괴 외에는 욕망의 질주를 가로막을 어떤 것도 존재할 수 없도록 만든 것이다. 레비나스의 타자 개념에는 이러한 신적 요소가 짙게 배어 있고, 그는 이를 윤리성이라는 개념으로 규정한 바 있다.

신이 배제되면 그 다음 순서가 인간이 될 것이라는 것은 뻔한 이치다. 인간을 인간으로 곧 윤리적으로 예우하는 것은 그 인간 속에 신적인 요소가 내재한다는 것이 전제되어 있기 때문이다. 이 전제가 배제되면 타인은 곧장 나의 욕망을 충족시키기 위한 대상이나 수단이라는 위치로 굴러 떨어진다. 타인은 인간이 아니라 물화된 존재 곧 사물인 것이다. 공동체가 사라진 현대사회 곧 이익사회의 인간에게 만연된 개인주의 또는 이기주의는 인간에게 생성되어 있고 내재되어 있던 신적 요소와 인간적 요소를 배제한 상태를 달리 부른 것에 지나지 않는 것이다. 여기에서 한 걸음 더 나아가면 정신적 질환으로 볼 수 있는 자아 분열의 상태에 이르게 된다. 전통사회의 인간이 지닌 포괄성은 확산성의 다른 측면이다. 다시 말해 인간은 자신으로부터 타자 곧 이웃과 인류 그리고 자연과 신에게로 자신을 확산시켜 나가면서 포괄적인 인간성을 형성하는 것이다. 현대사회의 인간이 지닌 배제성 또는 배타성은 수렴성의 다른 측면이다. 즉 현대인은 자신의 욕망을 중심에 두고 모든 타자를 그것의 수단이나 도구로 수렴시킨다. 그 과정에서 모든 타자의 본래적 의미나 가치는 배제시키며, 오직 자신의 욕망을 충족시키는 데 필요한 부분만 남겨 복속시킨다.

이처럼 외면적 확장과 물질적 풍요의 측면에서 현대사회와 현대인의 삶은 엄청난 진척을 이루었지만, 내면적인 수준과 정신적인 차원에서는 오히려 후퇴를 거듭한 부분이 없지 않다는 것이다. 다시 말해 전통사회의 인간은 타자와의 연결과 유대로써 내면을 확산시키며 포괄적 정신성과 건강성을 획득한 반면, 현대사회의 인간은 타자와의 분리와 단절로써 내면을 축소시키며 배타적 정신성과 병적 징후를 드러낸다는 것이다. 건강성은 연결되면서 획득되는 것이고, 병은 분리되면서 드러나는 것이기 때문이다. 현대인의 많은 병적 징후는 자연과 분리되고, 신 또는 윤리성과 관계 맺지 않으며, 타인과 소통하지 않고, 자아를 통합하지 못하고 자아가 분열하면서 나타나는 것이 아니던가. 인류사의 이러한 전개 과정은 한 인간의 개인사에서 되풀이된다. 곧 인류사가 정신적 측면에서 포괄성에서 배타성으로 전개되어 왔듯이, 한 인간의 개인사도 아이에서 어른으로 되는 과정에서 정신적 측면에서는 포괄성에서 배타성으로 전개된다는 것이다. 이는 헥켈이 개체 발생은 계통 발생을 반복한다고 말한 것, 신체적 측면의 정신적 적용이라고 할 수 있을 것이다.

그래서 아버지는 이를 아이가 자라면서 '잃어버린 것들'과 결부시켜 이야기한다. 다시 말해 아이가 자라면서 잃어버리는 것은 전통사회의 인간이 가졌던 타자와의 연결과 유대와 같은 속성이고, 어른이 되면서 얻는 것은 현대사회의 인간이 지닌 분리와 단절과 같은 속성이라는 것이다. 아버지는 이것을 작은아들 '무적'이의 변비와 소의 배변 사진을 통해서 이야기하기도 한다. 여름방학 숙제로 주어진 곤충 관찰 사진을 찍기 위해서 강릉의 할아버지 집으로 간 유치원생 작은아들은 소가 똥을 누는 장면을 관찰하고 사진을 찍는다. "처음엔 똥구멍이 콩알만 했는데요. 오물오물하더니 사과만큼 커졌는데요. 금방 똥을 눴어요. 또 오물오물하더니 콩알만 해지고요. 그걸 배우려고 소가 응아하는 거 찍었어요. 나도 빨리 응아하는 걸 배우려고요." 그 사진을 서울의 집 화장실 문

안쪽에 붙여두고 배변을 할 때마다 바라보곤 했다는 것이다. 작은아들은 화장실에 들어갔다 하면 20분이 지나서야 나오는 변비 환자였고, 그로 인해 스트레스를 꽤 받았던 것이다. 아버지가 카메라를 주며 "그냥 사진만 찍지 말고 많은 것을 배우면서 찍으라" 한 말을 작은아들은 그렇게 실천한 것이다. 작은아들의 변비는 그렇게 해서 '거짓말처럼 깨끗하게 고쳐졌다'는 것이다.

"어른들은 약을 먹거나 다른 운동으로만 고칠 수 있다"고 생각하는데, 아이들은 "소하고의 대화로도 그걸 고칠 수 있는 게 아닌가" 하고 생각했다는 것이다. 다시 말해 아이들은 자연과의 대화와 배움으로 질환의 치료가 가능하다고 생각하는데, 어른들은 그렇게 생각하지 않고 인위적인 치료법을 강구한다는 것이다. 이를 조금 확대하면 아이들은 순수와 직관의 세계를 간직하고 있는데 비해, 어른들은 그러한 세계를 상실하고 논리와 사유의 세계로 옮겨가 버린 것이라고 해석할 수 있다. 베르그송의 『사유와 운동』의 견해에 기댄다면, 순수 직관은 사물을 관통하여 본질을 파지하는 능력이며, 사유와 그에 따른 논리는 사물에 빛을 비추어 생긴 사물의 그림자를 종합하여 사물의 본질을 이야기하는 것이다. 그런데 이러한 사물을 관통하여 본질을 파지하는 순수 직관이 가능하기 위해서는 사물들 사이의 연결과 연관이 전제되어 있어야 한다. 그에 비해 사유와 논리에는 연결되고 연관된 사물을 분리하고 차단하는 작업이 전제되어 있다. 다시 말해 순수 직관의 본질 파지는 연결과 연관의 전제에서 얻어진 것이며, 사유와 논리의 체계 획득은 분리와 차단의 결과로서 얻어진 것이다.

이와 같은 아이와 어른의 순수 직관과 사유 논리의 관계는 인류사의 전통과 현대의 관계와 병행하는 셈이다. 아이가 성장하여 어른이 되는 것은 순수 직관을 상실하고 사유 논리를 갖추어가는 과정에 다름 아닌 것이 되고, 이는 다시 전통사회의 가치관을 버리고 현대사회의 가치관을 획득해 가는 과정에 다름 아닌 것이 된다. 아버지는 이러한 진척에 비판적이다. 그래서 아들에게 그러한 사정을 환기시키며 안타까워하고 있는 것이고, 나중에 고향으로 돌아가 텃밭을 일구면서, 땅과 농사 곧 자연과 연결되고 연관된 삶을 살 것을 생각하고 있는 것이다. 앞에서 길을 내려오며 부자가 내기를 하며 이야기한 '풀이름'이나 '물푸레나무' 그리고 '길의 역사' 모두 이러한 연결되고 연관된 삶의 건강성과 바람직함과 무관하지 않은 것이다. 그리고 족보와 관련되어 아버지가 아들에게 들려주는 '집안의 역사' 역시 이러한 문맥에서 이해되어져야 할 것이다. 가문의 자랑으로서의 가족사가 아니라, 가족 구성원으로서의 연결과 연관으로서의 가족사로서 족보와 조상을 이해하고 받아들여야 한다는 것이다.

 가족 구성원들이 긴밀하게 연결되어 가족 관계를 형성하고 가족애를 교류하여 이루어졌던 대가족제도는 시대의 추이에 따라 점차 그러한 것들이 희박해지는 소가족제도와 핵가족제도로 변화되어 왔다. 이에 따라 가족 관계의 협소와 가족적 감정의 축소는 필연적이었다. 이는 현대에 이를수록 공간이 잘게 구획되어 분리되고 단절되는 것과 병행하는 것이다. 삶의 모든 영역들은 세분화되고, 분화된 영역들 사이가 차단되면서 본래 있었던 연결성은 사라지며, 마침내 서로 이질적이거나 배타적인 것으로까지 되어 버린다. 따라서 구획된 공간들을 이동하고 유동하며 현대인들은 어느 하나 자신의 장소로 여기며 정착하기 어렵게 된다. 이러한 유동성을 현대적인 삶의 특징으로 지적하기도 하는데, 이는 또한 농사와 다른 현대 산업사회의 생산체계와 병행하는 것이다. 전통사회의 농사가 땅이라는 고정된 공간에서 자라는 곡식을 생산하는 것이라면, 산업사회의 상품은 원자재에서 완성된 상품을 거쳐 유통되어 소비자에 이르기까지 끊임없이 공간을 이동한다. 이러한 유동성과 이동을 특징으로 하는 사회에서 사는 인간이 정체성의 혼란에 빠지고, 정체성의 확립이 중요한 과제가 되는 것은 어쩌면 당연한 것인지도 모른다.

그래서 아버지가 아들과 걸으며 고향에 다다르는 과정에서 집안의 역사와 조상들의 삶과 족보를 이야기하는 것은 자신과 아이의 가족적 정체성을 확인하는 과정으로서도 의의가 있다고 보아야 할 것이다. 고향은 아버지의 아버지가 살고 있는 곳이고, 아버지가 나중에 돌아와 살아갈 곳이며, 아이들이 자라서 자기 아이들을 데리고 놀러올 곳이다. 그럼으로써 고향은 고향의 속성을 잃지 않고 유지하며, 자아 정체성 정립에 유의미한 자료를 제공할 것이다. 전광식의 『고향』에 기댄다면, 고향은 그 고향에서 유년 시절을 보낸 인간에게는 실존의 근저이며, 개인의 삶의 정체성과 자기 정체성 형성의 터전이 된다. 따라서 귀향은 자기 근원에로의 복귀이고 자기 동일성에의 환원이다. 이는 아버지에게 부합되는 고향의 의미이고 가치이다. 이러한 고향의 의미와 가치가 아들에게도 그대로 적용되기는 어려울지도 모른다. 아들들은 그러한 고향에서 자라지도 않았고, 그곳으로 돌아가서 노후를 살 가능성도 크지 않기 때문이다. 그러나 작은아들에게서 본 것처럼 방학 때 그곳에서 경험한 것을 육화하는 것으로 보아서, 또한 고향이 지닌 속지성으로 말미암아, 아들 세대의 가족 정체성과 타자와의 연결성에 고향이 무용하지는 않을 것으로 보인다.

이러한 연결과 연관에 의한 가능성에도 불구하고, 전통사회에서 현대 사회로 시대의 추이에 따라, 또는 아이에서 어른으로 세대의 교체에 따라 왜 세상은 타자의 존재와 분리되고 단절되는 길을 걷게 되었는가. 아도르노와 호르크하이머의 앞의 책에서 현대사회의 원동력인 과학에서 그 원인을 찾는다. 그들에 의하면 회상의 상실이 과학의 초월적인 조건이고, 모든 물화는 망각이다. 과학의 세계에서 진척은 미래를 향해 있다. 루이스 윌처가 「시간의 언어」에서 언급한 것을 빌려 말한다면, 이러한 세계에서 시간은 무한한 미래에서 현재를 거쳐 무한한 과거를 향해 직선으로 움직인다. 미래는 끊임없이 현재를 쇄신하고 과거 속으로 사라지는 힘의 원천으로 작용한다. 따라서 미래가 기원이 되고, 과거는 단지 현재 속에 모든 에너지를 불어넣고 소진하는 일차적 힘의 잔재로만 간주된다. 이러한 견해는 앞으로 더 나아질 것이라는 낙관적 전망을 품게 할 수도 있지만, 앞으로 더 나빠질 것이라는 비관적 전망의 근원이 될 수도 있다. 과학과 기술에 대한 의존도가 높아질수록 회상에 의한 성찰의 능력은 떨어지고, 망각에 의한 물화의 정도는 심화될 것이다. 따라서 산업사회에서 지식정보사회로 나아가는 과정에서 이러한 견해는 더욱 강화되어 주류를 형성해 갈 것이라고 볼 수 있겠다.

그러나 이러한 주류의 다른 한편에서는 전통적인 인과율에 기대어, 인과의 힘을 무한한 과거에서 현재로, 또 현재에서 무한한 미래로 향하는 직선 운동을 하는 것으로 간주한다. 여기서 과거는 어쩔 수 없는 양적 증대로 스스로 현재 속으로 넘쳐나고, 또 지금까지의 것이 지금의 것과 앞으로의 것에 영향을 미친다는 점에서 미래 속으로 넘쳐난다. 따라서 과거가 현재의 기원이 되며, 미래는 과거가 현재에 물려준 것만을 상속할 수밖에 없는 제3세대의 상속자일 뿐이다. 이러한 견해는 우리의 삶과 전통의 영속성과 의미에 대한 믿음을 가져다 주지만, 우리의 삶은 단지 역사가 처음부터 정해준 자취를 그대로 따라가면서 그것을 심화시키는 정도에 그치게 되지나 않을까 하는 의혹을 빚을 수도 있다. 현대사회에 대한 부정적이거나 비판적인 안목을 지닐수록 이러한 관점으로 기울기가 쉬울 것이라는 것, 이 작품의 아버지가 지닌 관점도 이것에서 크게 벗어나지 않는다는 것도 쉽사리 짐작할 수 있겠다.

이러한 두 가지 관점이 공통적으로 지니고 있는 직선적인 시간관을 배제하고, 파문에서 연상할 수 있는 원적인 시간관과 발전관으로 대체하며 정합성을 모색하는 경우도 있다. 즉 기원이 미래든 과거든 뒤의 것이 앞의 것을 밀어내고 제거하여 무효화시키며 발전하는 것이 아니라, 중심을 같이하는 동심원이 파문을 그리듯이 뒤의 큰 원이 앞의 작은 원을 포괄하며 발전한다는 것이다. 따라서 이러한 관점에서는 앞의 작은 원은 뒤의 큰 원의 바탕이 되고 토대가 되어, 큰 원 속에 포함되고 내재되어 있는 셈이다. 이와 같은 관점은 가스통 바슐라르의 것으로, 과학적 이론의 세계에서 바람직한 관점으로 상정해 본 것이다. 이를 세계의 진척에도 적용하여 이상적인 상태로 가정해 볼 수도 있을 것이다. 그러나 인간의 삶이나 역사는 이상적인 관념의 상태로 진척되는 것이 아니라, 현실적 동인들에 의해 진행된다. 현재의 우리의 삶이 그러하고, 이 작품에서의 삶이 그러하다. 그래서 이 작품의 곳곳에서 미래에 기원을 둔 현실적, 주류적 진행에 대한 비판이 언급되고, 그 대안으로서 과거에 기원을 둔 전통적 가치관이 제시되기도 하는 것이다.

 현대인의 현실적, 주류적 삶의 모습은 이미 이들 부자가 걸어 내려오는 도로를 포장한 회사의 사장을 통해 드러낸 바 있다. 또 하나의 예를 바로 이웃에서 들고 있다. 그들이 '월계동'에 살 때, 고아로 할머니와 살던 '영신'이는 이웃 아줌마들에게 자기 아이들과 함께 놀아서는 안 되는 존재다. 자기네들 아들과 함께 집에 놀러왔다 가면 '무엇이 없어졌나' 하고 살피고, 당시의 코미디 프로의 유행어를 빌려 '인생에 도움이 안 되니까' 같이 놀지 말라고 타이르기도 한다. 아이들 특히 큰아들은 그러한 어른들의 생리를 꿰뚫고 있다. "자기하고 자기 가족만 생각한다"는 것을. 어른들의 이기주의와 가족적 이기주의를, 그리고 김용석이 앞의 책에서 말한, 천박한 이기주의가 천박한 공동체(사회)를 만든다는 것을. 나아가 아버지가 말한 것처럼, 어린 아이에게 그런 말을 하는 것은 영신이에게만 죄를 짓은 것이 아니라 인류에게 죄를 짓는 것이다. 닫힌 마음에게는 인간이 아이이든 어른이든 자신의 목적이나 이익을 위한 도구에 불과하겠지만, 열린 정신에게 인간은 인류에 닿아 있고, 어린 아이는 인간의 미래이기 때문이다. 이러한 점에서 크리스마스 이브에 영신이를 집에 데려와서 같이 놀고 밥을 함께 먹자고 한 큰아들을 아버지가 대견하게 여기는 것은 당연한 것이다.

이와 대척점에 중학교 야구감독인 '윤태 아저씨'가 있고, 택시 기사인 '성률이 아빠'가 있으며, 집짓는 일을 하는 '기한이 아저씨'가 있다. 아버지가 이들을 친구로서 자랑스러워하는 이유는 그들이 모두 앞의 아줌마들과 달리 이기주의에 매몰되어 있지 않기 때문이다. 야구 감독은 우승을 위해 선수를 혹사시켜 망가뜨리지 않고, 더 자라야 할 어깨를 보호해주며 장래를 생각해줄 줄 안다. 택시 기사는 눈이 많이 와 운전이 힘든 길을 설날 대목 영업도 그만두고 이들 부자 가족을 강릉까지 14시간을 태우다 주고, 다시 서울까지 10시간을 넘어간다. 대목에 공친 것을 생각해 택시비를 주려다 무안만 당하고 만다. "나는 네가 친구니까 죽음을 무릅쓰고 눈길을 넘어온 건데 너는 왜 그걸 꼭 돈으로만 계산하려고 하느냐"는 말을 들으면서 말이다. 아버지가 택시 기사에게 해 주는 것은 책이 나올 때마다 한 권씩 주는 것이고, 택시 기사가 하는 것은 그것을 택시 안에 두고 다니는 것이다. 소설가인 아버지와 집짓는 일을 하는 기한이 아저씨와의 관계도 마찬가지다. 이들의 우정은 비슷한 일을 하면서 현재 같이 있기 때문에서가 아니다. 그들의 우정은 모두 인생의 한 시절 곧 유년시절을 같은 장소에서 경험과 시간을 공유하며 보냈기 때문에 지속되고 있는 것이다. 이 또한 고향이 지니고 있는 원초적 힘의 한 예가 될 것이다.

어쨌든 이러한 부자의 소통과 교감은 아버지가 가족사를 소재로 소설을 씀으로써 그와 아버지 사이에 생긴 미묘한 문제를 해소하는 데서도 나타난다. 그 소설에 등장하는 '수호 엄마'의 존재는 아버지에게는 유년의 추억이 될 수도 있지만, 아버지의 어머니에게는 '가슴 아픈 이야기'이 기도 하고, 아버지의 아버지에게는 '자식으로서 발설하기 어려운 죄스러운 이야기'이기도 하다. 그래서 아버지의 마음속에 그것은 '불편한' 것으로 남아 있고, 부자간의 '불화'를 느낄 정도의 사건으로 잠복해 있는 것이다. 이런 사정을 눈치 채고 있는 아들은 책에서 읽은, 아버지와 아들의 불화와 용서의 '노란 손수건' 이야기로 아버지의 불편한 마음을 누그러뜨려 보려고 한다. 그러면서 아들은 아버지와 할아버지의 불화도 그 책의 이야기처럼 그렇게 풀릴 것이라고, 할아버지를 걱정하는 아버지를 걱정하며 위무한다. 아들의 바람처럼 고향집에 도착했을 때, 아버지는 할아버지에게로 아이가 뛰어가는 어둠 저편에서 '이 세상에서 가장 큰 노란 손수건'이 자신을 향해 나부끼는 것을 본다. 그리고 "이제까지 내가 걸어온 삶의 길 큰 고비마다 아버지는 언제나 이 세상에서 가장 큰 손수건을 들고 아들 마중을 나오셨다"는 것을 확인한다.

결국 대관령 60리를 걸어 내려오는 길은 진정한 교육의 길이 무엇인지를 보여주는 길이며, 아이의 성장을 위해 어른이 무엇을 어떻게 해야 하는지를 보여주는 길이다. 그리고 그 길은 '아버지의 자리'가 얼마나 중요한 것인가를 절감케 하는 길이기도 하고, 진정한 자아에 이르는 길은 다양하면서도 수많은 타자를 거쳐야 하는 과정임을 가르치는 길이기도 하다. 또한 그 길에서 제시된 문제들은 또한 칼린디가 『비노바 바베』에서 말한 것처럼, 이야기로 해소될 수 없는 것들로, 살아가면서 실천으로 해결되어야 하는 것들이기도 하다. 그러나 생활세계에서의 실천이 현대의 거대한 체계의 압력 하에 있어 쉽지는 않겠지만, 앞의 김용석의 책에서 인용한 내용에서처럼, 개인과 가정의 차원에서부터 출발할 수밖에 없는 처지라면, 이 작품에서 부자가 나눈 대화와 거기서 다룬 주제는 충분한 의미와 가치를 지닐 수 있을 것이다.

제5부 | 가깝고도 깊은 길

결여와 참혹의 길
―이태준의 「밤길」

거주의 중심은 집이고, 집은 가족의 보호처이자 은신처다. 그러나 모든 가족이 집을 소유하는 것은 아니며, 따라서 모든 가족이 세계로부터 보호받거나 온전한 거주를 보장받지는 못한다. 가족이 온전한 보호를 받고 안정된 거주를 하기 위해서는 집을 지녀야 하고, 그 집을 운영하기 위한 노동이 제대로 영위되어야 한다. 그렇지 못할 때 거주는 흔들리게 되고, 가족은 이 세상의 위협과 위험에 노출되어 참혹한 고통을 당하게 된다. 그래서 가스통 바슐라르는 그의 『대지 그리고 휴식의 몽상』에서, 자신의 집을 가진다는 것은 세상에 대해 문을 닫을 수 있다는 것, 그것은 아주 특별한 느낌이라고 말했을 것이다. 이태준의 「밤길」은 노동이 부실하여 거주가 불안해진 가족, 집에 안착하지 못하여 세상의 위협에 노출된 가족이 어떻게 참혹하게 해체되어 가는지를 잘 그려 보여주는 작품이다.

이 작품의 중심인물인 '황서방'은 서울에서 행랑살이를 하는, 집 없는 가족의 가장이다. 아내와 어린 두 딸을 식솔로 거느린 그는 부실한 노동으로 불안정한 거주를 해야 하는 인물의 전형이다. 그럼에도 불구하고 아들이 태어나자, "돈을 뫄야겠다는 생각이 딸애들 때와 달리 부쩍 나", 어떻게든 '돈 십 원'이나 마련되면 그것을 밑천으로 군밤 장사라도 해 볼 요량으로 '인천'의 집 짓는 공사판으로 내려간다. 그가 이런 생각을 하게 된 것은, 엠마누엘 레비나스가 『시간과 타자』에서 말한 것처럼,

아이를 통해서 과거는 절대성을 잃게 되고 절대적 미래의 차원이 열린다고 여기기 때문일 것이다. 특히 아들을 선호하는 가부장적 가정의 유습에서 아들은 딸만 둘 있을 때와는 다른 의미와 가치를 띠게 될 것은 말할 것도 없다. 그래서 비록 남의 집 행랑살이라는 암담한 현실을 살고 있지만, 새로 태어난 아들 덕분에 미래에 대한 희망으로 의욕적인 노동에 종사하면서, 그것을 발판으로 새로운 돈벌이도 꿈꾸어 보는 것이다.

황서방의 현실은 현재의 그의 거주와 노동이 말해주고 있다. 그의 거주는 서울의 남의 집 행랑살이가, 그의 노동은 군밤장수에도 못 미치는 공사판의 떠돌이 생활이 대변하고 있다. 마거릿 버트하임이 『공간의 역사』에서 미첼의 말을 인용하여 말한 것처럼, 표준적인 도시 공간에서 그가 누구인지는 그가 어느 곳에 있느냐에 따라 자주 판가름이 난다. 그리고 그가 누구인지는 그가 어느 곳에 있을 수 있는지를 종종 결정짓는다. 즉 지리적 위치는 운명인 것이다. 황서방은 서울에 거주의 집이 없고, 노동을 위한 고정된 직장도 없다. 그래서 가족과 떨어져 인천에 날품을 팔러 와 있는 것이다. 그럼에도 불구하고 그는 날품으로 돈을 벌어 군밤장수를 하면 노동이 정착되고, 가족들과 모여 살면서 거주가 안정될 것이라고 기대하는 것이다.

그러나 현실은 기대하는 대로 이루어지지는 않는다. 한스-게오르크 가다머가 『진리와 방법』에서 말했듯이, 현실은 서로 모순되는 기대들이 일어나므로 이 기대들이 다 실현될 수는 없다. 미래의 미결정성이 그러한 기대들의 과잉을 허용하므로 현실은 필연적으로 기대를 다 채울 수는 없다. 황서방의 현실과 기대 역시 예외가 아니다. 황서방은 인천에 내려와 이틀 만에 '삼십 간이 넘는 큰 집 역사터'를 만나 얼마 동안은 재미나게 벌어, 기대가 이루어지는 듯한 기분에 사로잡히기도 한다. 그래서 처음 사나흘 동안은 받은 품삯으로 서울에서는 벼르기만 하고 먹어보지 못했던 음식도 사먹어 보기도 하고, '지까다비'를 한 켤레 사기도 한다. 그러다가 "이렇게 버는 족족 집어써선 맨날 가야 목돈이 잡힐 것 같지 않다."고 정신을 차려, 대엿새째부터는 오륙십전씩이라도 남겨 나가려 하는데 장마가 시작된다. 열흘이 지나자 남겨 놓은 돈도 다 쓰고, "날이 들면 일할 셈치고 선고가로 하루 사십 전씩 얻어 연명하는 판"이 된다.

그러나 날씨는 기대대로 쉽사리 들지 않아, 목수들은 토역이 끝나기를 기다리고, 미장이들은 초벽만 쳐놓고 있는데, 기둥과 중방 그리고 안방에는 시퍼렇게 곰팡이가 돋아난다. 모군인 황서방과 권서방은 이들 목수들과 미장이들보다 훨씬 더 상황이 열악하다. 그 중에서도 권서방보다는 황서방이 더 딱하다. 권서방은 집도 권속도 없이 떠돌아다니는 홀아비지만, 황서방은 처자식을 거느린 가장이기 때문이다. 황서방은 서울에서도 거주가 불안정하여 행랑살이를 했듯이, 이곳에서도 짓고 있는 집의 안방에 가마니쪽을 깔고 거주를 대신하고 있다. 쉽사리 들지 않고 줄기차게 내리는 '비'는 노동의 불가능함을 의미할 뿐만 아니라, 그러한 노동을 바탕으로 한 거주의 암울함을 의미하기도 하고, 미구에 닥칠 불행한 미래를 암시하기도 한다.

그것은 우선 처자식이 있는 서울로부터 온다. 행랑살이를 하고 있는 집의 주인이 집 짓는 공사판에 지우산을 쓰고 나타난 것이다. 주인은 황서방의 인사를 받지도 않고 뺨을 때리고 멱살을 잡는다. 영문도 모르고 뺨을 맞고 멱살을 잡힌 황서방에게 주인은 분노의 말을 내뱉는다. 황서방의 아내가 '아홉 살짜리, 여섯 살짜리, 두 계집애와 백일 겨우 지낸 아들애'를 내버려 두고, 주인집 '은수저 네 벌과 풀 먹이라고 내어준 빨래 한 보퉁이'를 가지고 달아난 것이다. 주인은 황서방의 아내가 달아나며 남긴 '남의 자식들을 치닥거리하며 불편'을 겪었을 뿐만 아니라, 세째인 아들애가 아파 '어린애 송장까지 쳐야 할 판'인데, 황서방이 서울의 식구가 염려되어 부친 편지에 있는 주소를 보고는 애들을 끌고 내려온 것이다. 주인은 애들을 정거장에 기다리게 하고, 혼자서 공사판으로 달려와 갖은 욕설을 퍼부으며, 그 동안에 쌓인 화를 풀고 있는 것이다.

황서방은 주인에게 제대로 된 대꾸도 하지 못한 채 정거장으로 향하고, 떨고 있던 아이들은 황서방을 보자 울음을 터뜨리며 달려와 안기는데, 주인은 지우산을 던져 주고 차를 타러 들어가 버린다. 아내가 집을 떠남으로써 서울에서의 행랑살이마저 끝나고, 황서방은 세 자식들과 함께 공사판에 남겨진다. 노동의 부실함이 불안정한 거주마저 불가능하게 만들고, 그 자식 중 하나는 거주의 불안정이 야기한 보호의 결핍으로, 생명마저 위협받고 있는 것이다. 곁에서 지켜보던 권서방이 "살긴 틀렸나 보다"고 한 마디 했다가, 황서방의 방향을 상실한 분통을 감수하기도 한다. 황서방은 이러한 사태를 야기한, 눈앞에 없는 아내를 향해 저주를 퍼붓기도 하다가, 다시 정신을 수습하여 앓는 애를 품안에 붙여 안고, 굵어진 빗줄기를 뚫고 병원을 찾는다.

노동이 부실하면 거주가 불안정해지고, 이는 다시 질병의 치료에도 영향을 미친다. 황서방이 아들을 안고 병원으로 달려가지만, 병원에서는 이들을 쉽사리 받아주지 않는다. '의사가 왕진갔다'고. '소아과가 아니라'고 받아주지 않아, 네 번째 찾아간 병원에서야 겨우 진찰을 받는다. 그러나 의사와 간호사는 이들 부자의 행색을 보고는, '안 되겠다'고, '그냥 나가라'고 한마디씩 하고는, '한이나 없게 약이라도 달라'는 황서방의 간곡한 부탁도 뿌리쳐 버린다. 황서방은 기력이 다해 울지도 못하는 아이를 안고 다시 돌아올 수밖에 없다. 황서방이 직면한 이러한 상황은, 노동과 거주가 열악하면 결국 생명의 유지도 불가능함을 보여주는 단적인 예가 될 것이다.

엠마누엘 레비나스가 앞에 인용한 책에서 규정한 노동과 거주의 개념,

곧 인간은 노동을 통해 주변세계를 정복하고 지배하며, 거주를 통해 위협적인 주변세계로부터 자기 자신을 보호한다는 것과 거꾸로 된 상황을 황서방은 여실히 겪는다. 노동의 부실과 거주의 불안정은 주변세계의 지배와 위협을 고스란히 받아들여야 하는 것으로 귀결되는 것이다. 서울의 집주인과 병원의 의사와 간호사는 바로 황서방이 노동하고 거주하는 세계를 지배하고 위협하는 세력이다. 그러면 세계의 지배를 받고 세계로부터 위협을 받는 황서방은 선인이고, 그 맞은편에 있는 주인과 의사 및 간호사는 악인인가. 이는 단지 개개인의 문제는 아닐 것이고, 윤리적, 도덕적으로만 판단할 문제는 아닌 것으로 보인다. 왜냐하면 개인은 그가 노동하고 거주하는 세계의 산물일 가능성이 크기 때문이다.

위르겐 하버마스는 『의사소통행위이론』에서, 개인성 역시 명백히 사회적으로 만들어진 현상인 것이라 말한다. 개인성은 사회화 과정 자체의 산물이지 사회화 과정에서 벗어난 잔여 욕구 성향이 아니라는 것이다. 개인은 그가 몸담고 있는 사회에서 통용되는 가치관을 내재화함으로써 개별 인격체로서의 자신의 정체성을 획득한다는 것이다. 그리고 테오도르 아도르노는 『프리즘』에서, 사회보다 더 나쁜 개인은 없다고 말한 적이 있다. 따라서 개인을 문제 삼으려면 그러한 개인이 살고 있는 사회 또는 세계를 동시에 문제 삼아야 한다는 말이 된다. 이 작품에 등장하는 인물들이 살고 있는 사회는 근대화 이후 자리 잡아 가속화되어 가는 물질주의 사회 또는 물신의 세계인 것이다. 물질주의 또는 물신의 세계에서 물질의 획득에 불리한 노동에 종사하는 인간은 거주가 열악할 수밖에 없어, 쉽사리 위협과 위험에 노출될 수밖에 없는 것이다.

자식들을 버리고 도망간 아내는 앞의 주인이나 의사 및 간호사와는 또 다른 경우이다. 그녀는 남편인 황서방처럼 부실하나마 노동을 영위하려 하지도 않고, 불안정하나마 거주를 다잡아 보려는 노력을 보이지 않는 인물로 그려져 있다. 단지 거주가 불안정해지자 자식들을 버리고 도망친 무책임한 아내나 어머니로 그려져 있다. 이 또한 앞의 인물들과 한편으로는 다르면서도 다른 한편으로는 마찬가지의 측면을 내포하고 있다. 세계를 지배하고 위협하는 세력이 될 수 없다는 점에서는 다르지만, 개인의 도덕적, 윤리적 차원으로만 바라보아서는 곤란하다는 점에서는 마찬가지라는 것이다. 앤소니 기든스가 『현대사회의 성, 사랑, 에로티시즘』에서 말한 것처럼, 물질주의 또는 물신의 세계에서 살고 있는 인간의 개인적 안정감이나 인격적 정체성은 일상의 거주가 안정되어야 가능한 것이다. 그러나 물질이 결핍되면 거주가 불안정해지고, 거주의 불안정은 인격적 정체성을 동요시키며, 마침내 심리적, 윤리적 판단을 취약하게 만드는 것이다. 아내의 자식 버림과 주인집 물건 훔침 그리고 도망감이라는 비도덕적, 비윤리적 행위에는 이러한 과정이 깔려 있는 셈이다.

어쨌든 이러한 상황과 사정이 황서방이 몸담고 있는 현실이다. 이러한 현실을 감안하면, 그가 그것을 알든 모르든, 그의 소박한 기대는 조그만 흔들림에도 무너질 수밖에 없는 것이다. 병원에서 치료를 받을 수 없어 돌아온 황서방은 권서방에게 돈을 빌려 호떡을 사와서는 그것을 씹어 아이에게 먹여보지만, 아이는 그것을 넘기지 못하고 게워내 버린다. 게다가 아이는 실낱같은 숨소리조차 분별하기 힘들어, 병원에서 밀쳐내려는 간호사의 말처럼, 곁에서 염려하는 권서방의 말처럼, 밤을 넘기지 못할 지경이 된다. 그래서 권서방은 아이의 죽음을 기정사실화하여 황서방에게 말을 꺼낸다. 아직 다 짓지 못한 집이지만, 짓고 있는 남의 새집에 주인이 들기도 전에 죽음을 치를 수는 없는 것이라고 말이다.

아들의 죽음이 임박한 황서방으로서는 당사자로서 생각할 여유가 없는 것이지만, 상대적으로 아이의 죽음에 어느 정도의 거리를 둘 수 있는 권서방으로서는 생각해 보아야 할 문제를 거론한 것이다. 그래서 황서방은 처음에는 권서방이 너무 야박하게 군다고 노여움을 터뜨리지만, 한참 만에 울면서 권서방의 말을 수긍하고 받아들인다. 이와 같이 권서방과 황서방이 만들어내는 장면은 아내의 경우가 겹쳐지면서 다소 그 효과가 반감되어 버리기는 하지만, 세계를 지배하고 위협하는 인간 존재들보다, 그러한 지배와 위협에 노출된 존재들이 어느 면에서는 오히려 도의와 윤리에서 윗길에 서 있다는 것을 보여주려는 의도로 보인다. 다시 말해 물질주의 세계에서는 물질을 더 많이 소유한 인간들이 적게 소유한 인간들보다 도의나 윤리에서 열등한 존재일 수 있다는 것이다. 물질을 적게 소유한 인간들은 물질주의 세계에 끼칠 수 있는 영향력도 그만큼 적어지는 셈이니까 말이다.

끊임없이 내리는 비를 뚫고 아이를 살리기 위해 병원으로 향하던 황서방은 이제 그 아이를 묻기 위해 비를 맞으며 밖으로 나가야 한다. 새로 짓는 집에서 아이가 죽는 것을 피하기 위해 아직 숨이 넘어가지 않은 아이를 안고 나가는 것이다. 가는 도중에 아이가 죽으면 묻기 위해서 말이다. 아직 죽지 않은 아이지만 살릴 방도가 없는 아이는 죽은 아이와 다를 것이 없다. 그래서 황서방은 한 손으로는 아이를 안고 다른 한 손으로는 지우산을 펴고, 권서방은 가마니를 두르고 삽을 메고 비 내리는 어두운 '밤길'을 나서는 것이다. 제목의 밤길은 황서방이 서울에서 인천으로 내려온 길과 대비되면서 또한 그 연장선상에 있다. 서울에서 인천으로 내려와 공사판에서 일을 시작할 때의, 서울에서 인천에 이르는 길은 아들로 말미암아 희망차고 기대되는 길이었고, 자신을 포함한 서울 식솔들의 거주를 보다 안정되게 하는 길이라고 여겼다. 처음 얼마 동안은 그것이 가능할 것처럼 보이기도 했다. 그래서 그 길은 '밤길'을 예상하지 못한 길이었고, 무관한 길이었으며, 반대편에 있는 것이었다.

그러나 장마가 시작되면서 그 길은, 서울의 아내가 도망가고 자식들이 쫓겨 내려옴으로써 거주가 더욱 불안정해지고 마침내 아들의 죽음을 초래하는 길이 되어 버린다. 따라서 '밤길'은 바로 서울에서 인천에 이르는 길의 연장선상에 있는 길이면서 그것이 더욱 악화된 길이 되어 버린다. 그 길을 아이를 안고 가면서 성냥을 그어 보면, 얼굴은 죽은 것이나 마찬가지지만, 빗물이 흐르는 목줄에는 발랑거리는 것이 눈에 들어온다. 이는 이들 가족의 삶이 쉽지 않듯이, 죽음 또한 편안한 것이 될 수 없음을 보여주는 것이다. 빗줄기에 이어 찬바람이 몰아치면, 그들 부자를 조금이나마 가려주던 지우산도 찢겨 나가고, 아이의 얼굴을 확인해 주던 성냥도 눅어 켤 수 없게 된다. 온몸에 내려 퍼붓는 빗줄기와 찬바람 그리고 불빛 한 점 없는 먹장 하늘은 그들이 몸담고 있는 세계, 그들이 당면하고 있는 '암담한' 상황을 표상하고 있다.

   그러한 밤길을 십 리나 걸어도 아이의 목숨은 붙어 있다. 다시 오 리를 더 걸은 뒤에 황서방은 아이가 죽었을 것이라 여기고 권서방에게 땅 파기를 부탁한다. 앞에서 보았듯이, 삶을 쉽사리 받아들이지 않는 땅은 죽음조차 쉽사리 받아들이지 않는다. 삽날에 부딪히는 흙 속의 돌과 구덩이에 고이는 빗물이 이를 표상하기에 부족함이 없다. 그래도 땅을 더 파고 낮은 데로 물꼬를 턴 뒤에 아이를 묻으려 하다가 둘은 흠칫 놀란다. 아이가 비를 맞으면서 입으로 흘러 들어간 물을 게워내는 소리를 들었기 때문이다. 그러나 그것도 잠시 그 소리에 대해 황서방은 태연하게 반응한다. "제에길, 파리새끼만두 못한 게 찔기긴!"이라고. 이러한 반응은 이제 아이에 대한 측은함을 불러일으키는 요소보다는, 그 아이가 속했던 세상에 대한 분노 섞인 원망의 요소가 더 강하게 울린다.

   세 번째로 아이의 죽음을 확인한 황서방은, 다시 구덩이의 물을 처내고 권서방이 둘러메고 온 가마니의 한끝을 깔고 아이를 놓고 남은 한끝으로 덮고 흙을 덮음으로써 아들의 장례를 끝낸다. 그리고 잠시 섰다 권서방의 재촉으로 돌아서 가면서 아내에 대한 분노를 터뜨린다. "내 이년을 그예 찾어 한 구뎅이에 처박구 말 테여"라고. 즉 아이에 대한 분노 섞인 원망이 그것을 초래한 아내에 대한 분노로 옮겨간 것이다. 다시 말해 황서방의 분노는 아이에게서 아내에 이르는 궤적을 그리는 데 그치는 것이다. 이는 황서방의 노동의 범주 및 그 한계와 짝을 이루는 것이다. 그의 노동이 서울에서 이루어지지 않고 인천의 집 짓는 곳에 한정되듯이, 또한 그것이 잘 되어야 겨우 서울의 군밤장수라는 노동에 이를 수 있듯이, 그의 분노 역시 십오 리 밤길 안에 한정되어 있고, 집을 나가버린 아내에게는 그 분노가 향하기는 하지만 아예 미치지도 못하는 것이다.

그에게는 분노를 폭발시키며 자신을 방기할 수 있는 여유가 없다. 노동이 부실하고 거주가 불안정하듯이, 그에게는 감정 표출의 자유조차도 허용되지 않는 것이다. 권서방이 일깨우듯이, 그러기에는 더 시급하게 수습해야할 문제가 기다리고 있기 때문이다. 아들을 안고 나오며 윽박질러 놓은 딸들이 기다리고 있는 것이다. 그것이 황서방이 다시 당면해야 할 현실의 길이고, 그 길은 아들을 묻으러 간 십오 리 밤길 보다 더 먼 길이 될 수도 있는 것이다. 여전히 비가 내리고 찬바람이 불며 먹장인 하늘이 누르고 있는 길 가운데에 '철벅 주저앉아 버리는' 것이 이를 입증한다.

일상과 극한의 길
— 손소희의 「길 위에서」

    일상과 극한은 상황의 차이로 규정될 수 있다. 일상은 인간의 거주와 노동이 정상적으로 영위되는 상황이라면, 극한은 거주와 노동이 정상적으로 영위될 수 없는 급박한 상황이다. 일상 상황의 거주와 노동에서 인간은 자기의 역할을 수행하기 위해 탈을 쓴다. 거주에서는 부모, 부부, 자식, 형제 등과 같은 탈을 쓰며, 노동에서는 기자, 과장, 의사 등과 같은 탈을 쓴다. 이러한 탈은 인간이 거주와 노동 또는 생활세계의 삶을 영위하는 한 피할 수 없는 것이다. 칼 융이 사회적 관계나 역할을 수행하기 위해 필요한 탈을 '페르조나'라는 개념으로 설명한 것도 이러한 연유에서 일 것이다. 그러나 전쟁과 같은 극한 상황이 도래하면 일상의 상황에서 유지되던 탈이 벗겨지고 맨 얼굴이 드러날 수 있다. 일상생활의 영위가 힘들어지고 생존의 유지라는 차원으로 삶이 다급해지면서, 인간적 속성으로 여겨지던 것들이 사라지고 비인간적 속성들이 속속 드러나게 된다. 손소희의 「길 위에서」는 전장의 '피난길 위에서' 드러나는 이러한 부정적 속성을 잘 그려 보여준다.

    이 작품은 2차 대전이 막바지에 다다른 중국 '신경'을 배경으로 삼고 있다. 밤이면 등화관제가 실시되고, 폭격기가 날아와 폭탄을 투하한다. 사람들은 방공호로 대피하기도 하고, 피난 준비를 하며 짐을 싸기도 한다. 중심적인 등장인물은 신문사 사원으로 근무하는 '인호'와 아내 '은희',

'구의사' 부부 그리고 '이과장' 부부다. 이러한 상황 속에서도 인호와 구의사는 일상의 우정을 술로써 과시한다. 술에 취한 구의사는 자신과 인호의 우정을 남녀 간의 '연애'에 비유하며, "하루라고 안 만나면 못 견디게 답답하거든요."라고 말한다. 한나 아렌트는 『인간의 조건』에서, 사랑이 무세계적인데 비해 우정은 세계적이라고 말한 바 있다. 그러니까 사랑은 사적 영역에서 이루어지는 무세계적인 것이기 때문에, 세계가 두 사람 사이에 침투해 들어오면 쉽게 무너져 지속적인 것이 되기 어려운데 비해, 우정은 사회적 영역에서 이루어지는 세계적인 것이기 때문에, 세계의 침투에도 견딜 수 있어 지속적인 것이 될 수 있다는 뜻이다.

그러나 이 작품의 극한 상황에서는 우정이 그러한 지속적인 것이 될 수 없는 것임을 보여주고자 한다. 남편 인호와 구의사의 이러한 우정에 대해 아내 은희는 드러내 놓고는 아니지만, 회의적인 눈으로 바라본다. 그래서 남편에게 그들의 우정을 '위장한 우정', '값싼 우정'이라고 지나가는 말투로 개입한다. 그러한 판단의 근거로 그녀가 드는 것이 구의사의 '과장된 몸짓', '처세'와 같은 것이다. 그러면서도 그러한 개입이 우정의 한끝인 남편의 자존심을 건드리는 것이 될 수 있으므로 더 이상 나아가지는 않는다. 두 사람의 우정은 그렇게 잠복되었다가 피난길에 들어서기도 전에 노출되었다가, 피난길과 피난지에서 그 진면목을 드러낸다. 인호와 은희도 폭격을 대비해 개천 가로 대피하기도 하고, 그곳에서 모기에게 뜯기기도 하면서 사흘 정도를 버틴다. 그러나 인호와 같은 신문사에 근무하는 K씨 부인이 달려와 내일은 비행기 이천 대가 뜬다는 정보가 들어왔다고, 피난을 가야한다고 하면서 떠나는 바람에 인호와 은희도 트럭 교섭과 짐 싸기를 서두른다.

이튿날 아침 트럭을 기다리다 못해 인호가 이과장 집으로 간 사이에 길이 엇갈리면서 트럭이 도착한다. 은희는 남편과 구의사의 평소의 우정을 보아서나, 구의사가 처음 이곳에 정착한 것이 남편의 덕이라고 사람들이 말한 것으로 보아서나, 구의사가 남편을 대신해 짐을 옮겨 주리라 기대하며 반갑게 맞이해 짐 있는 쪽으로 구의사를 안내한다. 그러나 짐을 본 구의사는 짐을 옮길 생각은 않고 못마땅한 표정으로 짐이 많다고 불평만 한다. 보다 못한 이과장이 "실을 대로 실어보자"고 해도 아랑곳하지 않고, "운전수를 불러 져 내라고 하자"고 냉정하게 거드름만 피운다. 은희는 "술 마시고 수선을 떨며 놀던, 사람 좋은 구의사"와는 '하늘과 땅 차이'라고 느낀다. 이과장의 재차 재촉에도 뒷짐만 지고 움직이지 않자 옆집 주인이 거들어준다. 뿐만 아니라 옮겨온 짐을 트럭에 싣는 과정에도 거들어주지 않고, 윗저고리에 앉은 먼지를 손가락으로 튕기고만 있다. 게다가 짐을 다 싣기도 전에 빨리 떠나자고 재촉하는 바람에 짐 한 짝은 채 싣지도 못한 채 옆집 주인에게 부탁하고 트럭에 올라앉아야 할 지경이 된다.

  이러한 구의사의 평소와 다른 태도와 행동은 이미 은희가 앞에서 지나가는 투로 말한 '위장'이 사실이었음을, '과장'과 '처세'에 의한 것이었음을 입증하는 것으로, 앞으로 있을 것에 비하면 전초에 지나지 않는다. 이러한 구의사에 비하면 은희의 남편인 인호는 우정과 관계 없이 인간적인 면모를 보인다. 트럭이 이과장 집에 닿자 거기서 기다리던 인호는 "팔을 걷어붙이고 그 집 짐을 싣느라고 뛰어다닌다." 구의사는 은희네 집에서와 마찬가지로 "존대한 자기를 지키는 한편, 턱과 팔로 약제사와 동생들에게 명령만" 하는 것이다. 이러한 세 사람의 모습은 일상 현실에서는 드러나지 않았던 면모이다. 그러한 면모는 피난이라는 비일상이 개입되어 우정이라는 탈이 벗겨지면서 드러나기 시작하는 것이다. 일상의 차원에서 보면 그것은 인간성의 이중적 면모 곧 표리부동이 될 것이고, 비일상의 차원에서 보면 그것은 일상의 가면이 벗겨져나가고 비인간적 면모가 드러나는 것이 될 것이다.

　모든 것에 양면성이 있듯이, 인간에게도 표리부동성이 있게 마련이고 또 표리일체는 이루기 어려운 수준임에는 틀림없다. 그래서 가솔린 트럭에 탄 세 가족의 여인네들은 목탄 트럭이나 마차를 탄 피난민들을 추월하자, 특권 계급이나 된 듯이 뽐을 내고 신이 나서 필요 없는 웃음을 던지고 손짓도 해보는 것이다. 지나치는 마차 중에는 은희네 일가 아주머니가 탄 마차도 있었는데, 은희는 트럭에서 내려다보며 웃고, 그 아주머니는 마지못해 웃다가 외면을 한다. 그러면서 평소의 돈 씀씀이 차이를 지금의 가솔린 트럭과 마차의 차이로 상쇄하며, 분풀이를 한 듯한 속 시원함을 느낀다. 이처럼 은희에게도 평소에 다른 사람이 그러하듯, 자신의 처지보다 못한 처지에 있는 사람들을 향한 뽐냄이나 깔봄이 잠복해 있었던 셈이다. 그래서 피난민들이 모두 향하는 '고유수'에 일찍 닿아서 좋은 방을 얻을 수 있다는 기대에 또 다시 "한바탕 좋아서" 떠들어댄다. 이러한 기대감은 르네 지라르가 말한 '욕망의 모방과 경쟁'에 비추어 보면, 동일한 대상을 욕망하는 과정에서 그것을 선점할 것이라는 데에서 오는 만족감이다.

　기대감에 들떠서 좋아하고 떠들어대는 것은 아직 실현되지 않은 것을 선취함으로써 이루어진 것이다. 그러나 그러한 기대감은 실현되지 않은 여러 경우 중 가장 최선의 상태를 전제로 한 것이다. 그러나 현실은 최선의 상태가 아니라 차선에서부터 최악의 상태까지 가운데 하나로 대답함으로써, 그러한 기대가 잘못된 것이고 성급한 것이었음을 깨닫게 하기도 하고 기대감을 유보시키기도 한다. 목탄 트럭과 마차를 추월하며 달리던 트럭의 타이어가 펑크가 나는 것이 바로 그러한 현실이다. 주위를 지나가는 트럭과 마차는 조금 전 그들이 한 것과 같이 함으로써 그들에게 보복한다. 그들의 사정을 알아보고 도와주려 하지 않고, 그들을 웃으며 지나친다. 저급한 감정은 저급한 감정을 불러일으키는 것이다. 뽐내며 그들을 지나쳤으니 그들에게 비웃음을 당하는 것은 당연한 것이다. 그들이 당면한 것은 현실이다. 현실은 현실적 대응을 요구한다. 현실적 대응으로 그들이 선택할 수 있는 평범한 방법은 없다. 그들이 속한 현실은 일상이 아니기 때문이다. 그래서 비상의 방법을 택한다. 곧 그들의 지위를 이용하는 것이다.

인호는 보도반, 이과장은 방역반, 구의사는 의료보국이라는 '완장'을 팔에 걸고 인근 주재소로 타이어 교섭을 떠나는 것이다. 이 완장은 데즈먼드 모리스가 『인간동물원』에서 말한 '지위 상징'으로서, 그들이 사회적/공적 영역의 노동에서 실제로 획득한 사회적 지위 수준의 표면적 징후인 것인데, 이를 이용하여 그들이 필요로 하는 타이어를 얻고자 하는 것이다. 일상의 생활세계에서는 그들의 직무와 관련하여 이 지위를 행사하겠지만, 지금은 직무와 무관한 타이어 습득에 이용하는 것이다. 게다가 타이어를 구해 돌아와서는 타이어를 내준 만인들(중국인들)에 대해 '고마움'을 느끼기보다는, 완장 또는 일본인 등세에 이용당한 그들의 약점을 동정하기도 하고 비웃기도 한다. 이는 앞의 가솔린 트럭에 탄 여자들이 우쭐하여 그들에게 뒤쳐지는 목탄 트럭과 마차를 깔 본 것과 다를 바 없는 것이다. 그러니까 피난길에 나선 피난민들이 서로 같은 처지임을 딱하게 여기기보다는, 서로 우열을 비교해가며 우쭐해하기도 하고 억울해하기도 하는 모습을 보여주는 것이다.

이는 일상의 생활세계에서는 좀처럼 드러나지 않는 모습으로서, 폴 리쾨르의 『텍스트에서 행동으로』에 기댄다면, 당면한 상황이 인간의 인식과 감정의 지평을 어느 정도까지 축소시킬 수 있는지를 보여주는 것이다. 이는 또한 상황의 변화에도 불구하고 일관된 인식과 감정의 지평을 유지한다는 것이 쉽지 않음을 보여주는 것이기도 하다. 그래서 펑크가

난 타이어를 빼내고 구해 온 타이어를 갈아 끼울 도구가 없어 쩔쩔매고 있는 동안에 뒤쳐진 수많은 트럭과 마차가 그들을 고소해하고 비웃으며 지나치는데, 은희네 일가 아주머니도 그 속에 끼어 있다. 감정은 또 다른 감정을 자극하면서 상호 상승하는 법이다. 지나치는 트럭과 마차에 탄 사람들이 보내는 감정을 그냥 삭이지 못하는 구의사 부인은 그들이 목적지 고유수에 도착해봤자 '별 수 없을 것'이라고, "가서 열흘만 있어 보라지. 고유수 돈은 다 우리 것 될 테니까" 하며 돈과 결부시켜 감정적 반응을 보인다. 이는 남편의 지위를 자기 것으로 내면화한 아내의 반응으로서, 그녀의 삶이 무엇과 직결되어 있는지를 보여준다.

그러나 실제는 항상 기대보다 초라한 것이다. 고유수에 도착하기도 전에 또 문제가 발생한다. 한꺼번에 너무 많은 인마와 짐을 견디다 못한 하천 다리가 무너져 내린 것이다. 남자들이 풀과 흙을 져다 덮으며 다리를 수리하고 있는 현장에서, 트럭을 몰던 만인 운전수가 새로 간 타이어도 불안하고 해서 더 이상 갈 수 없다고 버틴다. 이과장은 마차 얻기를 제의하며, 피난민을 태우다 놓고 돌아가는 네 대의 마차를 붙잡아 세 집 짐을 나누어 싣고 다시 길을 떠난다. 구의사 부인의 돈에 대한 집착으로부터 감염된 은희는 목적지까지 태워다주지 못한 만인 운전수에게 돈을 지불하는 것에 대해 투정을 부린다. 피난지에서는 돈이 더 요긴하게 쓰일 것이기 때문이다. 하나의 감정이 그와 같은 부류의 다른 감정을 불러일으키듯이, 하나의 관념은 그와 같은 수준의 또 다른 관념을 불러일으키는 것이다. 스스로에 대한 우쭐함과 타인에 대한 비웃음이 앞의 경우에 해당된다면, 돈에 대한 구의사 부인의 관념과 은희의 관념이 뒤의 경우에 해당될 것이다.

집이 세상으로부터 인간을 보호한다면, 그 반대편에 있는 길은 인간을 세상에 노출시킨다. 집에서 보호받으면서 감추어져 있던 인간의 여러 속성이 길에서는 세상에 상처받으며 드러난다. 그래서 위치우이는 『유럽문화기행』에서, 길에는 구체적인 영광을 보여주는 빛나는 길들이 있는가 하면, 인간을 소진시킬 정도로 상처를 입히는 길들도 있다고 말한 바 있다. 세 가족이 가고 있는 길은 그들이 일상의 사적/사회적 영역의 생활세계에서 누리는 직업적 지위를 누리지 못하게 한다. 피난길에 들어섬으로써 일상은 극한으로 바뀌었기 때문이다. 그들의 지위는 기껏해야 목탄트럭이나 마차 대신 가솔린 트럭을 타고 가며 상대적 우월감을 누린다든가, 완장을 차고 주재소에 들러 타이어를 얻는 정도에밖에 미치지 못한다. 일상이 극한으로 바뀌었듯이, 일상의 길도 극한의 길로 바뀐 것이다. 타이어가 펑크가 나고, 다리가 무너진 피난길의 상황은 일상에서 극한으로, 사회적 지위가 통용되는 일상에서 지위가 그다지 통용되지 않는 극한으로 추락한 것과 대응되는 것이다.

그래서 길은 객관적인 것이면서 주관적인 것을 투영할 수 있고, 사회적인 장이면서 동시에 개인적인 심리를 담을 수도 있는 것이다. 상황이 악화되어 일상에서 극한으로 치달을수록 길은 객관적인 것/사회적인 장으로서의 기능보다는 주관적인 것/개인적 심리를 노출하는 공간으로서의 기능 쪽으로 기울어진다. 이는 집의 경우에도 다르지 않다. 가스통 바슐라르가 『대지 그리고 휴식의 몽상』에서 말한 것처럼, 일상에서 자신의 집을 가진다는 것은 곧 세상에 대해 문을 닫을 수 있다는 것이고 그것은 또한 아주 특별한 느낌인 것이다. 그러나 피난지인 극한에서는 그것을 기대할 수 없다. 그럼에도 불구하고 은희는 그곳에 삼촌 집이 있으므로 그러한 기대를 버리지 못하고 있었다. 그러나 피난민이 몰려들면 그곳 또한 일상의 공간은 아닌 것이다. 삼촌 집에 도착했을 때는 기대와 달리, 사랑채는 벌써 사촌 시누네가 차지하고 있고, 웬만한 집은 신경 피난민으로 차 있을 뿐만 아니라, 무턱대고 온 사람들은 학교에 몰려 있는 상황이다. 인호의 주선으로 이과장네는 촌장집의 방에, 구의사네는 삼촌집 건넌방에, 은희는 삼촌 집 안방에 같이 거주함으로써 피난길은 일단락되고, 피난지에서의 삶이 시작된다.

피난길이 그러하듯이 피난지에서의 삶도 일상과는 달리 극한 상황에 가깝다. 극한 상황에 처한 사람들의 대응은 두 가지로 대별된다. 극한 상황에 휩쓸려 말기적 증상을 드러내거나 극한 상황에서 살아남기 위해 평소보다 더 스스로를 다잡는 것이 그것이다. 피난민들은 이 두 가지 양상을 다 나타낸다. "피난 나온 세월이 마지막이기나 한 듯이 밀려다니며 참외요, 쇠고기요, 돼지 추렴이요 하고 먹자 내기나 하듯" 하는 것이 전자의 경우라면, "피난길일수록 돈이 있어야 되겠다고 주머니 끈을 조르기 시작하는 것"은 후자의 경우라고 하겠다. 또한 극한 상황에서는 정확한 정보를 접하기가 쉽지 않기 때문에 풍문에 좌우되고, 그로 인해 실제 이상의 불안과 두려움으로 반응하기도 한다. 그러나 또 한편으로는 극한의 상황이라고 일상의 상황에서 익힌 버릇이 죄다 사라지는 것은 아니다. 구의사 부인이 "우리 선생님이야 신경서두 하루에 꼭 닭 한 마리씩 잡수셨는데 피난왔다구 안 먹구 사나."라고 외치며 일하는 아이에게 분부를 내린다.

이는 앞에서 은희네 집과 이과장 집의 짐을 실을 때 구의사가 보여준 것과 짝을 이루는 부창부수인 셈이다. 구의사는 거들어 줄 일이 있음에도 불구하고 거들어주지 않음으로써, 육체적 노동에 대한 천시와 사회적 지위에 대한 과시를 동시에 보여준 것이다. 그의 아내는 남편과 마찬가지로 그것을 매일 닭을 사와서 요리하게 함으로써, 돈에 의한 과시적 소비를 통해 짝지어 보여준 것이다. 그리고 누구누구가 돈을 많이 가지고 있다는 풍문을 억누르기라도 하듯이, "어이구 그 따위 월급쟁이들. 돈 있으문 얼마나 있을라구. 월급쟁이란 갈급쟁이지 뭐."라고 하면서 남편의 사회적 지위를 과시하기도 한다. 저급한 감정이 저급한 감정을 자극하여 불러일으키듯이, 저급한 욕망은 저급한 욕망을 불러일으킨다. 르네 지라르가 밝혔듯이, 욕망은 모방과 경쟁을 속성으로 담지하고 있기 때문에 그것이 가능한 것이다. 구의사 부인의 과시적 소비에 굴욕감을 느낀 은희는 모방과 경쟁으로 일가 아주머니의 엿을 사서 주위 사람들에게 나누어준다.

이러한 은희의 행위에 대해 구의사 부인이 그냥 넘어갈 리 없다. 자신이 산 닭은 남에게 과시하고자 하는 성격이 강해 다른 사람들에게 베풀 아량은 없었던 것으로, 자기네 집에 한정된 소비였다. 그런데 은희는 엿을 사서 혼자 먹은 것이 아니라 주위 사람들에게도 나누어준 것이다. 따라서 자신의 욕망을 모방한 자와의 경쟁에서 우위에 서기 위해서는 그러한 은희의 행위에서 무엇인가 흠을 들추어내어야 한다. "그 돈 백원으로 딴 걸 샀으문 얼마나 오래 먹을라구. 그러게 그 따위 간식은 소용없어요. 여자란 군것질하면 살림이 얼마나 쪼들린다구."가 바로 그것이다. 자기가 산 엿을 주위 사람들에게 베푼 은희의 아량을 살림살이에 헤픈 것으로 몰고 감으로써 구의사 부인은 주위에 인색한 과시적 소비와 자신의 욕망을 동시에 정당화할 수 있다고 생각하는 것이다. 구의사 부인이 이와 같은 행태는 은희가 자신의 짐에서 옷감을 꺼내 삼촌 집 두 아이에게 옷을 해 입혔을 때도 나타난다. "이런 좋은 감을, 아까와라"라는 말투에는, '그 천을 팔면 쌀이 두 말도 넘을 텐데 그것도 모르고 헤푸장을 쓴다'는 뜻이 담겨 있다고 은희는 짐작하는 것이다. 이처럼 구의사 부인은 물질에 집착하고 인색한 자신의 욕망의 정당성을 위해 '알뜰한 살림꾼'을 자처하는 것이다.

스스로 정당성이 있는 것은 정당성을 위해 내세울 명분을 필요로 하지 않는다. 그리고 그 명분을 지지해 줄 타자를 필요로 하지도 않는다. 그런데 구의사 부인이 굳이 알뜰한 살림꾼을 명분으로 내걸고 남편에게 말하여 지지를 얻고자 하는 것은, 스스로 자신이 정당하지 못함을 입증하는 것에 지나지 않는다. 이에 비해 은희는 이런 사소한 것에 인색하거나 집착할 여유가 없다. 자신을 피난지에 데려다 놓고 남편 인호는 '정국을 살핀다'고 신경의 신문사로 돌아가 있는 것이다. 은희에게는 남편의 안위가 더 걱정거리이자 본질적인 문제인 것이다. 남편은 신경에서 정국을 살피느라 아내 곁에 있지 못하는데, 구의사는 어디를 나갔다 와서는 정국이 돌아가는 낌새를 알아채고, '축 장수석 만세. 축 타도 일본 제국주의 만세. 축 장개석 장군 입성 환영 만세. 축 장수석 승전 만세' 등의 문구를 수십 장씩 쓰게 하여 깊숙이 숨겨둔다. 이렇게 해야 중국군이 들어올 때 안심할 수 있다며, 자신의 지혜에 스스로 만족해한다. 그러니까 구의사나 그 부인이나 기회주의적 처세에는 능한 인물임에는 틀림없다.

그리고 앞에서 은희가 남편과 구의사의 우정에 참견하며 지적한 말인 '처세', '위장'이 피난지에서 여실히 증명되고 있는 셈이다. 구의사 스스로 연애에 비유할 정도로 돈독함을 과시했던 우정이라면 인호의 안위에 대해 누구보다도 먼저 수소문을 해야 마땅하지만, 그것에는 아랑곳없고 중국군으로부터 자신의 안전을 지키기 위해 내걸 문구 작성에만 여념이 없는 것이다. 이러한 구의사의 행태는 계속되는데, 토민들이 비적이 되어 피난민들의 짐을 노리고 마을로 밀려오리라는 소문과 그에 따른 불안을 해소하기 위해, 구의사를 중심으로 한 유지들이 돈을 내고 기부금을 모아 부근 중국인들을 청해 연회를 베풀고, 그래도 안심할 수 없어 젊은 이들이 교대로 밤을 새며 마을을 지키고, 신호가 나면 마을 사람들이 수수밭 속으로 숨는 것까지는 충분히 납득할 수 있는 일이다. 그러나 구의사가 자기네 집 창문만 얼기설기 '짐빼'로 얽어놓은 것을 은희가 목격하고는, 정말 비적이 온다면 "그런 따위 짐빼쯤 한칼로 끊어놓을 것이고, 또 다른 문도 얼마든지 있는데 자기네 방문만 얽어봐야 되려 달아날 구멍만 막는 셈"이 되므로, 은희는 구의사의 행태를 납득하지 못하고 실소를 할 뿐이다.

라인홀트 매스너는 『산은 내게 말한다』에서, 삶과 죽음의 경계에서 사람들은 가면을 벗는다고 말한다. 구의사가 피난지에서 벌이는 행태는 인간이 가면을 벗으면 어떤 얼굴이 되는가를 보여주는 전형이다. 일본군이 아주 퇴각해 버리면 조선사람은 못 산다고 선동을 하기도 하고, 일본 사람하고 교제가 넓어 서울에 가면 참사관이 집을 마련해 줄 거라고 조선으로 간다고 짐을 꾸리기도 하면서 기회주의적인 행태를 보이다가, 짐을 꾸려 놓고 선뜻 떠날 용기가 없어 우물쭈물하는 사이에 인호로부터 인편으로 은희와 구의사에게 편지가 오자, 구의사는 인호에게 "병원 집 한 채 그럴 듯한 적당한 것을 접수해 달라"고 편지를 쓰면서 후안무치한 뻔뻔스러움까지 적나라하게 보여준다. 그러니까 구의사에게 우정이란 일방적인 것이다. 친구에게 자신이 필요할 때는 자신을 내주지 않고, 자신이 친구가 필요할 때는 철저히 이용하는 것이다. 기회주의적이고 처세에 능하며 인색한 사람에게는 우정과 친구도 개인적인 친밀함을 나누는 계기나 대상이 아니라, 자신의 욕망과 이익을 위해 이용하는 도구나 수단일 뿐이다.

은희네와 관련된 구의사의 행태가 절정에 이른 것은 마차에 짐을 싣고 신경으로 돌아가는 길에서다. 형편없이 패인 흙탕길을 달리던 마차가 큰 길로 빠져나오자, 마부들은 차비 전액을 지불해야 한다고 요구하고, 협상 끝에 반액을 먼저 지불하기로 하는데, 은희는 돈이 든 핸드백을 짐 속에 넣어버려 지불할 돈을 갖고 있지 않아 곤란한 처지가 된다. 은희네 마차에는 구의사네 짐이 삼분지 일이나 실려 있고, 사촌 시누네 식구 셋이 타고 있다. 그럼에도 불구하고 은희가 구의사에게 부탁을 하자 구의

사는 얼굴을 찡그리며 성을 내고, 사촌 시누이도 돈이 있지만 머리를 내저으며 거절한다. 이들이 이렇게 돈에 집착하는 것은 돈이 그들의 생사를 좌우하는 힘을 지녔기 때문이다. 앞에서 보았듯이 우정이나 혈연과 같은 인간적 유대가 아무런 힘을 발휘하지 못하는 상황에서 돈은 거의 절대적 위력을 지닌 것이 된다. 이종영이『내면성의 형식들』에서, 화폐는 공동체적 유대를 붕괴시킴으로써 굶주림의 공포를 만들어내고, 굶주림의 공포가 강화될수록 화폐의 신적 지위는 더욱 강화된다고 한 것은 부르주아 사회를 겨냥한 것이긴 하지만, 일상이 붕괴되어 극한에 처한 상황에서도 통할 수 있는 이야기이다.

은희는 이러한 사람들의 반응에 대해 "살기가 어려 있는 것도 같고, 일체의 지능이 마비된 것도 같다"고 생각해 보기도 하고, "돌아가서 무엇을 해먹고 사나 하는 생각이 머리를 붙잡고 있어, 의리나 면목을 세울 마당이 아니라고 스스로 마음 단속을 하고 있는지도 모르겠다"고 여기기도 한다. 돈 거두는 사람이 마지막으로 은희네 마차로 와서 다그쳐도 별다른 수가 없다. 모두 시선과 입이 은희를 향하며 재촉을 하는데, 궁지에 몰린 은희는 코허리가 찡해짐을 느낀다. 이는 마치 중인환시리에 벌거벗겨진 듯한 느낌일 것이며, 동물원의 우리에 갇힌 짐승이 된 듯한 느낌일 것이다. 이를 반대편에서 보면 인간의 잔인성이 드러난 것이다. 이러한 잔인성은 일상에서는 잠복되어 잘 드러나지 않는다. 이는 김용석이『일상의 발견』에서, 사람의 야만성의 발현은 사회적 관계를 통해 자연스럽게 통제되고 순화된다고 한 것과 맥락을 같이하는 것이다. 그러나 지금처럼 일상에서 극한으로 상황이 급변하여 그것을 통제하고 순화할 사회적 관계가 결여되면, 잠복되어 있던 잔인성이 표면으로 노출되는 것이다.

은희는 돈을 거두는 사람이 이웃에 살던 수도 청부업자임을 알아챈다.

하루에도 두세 번씩 만나면서도 그의 인사를 거절했던 것도 생각난다. 그리고 자신을 향한 그의 웃음에 "하루에도 수없이 만나는 사람을 인사쯤 해두었더라면 이런 망신쯤 안 당할 게 아니냐"는 의미가 담겨 있는 것 같아, 그의 시선을 바로 받아내지도 못한다. 그러나 그녀를 구원해 준 이는, 우정을 과시하던 구의사도, 친척 관계에 있는 사촌 시누이도 아니고, 이웃처럼 대해 주지 않았던 이웃인 바로 그인 것이다. 마차 출발을 재촉하는 성화에 못 이겨 신경에 도착해서 이내 갚으라며 대납을 해 준 것이다. 신경에 도착했을 때에야 구의사는 은희네 마차에 자기 짐을 실었던 마차 삯으로 이백원을 내밀지만 은희는 거절한다. "돈 받으려고 실은 것 아니라"고 하며. 그 뒤에도 여러 번 그 돈을 보내오지만 번번이 돌려보낸다. 이로써 은희는 돈에 집착하는 구의사네와 자신을 달리한다. 그리고 남편 인호를 만나, "소문에 좋은 집 잡았다던데 정말이냐"고 물었을 때, 인호가 "좁은 집은 고사하구 나쁜 집두 못얻었다"고, "집 가진 일본놈 알았어야 집을 얻지" 라고 대답함으로써, 일본 참사관을 안다며 서울 가면 집 하나 못구하겠냐고, 그리고 인호더러 병원할 집 하나 잡아놓으라던 구의사와 자신을 차별화한다.

극한 상황은 인간으로 하여금 상황에 적응하는 과정에서 비인간적이 되기를 강요하는 부분이 있음에 틀림없다. 극한 상황을 많이 겪은 사람은 그 과정에서 인간이 지닌 부정적인 면이 노출되는 것을 많이 본 사람과 다름이 없을 것이다. 그래서 그러한 사람들은 인간에 대해 그다지 기대를 하지 않는다. 심지어 박인식이 『사람의 산』에서 말하듯이, 사람에게 기대를 한다는 것은 죄악의 시작이라고, 극단적인 표현을 할 수도 있는 것이다. 은희가 구의사네 부부에게서 느낀 것이 이에 육박할 것이다. 어쨌든 작가는 은희와 인호 부부 주위에 포진한 인물들을 통하여, 일상에서 극한으로 상황이 바뀌면, 상황 속에 놓인 인간은 일상의 가면을 벗어던지고 동물적 차원으로 추락하면서 비인간적 속성을 드러낸다는 것을 보여준다. 그러나 한편으로 은희와 인호 부부를 통하여 인간은 상황의 변화에도 불구하고 상황에 굴복하지 않으려고 애쓰면서, 인간적 속성과 품위를 유지할 수 있다는 것 또한 보여준 셈이다.

잠복과 노출의 길
— 현기영의 「길」

집이 거주의 중심 장소이고, 집 밖의 농토나 직장이 노동의 중심 장소라면, 길은 거주와 노동을 소통하는 중요한 공간이다. 그래서 길은 거주와 노동과 관련된 삶이 축적되고 저장되는 공간이 된다. 길에 새겨진 그러한 삶은 일상적 성격을 띨 수도 있지만, 때로는 비일상적인 성격을 띠며 지울 수 없는 흔적을 남기는 경우도 있다. 그 흔적은 과거의 것이면서 현재와 연결된 것이고, 삶이 지속되는 한 잠복되어 있으면서 당대의 삶에 영향을 미치는 시대적, 역사적 사건으로서 자신의 존재를 주장한다. 박태순이 『나의 국토, 나의 산하』에서, 길은 시간과 시대와 역사를 저장한다고 한 말도 이러한 길의 성격과 무관하지 않을 것이다. 현기영의 「길」은 이러한 길의 성격, 곧 현재에 연결된 과거의 사건, 당대의 삶에 막대한 영향을 미친 역사적 사건으로서의 '4·3'이 '길'에 어떠한 모습으로 잠복되어 있고, 또 어떻게 노출이 되는지를 잘 그려 보여준다.

이 작품의 표면적인 사건은 단순하다. 제주도에 있는 고등학교의 3학년 담임인 '나'가, 지각 한번 없이 개근을 하던 반 아이 '휘진'이 무단결석을 하자, 그의 집에 혹시 우환이 생긴 것이 아닐까 하고 염려를 하며, 가정 방문을 하기로 결심하고 실행하는 것이 그것이다. 휘진은 시내에서 자취를 하며 학교를 다녔는데, 같이 자취하는 '동철'의 얘기로는, 일요일인 어제 오후 늦게 시골로 양식을 가지러 간다고 떠났는데 돌아오지 않았다는 것이다. 휘진의 시골집은 '애엄리'로, 그곳으로 가는 길은 시외버스가 달리는 서편 일주도로를 타고 '나'의 고향인 '지지리'에서 내려, 다시 도보로 더 들어가야 하는 곳이다. 오후 수업을 오전으로 몰아서 하고, 서편 일주도로를 달리는 버스를 탄 '나'는 휘진의 고등학교 생활과 그와 별반 다를 바 없었던 자신의 고등학교 시절을 회상한다. 버스는 현재의 도로를 달리지만, 그 버스에 타고 있는 '나'의 생각은 과거의 길과 삶으로 달리는 것이다.

현재의 도로는 버스가 빠른 속도로 달릴 수 있는 평탄한 것이지만, 과거의 길과 삶은 반대로 평탄하지도 않고 빨리 잊어질 수도 없는 것이다. 그리고 과거의 '나'가 그러했듯이, 휘진의 경우는 현재도 평탄한 것이 못 된다. 그래서 휘진의 현재와 '나'의 과거가 연루되어 진술된다. 휘진은 3기분 등록금을 내지 못해 '나'가 대신 납부해 준 적이 있고, "겨울철만 되면 하반신이 맥풀려 제대로 힘을 못 쓰는" 증세를 지닌 아버지를 모시고 있다. 이런 현재를 살고 있는 휘진은 과거의 '나'를 떠올리기에 부족함이 없다. 휘진이 시골에 집을 두고 시내에서 자취를 하고 있듯이, '나'는 "중학교 3년, 사범학교 3년, 그리고 졸업 후 국민학교에 몸담고 있으면서 중등교원 검정고시에 합격할 때까지 또 2년, 이렇게 무려 8년 동안이나 자취생활에 찌든" 경험을 갖고 있다. 그리고 수업료 2기분치가 밀려 시험 첫날 등교정지 처분을 받은 기억도 가지고 있다.

등교정지 처분을 받고 교문 밖으로 쫓겨난 '나'는 '삼성혈' 위 들길을 무작정 걸어 올라가며, 그 길이 "몇 해 전 아버지가 끌려가던 그 들길처럼 살아 움직이는 것 같은" 착각이 들어 몸이 오싹해짐을 느낀 것을 기억해낸다. 박태순이 앞의 책에서 말한 것처럼, 길은 객관적이면서 동시에 주관적이다. '들길'은 노동의 장소인 들에 나가 일을 하기 위해 다니는 길이라는 점에서는 객관적이지만, 그 길에서 '아버지가 끌려감'으로써

'살아 움직이는 것 같은' 착각이 들고 '몸이 오싹해짐'을 느낀 점에서는 주관적이다. 주관적인 감정은 객관적인 길에 남다른 의미를 투영하게 된다. 그러면서 작품의 사건은 표면적인 것에서 이면적인 것으로, 현재적인 것에서 과거적인 것으로, 일상적인 것에서 역사적인 것으로 진입한다. 즉 역사적인 사건은 들길을 매개로 하여 잠복되어 있다가 노출되는 것이다. 역사적 사건은 '4·3'이며, 그 중심에 '아버지의 끌려감과 죽음'이 놓여 있다. 그러나 이러한 아버지의 끌려감과 죽음은 곧바로 노출되지 않고 앞의 들길과 휘진의 아버지와 같은 우회로를 거쳐서 우여곡절 끝에 노출된다.

어쨌든 '등교정지'와 '아버지의 끌려감'이 '나'에 대해서 가지는 공통점은, 그것들이 어린 '나'로서는 어찌해 볼 수 없는 큰 사건이라는 것이다. 그래서 등교정지를 당하고는 들길을 배회하고, 아버지가 끌려가는 현장에서 공포감을 느낄 뿐 아무런 대응을 하지 못한다. 오랜 세월이 흘러 성인이 된 다음에야 그것에 대해 반응을 보이고 있는 것이다. 로제 샤르티에가 『사생활의 역사 2』에서 말한 것처럼, 어린 시절은 자기 주위에서 벌어지고 있는 인간사와 인간 집단에서 아직 아무런 역할도 못하는 시기이다. 이를 호쉬차일드가 한 말로 바꾸면 지위 방패의 결핍이라 할 수 있는데, 그 결핍은 곧바로 무력감의 구조적 원인으로 작용할 뿐만 아니라, 이후의 삶에 원망이나 원한으로 표출되기도 하고, 외상이나 각인의 형태로 지속적으로 잠복되기도 한다. 등교정지 처분이 담임 소관이 아니라는 것을 깨닫기 전 오랫동안 '나'가 담임선생을 원망한 것, 휘진의 등록금을 대납해 준 것에서 각각 지위 방패 결핍의 후유증과 그 치유책을 어느 정도 확인할 수 있다.

'나'는 휘진과 그의 아버지에 대해 각각 다른 감정을 가지고 있다. 휘진에 대해서는 쉽게 동일시가 작용한다. 시골에 가난한 집을 두고 도시에 나와 자취생활을 하며 등록금을 제때 납부하지 못하고 힘들게 공부하는 것에서 동일시할 수 있는 처지를 찾아낸다. 그리고 "농사꾼의 탈을 벗어 보려고 발버둥친 것이 고작 박봉의 월급장이로 낙착되어 이제는 완전히 꼭지 떨어진 인생"이 되어 버렸다고 말하지만, "고군분투하는 휘진에게서 왕년의 자기 모습을 발견"하고 담임으로서 휘진에게 유다른 관심을 보이는 것에서도 그러한 면모를 확인할 수 있다. 그러나 휘진의 아버지에 대해서는 휘진과 같은 감정을 가질 수가 없다. 그는 '아버지의 끌려감과 죽음'에 연루되어 있는 것이다. 그것은 휘진과 '나'의 동일시의 근거가 되는, 힘들지만 대견한 공부나, 휘진의 등록금 미납을 '나'가 대납한 사실과는 차원이 다른 사건이기 때문이다. 휘진의 아버지가 아들을 잘 돌봐줘서 고맙다는 인사를 하려고 '나'를 찾아왔을 때, 현재는 과거로, 일상은 역사로 소용돌이치며 흘러들어간다. 4·3의 광풍이 휘몰아치던 그 때, 휘진의 아버지 '박춘보'는 '나'의 아버지를 끌고 갔고, 그 뒤로 '나'의 곁에 아버지는 없었던 것이다.

　폴 리쾨르가 『텍스트에서 행동으로』에서 말한 것처럼, 상황이 있는 곳에는 축소될 수도 있고 확장될 수도 있는 지평이 있다. 이러한 지평은 사고와 행동의 범주를 지배한다. 아버지를 끌고 간 당시의 상황은 삶의 지평이 극도로 축소된 극한상황이다. 그 극한상황을 지배하던 것은 이데올로기다. 폴 리쾨르가 앞의 책에서 말한 거처럼, 이데올로기는 폭력과 중요한 관계를 맺고 있고, 르내 지라르가 『폭력과 성스러움』에서 이야기한 것처럼, 일단 폭력이 공동체 속으로 침투하면 그것은 계속해서 증식되면서 강화되는 특성을 갖고 있다. 4·3사건으로 제주도는 좌우 이데올로기가 팽배해지고 삶의 지평은 극도로 축소되면서 폭력이 횡행하게 된다. 박춘보는 그 와중에 휩쓸려들어간다. "온 섬이 난리 터져 북새통으로 변했던 시절"이 오고, "군경에 쫓긴 좌익들이 이미 한라산으로 들어가 있어서 양민의 산행이 극히 위험할 무렵"에, "방목 중이던 마소를 입산자들이 잡아먹"고, "토벌대는 산폭도의 양식이 된다"고 마소를 쏘아 죽이는 처지인데, 박춘보는 "겁없이 소를 찾아 산을 헤매다가 폭도 용의자"로 붙잡힌다.

　그는 "한라산에서 여러 해 동안 숯 구워 팔거나 때때로 남의 청부를 받아 목재용 나무를 벌채하는 산판꾼노릇"을 해서 산 지리를 환히 꿰뚫고 있어, 가족을 저당 잡히고 귀순 형식을 밟아 토벌대의 안내인이 된다. 3년 동안의 안내인 노릇으로 개인적으로는 동상에 걸려 발가락 네 개를 자르고 평생 후유증에 시달리는 처지가 되지만, 타인에게는 삶과 죽음을 좌우하는 이데올로기의 폭력을 앞장서 행사하는 입장이 된다. 게다가 토벌대 생활 3년째로 접어들던 어느 늦여름에는 척후활동을 하는 과정에서, 산사람들의 유인 전술에 걸려 전사 5명에 부상 3명이라는 피해를 토벌대에게 입히는 실수를 하게 된다. 이로 인해 심한 죄책감과 적과 내통한 혐의를 받게 되는데, 혐의가 풀린 박춘보는 전향자라는 꼬리표를 떼내기 위해 눈에 쌍심지를 켜고 폭도를 찾아 나서, "노루오름 근처의 냇가 동굴에서 산사람들의 아지트를 발견한 그는 단신으로 뛰어들어 폭도 3명을 생포"함으로써, 미 고문관으로부터 광목 한 통을 상으로 받기도 한다.

　폴 리쾨르에 기대면, 극한 상황은 지평의 축소를 초래하고, 축소된 지평은 삶을 생사의 기로로 내몬다. 르네 지라르에 기대면, 이데올로기와 폭력은 증식되고 강화되면서 일상적 삶의 평온을 뒤흔들어 버린다. 그러니까 체제는 추상적인 이데올로기와 구체적인 폭력을 통해서 인간적 삶의 상황과 지평을 지배하는 것이다. 그리고 작자 또는 서술자의 말처럼, "불타는 적개심 없이는 누구도 싸우지 못한다. 그러나 불타는 적개심은 과격한 응징을 낳고 과격한 응징에는 언제나 무고한 희생이 따르기 마련"이나. '나'의 아버지가 박춘보와 연루되는 것이 바로 이 지점인 것이다. 아버지가 끌려간 그날도 아버지와 '나'는 일상의 노동을 위해 밭으로 향하는 들길에 나선다. "아버지는 쟁기를 짊어지고, 나는 썩은 멸치에 재를 버무린 거름 망태를 실은 소를 이끌고" 말이다. 그러나 아버지가 쟁기와 거름 망태를 다 부리고 담배를 붙여 물었을 때, 마을 쪽에서 걸어오는 두 남자가 나타남으로써 일상은 극한으로 곤두박질친다.

극한 상황의 그림자가 다가오는 것을 아버지는 재빨리 알아채고, 사내들 쪽을 "보지 말라"고 '나'에게 무섭게 속삭인다. 그러나 두 남자 중 하나가 아버지를 향해, "나는 외도리 강훈장 집 손주마씸. 내가 아무 날 아무 시에 죽었댄 좀 알려줍서. 꼭 부탁햄수다"라고 외침으로써, 그리고 다른 한 사내가 "이 작자를 압네까?", "이 작자에 대해서 조사할 것이 좀 있으니! 요 위에 토벌대 있는 데까지 따라와사 하쿠다"라고 말하며 아버지를 끌고 감으로써, "당최 모릅네다. 생판 첨 보는 사람입쥬"라는 부인에도 불구하고 아버지는 일상의 삶에서 벗어나 극한상황과 연루되어 버린다. 그렇게 끌려간 아버지는 그 뒤에 다시는 돌아오지 못한다. 아버지가 두 사내와 함께 사라진 그 길은 곧 죽음의 길이 된 것이다. 2년 후 난리가 평정되어 한라산 출입이 자유로워졌을 때, 어머니가 나무하러 간 날이면 어머니의 나뭇짐 마중을 나가서는, 나뭇짐 진 아버지가 사람들 틈에 끼어 걸어 내려오는 듯한 착각에 빠져들곤 한다.

세월이 흐르면서 '나'는 아버지가 왜 끌려간 것인지를 돌이켜 본다. 사내가 아버지를 향해 자신의 죽음을 전해 달라고 외치는 순간 아버지의 죽음은 결정된 것이라고 생각한다. "아버지는 어쩌다 공교롭게도 사사로운 원한에 의한 어느 처형사건의 증인이 되어버린 것이고, 박씨는 나중에 말썽날지 모르는 증인을 없애기 위해 아버지를 끌고 간 것"이다. 사내의 죽음은 앞에서 서술자 또는 작자가 말한, "불타는 적개심은 과격한 응징

잠복과 노출의 길 359

을 낳는다"는 것에 해당하고, 아버지의 죽음은 앞에서 말한, "과격한 응징은 무고한 희생이 따르기 마련"이라는 것에 해당한다. 그리고 이러한 적개심과 응징 그리고 무고한 희생을 위에서 지배하고 조장하는 것이 바로 체제이고 이데올로기이며, 이데올로기는 착각과 은폐와 거짓으로 생활세계에 폭력으로 행사되며, 생활세계에 있는 인간은 생존을 위협받기도 하고 무의미한 죽음을 맞기도 한다. 아이들이 지위 방패의 결핍으로 일상에서 아무런 역할도 못하고 무력감을 느끼듯이, 어른들은 체제가 만든 극한상황과 이데올로기가 만든 폭력 앞에 무력하게 위협받고 죽어 간 것이다.

서술자 또는 작자가 당시의 상황을 '미친 시대'로 규정하고, 아버지의 죽음을 염두에 두고는 "가해자는 개인이 아니라, 개인을 발광케 만든 한 시대"라고 한 것도 위와 같은 맥락에서일 것이다. 휘진의 아버지로 '나'의 앞에 나타난 박춘보의 모습과 그가 들려준 이야기는 이와 같은 생각을 하기에 모자람이 없다. 박춘보는 아들의 등록금을 대납해준 것에 대한 고마움을 표시하기 위해 처음에는 더덕뿌리를 가지고, 그 다음에는 오미자 열매를 가지고 아들의 담임인 '나'를 찾아온다. '나'는 박춘보를 보면서 "갓서른의 젊은 나이에 죽은 아버지보다도 차라리 육포처럼 말라비틀린 이 육십 난 노인이 더 불행한 것이 아닐까?" 하는 생각에 사로잡히기도 하고, 박춘보가 "난 죄 많은 사람이우다. 이것 봅서. 이 뼈다귀만 남은 몸, 죄값으로 천벌을 받은 겁쥬. 사름들이 내 뒷전에서 죄져서 그렇다고 속닥거립네다"라고 말할 때는, 순간적으로 눈물이 핑 도는 것을 느끼기도 한다.

그러면서 "그 당시에 그런 행동을 저지른 사람이 어디 박춘보씨 혼자뿐이던가. 폭동과 진압의 악순환 속에서 육지에서 들어온 토벌대들이 섬바닥 젊은것이라면 일단 폭도 용의자로 간주했으니, 자기의 결백을 강변하기 위해서 과잉 행동으로 과잉 충성을 보인 사람들이 적지 않았고, 무고한 사람이라도 누구 하나 고발하지 않고는 폭도 용의자로 의심받을지 모른다는 두려운 강박관념에 시달리던 시절"이라고 회고하며, '나'는 아버지의 죽음을 이와 같은 당시의 상황에 집어넣어 이해하려고도 한다. 즉 박춘보라는 개인을 넘어선 미친 시대에 결부시키려는 심리를 보이기도 한다. 그러나 '나'는 "삼십여 년 동안이나 유택에 안주하지 못한 채 허공중에 떠돌고 있는 아버지의 영혼"을 생각하며 박춘보의 행적과, 그 과정에서 드러나게 될, 아버지가 돌아가신 곳을 알고자 한다. 아버지의 혼백을 거두어 드리는 것이 미친 시대를 통과하여 살아남은 아들이 할 수 있는 최소한의 도리라고 생각하기 때문이다.

뿐만 아니라 아버지의 죽음을 미친 시대 탓으로 돌린다 해도 박춘보에 대한 감정이 말끔하게 해소될 수는 없는 것이다. 아버지의 죽음은 '나'에게 '외상'과 같은 것이다. 그것은 어린 아이로서 아무런 대응도 못하고 지위방패도 없이 당한 속절없는 사건인 것이다. 그것은 박춘보가 휘진의 아버지로 나타났다고 해서, 그때의 모습과는 다른 초라한 노인으로 변모했다고 해서 뇌리에서 사라질 수 있는 것은 아닌 것이다. 그래서 '나'는 박춘보의 사양에도 불구하고 그를 꾀어서 학교 근처의 음식점으로 들어가 마주 앉게 되고, 앞에 언급된 그의 행적 대부분의 이야기를 듣게 된 셈이다. 그 과정에서 '나'는 박춘보가 정식 토벌대원이 아니고 귀순한 전향자라서 원호대상 자격이 없다는 말을 듣고, 원호대상에 오르면 휘진이가 대학에 가도 학비보조를 받을 수 있으니, 당시 대원 가운데에 증인이 되어줄 사람을 찾아 추진해 보라고 조언을 하기도 하고, 그것이 안 되면 자신이 나서줄 수 있다고 말하기도 한다. 이에 대해 박춘보는 당황해서 손을 내젓고, 거칠게 도리질을 치며, 괴로움으로 얼굴이 이지러진다.

박춘보 노인의 이와 같은 모습은 어린 시절 '나'의 모습과 대응된다. '나'가 어린 시절 아버지를 죽음으로 몰고 간 박춘보의 횡포에 무력했듯이, 지금 박춘보는 나약한 노인이 되어 그를 궁지로 몰고가는 '나'에게 무력한 존재가 되어 있는 것이다. 그러나 '나'는 박춘보와의 두 번째의 대면에서 그를 끝까지 추궁하여 알고자 하는 것을 알아내지는 못한다. 다만 동상으로 "발가락 네 개를 잃은 그의 왼발이 눈에 띄게 저는" 모습을 보며, 그를 시외버스 정류장 근처까지 배웅하는 것으로 두 번째의 대면을 마무리를 한다. 이제 '나'는 세 번째의 대면을 위해 애엄리의 박춘보를 찾아가는 길이다. 그것은 표면적으로는 담임인 '나'가 결석한 학생 휘진을 가정 방문하는 길이고, 이면적으로는 박춘보가 '나'의 아버지를 끌고 가 살해한 장소를 자백 받고자 찾아가는 길이다. 그러면서 '나'는 두 가지를 예상한다. '나'가 본색을 드러내면 그가 매우 놀랄 것이라는 것과, '나'의 질문에 틀림없이 그가 대답해주리라는 확신이 그것이다. 이러한 예상은 어린 시절 '나'가 그에게 그러했듯이, 이제는 그가 '나'에게 "꼼짝달싹할 수 없게 붙잡힌 초라한 약자에 불과하"기 때문에 가능한 것이다. 게다가 "시침 떼지도 못하고 그 처형 사건을 고스란히 시인해야 하는 노인의 정신적 충격은 얼마나 클 것인가?"를 염두에 두기도 한다.

그러나 이러한 예상은 빗나간다. '나'는 박춘보/휘진 부자가 사는 마을 애엄리로 들어서서 집을 물어보려 주위를 돌아보다 '흰 두루마기'에 중절모를 쓴 노인 둘이 잰걸음으로 걸어오는 것을 발견한다. '나'는 불길한 생각에 휩싸이며 홀린 듯 노인들의 뒤를 따라 골목길로 들어가는데, 그 골목 끝에 '박씨 상가'가 있었던 것이다. 과거의 길에는 아버지의 죽음이 있었고, 현재의 집에는 아버지의 죽음을 초래한 박춘보의 죽음이 있다. 과거의 길과 현재의 집, 아버지의 죽음과 박춘보의 죽음 사이에는 그 다음 세대인 '나'와 휘진의 삶이 있다. 이 두 세대의 삶과 죽음이 잠복되어 있는 곳이 바로 길이며, 그 중에서도 특히 들길이 그러하다. 그 길은 현재와 과거, 일상과 역사, 삶과 죽음을 매개하며, 때로는 그것을 잠복시키기도 하고, 때로는 노출시키기도 하며 인간 앞에 존재한다. 최영준이 「길의 역사, 길의 사상」에서, 우리는 길에서 우리 역사의 파노라마를 볼 수 있다고 한 것도 이와 같은 상황과 무관하지 않을 것이다.

그러나 이 작품의 길에 잠복된 역사는 파노라마로 치부하기에는 너무나 굴곡져 있다. 그러한 굴곡짐은 체제의 잔인성과 이데올로기의 폭력성이 생활세계 수준에서 드러난 모습이다. 그래서 그러한 굴곡짐을 '나'는 체제와 이데올로기 곧 미친 시대 탓으로 돌리고, 생활세계의 차원에서 해소하려고 시도한 것이다. 박춘보는 그의 처형 사건을 시인하고, '나'는 아버지가 묻힌 장소를 알면 그것으로 들길에서 있었던 일은 마무리가 될 것이라고 생각한 것이다. 역사적 사건이 공적 영역과 체제의 차원에서 제대로의 평가가 쉽지 않듯이, 사적 영역과 생활세계의 수준에서 진정한 해소와 화해도 쉽지 않은 것이다. 위치우이가 『유럽문화기행』에서, 모든 길은 저마다의 해답을 품고 있다. 그리고 더욱 많은 새로운 문제를 던진다고 했듯이, '나'의 해소책은 하나의 해답이 될 수도 있지만, 또 다른 문제점을 제기한 것일 수도 있다.

다시 말해 박춘보와 아버지 사이에 일어난 사건은, 미친 시대 탓이니까 가해자나 피해자나 개인으로서는 어쩔 수 없었다고 받아들이는 것, 체제와 이데올로기가 일으킨 사건을 생활세계의 일반인은 감수할 수밖에 없다는 것, 따라서 남은 일은 그러한 시대와 체제와 이데올로기가 맹위를 떨치던 시절이 지난 뒤에 살아남은 사람들끼리 화해를 하면서 그러한 시대와 체제와 이데올로기를 해소하는 것이 하나의 해답이 될 수 있다는 것이다. 그래서 '나'는 두 번의 만남을 통해 초라한 약자가 된 박춘보에게서 연민을 느끼기도 하고, 세 번째의 만남을 통해서는 아버지를 처형하고 묻은 장소만 알고 끝내려고 작정하기도 한다. 그러나 '나'의 이러한 처리는 허위의식의 소산일 수 있다는 것이 작자의 입장이다. 그래서 세 번째의 만남을 성사시키지 않고 무산시키면서 작품을 끝낸다. 허위의식은 진실의 바탕 위에 서 있는 것이 아니라 힘의 우위에 입각해 있다. 힘의 우위에 입각한 허위의식을 배척하지 않는 것은 약자의 희생을 강요하는 체제와 이데올로기 편에 선다는 것을 의미한다. 진실이 전제되지 않은 화해 곧 허위의식을 경계하는 이유가 여기에 있다.

틀과 결의 길
—김인숙의 『먼 길』

　인간의 삶은 큰 틀과 작은 결의 직조로 이루어진다. 이를 이론적으로 연구하는 자들은 각각을 체계와 생활세계로 명명하기도 하고, 일반자와 특수자로 부르기도 한다. 큰 틀은 주로 사회적 영역이나 공적 영역과 관련될 것이고, 작은 결은 주로 사적 영역과 관련될 것이다. 어떤 사람들은 큰 틀과 작은 결을 조화롭게 짜가며 바람직한 삶의 모습을 보여주기도 하고, 또 어떤 사람들은 그것을 제대로 엮지 못해 고뇌하며 뒤틀린 삶의 모습을 보여주기도 한다. 전자의 사람들은 그러한 조화 위에 안정적인 삶을 영위하지만, 후자의 사람들은 부조화를 안고 불안한 삶을 영위하며 그것을 타개하기 위해 나름대로의 모색을 시도하기도 한다. 그러한 모색 중에서 가장 일반적인 것이 삶의 영역에 변화를 주는 것이다. 다시 말해 부조화와 불안을 야기한 세계에서 다른 세계로 옮겨가 보는 것이다. 그 세계의 이동 기간이 짧으면 여행의 형태가 될 것이고, 길어지면 이민의 형태가 될 것이다.

　김인숙의 『먼 길』은 삶의 틀과 결의 직조에서 조화를 이루지 못한 인물들이 그것을 타개하기 위해 또는 그것에서 도피하기 위해 '여행'이나 '이민'의 방법을 택한 인물들의 삶을 다루고 있다. '유한영' 형제와 '강명우' 형제 등이 그러한 인물이다. 이들이 와 있는 곳이 어느 나라인지 명시하지는 않고 있지만, '인종 전시장'과 '영어'를 통용어로 쓰는 곳이라는 말로 대충은 짐작할 수는 있겠다. 어쨌든 이들 중 '한영'은 기술 이민으로 이곳의 현지 건축회사에 들어가 괜찮은 건축사로서 5년간 일하다가 그만두고, 1년 간 룸펜 생활을 하는 동안 자신에게도 규칙적인 일상이 필요하다고 느끼는 참에, 선배의 요청이 있어 '애매하기 짝이 없는' 교민잡지사에 들어가 일하고 있는 인물이다. 그의 형인 '한림'은 한국에서 통기타 가수 생활을 하면서 이 작품의 제목인 '먼 길'이라는 곡을 발표하기도 하고, '고래사냥'과 같은 히트곡을 내보는 게 소원이었지만 그렇게 하지 못하고, 이곳에 이민 와서 낚싯배를 몰면서 소일하고 있는 인물이다. '명우'는 한국에서 반정부운동을 벌이다 1년 6개월의 감옥살이를 하고 나와 형이 있는 이곳에서 살고 있지만, 후유증으로 불안하게 삶을 이어가며 정착하지 못하고 있는 인물이다. '난민' 신청으로 받은 영주권도 그다지 도움이 되지 못한다.

    명우의 형은 한국에서 '꽤 단단한' 중소업체로 사업을 하다가 노동쟁의를 피해 이곳으로 투자 이민을 왔는데, 밖에서는 악덕 청소업자로 욕을 먹고 있지만, 가정에서는 애처가에다 좋은 아버지로 행세하는 인물이다. 그래서 이곳에서의 생활에 대해 그다지 불만을 드러낼 이유도 없고 오히려 만족스러워 하는 편이다. 이와 비슷하게 이곳에서의 생활에 그다지 불평을 하지 않고 자신이 하는 일에만 몰두하는 인물로 '박변호사'가 있는데, 그는 한림과 명우를 이어주면서 한림이 명우의 삶의 내력을 캐내는 데에 다소의 도움을 주는 인물이다. 삶의 큰 틀은 대체로 사회적 영역 또는 공적 영역에서 이루어지므로 사람들의 눈에 쉽사리 띄게 되지만, 작은 결은 주로 사적 영역과 개인적 차원에서 이루어지기 때문에 여간해서는 눈에 띄지 않는다. 특히 그것이 내밀한 사연이나 감정의 차원일 때는 더더욱 그러하다. 그래서 작은 결을 드러나게 하기 위해서는 특별한 장치나 계기가 필요하다. 그래서 이 작품에서는 작은 결을 드러나게 하는 장치나 계기로서 '낚시 여행'과 '자동차 여행'을 마련한다.

'낚싯배'나 '자동차'를 이용한 '여행'은 협소한 공간과 긴 시간이라는 특별한 장치로 말미암아, 넓은 공간과 짧은 시간이라는 보통의 일상에서는 불가능한, 내밀하고 지속적인 대화의 가능성이 주어진다. 그리고 여행은 일상의 심상한 감정의 상태에서 벗어나, 여행자를 특이한 감정 상태로 이끌어 평소에 묻어두었던 내밀한 사연을 토로할 가능성을 유발할 수 있다. 따라서 여행자는 큰 틀 속에 잠복해 있는 작은 결을 드러내고 엿볼 수 있는 기회를 가진다. 한영은 낚싯배를 타기 위해 선착장에 도착했을 때, 인간의 삶에만 큰 틀과 작은 결이 있는 것이 아니라, 자연 특히 바다에도 그러한 것이 존재함을 알아챈다. "여명과 함께 자신의 모습을 서서히 드러내기 시작한 바다는 드높게 달겨드는 파도의 흰 이빨뿐만 아니라 그 파도에 실려오는 섬세한 결까지 드러내고 있었다. 바다가 그 거대한 한 몸뚱이로만 움직이지 않고 섬세하고 여린 결로도 움직인다는 사실은 매우 경이로운 것이었다."가 그것이다.

바다의 '거대한 한 몸뚱이'가 큰 틀이라면 '섬세하고 여린 (물)결'은 작은 결이다. 즉 바다 역시 큰 틀과 작은 결로 살아 움직인다는 것을 발견한 것이다. 그리고 그것에 대해 '매우 경이롭다'고 한 것은 바다의 움직임 자체에서 연유한 것이기도 하지만, 인간의 삶에서 느낀 것이 포개졌기 때문에 더욱 그러했을 것이다. 그리고 이 거대한 몸뚱이와 여린 물결로 이루어진 바다는 이어 폭풍우로 요동치며, 낚싯배를 탄 인물인 한영과 명우 그리고 한림을 흔들며, 이들의 삶이 큰 틀과 작은 결의 부조화로 고통 받고 있음을 드러내게 한다. 다시 말해 폭풍우로 인한 바다 위의 배의 요동이 배 안의 사람들을 흔들어 멀미와 구토를 통해 속의 것을 게워내게 하듯이, 배 안에 타고 있는 이들이 한국 땅에서의 정치 상황적 흔들림에 의해 삶의 큰 틀과 작은 결이 부서지고 망가지게 된 경위를 드러내고자 하는 것이다.

한림의 낚싯배 안에는 화장실과 침실 시스템의 작은 방이 있다. 그것은 한림이 '먹고 자는 그의 집'이기도 하다. 그는 아내와 자식이 있는데도 불구하고 이혼한 뒤 집을 구해 정착하지 않고, 배와 캐러밴을 번갈아가며 기숙을 해결하고 떠돈다. 그는 삶의 큰 틀을 한국에서 세운 적이 있다. 그것은 앞에서 본 것처럼 성공한 가수의 길이었다. 그러나 그의 곡 '먼 길'이 문제가 되면서 그 큰 틀은 부서진다. "신원미상의 작자들에게 납치되듯 연행되어" 간 그가 돌아왔을 때, 화장실 변기에는 피똥이 그득해진다. "그의 노래를 작사작곡해 주었던 고등학교 동창이기도 했던 작곡가가 반정부운동 조직에 관련된 사람이라는 이유 때문에 그 곤경을 치른 것"이었다. 그들은 수배 중인 그 친구를 찾아내기 위해, 그 친구와 관련된 모든 것을 기억해 내기를 강요한 것이고, 그 강요의 과정에 사흘이라는 시간이 소비되었으며, 그만큼의 고문이 가해졌을 것이다.

'피똥'은 그 후유증의 일부일 뿐이다. 그 당시 한영이 들은 다음과 같은 한림의 말은 그가 당한 고초를 대변한다. "나는 간다. 이놈의 땅, 이놈의 돼지우리 같은 땅. 다신 안 돌아올 테다." 고문은 피똥에서 보이는 것과 같은 신체적 훼손으로 그치지 않고, 정신을 파괴하는 데까지 이른다. 이종영이 『내면성의 형식들』에서 말하듯이, 몸에 가해지는 고문은 자아와 외부 세계의 경계를 허물어뜨리는 권력의 행사이다. 권력은 고문이라는 폭력의 방법을 통해 그 경계를 뚫고 들어와 경계 안쪽의 정신 혹은 영혼을 무너뜨리고 재구성한다. 그리고 무너져 재구성된 정신이나 영혼은 온전한 회복이 거의 불가능하다. 한림이 한국을 떠날 결심을 하며 내뱉은, '다시는 돌아오지 않을 것'이라는 말은 자신의 영혼에도 그대로 적용될 수 있다. 곧 '다시는 영혼이 회복되지 않을 것'이라는 뜻으로 말이다. 이처럼 큰 틀의 무너짐 앞에 선 인간은 그 여파로 작은 결에서도 달라질 수밖에 없다. 그것은 노래의 길이라는 큰 틀이 막히자 대마초에의 탐닉이라는 작은 결의 변화로 나타난다.

물론 '먼 길'이 금지곡이 되기 전에도 또는 사흘간의 '체포/구금'이 있기 전에도 대마초 흡입이 무시할 수 없는 한림의 한 부분이었지만, 상습적 탐닉은 그 이후의 일이다. "그때 그 여자는 대마초로부터 자신의 남편을, 그리고 자신의 가정을 구해야만 했던 것이다."에서 보이는 것처럼 그것은 아내가 이민을 결심하는 데 가장 중요한 요인이 된다. 대마초에의 상습적 탐닉은 곧 향락을 뜻한다. 아도르노와 호르크하이머가 『계몽의 변증법』에서 말했듯이, 향락 속에서 인간은 사유로부터 면제되며 문명으로부터 탈출한다. 한림이 한국에서의 곤욕 이후 어떤 의미 있는 것에도 관심을 기울이지 않고 그것에 대해 사유하기를 그만둔 것과, 다른 사내와의 부정을 빌미로 아내와 이혼하고 가정을 버리고 혼자 캐러밴과 배에서 생활하는 것은 대마초에 탐닉하는 것과 동전의 양면을 이룬다. 곧 무사유와 탈문명은 향락적 삶과 겉과 속을 형성하는 것이다.

한림의 향락적 태도는 아내와 자식 그리고 가정에만 국한된 것이 아니다. 주위 사람들과의 관계에서도 그대로 노출된다. 그는 한영과 달리, 배를 같이 타고 낚시를 하러 나온 명우의 속내나 고뇌를 이해하려는 태도가 전혀 없다. 그러면서 오히려 명우에게 충고를 하는데, 그것은 명우에 대한 충고로서의 의미보다는 자신의 삶의 태도를 드러내는 것으로서의 의미가 더 농후하다. "명우씨도 이젠 이 나라를 즐겨보도록 해봐요. 남의 나라까지 와서, 우리가 할 수 있는 일이 뭐가 있겠어. …우리, 영주권자들이 할 수 있는 일은 영원토록 이 나라를 즐기는 거요." 이는 자신의 향락적 태도를 타인에게 권유하는 셈인데, 앞의 책에서 아도르노와 호르크하이머가 말했듯이, 삶의 태도로서의 즐김의 근저에 있는 것은 무력감이다. 따라서 즐김은 도피일 뿐만 아니라, 그 도피는 일반적으로 얘기되듯

잘못된 현실로부터의 도피가 아니라 마지막 남아 있는 저항의식으로부터 도피하는 것이다. 한림은 아내와 자식 및 가정으로부터 도피하여 캐러밴과 배로 도피했듯이, 자신의 원래의 땅이었던 한국으로부터, 삶의 큰 틀이었던 음악으로부터, 그리고 마지막으로 그러한 것들을 불가능하게 한 것들에 저항하지 못하고 향락과 즐김의 삶의 태도로 도피해 있는 것이다.

이러한 향락과 즐김의 삶의 태도는 필연적으로 모든 중요한 사안에 대한 냉소적 태도로 귀결된다. 대마초에 대한 탐닉이 상습적이었던 만큼 향락과 즐김의 태도 역시 상습적이 된다. 나아가 향락과 즐김의 태도가 상습적인 만큼 냉소적 태도 또한 습관적이 된다. "그의 얼굴에는 습관 같은 웃음이 배어 있었다. 세상 모든 것을 경멸하고 싶어 언제든지 터지기 직전의 그것 같은 웃음… 그가 언제부터 저런 웃음을 갖게 되었는지 한영은 정확히 기억하지 못했다. …어쩌면 한국을 떠나기 전부터였을 것이다. 자신을 고문의 밀실로 가두어들였던 그들을 향해 그리고 '아무 것'도 알지 못했던 자신에게 그런 노래를 지어준 친구를 향해, 끝내는 그 친구를 팔기 위해 창녀방의 방 번호까지 기억해야만 했던 자신을 향해 … 그는, 벌써 그때부터 그런 웃음을 짓기 시작했을 것이다. 어쩌면 그의 이민은 그 모든 것으로부터의 탈출이었을지도 알 수 없는 일이었다." 한림의 냉소를 참아내지 못하는 동생 한영의 추측으로도 그의 냉소 역시 앞의 향락과 즐김의 태도와 마찬가지로 한국에서의 곤욕과 그것에서의 도피와 무관하지 않다.

아도르노와 호르크하이머는 앞의 책에서 농담이나 익살은 '실현'에 대한 서글픈 패러디라 한 바 있고, 페터 슬로터다이크는 『냉소적 이성 비판』에서 현대사회에 대안이 없을수록 냉소주의가 더더욱 기승을 부릴 것이라고 했다. 이러한 견해 역시 한림의 태도를 비춰볼 수 있는 자료가 된다.

한림은 '고래사냥'과 같은 노래를 불러 히트시키고자 한 소원을 '실현'하지 못하고, 낚싯배로 고래를 사냥할 거라는 과장된 제스처로 농담이나 익살을 부리고 있으며, 자신이 당면한 세상사에 대안이 없음을 냉소를 통해 스스로 드러내고 있는 것이다. 향락이나 즐김이 자신을 향한 것이라면, 냉소는 세상을 향한 것임이 다를 뿐이다. 이는 세상 속에서 곧 삶의 큰 틀 안에서 자신의 작은 결을 일구어 조화를 이루지 못하고, 삶의 큰 틀이 무너짐으로써 세상으로부터 도피하고 패주하여 자신의 작은 삶의 결마저 헝클어버린 인물의 전형을 보여주는 셈이다.

이러한 한림에 비하면 명우의 형은 그 대척점에 선다고 할 수 있다. 그는 한림처럼 한국에서 그다지 큰 고통이나 상처를 입은 인물이 아니다. 기껏해야 노동쟁의로 약간의 곤란과 수모를 당한 것이 전부다. 명우의 입을 빌리면 그의 형은 '전형적인 사업가'에다 '전형적인 출세지향주의자'다. "그런 형이 그때까지도 잘 나가고 있던 회사를 다 정리하고 투자이민을 결심했던 건, 아마 그 즈음의 노동쟁의 때문이었던 것 같습니다. 형은 노조에 밀려서 신문지상에 사과문까지 발표한 적이 있었는데, 그게 그를 무척 괴롭혔던 것 같아요. 그는, 그로서는 결코 잘못한 적이 없는 것을 죽을 죄를 저지른 양 사과문까지 발표해야 했던 일을 참을 수가 없었던 거겠죠." 이는 그가 추구한 것이 한림의 노래와 같이 무형의 정신적인 것이 아니라, 유형의 물질 곧 돈과 관련되었기 때문에 달라진 것임을 보여준다. 그래서 한림과 달리 아내와 자식 및 가정을 버리고 혼자 떠도는 것이 아니라, 아내와 자식을 건사하고 가정을 꾸리며 거부로 정착해 있는 것이다.

"이 나라에 와서 형은 애처가에다 좋은 아버지입니다. 밖에 나가서 무슨 짓을 하는지는 모르지만, 어쨌든 아주 이른 시간에 귀가를 하고 주말이면 가족 피크닉을 나가는 걸 빼먹는 적이 없으니까 말이지요. 이

나라에 와서야, 나는 형도 사람이라는 것을 느꼈습니다. 처음에는 정말 경이롭더군요." 한국에서는 형을 전형적인 사업가와 전형적인 출세주의자로만 치부했는데, 이곳에서는 이처럼 형에게서 '사람'과 '경이로움'을 느끼는 데까지 이른 것이다. 그러나 명우는 형에게서 앞의 것들만 느끼는 게 아니다. 한편으로는 '억울함'을 느낀다고 했다. 그 억울함은 어디에서 오는 것일까. 명우는 한영과의 대화에서 이 부분에 이르면 하던 말을 끊고, 형에게서 자신의 이야기로 넘어가 버린다. 그렇다고 형에 대한 명우의 억울함이란 느낌이 어디에서 연유한 것인지를 짐작할 수 없는 것은 아니다. 명우는 형이 '악덕 청소업자' 소리를 듣고 있다는 것을 알고 있다. 그리고 한영이 박변호사로부터 들은 이야기에 의하면, 명우의 형은 단위가 큰 오피스의 청소권을 수두룩하게 가지고 있을 뿐만 아니라, 그러한 오피스로부터 받은 청소 대금의 반가량을 자기 몫으로 떼어내고, 그 나머지 반으로 사람들을 부린다.

　게다가 하우스크리닝은 집주인들이 집을 비우는 대낮에 이루어지지만, 오피스크리닝은 직원들이 퇴근을 한 야간에 이루어지고, 큰 오피스는 밤샘 작업을 해야만 하는 경우도 있다. 그래서 야간작업은 '사람을 생으로 말려죽인다'는 말이 나올 정도로 힘든 작업이다. 그러니까 명우의 형이 누리는 물질적 풍요와 가정적 평화는 그가 고용한 노동자들의 고된 노동과 임금 착취에 기반을 두고 있는 것이다. 그가 한국에서 '노조에 밀려 신문에 사과문을 발표한' 것도 이와 같은 그의 행태와 무관하지 않았을 것이다. 그러나 이곳에서 그에게 고용되어 청소를 하는 사람들은 한국인 이민자들로서 그에게 압력을 가할 그러한 노조가 없다. 그는 동생의 점잖은 표현으로는 '전형적인 사업가이자 출세지향주의자'이지만, 노동자들의 입장에서 보면 노동자의 권익이나 작업 환경에는 아랑곳하지 않는 악덕 업주에 불과하다. 그러한 그가 이곳에서 '청소거물'로 잘 살고 있는 것을 보면, 반정부운동을 하다 징역을 살았을 뿐만 아니라, 고문 후유증으로 정신병적 증세까지 보이는 동생의 입장에서는 다분히 '억울함'을 느낄 수도 있을 것이다.

따라서 명우의 형은 큰 틀에 맞추어 작은 결을 적당히 인위적으로 만들어 가는 인물이거나, 아니면 큰 틀에 맞추어 살아가니 진정한 작은 결이 있기나 한 것인지 의문이 가는 인물임을 알 수 있다. 한나 아렌트가 『인간의 조건』에서 말했듯이, 사물들은 가치 또는 상품으로 변형됨으로써 모든 내재적 가치의 상실이 시작되기 때문이다. 그리고 작은 결은 상품적 가치가 배제된 삶의 질 곧 가치의 섬세함이나 인정의 자상함에서 시작되는 것이기 때문이다. 따라서 물질적인 풍요와 같은 삶의 양에 편중된 인물에게서 진정한 결을 찾는다는 것 자체가 무리일 수 있겠다. 동생이 경이롭게 생각한 형의 다른 면 곧 가정에 충실한 가장으로서의 모습은 동생이 느낀 것처럼 형의 인간적인 면모의 측면도 있겠지만, 그것보다는 그가 이룩한 물질적 풍요를 만끽하는 한 방편으로서의 측면이 더 강하다고 보아야 할 것이다. 다시 말해 그가 보여주는 특성은 이종영이 앞의 책에서 말한, 부르주아적 내면성의 형식을 잘 보여준다. 부르주아는 부르주아적 향유를 지속하기 위해서 부르주아로 살아남아야 한다. 부르주아로 살아남기 위해서는 그들 사이의 치열한 경쟁에서 이겨야 하며, 그 과정에서 그가 고용한 노동자들에게 과도한 노동을 부과하기도 하고, 임금을 착취하거나 저임금을 강요하기도 하는 것이다.

사회적 노동에서 자본가와 노동자가 동등하지 않듯이, 부르주아의 가족적 거주에서 남편과 아내는 동등하지 않다. 노동에서 자본가가 노동자를 지배하는 만큼 거주에서 남편은 아내와 자식들을 지배한다. 부르주아 자본가는 사회적 노동에서 살아남기 위해 전쟁과 같은 치열한 경쟁을 치르지만, 부르주아 가장은 가족적 거주에서 휴식과 평화를 누릴 수 있다. 가정은 사회와 달리 홉스봄이 말한 것처럼 이미 점령이 완료된 곳이기 때문이다. 아내와 자식들은 가장에게 전적으로 특히 물질적으로 의존함으로써 제압되고 정복된 존재들이다. 그러한 그들과 싸울 필요가 없는 것이다. 명우의 형이 보여준 가정적인 모습, '아주 이른 시간에 귀가하고 주말이면 피크닉 나가는 걸 빼먹지 않는 모습'은 인간적인 면모로서의 섬세한 결의 발로로 보기보다는, 부르주아의 내면성의 형식이 겉으로 드러난 모습의 측면이 강하다고 판단하는 것도 이와 같은 이유에서이다.

그러나 명우는 그의 형과 다른 길을 걷는다. 그는 형과 달리 체계에 안주하기보다는 앞에서 본 것처럼 체계에 저항하는 반정부운동을 한 경력을 가지고 있다. 그러나 명우의 난민 영주권 '작품'을 만든 박변호사에 의하면, 명우는 '짱짱한 운동 경력'을 가진 인물이 아니라, '피라미'와 '꼴통'에 불과하다. 즉 탄탄한 이론과 경험으로 운동을 한 것이 아니라는 것이다. 1년 6개월의 징역도 운동의 무게에서 연유한 것이 아니라, 바깥 세상에 나오기 싫어 '법정소란'과 '교도소난동' 혐의를 자진해서 덮어씀으로써 이루어진 것이라고 본다. 그리고 그것은 지금도 앓고 있는 '자폐증'의 시초이며, 고문에서 연유한 후유증으로 판단한다. 즉 명우는 한림과 마찬가지로 고문과 연루되어 파괴된 영혼을 앓고 있는 자, 큰 틀이 무너지면서 작은 결이 망가진 자인 셈이다. 한림이 타의에 의해 고문에 연루되었다면, 명우는 자의적 운동에 의해 고문을 받은 것이 다를 뿐이다. 그리고 한림이 사흘간의 고문으로 도피와 향락 그리고 냉소의 삶을 살고 있다면, 한림은 고문과 1년 6개월의 징역으로 자폐와 고립 그리고 환청이라는 보다 심각한 증세를 보이고 있는 것이 다르다.

한영은 한림의 태도에 대해서는 반감을 가지고 가까이하고 싶어 하지 않지만, 명우의 증세에 대해서는 가까이 하여 알아내고자 접근을 시도한다. 낚싯배에 동행한 것이 그 첫 번째 시도인데, 거기서 한영은 명우가 환청을 듣는다는 것을 알게 된다. "그리고 밤마다 그는 그 비명소리를 들었노라고 했다. 그는 그 비명소리가 시작될 때마다 벌떡 일어나 커튼을 열고 또 블라인드를 걷어올린다고 했다. 창 밖에 누군가가 서서 그렇게 소리를 질러대고 있는 것은 아닌지, 그는 그것을 확인해보고 싶었던 것이다. 그러나 절벽 위에 선 그의 창문에는 번개와 천둥에 실린 어둠뿐, 아무것도 보이지가 않았다고 했다." 성전은 『유혹-산과 바람과 도반의 그리움』에서 한유의 말을 인용하여, 모든 소리는 사물이 평형을 잃었을 때 난다고, 그러므로 세상의 모든 소리는 고통의 다른 이름에 지나지 않는다고 했다. 명우가 들은 소리는 그냥 소리가 아니라 '비명' 소리이니, 그 고통이 극심하다는 것을 말해준다. 그리고 명우가 '비명소리'를 들었던 곳은 절벽 위의 집이다. 그리고 '비명소리'에 관한 이야기를 하기 전에 실제로 비명을 지르고 있는 곳은 바다 위에서 요동치는 배 안이다. 다시 말해 실제의 비명이든 환청의 비명이든 비명과 관련된 곳은 모두 폐쇄된 공간이다. 이 둘의 폐쇄된 공간은 명우가 고문을 받던 고문실이나 징역을 살던 감옥을 떠올리게 하며, 비명소리의 근원이 바로 그곳임을 짐작케 한다.

이를 로즈메리 잭슨의 『환상성』에 기대어 다음과 같이 말해 볼 수 있다. 명우는 고문을 당하며 그 고통을 참지 못해 비명을 질렀을 것이다. 그러나 자신이 저항한 체계의 하수인으로부터 받은 고문 때문에 스스로 비명을 질렀다는 사실을 자존심이 허락하지 않는다. 그래서 그 사실을 인정하지 않고 억압하고자 한다. 그러나 억압된 것들은 억압의 주체가 제 기능을 발휘하지 못할 경우 곧 잠이 들었을 때 귀환한다. 그러나 인정하기를 거부하는 주체의 작용으로 귀환은 투사된 형태로 나타난다. 즉 자아로부터 추방되어 타자의 모습으로 나타난다. 그래서 비명소리는 자신에게서 유래된 것이 아니라 집 밖에서 나는 것 곧 타자에게서 연유한 것으로, 그래서 그 타자를 찾기 위해 스스로 창 밖을 확인하는 행동을 하게 된다. 그러나 비명소리 때문에 불면의 밤이 계속되었다는 것은 비명소리가 잠과 관련되어 있고, 잠은 비명소리가 귀환하는 통로이며, 그 근원이 밖이 아니라 안 곧 자기 자신임을 말해주는 것이다. 결국 비명소리를 듣는 것 곧 명우의 환청은 고립과 자폐에 이어지는 고문 후유증의 보다 심각한 증세인 셈이다.

유독한 부모가 아이의 전기적 삶과 서사적 발전을 가로막듯이, 이처럼 유독한 체계는 생활세계 속 인간의 정상적인 거주와 노동을 불가능하게 한다. 유독한 부모가 아이에게 외상을 남기듯이, 유독한 체계는 고문의 후유증을 남긴 것이다. 김영민은 『사랑, 그 환상의 물매』에서, 세상은 그 자체가 상처의 네트워크로 구성되어 있고, 세상을 사는 방식이 상처를 처리하는 방식과 동연적이라고 한 바 있다. 그러나 그 상처가 스스로 처리하고 감당할 수 있는 범위를 넘어설 정도로 극심한 것일 때는 문제가 된다. 외상이 주체의 의지나 능력을 넘어서는 고통이듯이, 고문 역시 그러하기 때문에 후유증이 있는 것이며, 그 극복이 쉽지 않은 것이다. 김영민은 앞의 책에서 상처를 처리하는 방식으로, 은폐와 드러냄 그리고 미봉의 3가지를 이야기하지만, 명우는 그러한 처리 방식을 스스로 선택할 수 있을 만큼 여유가 없다. "징역 살고 나와서 한 번, 이 나라 오기 전에 한 번, 상태가 몹시 안 좋았다더군. 방안에 틀어박혀서 사흘이고 나흘이고 꼼짝도 하지 않고 잠도 안 자고 밥도 안 먹고 그랬다는 거야." 이는 난민 영주권 신청 건으로 명우에 대해 어느 정도 알고 있는 박변호사가 한영에게 한 말로서 상처의 심각성을 짐작할 수 있겠다.

명우가 그의 형이 있는 이곳으로 온 것도 증세가 악화되는 것을 염려한 부모의 강권에 의해서다. 그러나 비명소리와 같은 환청, 노동을 낮이 아닌 밤 시간을 일부러 선택함으로써 밤낮이 바뀐 일상, 그러한 일상이 내포하고 하고 있는 외부와의 자발적 차단과 자폐 등으로 미루어 볼 때, 이곳에 와서 증세가 악화되지 않았을지는 몰라도 그렇다고 그다지 완화된 기미도 보이지 않는다. 그러나 이러한 명우가 한영을 만남으로써 변화의 조짐을 다소 보이게 된다. 한영을 만나 대화를 함으로써 침묵과 환청의 상태를 벗어날 기회를 얻게 되고, 여행을 함께 함으로써 고립과 자폐의 상태를 탈출할 계기를 갖게 되기 때문이다. 쟝 그르니에가 『일상적 삶』에서 말한 바처럼, 살아 있는 존재의 침묵은 삶에 대한 부정이며, 한나 아렌트가 앞의 책에서 말한 것처럼, 말을 수반하지 않는 행위는 계시적 성격을 상실할 뿐만 아니라 자신의 주체도 상실한다. 명우는 거주와 노동에서 정상적인 일상인과 정반대의 시간대를 선택함으로써 주위 사람들과 교류하지 않고, 침묵하며 말을 하지 않음으로써 현재의 삶을 전면적으로 인정하지 않을 뿐만 아니라 자신을 드러내지 않으며, 자신의 삶을 주체적으로 영위하지도 않고 있다. 그렇게 함으로써 주위 사람들의 말소리를 듣는 것이 아니라, 침묵 속에서 환청을 듣고 있다. 그 환청은 다시 자신이 과거의 삶에 얽매여 있다는 것을, 스스로의 심연에 빠져 있다는 것을, 그래서 현재를 충실히 살고 있지 못하다는 것을 말해주는 것이기도 하다. 그래서 남의 목소리를 듣는 것이 아니라, 자신의 심연의 고통이 투사된 환청을 듣는 것이다.

그러나 한영과의 만남은 침묵에 대화를 마련하고, 환청을 벗어나는 길을 제공한다. 엠마누엘 레비나스가 『시간과 타자』에서 말한 것처럼, 언어는 사랑과 더불어 타자와 관계할 수 있는 방식이며, 쟝 그르니에가 앞의 책에서 말한 것처럼, 말은 우리를 대상의 상태에서 주체의 상태로 넘어가게 해 준다. 한영과의 만남은 명우에게 침묵에서 대화로 곧 언어와 말의 세계로 전환하는 계기를 마련해 준다. 그러나 처음부터 그것이 가능해진 것은 아니다. 한영이 명우를 만나고자 한 것은 교민잡지사의 일과 결부된 것이기도 하지만, 개인적인 호기심의 발동이 더 강하게 작용한 측면도 없지 않다. 한국인이 '얼마나 화려한 경력'을 가진 인물이기에 중요한 무역대상국으로서의 외교적 마찰의 우려에도 불구하고 '난민' 영주권을 받았을까 하는 궁금증을 떨칠 수 없었던 것이다. 그러나 한영의 그에 대한 신비감과 기대를 명우는 쉽게 채워주지 않는다.

　박변호사에게 받은 주소를 들고 명우를 찾아갔을 때, 그는 '자다 깬 듯한 얼굴'로 한영을 맞았고, 난민 영주권 이야기를 꺼내자 '얼굴이 무섭게 일그러졌'다가 이내 '창백해'진다. 그리고는 사람을 '잘못' 찾아왔다고, '완강하게 닫힌' 현관문 안으로 사라져 버린다. 두 번째의 만남은 첫 만남에서의 결례를 사과하러 왔다는 핑계를 들고 명우가 밤 청소를 하는 기술학교를 한영이 방문함으로써 이루어진다. 창문을 사이에 두고 한영을 본 명우의 시선은 "경악과 공포에 가득 차 있었"고, 시선은 급기야 "숨죽인 비명소리를 담아가기 시작"한다. 창문에서 사라지며 필사적으로 도피하는 듯한 얼굴을 향해, 한영이 두 팔을 내젖고 고함쳐 이름을 부른 잠시 뒤에야 둘은 상면을 한다. 한영과 명우의 이와 같은 두 번의 만남은 명우의 상처가 전혀 아물지 않고 여전히 지속되고 있음을 입증해 주는 것이다. 그러면서도 그가 왜 그곳에서 밤 청소 일을 하는지를 들려준다.

　"이곳에는 이해할 수 없는 평화 같은 것이 있어요. 내가 출근할 때 형의 집에서 보곤 하는 평화의 느낌과는 전혀 다른…뭐라고 할까…마치 모든 것을 거세해버린 뒤의 순결 같은 평화 말입니다. …그저, 여긴…나만의 자리예요. 아무도 전망을 강요하지 않고, 아무도 반성을 강요하지 않지요." 이는 그의 상처가 한국에서의 운동과 고문의 양면에서 초래된 것임을 확인시켜준다. 그가 추구하던 큰 틀과 반대편에서 그것을 저지하던 큰 틀 모두가 그의 작은 결을 이국의 작은 기술학교의 밤 청소 시간으로 축소시켜 버렸음을 보여주는 것이다. 그리고 그 작은 결을 이루는 것은 오직 '평화'일 뿐임을 보여준다. 그러나 그것은 자신의 말대로 '모든 것이 거세된', '순결 같은' 평화이므로 일상에서 건강하게 누릴 수 있는 평화가 아니라는 점에서 일종의 도피일 수밖에 없는 것이다. 그것이 일상적으로 향유할 수 있는 진정한 평화라면 네 번째 만남의 낚싯배에서처럼 비명소리를 내지 않아야 하고, 한영에게 이야기한 '비명소리'와 같은 환청이 들리지 않아야 하는 것이다.

세 번째 만남은 명우가 한영의 형수가 하는 미장원에 이발을 하러 옴으로써 이루어진다. 그 만남은 술자리로 이어지고, 그 자리에서 명우가 낚시광인 것을 알게 된다. 그리고 술기운이 퍼진 명우가 주차장으로 가면서 한림이 한영의 형이 아니냐고 묻고, 바다를 향해 '감당할 수 없는 설움의 애조'로 한림의 '먼 길'을 세 번이나 반복해 부른다. 이는 한림의 먼 길에 명우 자신의 먼 길을 겹쳐 놓는 행위인 셈이다. "영주권을 받던 날…비자를 받아가지고 집으로 돌아가는데…길을 잃었어요. 아마 흥분 때문이었는지…계속 같은 길을 뺑뺑이 돌듯 돌았죠. 그렇게 먼 길을…그렇게 먼 길을…" 물론 이 먼 길은 비자를 받아 집으로 가는 그 먼 길만을 의미하지 않는다. 그것은 한국에서 반정부운동을 하다 이국 땅에 와서 비자를 받기까지 그가 겪은 고초와 상처의 삶을 포함할 것이다. 비록 세 번째의 만남이고, 술기운을 빌린 것이며, 남의 노래에 얹은 것이기는 하지만, 문전 박대를 하고, 공포와 경악의 시선으로 숨죽인 비명소리를 담던 두 번의 만남과는 많이 달라진 명우의 모습을 본 것이다.

그래서 한영은 명우를 낚시여행에 초대하여 한림의 낚싯배를 같이 타고 있는 것이다. 물론 명우가 낚시를 좋아한다는 것, 낚싯배의 주인이 '먼 길'이라는 노래를 부른 것도 또 다른 이유가 될 수 있겠지만 말이다. 어쨌든 이 네 번째의 만남에서 명우는 자폐의 문을 열고 그의 심연의 일부라 할 수 있는 비명소리 곧 환청을 한영에게 토로한 것이다. 그리고 난민 영주권을 신청하게 된 경위도 들려준다. 그가 일하던 학교에 도난사건이 일어나 일하던 사람들이 신분조사를 받게 되어, 강제 추방과 난민 비자 신청으로 비자 기간을 연장하는 것 중 하나를 선택해야 할 기로에 서게 되어, 강제 추방의 두려움 때문에 후자를 선택했을 뿐이라고, 그래서 난민 영주권이 나오게 된 것뿐이라고. 그러니까 명우의 난민 영주권은 한영의 기대와는 달리 특별한 것은 아니었던 것이다. 그러면서 명우는 자신의 속내를 가감없이 한영에게 드러낸다. 세상에서 도피하여 숨어 살고 싶었던 것뿐이라고. 이는 앞의 한림이 도피하여 향락과 냉소로 일관된 삶을 살고 있는 것과 크게 다를 바 없는 것이 된다. 다만 자의식이 한림보다 강하다는 것, 그래서 한림처럼 뒤틀린 형태로 표현하기보다는 오롯이 끌어안아 앓고 잠복된 상태로 있다는 것이 다를 뿐이다.

"나는 숨고 싶었던 겁니다. 더이상은 세상을 주체할 자신이 없어졌던 게 아니라 더이상은 나 자신을 주체할 자신이 없어져서, 나는 이렇게 숨고 싶었던 겁니다. 나와 함께 감옥에 있던 사람들이 없는 곳에, 내 구호를 쫓아 시위대열로 스며들었던 사람들이 결코 없는 곳에, 내가 물고 뜯고, 재단까지 했던 내 나라의 역사가 없는 곳에, 나보다 먼저 달려나가 마치 담장 위의 새앙쥐처럼 나를 내려다보는 그 진보라는 것이 없는 곳에…나는 숨고 싶었던 겁니다." 명우의 이러한 세상으로부터의 도피와 자아로부터의 도피와 같은 자신의 처지에 대한 성찰은 오랫동안의 고뇌의 결과이기도 하겠지만, 한편으로는 영혼의 파괴와 재구성이라는 고문의 효력이라고도 할 수 있겠다. 그러나 도피는 그것이 도피라는 바람직하지 않은 상태이기 때문에서가 아니라, 자아 분열과 세상과의 괴리라는 상태이기 때문에 지속되기가 어려운 것이다. 일상에서의 생존과 생활이 가능하기 위해서라도 자아는 어느 정도 통합이 되어야 하고, 세상과는 일정 정도 관계를 맺어야 한다. 다시 말해 삶의 큰 틀과 작은 결의 조화로운 직조가 이루어져야 한다.

그러한 사정을 명우라고 모를 리가 없다. 그래서 이곳으로 여행을 온 친구, 함께 스크럼을 짰던 친구가 "네가 여기서 뭘 하고 있는 거냐고, 같이 돌아가자"고 했다면 그렇게 했을 거라고 말한다. 그러나 "이민을 올 수 있는 방법에 대해 알려 달라"고, "지쳤다고, 더이상은 버티고 싶지 않다."고 말하는 바람에 돌려보냈다고 말한다. 이처럼 명우는 친구인 타자의 경우를 통해, 대화 상대자인 한영과의 대화를 통해 자신이 지닌 문제를 고백한다. 그러면서 결과적으로 난민 영주권을 받음으로써 '되돌아가야 할 땅'이 존재하지 않게 되고, 청춘의 모든 것 곧 '청춘의 어설픔과 순결함과 정신병적 징후'까지 이 나라에 팔아버렸다고 말한다. 그래서 남은 것은 끝없이 '먼 길'뿐이라는 것이다. 명우의 이야기를 들으면서 한영은 그가 생각하는 '되돌아가야 할 내 땅'의 정체가 무엇인지 의아해한다. 이러한 의아함은 한영 자신의 처지와 결부되고 동일시됨으로써 생긴 것이라고 볼 수 있다. 그래서 한영은 명우와 거리감을 유지하지 못하고 신경질적 반응 곧 "돌아가라"며 화를 낸다. 이와 같은 반응은 특히 낚시여행 이후의 또 다른 여행인 퍼시픽 하이웨이의 '자동차여행'에서 두드러지는데, 그것은 명우와 마찬가지로 이곳에서 정주하고 있지 못한 자신에게 해야 할 말이기도 했기 때문이다.

어쨌든 이러한 일련의 이야기가 이루어진 것은 낚시여행과 자동차여행을 통해서였다. 다비드 드 브르통이 『걷기 예찬』에서 말한 것처럼, 여행은 여로에서 채집한 일련의 속내 이야기들의 길, 그러니까 말과 서사의 길이다. 그 말과 서사의 길은 각자의 삶에서 큰 틀의 붕괴로 말미암아 차단되어 잠복되어 있다가 곧 서사적 발전이 가로막혀 있다가, 낚시여행과 자동차여행이라는 통로를 통해 드러나고 펼쳐질 수 있었던 것이다. 그리고 리처드 커니가 『이방인, 신, 괴물』에서 말한 것처럼, 서사적 증언은 가끔 우리로 하여금 타인의 고통에 깊이 동감할 수 있게 하고, 서사적 카타르시스는 과거의 사건에 대한 강박적 집착에서 우리를 분리시켜주며, 덜 억압된 미래를 향한 자유를 가능하게 한다. 그래서 진정한 서사는 언제나 타자로 향한 길 위에 있다. 한영은 명우와의 여행과 대화를 통해, 비록 완전하게는 아닐지라도 그의 고통과 고뇌에 동감하고, 그의 운동에의 집착과 도피 및 그것에 의한 억압을 토로하도록 해 줌으로써, 어느 정도 그것이 완화되는 것에 일조한다. 그리고 한영이 명우에게 서사의 길을 매개한 타자였던 것처럼, 거꾸로 명우 또한 한영에게 그러한 타자가 되어 차단된 서사의 길을 열어 간다.

한영은 그의 형인 한림과 같이 반정부운동과 연루된 친구 때문에, 또는 명우처럼 직접 반정부운동을 해서 고문을 당한 적이 없다. 기껏해야 '홀로 젊음을 방기해버리고 있다는 자책감'을 느끼거나, "그러한 자책감을 떨구기 위해 밤마다 술을 마시며 그 술자리마다 가장 신랄한 반골의 모습을 띠는 연극"을 하는 정도였다. 그리고 이곳으로 이민을 온 것도 앞의 둘처럼 자신을 고문한 나라를 도피하기 위한 것도 아니었다. 단지 한강 다리를 놓은 회사에서 포상 휴가로 준 열흘을 형이 있는 이곳에서 보내기 위해 온 것이 계기가 된 것이었다. 생존을 위해 피를 흘리는 경쟁을 해야 하고, 저축을 위해 피를 말려야 하며, 자기 이름의 집을 하나 갖기 위해 청춘을 소비해야 하고, 노후를 위해 또 그만큼의 악착같은 노력을 해야 하는 한국과는 달리, 이곳은 삶을 위한 노동과 삶을 위한 여유 그리고 삶을 위한 자유로 그를 끌어당긴 것이다. 그러나 그것만으로 그는 한국을 떠날 수는 없었다. 그에게는 두고 떠날 수 없는 '서연'이라는 여자가 있었기 때문이다. 그래서 그녀와 함께 떠나기를 바란다.

그러나 서연은 한영의 바람을 들어줄 수 없었다. 그녀에게는 선천적인 정박아 동생이 있었던 것이다. 아버지는 집안에 그런 피가 섞여드는 것을 원치 않았고, 서연은 동생을 두고 떠날 수가 없었던 것이다. 그래서 한영은 아버지에게는 "당신의 비열함을 용서할 수 없다"고 폭언을 퍼붓고, 서연에게는 "우릴 묶어두었던 끈을 다 놓아버리고 풍선처럼 가볍게 살 수 있을 거"라며 떠나자고 한다. 그러나 한영은 비열하고 용서할 수 없는 것은 아버지가 아니고, 병신 자식의 아비가 되고 싶지 않은 자신이라는 것을 깨닫는다. 그리고 "우리는 절대로 풍선처럼 가벼워질 수가 없어요."라는 서연의 말을 잊지 못하는 것에서 알 수 있듯이, 풍선처럼 가볍게 살게 되리라는 말도 진심으로가 아니라 '단지 설득의 말이 필요'했기 때문이었음을 인정한다. 또한 한영이 스스로는 인정하지 않을지 모르지만, 서연에 대한 감정도 사랑보다는 소유욕의 측면이 더 강했다고 볼 수 있다. 스스로를 비열하고 용서할 수 없다고 한 것이 이를 입증한다.

이처럼 한영은 삶의 큰 틀과 작은 결 또는 체계 속의 생활세계를 직조하는 과정에서 다분히 소극적인 면모를 보이는 인물이다. 사적 영역인 사랑에서도 그러하고 사회적 영역인 노동에서도 그러하며, 공적 영역인 정치에서도 그러하다. 공적인 정치의 영역에서 그는 운동과 무관한 자책감과 술과 반골 연기에 머문다. 사회적인 노동의 영역에서도 경쟁과 저축 그리고 시간과 노력의 허비를 피해 다른 나라로 도피한다. 사적인 사랑의 영역에서도 상대의 불우한 측면을 감싸 안지 못한다. 진정한 사랑 곧 앤소니 기든스가 『현대사회의 성, 사랑, 에로티시즘』에서 말한 합류적 사랑이 현실적 가능성으로 점점 더 강화될수록, 특별한 사람의 발견이 갖는 가치는 떨어지고, 특별한 관계의 중요성이 더욱 부각되게 된다. 한영은 특별한 관계의 중요성이 필요한 합류적 사랑의 수준까지 나아가지 못하고, 특별한 사람의 발견에 머문 것이다. 그래서 한영은 서연을 소유하려는 욕망의 차원까지만 나아갔지, 정박아 동생을 가진 서연을 포용하는 차원까지는 나아가지 못한 것이다. "가! 떠나라구! 다신 돌아오지 말란 말이야!"라는 서연의 외침은 한영의 이러한 사랑의 한계를 직관적으로 파악한 서연의 결론일 것이다.

한국과 서연을 떠나 이곳에 온 한영에게 마지막으로 남은 것은 '자신의 삶을 완전한 새로움으로 다시 시작할 수 있다'는 기대뿐이다. 그래서 그는 그것에 모든 것을 바친다. "그의 청춘의 전 시기를. 8년이라는 세월을. 국적을 버리고, 여자를 버리고, 식습관을 버리고, 웃음과 한숨의 표현까지 바꿔버리면서…" 그러나 그의 기대는 실현되지 않는다. 그는 고뇌와 욕망의 무게가 없는, 풍선 같은 가벼움 곧 자유와 여유를 찾아 이곳에 왔지만 그것을 얻지 못하고, 대신 고뇌와 욕망의 무게에 끈이 끊어져버린, 허공에서의 부유를 얻는다. 그가 한국적 삶의 틀에서 수용할 수 없었던 것은 삶의 과정이 모두 삶을 향유하는 것이 아니라 삶을 소진시키는 것이라는 점이었다. 앞의 경쟁과 저축 그리고 시간과 노력 등이 모두 그러한 것이다. 삶의 향유에는 여유와 자유가 필수적인데 한국에서는 그것이 없었던 반면, 이곳에서는 그것이 있었던 것이다. 그러나 모든 것에 양면이 있듯이, 이곳으로 오게 한 마력인 자유와 여유의 다른 면이 보이기 시작함으로써 또 다른 문제가 발생한 것이다.

그들이 사적 영역에서 보이는 자유와 여유는 사회적 영역에서의 정확함과 연결되어 있는데, 그 정확함이 한영을 숨막히게 한다. 한국에서의 사회적 노동이 목숨을 담보로 개인을 노동에 연루시키는 반면, 이곳에서의 사적 자유는 사회적 노동에서 개인이 정확함을 매개로 스스로를 분리시킴으로써 획득한 것이다. 한국의 모든 것을 버리고 그들을 좇아가며 자신을 완전히 새롭게 만들고자 한 한영은, 시간이 흐르면서 그것이 불가능하다는 것을 깨닫기 시작한다. "그들은 결국 이 나라 사람들이고 자신은 결국 남의 나라에서 온 이민자에 불과하다는 사실"을. 삶의 큰 틀에서도 그러하고, 작은 결에서는 더더욱 그러할 것이다. 즉 체계에서는 말할 것도 없고 생활세계에서도 그러할 것이며, 생활세계에서도 양식적인 측면에서는 말할 것도 없고, 감정적/정서적인 측면에서도 그러할 것이다. '조건 좋은 현지 회사', '괜찮은 직장의 건축사' 로서의 5년간의 생활을 그만두고, 1년 동안의 룸펜 생활을 거쳐, '끔찍한' 교민잡지사에 몸을 담게 되는 일련의 과정에는 이러한 그의 깨달음이 깔려 있다. 결국 자신의 삶을 완전한 새로움으로 다시 시작할 수 있다는 기대는 "한국사람도 아니고 이 나라 사람도 아닌 기묘한 상태의 이방인이 되어 버릴지도 모르겠다는 우려"로 귀결된 것이다.

고통이나 상처는 중심으로 끌려들어가거나 바닥으로 내팽개쳐진 자에게만 있는 것은 아니다. 그 근처를 부유하는 자에게도 나름의 고통이나 상처가 있을 수 있다. 앞에서 본, 한국에서의 한영의 자책감, 술 마심, 반골 연극도 그러한 고통과 상처의 표현으로 볼 수 있다. 그것을 한영은 이곳으로의 이민 또는 도피의 방법으로 해결하려 한 셈이다. 그러나 이곳이 영원한 도피처나 안식처가 될 수 없어 한영은 또다시 해결책을 찾아야 한다. 그래서 떠올린 것이 회고록을 쓰는 것이다. "자신이 하지 못한 그 이야기들을 그대로 묵혀두었다가는 어쩐지 그게 영영 상처가 될 것 같아서"라는 스스로의 말처럼, 회고록을 쓰는 것은 일종의 자기 치유의 방법으로 생각해낸 것이다. 회고록은 자기 성찰의 계기가 되면서 동시에 자기와 관련된 타자 관찰의 기회도 되기 때문이다. 그래서 '주위 사람들에게 비상한 관심을 갖게 되는 이상한 습관'도 생겨난다. 명우를 여러 차례 만난 것도 교민잡지사의 일 때문이기도 하지만, 그보다는 회고록과 관련된 관심의 일환이라 보아야 할 것이다.

한영과 명우가 함께 한 여행과 만남은 자기 고백과 자기 성찰을 통해 한국과 이곳에서 정주하지 못하고 부유하는 스스로의 고통과 상처를 치유할 수 있는 계기를 마련해 준다. 전기적 삶과 서사적 발전이 가로막혀 자아 정체성을 확립하지 못한 그들에게 대화와 여행은 말과 서사의 길이 되고, 그 과정의 서사적 카타르시스는 과거의 잠재된 고통과 상처의 강박에서 벗어날 수 있는 계기를 마련해 준다. 그러나 그것은 제한적일 수밖에 없다. 여행이 일상과 다르듯이, 고백과 성찰은 '대면'과 같을 수가 없기 때문이다. 김영민이 앞의 책에서 가라타니 고진의 말을 인용해서 말하듯이, 고백이라는 행위 속에는 허위의식이나 심정적 형이상학이 부지불식간에 깃들 수 있고, 고백은 유아론적 내부의 어느 한 지점을 특권화하는 태도이기 때문에, 한영을 향한 명우의 고백은 온전할 수가 없는 것이다. 그리고 강수택이 『일상생활의 패러다임』에서 말하는 것처럼, 성찰을 통한 자아에의 접근은 돌이켜보는 행위 곧 현재에 대한 사유가 아니라 과거 경험에 대한 사유이기 때문에, 한영의 회고를 통한 성찰도 온전한 것이 될 수 없다.

두 사람 모두에게 해당하는 '화두'인 '돌아가는 것'은 곧 이러한 고백과 성찰에 의한 자아 정체성의 확립이 지닌 한계를 스스로 알고 인정하고 있다는 것을 말한다. 그리고 진정한 정체성의 확립을 위해서는 현재를 대면하고 현실을 당면해야 한다는 것을 인식하고 있다는 것을 말한다. 그것은 낚시여행이나 자동차여행과 같은 '짧은 여행'으로는 가능하지 않다는 것, '일상 속의 먼 길'을 밟아 나가며 삶의 큰 틀과 작은 결을 직조했을 때에야 가능하다는 것을 말하고 있다. 다시 말해 그것은 한림이 보여주는 도피나 향락의 길도 아니고, 명우가 보여주는 고립과 자폐의 길도 아니며, 서연이 편지에 썼듯이 망각의 길도 아니다. 그것은 한영이 작품의 끝에서 생각하듯이, "고통과 상처를 기억하고 간직하면서 그 상처에 온 가슴이 전부 문대질 때까지 끝끝내 버티는 것"을 지나, 김상환과 홍준기가 엮은 『라깡의 재탄생』에서의 경우처럼 '상처 속에서 윤리적 주체'로 거듭나야 하는 것이다. 그 윤리적 주체는 과거의 고백이나 성찰만으로 자신을 세우지 않고, 도피나 향락 그리고 고립과 자폐의 양식으로 일상을 꾸리지 않으며, 자신과 타자를 현재의 관계 속에서 세우고, 삶의 큰 틀과 작은 결을 서로 비추어 짤 것이다.

외접과 내밀의 길
―공지영의 「길」

흔히 여행은 일상의 일탈이라고들 한다. 일상의 정해진 시간과 낯익은 공간을 떠나, 자유로운 시간과 낯선 공간을 만끽하는 것이 여행이라고 생각하기 때문이다. 그래서 일상과 여행을 서로 대립이나 보완의 개념으로 여기기도 한다. 그러나 때로는 여행이 일상에서 쌓인 피로를 덜어내거나 다음의 일상을 위한 재충전의 역할을 하지 못하는 경우도 있다. 오히려 여행이 일상에 잠복해 있던 문제를 드러내는 계기가 되기도 하고, 그나마 유지되어 오던 일상에 파탄을 초래하는 단초가 되기도 하고, 다시 그러한 문제와 파탄을 수습하여 보다 나은 일상으로 돌아가게 하는 원동력이 되기도 한다.

후자의 여행 개념을 작동시켜 인간의 일상을 점검해 본 작품이 바로 공지영의 「길」이다. 그 일상에는 결혼과 부부, 부모와 자녀와 같은 문제가 얽혀 있어, 이를 통해 가족과 거주, 거주와 노동에 대한 근본적인 성찰을 가능하게 한다. 이 작품은 자동차 여행을 떠나는 중년의 부부가 중심인물인데, 이들 부부가 오붓하게 단둘이 여행을 하는 것은 신혼여행 이후 처음이다. 이러한 작품의 시작 곧 여행의 출발은 이들 부부의 일상 곧 거주에 상당한 문제가 있으리라는 것을 짐작케 한다. 다시 말해 여행이 일상의 일탈의 성격을 띠는 것이 아니라, 잠복된 일상적 문제의 노출이라는 성격을 띨 가능성을 처음부터 보여주는 것이다.

우선 이들은 적령기를 넘겨 만혼의 결혼을 한다. 남자는 '영화판의 촬영조수' 생활의 불안정함 때문에, 여자는 '집안의 맏딸'로 교사 생활을 하며 동생들 공부시키느라 결혼이 늦어진 것이다. 맞선을 본 자리에서 남자가 여자를 아내로 흔쾌히 받아들이기로 한 이유는 여자가 수학교사였기 때문이었다. "이런 여자라면 어머니의 말대로 자신의 방만하고 대책 없는 감상벽을 잘 보완해줄 거라는 생각이 들었기" 때문이었다. 그러나 이러한 보완은 가족적 거주의 요소 중 하나에 지나지 않는다. 가족의 거주를 위해서는 물질적인 요소뿐만 아니라 가족애라는 정서적 요소와 자식이라는 세대적/교육적 요소가 필수적인 것이다. 그러나 남자는 물질의 취득과 관리라는 첫 번째 요소에만 치중하고 나머지 두 요소에는 등한시한 것이다.

남자는 아내가 '똑 부러지는 사람'에다 수학교사이기 때문에 자신의 '방만하고 대책 없는 감상벽'을 보완해 줄 거라고 말했지만, 사실은 자신의 감상벽으로 인한 방만함과 대책 없음을 아내에게 짐 지운 것에 지나지 않는다. 즉 거주에서의 자신의 결함을 아내에게 맡기고, 자신은 노동에 전념한 것이다. 또는 영화 촬영이라는 자신의 노동에 전념하기 위해 거기에 걸맞은 아내를 맞아들여 거주를 온통 아내에게 짐 지운 것이다. 이를 남자는 보완이라고 말한 것이다. 남자는 노동에만 전념하고 거주를 방기하는데, 여자는 노동도 수행하고 거주도 전담하는데 말이다.

어쨌든 남자의 의도대로 여자는 그러한 역할을 충실히 잘 수행한다. 결혼생활을 하는 동안 시어머니의 중풍 뒷바라지를 하고, 시동생들을 줄줄이 결혼시킬 뿐만 아니라, 불안정한 수입의 남편을 생각해서 학교를 그만두지 못하고 가정을 꾸리면서 아들을 키운다. 이러한 아내가 '대견하고 고마웠지만', 그럴수록 아내와 나눌 말은 없어져 간다. 이는 곧 아내의 일상에 끼어들 틈이 없어져 간다는 것이고, 이는 다시 아내와 공유할 감정이 희박해져 간다는 뜻이다. 다시 말해 거주에서 공간을 같이 점유하여 외접은 가능하지만, 내밀한 감정을 공유함으로써 생기는 친밀감이 밴 거주는 불가능해지는 것이다. 따라서 거주에서 남자가 설 자리는 점점 사라지는 것이다.

이에 반해 노동에서 남자의 입지는 점점 강화된다. '삼십년이 넘는 촬영감독 생활'로 '많은 상'을 타고, "한국에서 화제가 되는 작품 중에서 그가 찍지 않은 작품이 거의 없다고 해도 과언이 아닐"뿐만 아니라, "해외의 굵직한 영화제에서 촬영상을 탄" 것도 이 남자인 것이다. 그럼에도 불구하고 남자는 초조함에 쫓기고 허전함을 떨쳐 버리지 못하고 있다. 더 늦기 전에 '생애 마지막 작품'을 남기고 싶은 것이다. 노동에서의 집착, 마지막 작품에 대한 집착은 남자를 노동에서 벗어나지 못하게 하고, 거주에 대한 배려나 성찰을 가로막는다. 부분에의 집착과 전체적 전망은 상호 배타적이다.

성전이 『유혹-산과 바람과 도반의 그리움』에서 말하듯이, 삶의 집착을 버리는 것은 삶을 전체적으로 조망할 수 있을 때만 가능하다. 삶의 전부를 이해하는 바른 눈을 갖지 못한다면 우리는 거칠고 삭막한 나날을 살다가 끝 모를 벼랑을 만날 뿐이다. 남자는 노동 곧 영화에 집착하다가 거주를 등한시하고 이해하지 못한다. 노동과 거주 둘 다를 볼 수 있어야 일상에 대한 전체적 전망을 가질 수 있는데, 남자는 노동만 보고 거주를 보지 못해 일상에 위기를 맞게 된 것이다. 마찬가지로 거주에서도 세 요소를 보아야 하는데, 그 중 물질적 요소 하나만을 보고, 사랑 또는 가족애 그리고 자식 또는 교육을 등한시하여 거주에 파탄을 초래한 것이다. 그래서 아내와 함께 한 여행은 남편이 도외시한 일상과 거주의 벼랑을 만나는 것과 진배없는 것이 된다.

이렇게 되면 거주와 일상은 거주와 일상을 영위하는 인간이 기대하는 것에 미치지 못하는 수준이 된다. 엠마누엘 레비나스가 『시간과 타자』에서 말했듯이, 인간은 거주를 통해 위협적인 주변세계로부터 자기 자신을 보호한다. 그러나 남자가 노동에만 집착하고 거주를 등한시함으로써 여자는 거주에 대해 기대하는 바를 얻지 못한다. 거주를 통해 주변세계로부터 보호를 받지도 못하고 안정을 느끼지 못하는 것이다. 남자는 그가 등한시함으로써 생겨난 여자의 그러한 거주의 불안감을 알아차리지도 못한다. 여자가 그러한 불안감을 남자와 같이하는 공간에서 여간해서는 드러내지 않기 때문이다.

여자가 그러한 불안감을 드러낸 것은 남자와 함께 여행을 하면서이다. 남자가 운전하는 차를 타고 아내는 규정 속도를 지키라고 남편에게 말하는데, 남편은 규정 속도보다는 다른 차들과 보조를 맞추는 것이 더 중요하다고 말한다. 오히려 규정 속도를 지키는 것이 더 위험하다고까지 말하면서 아내의 말을 듣지 않는다. 여행의 출발에서부터 고속도로의 차 안에서 벌이는 이러한 남편과 아내의 언쟁은 두 사람의 성격과 노동의 차이를 보여주는 것이고, 이러한 차이가 거주에서의 공유를 희박하게 만드는 요인이었음을 보여준다. 결혼의 성립이라는 점에서 이러한 차이가 남자의 입장에서 상호 보완의 가능성으로 받아들여졌지만, 결혼생활의 지속이라는 점에서 이러한 차이는 여자의 입장에서 상호 소원과 친숙의 불가능으로 작용한 것이다.

그래서 남편은 에어백과 안전벨트에도 불구하고 규정 속도를 요구하는 아내가 '불만'이고, 아내는 자신의 요구에도 불구하고 규정 속도를 지키지 않는 남편에 대해 불만일 뿐만 아니라 보조 손잡이를 잡고 '불안'해한다. 남자의 노동인 영화는 현실이 아닌 허구이며 예술이다. 여자의 노동인 수학 또한 현실이 아닌 개념이며 공식이다. 그러나 남자와 여자가 만나 만든 거주는 현실이다. 현실은 현실의 메커니즘에 따라 운영되어야 한다. 그것은 예술의 상상이나 수학의 개념으로 규정되고 운영되지 않는다. 결혼 생활이 지속될수록 현실적 거주의 매개는 사라지고, 둘 사이의 감정적 공유도 희박해진다. 남편은 이를 알아차리지 못하고, 아내는 이를 드러내지 않는다. 이를 감지하고 노출하는 것은 남편도 아내도 아닌 아들이다.

아들은 어머니의 거주가 불안한 것임을 안다. 아버지는 영화 촬영으로 오랫동안 집을 비우기 일쑤고 자신도 자라면서 어머니 곁에 있는 시간이 줄어든다. 그러면서 어머니 혼자 집을 지키는 시간은 늘어난다. 이렇게 되면 거주는 보호와 안정의 기능을 하기보다는 불안과 불안정으로 채색된다. 그렇다고 아들이 아버지가 될 수는 없다. 아버지에 대한 못마땅함과 어머니에 대한 안타까움을 표현할 수 있는 것으로 아들이 할 수 있는 것은 그렇게 많지 않다. 아들이 아버지와 어머니에 대한 자신의 감정을 담아 표현한 상징적 행동이 바로 '진돗개 새끼 두 마리를 풀어놓은 것'이다. 이러한 아들의 행동은 아들 자신도 더 이상 어머니 곁에 머물 수 없음을 말하는 것이고, 진돗개 새끼가 자라 집을 지켜주기를 바라는 심정을 드러낸 것이다.

그러나 아버지나 어머니 모두 전자 곧 아들의 행동이 그들을 떠나기 위한 준비라는 것을 알지 못했고, 아버지는 후자 곧 아버지보다 진돗개를 더 믿었던 것에 대해 탐탁하게 여기지 않는다. 그래서 "집을 나간 아들이 구속되었을 때 한 번도 면회를 가지 않는다". 어머니는 "아버진 촬영 때문에 정신이 없다"고 아들에게 말했을 것이고, 아들은 "아버진 늘 그러셨잖아요"라고 대꾸했을 거라고 짐작한다. 그래서 몇 년 후 아들이 집으로 돌아왔을 때도 아버지와 아들은 화해하지 않는다. 아버지는 아들과 "화해할 시간이 얼마든지 있을 거라고, 나이를 먹으면 알게 될 거"라고 막연하게 생각한다.

그러나 그것은 남편과 아내 사이의 거주에서와 마찬가지로 외접의 거주에도 불구하고 이루지 못한 아버지와 아들의 친밀감 또는 내밀의 공유 문제인 것이다. 그것은 시간과 나이가 저절로 해결해 줄 수 있는 문제는 아닌 것이다. 이는 "카메라로 촬영하는 것을 직업으로 삼십 년 동안 살아왔으면서도 그 흔한 비디오카메라로 아들의 모습 하나 남겨두지 않은" 것으로 입증되는 것이다. 그러한 아들이 어머니에게는 극진한 존재였다. 아들이 태어났을 때 어머니는 "집을 보아주는 아이를 시켜서 점심시간마다 아들을 교문 앞으로 데리고 오도록 했고 학교 앞 분식집 아주머니의 양해를 얻어 거기서 젖을 먹여" 키운 것이다. 그렇게 자란 아들은 아버지를 대신해서 어머니를 지키기도 하고, 그것이 여의치 않을 때는 진돗개를 사서 자신을 대신하려고도 한 것이다.

그러한 아들이 '최루탄'도 아니고 '곤봉'도 아닌, 등산길의 '작은 돌멩이' 하나로 부모 곁을 떠난 것이다. 등산을 다녀온 다음날 학교에서 돌아와 구토를 하고 쓰러진 뒤 혼수상태에 빠졌다가 죽은 것이다. 의사는 "등산 가서 넘어진 머리의 작은 상처에서 끊임없이 피가 흘러나와 응고되었다"고 말해준다. 아들의 죽음을 두고 부부는 서로 용서할 수 없는 사이가 된다. 아들의 혼수상태를 지키고 있던 아내가 남편이 병원에 도착했을 때 지은 표정, 아내에게 자초지종을 들으며 아들이 어떻게 된다면 하고 남편이 지은 표정, 그것은 모두 서로를 향한 똑같은 심정의 표현―"당신을 결코 용서하지 않겠어"―이었던 것이다. 결혼 이후 아들이 죽기 전까지의 거주도 불안정하고 불안한 것이었지만, 아들의 죽음은 아내 또는 어머니의 거주에 치명적인 것이다.

엠마누엘 레비나스가 앞의 책에서 말했듯이, 아이를 통해서 과거는 절대성을 잃게 되고 절대적 미래의 차원이 열린다. 남편과의 거주에서 초래된 불안정과 불안이 과거의 절대성이었다면, 아들을 통한 보상은 절대적 미래의 차원에 해당될 것이다. 그러한 아들이 죽었으니 이제 아내 또는 어머니에게 거주는 붕괴된 것이고, 절대적 미래의 차원은 암담해진 것이다. 그리고 스티비 스미스가 『25세, 인간의 힘만으로 지구를 여행하다』에서 말한 것처럼, 아이를 잃은 것에서 완전히 회복되는 가족은 없다. 아들의 죽음으로 아내의 거주는 완벽하게 붕괴된 것이다. 그래서 신혼여행 이후 처음인 부부의 여행에서 아내는 남편에게 이혼을 요구하고 나선 것이다. 남편에게는 이혼 요구가 난데없는 날벼락과 같은 것으로 다가오겠지만, 아내에게는 그녀의 수학의 개념과 공식처럼 그것은 너무나 명확하고 논리적으로 당연한 것이다.

가족적 거주는 가족적 구성원이 있음으로써 가능하다. 아내는 결혼 전에는 동생들을 뒷바라지하며 가족적 거주를 꾸렸고, 결혼 후에는 시어머니와 시동생들 그리고 남편과 아들을 뒷바라지하며 가족적 거주를 꾸려온 셈이다. 시어머니가 죽고 시동생들이 분가함으로써 아내에게는 가족적 거주가 자신과 남편 그리고 아들로 제한된다. 그러나 남편은 촬영으로 대부분의 날을 나가 있음으로써, 아들은 죽음으로써 그녀는 자신의 가족적 정체성을 상실한 것이다. 아내로서 어머니로서의 자신의 정체성이 사라진 것이다. 크리스 쉴링이 『몸의 사회학』에서 바우만의 말을 인용하여 말한 것처럼, 인간 존재 또는 인간의 정체성은 자신에게 의미를 부여해 줄 타인들이 존재하는 경우에만 의미가 있는 것이다.

어머니로서 또는 아내로서의 정체성이 사라진 그녀에게 가족적 거주 역시 의미가 없는 것이다. 그래서 그녀는 모처럼 여행을 하며 평소에 하지 못한 남편 구실을 해보려고 하는 남편에게 이혼을 요구하는 것이다. 그러면서 자신의 소망을 토로하는데, 그 소망은 또한 현재의 남편과의 거주에서 결핍된 것을 토로하는 것이기도 하다. 아내는 남편과의 거주가 불안정하고 불안한 것으로 더 이상 되돌릴 수 없어 이혼할 수밖에 없다는 것을, 리와인드가 안 되는 고장난 비디오카세트에 비유하고 있다. 그리고 이혼이 괜히 해보는 소리가 아니라는 것을 재산의 배분으로 말해준다. 집/카메라/연금/보험 등을 들먹이며 이혼 후의 그녀와 남편의 생활에 대해서 이야기하는 것이 그것이다.

결혼하기 전과 결혼 후의 아내의 삶은 아내 자신의 개인적 삶이라고 보기 어렵다. 그것은 한 마디로 가족을 위한 삶이었다. 결혼 전에는 동생들을 위한 삶이었고, 결혼 후에는 시댁의 어머니와 시동생들 그리고 남편과 아들을 위한 삶이었다. 그러니까 아내에게는 결혼 전이나 후나 가족적 정체성으로서의 생활만 있었지, 개인적 정체성을 지닌 자로서의 삶은 없었던 셈이다. 이혼을 결심하고 난 아내는 이제 개인적 정체성으로서의 자신의 삶을 살고자 하는 것이다. 하필이면 선심을 쓰듯이 여행길에 오른 남편이 운전하는 차 안에서 아내는 그러한 결심을 아무렇지도 않게 말하고 있는 것이다.

"그런데 이제 이혼하면 뭐하나, 하는 생각이 들더군요. 마흔이면 너무 늦은 나이가 아닐까…그런데 쉰 살이 되고 나니까, 마흔 살 때 정말 이혼을 하고 내 삶을 찾아야 했다는 생각을 했어요. 마흔이라면 몰라도 쉰 살엔 정말 늦은 거라고…그런데 이제 낼모레 육십이 된다고 생각하니까 칠십이 되면 나는 또 후회할 것 같아요. 삶은 언제나 지나간 다음에야 생생해지는 거라는 걸 나는 이제 알 것 같아요." 아내가 이러한 결심을 태연하게 말할 수 있는 것은 그 결심이 이미 20년 전에 이루어진 것이기 때문일 것이다. 그러나 남편의 입장은 그렇지 못할 것이다. 20년 전에 이미 이혼을 결심했다는 사실은 말할 것도 없고, 그녀와 함께 한 삶이 고장난 비디오카세트에 비유되고, 재산 배분까지 이미 완벽하게 계산되어 있으니, 자신의 말마따나 '정신이 번쩍 드는 기분'일 수밖에 없을 것이다.

그러나 남편은 그러한 내색을 하지 않고 태연을 가장하며, 아내가 말한 '육십'과 '칠십'을 염두에 두고 "오래도 살고 싶은 게로군." 하고 예사롭게 반응한다. 그러자 아내는 자신의 소망을 말하면서 남편과의 거주에서 결핍된 것을 드러낸다. "나는 새로 연애를 해볼까 해요…로맨틱하고 좋은 남자를 만나서, 샌드위치를 싸가지고 강변에도 가고 교외의 좋은 음식점에 가서 국수도 먹고…그 사람과 경치 좋은 호텔에 묵겠어요." 남편은 이러한 소망을 피력하는 아내의 말과 표정이 나이에 어울리지 않아 웃음을 터뜨린다. 그러나 아내의 입장에서 그것은 전혀 우스운 것이 아니다. 지난 세월은 전혀 자신의 시간이 아니었기에 지금부터의 세월은 그것이 나이에 걸맞은 행동이든 아니든 모두 자신의 시간이기에 소중할 따름인 것이다.

부재가 존재를 증명하듯이, 충만한 소망은 결핍된 현실을 입증한다. 아내는 남편과 맞선을 보고 결혼한 처지였기에 연애 감정 같은 것을 느낄 게재가 아니었을 것이다. 그럼에도 불구하고 남편에게 연애와 로맨틱을 들먹이는 것은 결혼 후 남편과의 관계에서 어느 정도의 감정적 황폐를 느꼈는지를 토로하는 것이다. 그리고 강변에서의 샌드위치와 교외에서의 국수 그리고 경치 좋은 호텔에서의 묵음 등을 들먹이는 것은 가족적 거주에서 남편이 아내를 얼마나 배려 없이 방치해 두었는가를 드러내고자 하는 것이다. 결국 아내의 소망 피력은 그들 부부 사이에 사랑이 없었다는 것을 말하는 것이다.

연애결혼이든 중매결혼이든 결혼을 한 뒤의 부부의 사랑은 앤소니 기든스가 말하는 합류적 사랑이 되어야 하고 또 될 수밖에 없는 것이다. 기든스가 『현대사회의 성, 사랑, 에로티시즘』에서 말하듯이, 합류적 사랑은 두 사람의 정체성이 과거에는 각기 달랐음을 인정한 위에서 다가오는 미래의 시간을 향해 사랑의 유대를 공유하고 새로운 정체성을 협상해

가는 그러한 사랑을 말한다. 그러나 남편은 이러한 합류적 사랑과 무관한 인물이다. 이는 남편이 앞에서 말했듯이 노동 곧 영화에만 집착하고 거주 곧 아내와의 친밀감 형성에는 무관심했기 때문이기도 하지만, 남편이 가부장적 거주에 안주하고 있었기 때문이기도 하다. 남편이 노동의 일부와 거주의 전부를 아내에게 일임하는 것, 그리고 그것이 허용되는 것은 이들의 거주가 가부장적임을 보여주는 것이다.

아들의 일시적인 저항이 있었지만, 그러한 아들이 죽음으로써 가부장적 거주는 지속된 것이다. 이러한 가부장적 거주에서는 기든스가 말하는 합류적 사랑, 이종영이 말하는 동반자적 사랑이 생성될 가능성이 희박하다. 그러한 사랑이 바로 아내가 남편과의 관계에서 기대했던 것이고, 그것이 불가능하다고 판단하여 이제는 이혼 후에나 소망해 보는 것이기도 하다. 아내가 남편과의 사이에서 그것이 불가능하다고 판단한 것은, 이종영이 『부르주아의 지배』에서 말하고 있는 것처럼, 가부장들은 그들의 지배가 가족 속에서 관철되기 때문에 자신들이 가족으로부터 사랑을 받는다고 생각한다는 것이다. 즉 '지배의 수용=가족의 사랑'처럼 여긴다는 것이다.

이는 소망 피력을 듣고 아내의 결핍된 현실을 안쓰러워하는 것이 아니라, 나이에 어울리지 않는다고 우스워하는 남편을 통해 입증된다. 남편의 이러한 무감각과 몰이해에 아랑곳하지 않고 아내는 계속 자신의 소망을 피력한다. "하지만 아무리 연애를 열렬히 한다고 해도 우리집은 가르쳐주지 않겠어요. 단출한 오피스텔에 작은 가스레인지 하나 들여놓고 요리는 나 자신을 위해서, 그것을 하고 싶을 때에만 할 거예요. 내가 자고 싶을 때 자고, 내가 일어나고 싶을 때 일어나고. 잠이 안 오는 날에는 책을 든 채로 밤을 꼬박 새우고…그러고도 시간이 남으면 내 지나간 날들을 곰곰 생각하면서 그림일기를 쓸까 해요. 나는 이제 그렇게 살고 싶어요….”
　아무리 연애를 열렬히 해도 '집을 가르쳐주지 않겠다는 것'에서 결혼 후의 아내의 거주가 얼마나 자신을 옥죄는 올가미였는지를 보여주는 것이며, 이혼 후의 일상을 자신을 위한 것에 국한시키겠다는 계획은 결혼 후의 생활이 자신과는 무관하게 영위되었음을 드러내고자 한 것이다. 아내의 이혼 결심에 남편은 태연을 가장하면서도 재산 배분 계획까지 완료된 것을 알고는 '정신이 번쩍 드는 기분'이었듯이, 이혼 후의 아내의 생활이 나이에 어울리지 않는다고 남편은 웃음을 터뜨렸지만 구체적인 생활 계획을 듣고는 '가슴이 조금 뜨끔해져' 달래는 기분으로 말한다. "당신 퇴직하면 오피스텔이야 얼마든지 얻을 수 있잖아."라고.
　그러나 아내는 거기에 머물지 않고 한 걸음 더 나아간다. "일전에 당신이 색깔 좋다고 한 그 스카프. 사실은 퇴직한 권선생이 사준 거예요. 학부형이 선물한 게 아니고 말이에요. 그날 우연히 권선생이 학교에 들러서 회식을 했다고 했지만, 사실 나 그날 권선생 전화 받고 데이트하러 나간 거였어요. 단둘이서요." 이러한 아내의 말에 대해서도 '아내가 질투를 유발하려고' 그러는구나 하는 생각에 '아내의 기분을 맞추어주려고 짐짓 화가 난 듯이' 대꾸한다. "퇴직한 놈이 무슨 돈이 있어?"라고. 그러면서 한편으로 생각해 본다. 그는 아내에게 스카프를 골라 선물한 일 같은 것은 없었던 것이다. 외국에 나가서도 오직 카메라 생각뿐이었던 것이다.
　이로부터 고속도로와 국도 그리고 지방도를 경유하며 가닿는 곳곳의 자동차 여행은 삼십 년 동안의 결혼 생활과 거주에도 불구하고 남편과 아내로서 서로 공유한 것이 얼마나 적은가를 확인하는 과정이 된다. 영화 촬영하러 내려올 때마다 묵는 선운사 입구의 호텔에 들러 풍천 장어를 먹으면서, 남편은 아내가 이곳에 처음 들른 셈이고, 풍천 장어도 처음

먹어볼 것이라 여기고, 상냥한 어투로 풍천장어에 대해 설명을 한다. 그러자 아내는 담담하게 "먹어 봤다"고 대답한다. 남편은 다시 "여기 것은 다른 데 것하고 다르다"고 말한다. 다시 아내는 "이 자리에서 이 장어를 먹었다"고 대꾸한다. 이처럼 남편과 아내는 동일한 장소와 풍물을 각자 다르게 경험함으로써 경험을 공유하고 있지 않은 것이다. 경험의 공유가 부부의 친밀성과 내밀성의 바탕이 되는 것이라면, 경험을 공유하지 못한 부부의 관계는 소원할 수밖에 없는 것이다.

여행이 진행될수록 이러한 경험의 비공유와 부부 관계의 소원은 가중된다. 고창을 지나면서 남편이 "변산으로 가는 길을 놓쳤어"라고 말하자, 아내는 "조금만 더 가면 오른쪽으로 변산으로 빠지는 작은 지방도가 나올 텐데요"라고 말한다. 삼십 년 영화 촬영으로 전국 곳곳을 샅샅이 알고 있는 남편은 아내를 '비경으로 안내하여 감동시켜줄 작정'이었지만, 아내도 그에 못지않게 사십 년 가까이 교직생활로 수학여행을 다녀서 풍광 좋은 곳은 안 가본 데가 거의 없는 셈이라, 남편의 계획은 '수포'로 돌아가 버린다. 다시 말해 "그들이 만나 함께 사는 동안 그와 그녀는 따로따로 이 남도의 구석진 길들을 헤매고 다녔던 셈"인 것이다. 월출산을 지나며 남편이 서먹한 침묵을 의식하며 '악산'이라고 입을 떼자, 아내는 기다렸다는 듯이 "물이 하나도 없다"고, "애들 데리고 올라가다가 고생했다"고 되받는다.

남편은 이러한 아내의 반응과 경험에 낯설어한다. 남편이 알고 있는 아내는 지금 자기 곁에서 자기 나름의 생각과 경험을 가진 이러한 아내가 아닌 것이다. 아내에 대한 남편의 기억은 "그가 이십 년째 살고 있는 수유리 집과 그 집 앞 골목길"에 한정되어 있는 것이다. 그런데 그 아내가 영화 촬영으로 전국을 누빈 "그의 자부심을 여지없이 무너뜨리며 말하고" 있는 것이다. 쟝 그르니에는 『인간에 대하여』에서, 인간의 실존이

불투명성으로 특징지어지므로 인간은 인간을 알 수 없다고 한 바 있다. 남편이 아내에 대해 낯섦을 느끼는 것은 남편이 알고 있던 아내와 지금의 아내가 다르기 때문이며, 이는 남편이 아내를 잘 몰랐던 것과 다르지 않다.

이를 폴 리쾨르가『텍스트에서 행동으로』에서 말한, 타자는 내 속에서 구성되는 동시에 타자로서 구성된다는 것에 비추어 보면, 남편이 알고 있는 아내는 남편이 구성한 아내이며, 지금 남편 곁에서 말하고 있는 아내는 타자로서 구성된 아내인 셈이다. 다시 말해 남편이 알고 있는 아내는 아내의 전체 중 극히 일부일 뿐인 것이다. 남편과 아내가 공유하는 것이 적을수록 남편이 구성한 아내 쪽의 분량은 많아지고, 아내가 스스로 구성한 쪽의 분량은 적어진다. 그럴수록 타자상 곧 아내의 전체상에 대한 왜곡은 가중될 것이다. 남편이 아내에게 느끼는 낯섦은 이러한 공유의 부족이나 결핍이 원인이고, 그러한 결핍에도 불구하고 공유의 노력보다는 자기 구성만 고집함으로써 생겨나는 것이다.

이러한 상황에서 남편은 자부심을 회복할 필요를 느낀다. 곧바로 가면 땅끝이고 왼쪽으로 틀면 완도로 향하는 이정표가 나타나자, 남편은 땅끝마을에 가본 적이 있는가를 묻고, 아내는 무엇이든 그 끝에는 가고 싶지 않다고, 완도로 가자고 답한다. 땅끝마을이 남편에게는 자존심을 회복할 수 있는 장소일 수 있지만, 아내에게는 '끝'이라는 단어 때문에 아들의 죽음을 연상시키는 공간일 뿐이다. 이처럼 아들의 죽음은 이들 부부에게 종결된 사건이 아니라 틈이 나면 개입해 오는 가족사적 사건이다. 아내에게 이혼을 결심하게 한 것이 아들의 죽음이었듯이, 이혼을 포함하여 이들이 여행을 마친 뒤의 삶을 어떻게 결정짓느냐 하는 것도 아들의 죽음에 대한 태도가 그 중심에 있을 것임을 짐작케 한다.

완도를 거쳐 보길도로 향하는 여행의 막바지에 이르면, 남편과 아내의 여행은 잠복된 일상의 문제가 드러나는 과정을 거쳐 그것을 어떻게든 마무리해야 하는 상황에 이르게 된다. 여행을 하는 과정에서 드러난 문제는 가족적 거주의 삶에서 두 사람 사이에는 공유의 부분이 부족하여 부부로서 향유되어야 할 친밀과 내밀의 감정이 결핍되어 있다는 것이었다. 특히 가부장적 거주에서 피해의식을 가지는 쪽은 남편보다는 아내일 것이다. 그래서 아내는 이혼을 요구하게 된다. 아내는 남편과의 가족적 거주에서 친밀과 내밀의 감정 곧 가족적 정체성을 느끼지 못할 바에는 이혼하여 늦게나마 개인적 자유 또는 개인적 정체성을 향유하는 것이 여생을 제대로 사는 길이라 판단한 것이다.

이러한 판단에 결정적 계기가 된 것이 아들의 죽음이다. 아들의 죽음은 아내의 가족적 정체성을 향유하는 마지막 끈이었기 때문이다. 아내의 이러한 일련의 심정은 여행을 떠나오기 전에는 잠복되어 있는 것이었다. 남편의 여행 제의가 아내에 대한 선심의 성격이었던 것과 관계없이, 여행은 잠복된 가족적 거주의 문제가 드러나는 과정이 되고, 불가피하게 남편은 그것을 인식하게 될 수밖에 없는 상황이 된다. 여행의 의미가 여행의 시작과 끝 다름에 있는 것이라면, 남편은 여행의 끝에 이르러 가족적 거주 그리고 아내에 대한 태도의 변화를 보여주어야 할 것이다. 남편이 그러한 변화를 보여주는 곳은 바로 영화 촬영 장소이자 아들의 불길한 소식을 들었던 언덕이다.

그 언덕으로 가는 길은 '험하고 가팔라' 아내가 처음 가보는 곳이다. 그 언덕은 지형적인 의미에서의 험함과 가파름을 보유하고 있을 뿐만 아니라, 남편이 그 언덕에 있던 시간과 아들에게 불길한 일이 생긴 시간이 겹침으로써, 그 언덕은 다시 이들 부부의 생애에서 험함과 가파름의 시절이 닥쳤음을 상징하는 것이다. 그 험함과 가파름의 시절의 연장선에서, 아들이 죽고 한참을 지난 뒤, 아내가 이혼을 요구하는 이 여행의 막바지에 그 언덕을 남편이 아내를 동행하여 오르는 것은, 아들의 죽음으로 야기된 또는 아들의 죽음을 포함한 가족적 거주에 대한 자신의 태도 변화를 보여주려는 의도로 여겨진다.

이러한 변화의 조짐은 언덕을 오르기 시작하면서부터 보인다. 아내의 눈가에 맺힌 빗방울을 닦아주고, 숨이 차오르는 언덕길을 아내의 손을 잡고 오른다. 아내의 손에서 전해져 오는 따뜻함을 느끼면서 오랜 세월 아내와 함께 하면서 "이렇게 손을 잡아본 일이 거의 없었다"는 것을 깨닫는다. 상수리나무 밑에서 비를 피하며 삶은 달걀을 먹을 때도, 아내가 먼저 껍질을 까서 달걀을 남편의 손에 쥐어주자, 남편이 까고 있던 달걀을 어떻게 할까 망설이다가 아내에게 내민다. 아내는 의아한 표정으로 남편을 바라보며, "살다보니 별일이 다 있군요."라고 말한다. 남편은 그 말을 듣고 "아내와 살아오는 동안 삶은 달걀 하나 까서 아내의 입에 넣어 주는 수고조차 하지 않았다."는 것을 깨닫는다.

이러한 장면은 이들 부부가 살아온 가족적 거주의 모습을 축도로서 보여주는 것이기도 하다. 남편은 아내의 손에서 건네지는 따뜻함을 모르고 살아온 셈이다. 그것은 아내의 손을 거의 잡아본 적이 없기 때문이다. 이는 곧 부부가 감정이나 의사 소통을 제대로 하지 않고 살아왔다는 것이며, 가족적 거주에 필수적인 부부애 또는 앞에서 말한 합류적 사랑이나 동반자적 사랑을 나누며 살아온 것이 아니라는 것을 보여준다. 달걀껍질을 까서 아내는 자연스럽게 남편에게 건네지만, 남편은 어떻게 할까 망설이다 아내에게 건넨다. 이는 남편이 해본 적이 없는 행동이기 때문이다. 아내로부터 일방적으로 섬김을 받았지, 아내를 섬겨본 적이 없기 때문이다. 이는 앞에서 말한 것처럼, 이들 부부의 가족적 거주에서 지금까지 통용된 것은 사랑 곧 부부애나 가족애라기보다는 곧 가부장적 지배였음을 말하는 것이다. 그래서 손을 잡힌 아내의 얼굴에 수줍은 홍조가 지나

가고, "살다보니 별일 다 있군요."라는 반응을 보이는 것이다. 남편이 자신의 손을 잡고, 달걀을 까서 내미는 것은 가부장적 지배와는 다른 가족적 거주에서의 사랑 또는 부부애의 표지로 보여지기 때문이다. 이러한 사랑의 표지로서의 행위는 가르쳐주는 것도 아니고 억지로 되는 것도 아니다. 그것은 진심에서 나오는 것이다. 그렇지 않다면 그것은 스스로도 타인에게도 어색하기 짝이 없는 것이 되기 때문이다. 임동헌이 『한국의 길, 가슴을 흔들다』에서, 사랑하는 사람을 위한 길은 지도에 나와 있지 않다. 마음속에서 생성되고 육화된 길이기 때문이라고 한 것도 이와 같은 맥락과 무관하지 않을 것이다.

아내가 아들에 관해 이야기하는 것을 달갑게 여기지 않는 남편도 이쯤에 이르면 스스로 그에 관한 이야기를 털어놓는다. 아들 소식을 들었을 때, 이 언덕 너머에서 촬영을 하고 있었다고, 이 언덕을 넘으면 염소가족이 살고 있다고, 염소떼 방목하는 데서 도망친 놈들이라고, 주인이 잡으려고 해도 잡을 수가 없다고, 지난 여름에 왔을 때는 새끼가 다섯 마리였는데 세 마리만 살아남았다고 말한다. 그러면서도 "아들의 기일 무렵이면 짬을 내어 이곳에 와서 가파른 절벽을 넘어 도망친 염소 부부를 바라보곤 했다"는 말은 하지 않는다. 남편이 아내를 자기 나름으로 구성함으로써 아내의 실체에 제대로 가닿지 못했듯이, 아내 역시 남편을 자기식대로 구성함으로써 남편의 실체를 다 파악할 수는 없었음을 보여주는 부분이다. 남편도 죽은 아들을 쉽게 잊고 살았던 것은 아니었던 것이다.

"아들이 살아 있을 때 없었다가 아들이 죽자 나타난 염소"는 남편에게 특별한 존재다. 특히 방목하는 장소에서 뛰쳐나와 언덕 아래 발 디딜 틈 하나 없이 가파른 절벽을 지나 살고 있는 염소는, 삶의 가파른 벼랑을 넘었을 가족과 동일시된다. "그를 기억하며 거리로 나설 때마다 젊은 아들은 이렇게 가파른 절벽길을 넘어서는 심정이었을까. 아내는 환갑이다 된 나이에 이런 벼랑을 넘는 심정으로 이혼을 하겠다는 것일까." 남편은 그러한 심정을 스스로 느껴보려는 듯이 벼랑으로 내려간다. 주인이 염소를 잡으러 갔다가 미끄러져 죽을 뻔한 바위 벼랑을 내려가, 매년 아들의 기일쯤에 염소를 만나러 왔던 남편은 이미 그 벼랑을 여러 번 경험한 셈이다.

  울먹이는 아내를 뒤에 남겨두고 굳이 위험한 벼랑을 오늘 또 내려가는 것은, 아들은 죽었지만 살아 있을 염소를 만남으로써 조금이나마 아들을 마음속에서 살릴 수 있기 때문이리라. 그래서 아들이 살아 있을 때 하지 못한 말, 아들이 살지 못한 세월을 산 아비로서 해주고 싶은 말이 남아 있기 때문이었을 것이다. 그럼으로써 서로 소통하고 화해할 수 있는 시간을 주지 않고 떠난 아들과 이러한 의식을 되풀이하는 자신을 용서하기 위해서일 것이다. 리처드 커니가 『이방인, 신, 괴물』에서 한 말처럼, 용서는 과거에 미래를 제공한다. 절벽을 미끄러져 떨어지며 죽을 뻔한 남편이 바위틈의 관목을 잡고 무사히 귀환하자, 아내는 "당신이 여기서 죽어버렸다면 난…나도 그냥 저기로 뛰어들려고 했어요."라고 말한다. 이는 아내가 지금까지의 남편, 이혼 요구의 대상이었던 과거의 남편을 용서한다는 의미이며, 그럼으로써 그들 부부의 미래를 가능하게 하는 것이다. 그래서 남편은 아내가 이혼 후 살고자 한 삶의 모습으로 그려 보였던 것을 되살려 보이며, 그러한 풍경에 자신의 모습을 은근슬쩍 끼워 넣는다. 그렇게 하기 위해서 "이삼 년 안에 마음이 흡족한 작품쯤 남기지 않아도 좋다"고 생각하며, 아내가 설사 "오피스텔을 얻고 권선생이라는 작자와 샌드위치를 먹으며 호텔에 묵는다 해도 좋다"고 생각한다. 남편은 또한 아들에게 "나는 영원을 꿈꿀 테니 너희들은 제발 소란 피우지 말고 일상에 머물러줘"라고 강요한 것인지 모른다고 생각하며, "벼랑을 넘어서라도 갈 수밖에 없을 때, 그게 누구든 인간은 저마다 우주와 같은 진실을 품고 있는 것"이라는 결론에 도달한다.

이는 리처드 커니가 앞의 책에서 말한 것처럼, 자아가 자아이기 위해 필요한 열쇠는 타자를 타자로 놓아주는 것과 무관하지 않을 것이다. 아내는 아내인 동시에 여자이며 인간인 것이고, 아들은 아들인 동시에 청년이며 인간인 것이다. 남편이 남편일 뿐만 아니라 남자이고 영화 촬영감독이듯이 말이다. 이것이 전제되어야 서로 소통이 가능하고 친밀과 내밀이 생성될 수 있는 것이다. 한 사람의 인간이 어떻게 아내일 수만 있으며, 아들일 수만 있겠는가. 그러나 실제 생활에서는 쉽사리 이런 맹목에 빠지지 않던가. 서울에서 고속도로와 국도 그리고 지방도를 자동차를 타고 정읍과 선운사 그리고 변산과 완도 및 보길도에 이르는 길은, 표면적으로는 지리적인 여행의 궤적을 그리지만, 결국 그 궤적은 가로막혀 있던 아내와 남편, 부모와 자식 사이의 통로를 뚫어 소통의 실마리를 마련한 것이었다. 소통이 원활해질 때 그것은 가족 모두가 원했던 진정한 삶이 되기도 할 것이고, 사랑이 되기도 할 것이며, 사회의 변혁이 되기도 할 것이다.

일상과 운동의 길
―한상준의 「땅에 이르는 길-강진만 7」

　일상이 동일성의 반복을 특징으로 한다면, 운동은 일상의 변화 곧 동일성의 변화를 꾀하고자 하는 것을 특징으로 한다. 일상의 동일성은 한편으로는 삶에 안정과 편안함을 마련해주기도 하지만, 다른 한편으로는 삶에 질곡과 갑갑함으로 다가오기도 한다. 운동의 비동일성은 한편으로는 삶에 전망과 바람직함을 부여하기도 하지만, 다른 한편으로는 삶을 불안하게 하고 불편하게 하기도 한다. 한 인간의 생애에서 본다면, 젊은 시절이 후자의 운동에 기울기 쉬운 시절이라면, 그 이후의 시절은 전자의 일상에 경도되기 쉬운 시절이라고 할 수 있겠다. 물론 개인의 성향에 따라서도 이러한 일상과 운동 대한 경향이 달라질 수도 있겠지만 말이다.
　어쨌든 운동과 일상은 이처럼 인간의 삶에서 숙고해야 할 중요한 두 항임에는 틀림없을 것이다. 어떻게 보면 바람직한 삶을 영위하려는 인간의 사고와 행동에 그것은 끊임없이 간섭해오는, 변증법적으로 해결해야 할 과제이기도 할 것이다. 한상준의 「땅에 이르는 길-강진만 7」은 이러한 일상과 운동의 알력 그리고 그것의 변증법적 합으로서의 근원을 찾아가는 이야기를 담고 있다. 이 작품의 중심인물인 '박치민'은 '강진만'이 시작되는 초입의 '마량항'에서 십여 리 떨어진 '영동리 원포마을'에서 태어나 마량항으로 이사하여 자란다. 치민은 일상의 갑갑함을 느낄 때면 마량항에서 바라보이는 조그만 섬으로 헤엄쳐 가서 우쭐함을 느끼기도 하고 주전부리로 숲속의 열매를 따먹기도 한다.

　이러한 치민의 행태를 어린 시절에 흔히 있을 수 있는 자연스러운 행동이나 '재미' 삼아 하는 행동으로 치부할 수도 있다. 그러나 이러한 행동이 어머니의 '속내를 알 수 없는 노여움'을 감수하며 이루어진 것으로 보아, 단순한 재미를 넘어선 '의미'있는 행태로 보아야 할 것이다. 특히 항구의 큰 철선들이 수시로 드나들며 멀리 항해하는 것을 지켜보면서, 치민의 섬으로의 헤엄치기가 배를 타고 항해하는 꿈으로 발전하는 것으로 보아 더욱 그러하다. 그리고 항구에서 일하는 아버지가 화물선에서 짐을 부리는 부두노무자였는데도 불구하고 고깃배를 타는 어부라고 여긴 것에서는 더더욱 그러함을 엿볼 수 있다. 물론 아버지가 하는 일에 대해 아무도 제대로 이야기해 주지 않았다는 것을 감안하더라도, 배를 타고 멀리 항해하고픈 기대가 현실을 왜곡하는 단계까지 나아갔음을 알 수 있기 때문이다.

　어린 시절의 이러한 치민의 행태는 다분히 치기어린 감정에서 나온 것이라고 할 수 있고, 아이의 성장에서 흔히 있을 수 있는 것이기도 하여, 굳이 운동과 결부시킬 필요는 없을 것이다. 그러나 이러한 감정이 일시적인 것이 아니고 지속적인 것이라면, 일상과 결부될 때 운동의 차원으로 발전할 수 있을 것이다. 실제로 치민은 대학에 진학하여 노동운동에 관심을 가지고 활동하다가 수배를 받는 처지가 된다. 섬으로 헤엄쳐 가기가 어른들의 눈과 어머니의 제지와 같은, 일상을 영위하는 어른들에 의해 차단되어 제대로 이루어지기가 쉽지 않듯이, 노동운동 역시 아놀드 토인비가 『역사의 연구』에서 말한 '제도의 끈질긴 힘'이라는 개념에서 유추할 수 있듯이, 일상을 규정하는 체계의 완강함에 제지당해 활동이 쉽사리 펼쳐지지 않는다. 더욱이 먼 바다로의 항해나 노동자가 제대로 대우받는 세상은 먼 꿈이 될 수밖에 없는 것이다.

　수배 생활은 운동과의 단절인 동시에 일상과의 단절이기도 하다. 그래서 수배를 '잠수'에 비유하기도 한다. 이러한 일상 및 운동과의 단절은 제3의 길을 모색하는 계기가 된다. 치민은 잠수의 과정에서 노동판에서 만난 대학 후배인 애인과 함께 대학 선배가 복합영농을 하는 경기북부의 농장에 임시 거처를 마련한다. 3년여의 잠수생활은 치민과 애인에게 변화를 초래하여, 수배가 해제된 뒤에도 치민은 농장에 남고 애인은 농장을 떠나게 된다. 치민이 농장에 남은 것은 농장일에 '매료'되었기 때문이고, 애인이 떠난 것은 농장에서의 생활을 '지겹고 힘들어'했기 때문이다. 치민은 노동운동판과 도시적 삶의 '찌듦'으로 돌아가고 싶어 하지 않았던 반면, 애인은 노동운동판으로 돌아가는 것이 당연하다고 여겼기 때문이다. 이러한 둘의 알력은 그 동안 둘 사이에 태어난 아이의 존재에도 달라지지 않는다.

한나 아렌트가 『인간의 조건』에서 말했듯이, 사랑은 본질상 무세계적이다. 다시 말해 사랑은 당사자들끼리의 개인적 감정이므로 세계의 개입과 간섭 없이 생성될 수 있는 것이다. 그러나 세계가 개입하고 간섭해 들어왔을 때 그 사랑은 어떻게 될지 알 수 없는 것이다. 치민과 애인인 '여자'는 운동의 과정에서는, 곧 일상의 세계가 그다지 간섭해 오지 않았을 때는 서로 사랑하며 애인 사이일 수 있었다. 그러나 잠수의 과정에서는, 곧 농장일과 아이라는 일상과 가족의 세계가 개입에 들어왔을 때, 그 사랑은 유지하기가 쉽지 않은 것이 된 것이다. 그것은 가족과 거주 그리고 노동과 물질로 이루어진, 세계적인 것을 감당해야 되는 것으로 바뀐 것이다. 이를 감당해야 되는 둘은 서로 입장을 달리함으로써 사랑은 깨지고 각자 다른 길을 가게 된다.

가는 길의 다름은 마주치는 세계의 다름으로 이어진다. 치민이 마주친 세계는 농촌이다. '경제이농에 이은 교육이농'으로 인한 젊은이들의 떠남이 농촌의 세계적 현실이다. 치민은 이러한 농촌에 남기로 한 것이다.

일손 부족이 치민이 농장에 몸담은 외적 요인이라면, '친환경적 작업과 땅에 대한 이끌림'이 내적 요인이라 할 수 있다. 농장에서의 생활은 농촌 문제에 대한 새로운 인식의 계기가 되고, 땅과 더불은 농사꾼으로서의 생활은 즐거움이 된다. 그러나 도시의 노동판으로 나간 여자는 힘들어진다. 그녀가 마주친 세계는 그녀가 떠나던 때와 달라져 있다. 노동운동 세력이 분열되고 권력화되면서 '여성 학출'이 이탈하거나 떨려나가는 추세에 따라 그녀도 밀려난다.

세계의 다름은 삶의 다름으로 이어지고, 삶의 다름은 사람의 다름으로 귀결된다. 그래서 톰 브라운은 『숲에서 만난 발자국』에서 다른 삶을 살 경우에는 사람도 달라지는 법이라고 했을 것이다. 한때 운동을 같이하다 사랑하는 사이가 되고, 동거하며 아이까지 가졌던 두 사람은 돌이킬 수 없는 관계가 된다. 게다가 보통의 부부에게는 아이가 그들의 미래가 되지만, 두 사람에게는 아이가 미래가 될 수 없다. 특히 도시로 간 '애엄마'에게는 더욱 그러하다. 그래서 아이는 치민에게 맡겨지지만, 아이는 자라면서 도시로 나가기를 원한다. 그렇다고 치민이 아이를 데리고 도시로 가 애엄마와 재결합할 의사가 없어 아이만 엄마에게로 옮겨진다. 치민이 선배의 농장에서 일하면서 자작농으로서의 터전을 마련하고, 애엄마는 노동운동에서 여성운동 쪽으로 옮겨가 열심히 운동을 하는 처지가 되면서, 두 사람은 자신의 일에 몰입하여 관계가 소원해지고, 아이는 가족의 품을 느끼지 못한 채 자라게 된다.

이렇게 되면 치민과 애엄마 그리고 아이는 가족 구성원으로서의 거주가 불가능하게 된다. 세 사람은 가족구성원으로서의 사랑 곧 가족애를 주고받는 존재가 아니라, 서로의 길에 부담을 느끼는 존재가 된다. 치민은 애엄마와 재결합할 수 없듯이, 장가들기를 권유하는 주위의 소개에도 끌리지 않으며, 농민운동에도 기웃거리지만 중심에 진입하지 않고 농사일에만 전념한다. 애엄마 역시 다른 남지를 만나기도 하지만 다시 혼자가 되고, 여성운동판에서만은 살아남기 위해 열성을 기울인다. 아이는 이러한 부모 아래서 제대로 성장할 수가 없다. 아이에게 부모와 함께한 시간의 결여는 사랑의 결핍이 되고, 그것은 곧 부모의 무관심으로 받아들여지며, '부적응의 뒤틀림'으로 귀결된다. 도벽이 심해지고, 다른 아이를 구타하며, 돈까지 갈취하는 경우까지 이르게 된다. 이제 아이는 부모의 미래가 되는 것이 아니라 부모의 현재의 고통이 된다.

배장섭의 『헤겔의 가족철학』에 의하면, 사랑은 모순을 산출하는 동시에 모순을 해결한다. 사랑은 산술적 계산으로 따질 수 없는 희생과 배려에 의해 가능하다. 그래서 사랑은 모순을 산출한다. 그러나 희생과 배려는 다시 산술적 계산으로 풀 수 없는 문제를 해결한다. 그래서 사랑은 모순을 해결한다. 두 사람에게 아이는 두 사람 사이의 사랑의 산물이다. 그러나 그 아이는 이제 사랑의 산물로 존재하는 것이 아니라 가족적 문제로 존재한다. 아이의 문제의 원인이 사랑의 결핍이듯이, 문제 해결의 열쇠 또한 사랑의 회복이다. 그러나 이미 두 사람 사이에 사랑이 사라진 지금, 아이의 문제를 해결할 가능성은 희박하다고 보아야 할 것이다. 그래서 아이 문제를 해결하기 위한 애엄마의 몇 차례의 요청과 두어 번의 함께 한 고민은 아이 문제를 둘러싼 두 사람의 견해 차이를 확인하는 것으로 끝나 버린다.

막스 갈로의 『로자 룩셈부르크 평전』에서 로자는 인간은 사랑하지 않게 되면 무자비해지는 법이라고 했다. 치민은 아이를 대하는 애엄마의 관점을 수용할 수 없고, 농사일로 분주하여 아이를 애엄마의 문제라고 떠넘겨 버린다. 치민은 애엄마가 여성운동과 살림 그리고 아이 문제까지 겹쳐 심신이 망가지고 정신과적 치료를 받는다는 풍문을 듣는다. 애엄마가 아이를 보러 오라고 전화를 몇 차례 하지만, 치민은 '묵묵히 땅만

파며' 외면해 버린다. 오히려 그러한 애엄마에 대한 풍문이나 전화를 아이에게 지나치게 집착하는 것으로, 나아가 그것은 자신에 대한 분노를 아이를 통해 보상받고자 하는 심리로 치부한다. 서로에 대한 사랑이 없는 부부는 아이에게 무관심한 부모가 되고, 그러한 부모의 품에서 벗어나 주위를 떠돌던 아이는 가출을 감행한다. 아이의 가출 연락이 왔을 때도 치민은 상황버섯의 종균 활착 상태를 확인하는 작업에 몰두하며 별다른 반응을 보이지 않는다.

가출한 아이는 치민이 있는 농장으로도 내려오지 않는다. 정작 농장을 찾아온 사람은 애엄마다. 농장을 떠난 지 몇 년이 흐른 뒤에 만난 애엄마와 치민은 여전히 서로를 받아들일 수 없다. 애엄마는 농장을 떠날 때보다 수척해져 있고 병색이 완연하여, 생활고와 병고를 짐작할 수 있었지만, 치민으로서는 별다른 도리가 있을 수 없고, 영락없는 농사꾼의 행색이 된 치민의 모습에 안쓰러움과 실망스러움을 느낀 애엄마 역시 마주앉아 아무런 말도 꺼내지도 못하고 눈물만 조금 흘리다가 일어나 가버린다. 이처럼 세 사람은 가족이면서도 제대로 된 가정을 이루지 못하며, 가족이면서도 가족적 애정을 주고받으며 생활하지 못한다. 운동으로 만나 서로 사랑하는 사이가 되고, 자식을 거느린 부모가 되었지만 일상을 유지하지도 못하며, 개인으로서도 가족의 일원으로서도 온전하지 못한 상태에 이른다. 여기에 결정적인 하나의 계기가 생기는데, 바로 가출한 아이의 교통사고로 인한 죽음이다.

스티비 스미는 『25세, 인간의 힘만으로 지구를 여행하다』에서, 아이를 잃은 것에서 완전히 회복되는 가족은 없다고 한 바 있다. 치민과 그 여자는 가족을 온전히 이룬 적이 없어 그 회복을 말하기도 어렵겠지만, 아이의 죽음이 둘 사이를 더욱 악화시킨 것만은 틀림없다. 특히 아이에게 집착한 애엄마가 더욱 충격을 받았을 것이다. 애엄마는 아이의 죽음으로 인한 충격에 혼절해 응급실로 실려가고, 다시 중환자실로 옮겨져 친정어머니의 간병을 받는 처지가 된다. 치민이 병원으로 찾아갔을 때, 애엄마의 "동공은 초점 없이 헤매고, 알아들을 수 없는 소리를 연신 내뱉으며, 손과 발 그리고 머리채를 흔들어" 댄다. '극도의 불안 심리와 착란증세'까지 보인다. 치민을 알아보지 못하고 울부짖으며 '아들'만을 찾는다. 그때서야 치민은 '아이의 얼굴'이 떠오르며 눈물이 솟구친다. 병실에 더 있을 수가 없어 병실을 나서려는데, "땅이 너를 거스를 게다, 이놈아." 하고 애엄마가 내뱉는다.

이는 아이에게 집착한 애엄마가 아이의 죽음을 땅에 집착한 치민의 책임이라는 것을 명확이 상기시키려는 저주에 찬 말이다. 농사일에 몰두하여 아이 문제를 외면하며 애엄마에게 떠넘기고, 아이 문제로 상의하러 애엄마가 왔을 때도 견해 차이를 내세워 진지하게 함께 문제 해결에 임하지 않은 치민에게, 애엄마의 말은 그냥 넘겨 버릴 수 없는 저주의 화살이 되어 가슴에 박혔을 것이다. 그래서 치민은 '그길로 홀연히 땅을 떠나게' 되고, 곧이어 '생명평화탁발순례단'에 합류하게 된 것이다. 필 쿠지노가 『성스러운 여행, 순례 이야기』에서 말한 것처럼, 순례를 떠난다는 것은 곧 자신의 믿음을 증명하고 가장 깊은 의문에 답을 찾는 방법이다. 그리고 위치우이는 『유럽문화기행』에서 모든 길은 저마다의 해답을 품고 있다. 그리고 더욱 많은 새로운 문제를 던진다고 했다. 순례단에 합류한 치민의 머릿속에는 의문/문제와 증명/해답이라는 두 화두가 들어 있었을 것이다.

아이의 죽음과 애엄마의 저주는 그 동안 자신이 몰두했던 농사일 또는 땅에 대한 믿음이 운동과 일상의 갈등에서 귀결된 변증법적 해답/증명이라는 생각에 회의를 초래케 하는 것일 수도 있다. 따라서 땅을 떠나는 치민의 머릿속에는 새로운 의문/문제가 떠올랐을 것이다. 치민의 순례단 합류는 그러한 회의를 점검하고 새로운 대답을 찾는 계기로 활용된다. 그러나 치민의 노동운동과 가족적 일상 그리고 농장의 노동이 쉬운 일이 아니었듯이, 순례단 합류 또한 순탄한 일이 아님을 깨닫는다. 순례는 걷기이며, 걷기는 다른 이동수단을 이용하지 않고 신체를 장기간 움직이는 활동이다. 그것은 신체적 활동의 누적이며 더위와 추위도 그것을 힘들게 한다. 순례단의 걷기는 혼자 하는 걷기가 아니고 집단으로 이루어지는 걷기다. 집단의 걷기에서 선두에 선다는 것은 걷기의 과정에서 일어나는 개인적 감정과는 별도로 순례 "행위의 이모저모를 가늠하고, 순례자의 의중과 심신상태를 늘 살펴야 하며, 멈춤과 나아감을 결정해야 하고, 돌발적인 상황에 매끄럽게 대처해 쉼 없이 땅에 발길이 닿도록 해야 하는 자리"인 것이다. 치민은 그러한 선두에 서서 걸은 것이다.

그리고 허만하가 『길과 풍경과 시』에서 말한 것처럼, 길 위에 서는 일은 또한 바깥 세계를 바라보는 일과 자기 내면을 바라보는 일의 변증법적 통일을 끊임없는 과제로 느끼는 지난한 작업이다. 여기서 바깥세계는 순례단이 순례하는 과정에서 마주치는 농촌현실일 것이며, 자기 내면은 앞에서 말한 바 있는, 치민이 점검하고 해결해야 할 과제들일 것이다. 걷기의 힘듦은 농촌현실의 어려움과 연결되고, 자기 내면의 과제는 순례단의 과제와는 또 다른 치민의 개별적인 대답과 직결된다. 순례단이 마주친 농촌현실은 치민이 농장에서 마주친 농촌현실과 같으면서도 다르다. 그것은 농민과 치민의 차이만큼 다른 것이다. 치민은 노동운동의 과정에서 농촌으로 들어선 반면, 농민들은 농촌을 터전으로 삼고 살아온 사람들이다. 따라서 다소의 차이가 존재하는 것이다. 순례단과 농민들 사이에도 또한 농사와 땅에 대한 견해차가 존재한다.

순례단과 농업일꾼들 사이의 견해차는 순례단이 순례지역에 머무는 주말의 짧은 안거 때마다 연 '생명평화학교'에서 극명해진다. 그들 사이의 논쟁은 '간디' 영화를 보고 소감을 나누던 자리에서 격렬해지며 그 차이를 노정한다. 순례단의 간디에 대해 농업일꾼들은 '체 게바라'가 요청된다고 대응한다. 전면적이고도 빠른 속도로 진행되고 있는 세계화와 신자유주의 체계 하에서 인류의 식민지가 된 농촌에서 순례단이 주창하는 '생명평화'는 너무 느슨하고 안일하여 자멸하고 말 것이며, 불투명한 전선 속에서 전위적 투쟁이 아니면 삶이 보장되지 않는 위치에 있다고 질타한다. 이에 대해 순례단은 그렇기 때문에 오히려 모든 비폭력만이 땅과 땅심 그리고 세상의 풍요와 안락을 지속 가능하게 할 수 있다고 반박한다. 그러나 농업일꾼들은 다시 농업과 농민은 이미 존재하지 않고 농촌만 남아 있으며, 순례단은 농촌을 재건하려 할 뿐 농업과 농민을 일으켜 세우지 못한다고 재비판한다. 이에 대해 순례단 역시 다시 자족을 넘어선 탐욕으로는 자신을 채울 수 없고, 지금까지 싸워서 얻은 게 없으면 되돌아볼 필요가 있으며, 다른 방법을 찾아야 하는데, 그것이 바로 생명평화라고 못박는다.

　이러한 격렬한 논쟁을 지켜보며 치민은 둘 다 옳은 듯하지만 둘 다 아니라는 판단을 한다. 땅과 땅심이 두 주체 모두를 거부하고 있다고 여긴 것이다. 순례단에는 일상의 노동적 측면보다는 종교적/신앙적 측면이 강하게 배어 있고, 농업일꾼들에게는 땅의 생명적 측면보다는 운동적/욕망적 차원이 더 짙게 침윤되어 있다고 보았을 것이다. 치민은 노동운동을 통해서 운동의 양면을, 농장일을 통해서 농업의 양면을 나름대로 감지했을지도 모른다. 그러한 치민이 이르고자 하는 곳은 바로 '땅'과 '땅심'이다. 치민은 땅과 땅심을 운동과 일상 그리고 종교보다 더 근원적인 것으로 보고 있으며, 그것의 변증법적 통일로까지 보고 있는 것이다. 아내의 저주에 촉발되어 농장을 떠나 순례단에 합류하고, 다시 순례단에서 이탈하여 고향으로 향하는 것도 이러한 일련의 과정에서 도출된 나름대로의 논리적 귀결인 셈이다. 치민이 농장을 떠나 돌아가려고 나선 길은 제목에서 보는 것처럼, '땅에 이르는 길'인 것이다.

땅에 이르기 위한 하나의 과정으로 순례단에 합류하기 전에 아내의 고통과 아이의 죽음이 있었듯이, 순례단에서 이탈하여 땅에 이르기 위한 또 하나의 과정으로 아버지의 고통과 어머니의 죽음이 놓여 있다. 아내의 고통과 아이의 죽음이 순례 과정에서 치민의 내면 세계에서 정리해야 할 과제였듯이, 여느 부모와는 다른 삶을 살아온 자신의 부모의 삶과 고통 역시 나름대로의 순례를 끝내고 땅에 이르기 위해 이해해고 납득해야 할 과제인 것이다. 치민의 기억으로 아버지와 어머니는 부부로서 지니고 있게 마련인 부부애를 표현한 적이 없었을 뿐만 아니라 오히려 서로 냉랭하게 대하고, 거주에 필요한 노동을 함께 하지도 않았다. 아버지는 마량항의 화물선에서 화물을 하역하는 부두노무자였고, 어머니는 마량항으로 이사한 뒤에도 원포마을까지 10여 리를 들락거리며 몇 마지기 농사를 놓지 못한 농사꾼이었다. 마량항에서 열리는 오일장에 가서도 어머니는 아버지를 만나지 않고, 장을 보고는 치민의 손목을 끌고 장을 빠져나가 버리기 일쑤였다.

이러한 부모의 행태나 정리는 어린 시절의 치민으로서는 이해할 수 없는 삶의 비의와 같은 것이었고, 불만스러운 것이었다. 아버지가 항구에서 일하면서 배를 타고 멀리 나가지 않는 것이 그러하듯이, 어머니가 갯가 아이들과 놀지 못하게 하고 농사일하는 곳으로 데려가는 것이 먼바다를 항해하는 것이 꿈인 치민에게는 불만이었다. 그러한 치민에 대한 어머니의 노여움이 항구에서 일하는 '아버지를 겨냥한' 것임을 나중에야 알게 되지만, 아버지가 어머니와 냉랭함의 관계를 감수하면서까지 함께 농사일을 하지 않는 까닭은 쉽사리 알지 못한다. 그것은 훨씬 뒤에, 그러니까 순례단에서 이탈하여 마량항에 들러 아버지를 만나 처음으로 허심

탄회하게 이야기를 하는 자리에서야 알게 되는 것이기 때문이다. 친밀과 사랑은 당사자들의 접근으로 이루어지는 감정이다. 치민의 아버지와 어머니, 치민과 아내의 사이의 관계는 이러한 친밀과 사랑의 감정과는 다른 것이다.

그들 사이는 냉담과 소원의 감정으로 이루어져 있는데, 이는 서로 일정한 거리를 유지하고 있거나 서로 멀어지는 관계에서 발생한다. 아버지와 어머니의 관계가 애초에는 어떠했는지 알 수 없지만, 나중의 아버지의 술회로 보아서는 둘의 관계는 애초에도 그러했을 것임을 짐작할 수 있다. 치민과 아내는 애초에는 친밀과 사랑의 감정으로 맺어진 관계였는데, 삶이 진행될수록 서로를 귀찮아하고 미워하며 접근과의 반대 방향인 후퇴하며 멀어지는 관계로 귀결된다. 아버지와 어머니, 치민과 아내의 관계가 이처럼 냉담과 소원 또는 외면과 증오의 감정으로 귀결된 데는 각자가 자신의 문제나 일에만 몰두하여 상대방을 배려하지 않았기 때문이다. 자신의 문제와 일에의 몰두는 상대방에 대한 친밀과 사랑에 간극을 만들어낸다. 화이트헤드가 『관념의 모험』에서 말했듯이, 간극이 있다는 것의 최대 결점은 상대쪽에서 일어나고 있는 것을 서로 알기가 지극히 어렵다는 것이다.

상대방에서 일어나고 있는 문제와 일에 대해 알 수 없음은 무관심과 외면을 초래하고, 그 무관심과 외면은 상대방이 고통을 겪고 있을 때 분노나 증오로 심화될 수 있다. 어머니가 아버지에 대해 지니고 있었던 감정, 아내가 치민에게 표출했던 감정은 그들 사이에 존재했던 간극과 거기서 기인한 서로에 대해 알 수 없음에서 발생한 것이다. 이러한 관계와 감정은 상대방이 존재하는 한 쉽사리 돌이킬 수 없다. 그것을 돌이키기 위해서는 자신과 상대방에 대한 심각한 성찰이 필요한데, 그러한 성찰은 대체로 그러한 존재의 현존에서보다는 부재에서 나타나는 현상일 수 있기 때문이다. 아버지가 자신에 대한 성찰을 술회하는 것은 치민의 어머니가 죽은 뒤 치민이 순례단에서 이탈하여 마량항에 들렀을 때이고, 치민이 자신과 아내에 대해 진정한 성찰을 하기 시작하는 것은 아이가 죽고 난 뒤 순례단에 합류함으로써이다. 존재의 현존적 부재가 존재의 진정한 성찰을 촉발하는 계기나 조건이 된 셈이다.

순례단에서 이탈하여 마량항에 들렀을 때 아버지는 여전히 혼자다. 어머니가 살아 있을 때도 마을에서 외톨이였듯이, 어머니가 죽은 뒤에도 여자를 곁에 두지 않고 궁색한 혼잣살림을 꾸리며 살고 있다. 치민은 그러한 아버지를 어린 시절에도 그다지 가까이 하지 못했지만, 지금도 만나서 이야기를 나눌 심사가 일지 않는다. 그러나 고향에 돌아온 처지에 아버지를 피해갈 수는 없다. 자신의 말처럼 아버지를 만나는 것은 '어차피 맞닥뜨려야 할 통과의례'와 같은 것이기 때문이다. 게다가 치민에게는 아직도 아버지에 대해 풀지 못한 의문을 하나 가지고 있었던 것이다. 그것은 다른 집에서는 아버지가 농사일을 주도하는데도 불구하고 유독 자신의 아버지만은 농사일을 마다했고, 한 걸음 물러서서 아무리 항구에서 하역 일을 하더라도 그 틈틈이 또는 일과 후에 술 마시는 시간을 줄이면 농사일을 거들 수 있다고 어린 치민은 판단했기 때문이다. 그러나 아버지는 힘겨워하는 어머니의 농사일을 전혀 거들지 않았고, 치민은 그러한 아버지를 이해할 수 없었던 것이다.

옛날과 달리 아버지는 '전주식당'에 마주앉자마자, 간간이 치민의 소식을 듣고 있었고, 고향으로 내려온 심중도 헤아리고 있다고 먼저 입을 연다. 그리고 "다시 땅으로 돌아갈 수 있겠느냐?"고 묻는다. 이러한 말과 물음은 치민과 달리 아버지는 치민을 만나 직접적으로 표현은 하지 않았지만, 내내 아들인 치민의 행적을 더듬으며 헤아리고 있었음을 보여주는 것이다. 다만 치민의 행적에 자신의 이야기를 들려주며 개입할 시기가 아직 닥치지 않았으므로 침묵하고 있었을 뿐임을, 그 시기를 기다리고 있었음을 또한 보여주는 것이다. 그것은 혼잣살림을 하는 궁색한 아버지와의 만남을 꺼리며 아버지를 규정한 말, '또 하나의 나'와 관련된 것이다. 치민이 이 말을 생각하며 염두에 둔 것은 어머니를 사별하고 혼자 사는 아버지의 처지와 아내와 떨어져 혼자 떠도는 자신의 처지와의 유사성이었다. 그러나 마주앉아 들려주는 아버지의 삶의 내력은 이러한 처지의 유사성을 훨씬 넘어서는 것이다.

치민이 대학에 가서 노동운동을 한 것에 대해서도, 수배를 받아 잠수하여 농장일을 한 것에 대해서도 '싫은 소리' 한 번도 하지 않은 것은 아버지 역시 30년 부두노무자로서 노조하면서 살았기 때문이라고 말한다. 그러나 치민이 아들을 그렇게 죽도록 내버려 둔 것에 대해서 아버지는 분노를 삭이지 못한다. 그것은 자신이 치민의 어린 시절에 보인 자상스럽지 못한 것과는 다른 것이기 때문이다. 그것은 보다 근원적인 생명에 관련된 것이기 때문이다. 그래서 아버지의 이야기는 모든 다른 이야기를 접고 생명에 관한 것으로 넘어가는데, 그것은 치민이 의문으로 간직한 것, 아버지에 관련된 것으로 지금까지도 이해할 수 없었던 것과 직결된다. 곧 아버지가 어머니와 함께 또는 어머니를 도와 농사일을 하지 않은 이유와 관련되는 것이며, 나아가 고향으로 내려와 땅을 일구려 하는 치민의 앞으로의 삶과 관련되는 것이다.

아버지가 월남에 갔다온 것은 치민이 아는 바이다. 그러나 아버지는 자신의 입으로 월남에 갔다온 이야기를 스스로 한 적이 없다. 어렸을 적 치민은 아버지가 월남에 갔다온 이야기를 친구들에게 자랑하고 싶었지만 그럴 수가 없어 불만스러웠다. 마치 배가 있는 항구에서 일하면서 배를 타고 멀리 나가지 않는 아버지가 불만스러웠듯이 말이다. 아버지가 월남에서 겪은 이야기, 지금에서야 치민에게 들려주고자 하는 이야기는 일반적인 무용담과는 다른 이야기다. 치민의 어린 시절에 월남 이야기를 들려주지 않은 것은 그 이야기가 치민의 이해력을 넘어서는 것이었기 때문이었다. 그리고 지금에서야 그 이야기를 하는 것은 그것이 담고 있는 내용이 현재 치민의 이해력의 수준에 걸맞을 뿐만 아니라, 현재 치민의 처지에서 고려되어야 할 사항이기 때문이다. 다시 말해 아버지의 이야기는 치민이 이해하지 못한 아버지, 농사일을 하지 않고 어머니와 마을사람들로부터 스스로 소원해져 외톨이로 살아온 것에 대한 답변인 동시에, 치민이 땅에 이르기 위해 스스로 성찰하고 점검해야 할 것에 대한 과제이기도 한 것이다.

아버지가 들려준 이야기의 핵심은 생명과 그 생명의 죽임에 관한 것이다. 월남에서 작전을 수행하다 베트콩으로 보이는 남자를 생포했는데, 농부 행색인 그 남자는 자신을 농부라고 말한다. 그 남자가 지고 있던 포대에서 친척에게서 꾸어가는 간다는 볍씨도 나온다. 같은 농사꾼의 연민으로 그를 돌려보내려고 하지만, 부대원 중에는 그것이 위장술이며, 부대원들의 위치가 드러난 상태에서 그를 살려 보낸다는 것은 부대원들을 위험에 노출시키는 것이 되고, 철수하는 헬기에 태워갈 수도 없는 상황이니 살려둘 수 없다고 단언하는 자도 있다. 그 남자는 살려달라고 애원하며 매달리지만, 소대장은 아버지에게 사살 명령을 내린다. 연민과 명령 사이의 갈등은 오래가지 않는다. 그 남자의 손에서 볍씨가 떨어지고, 그 위로 피가 흐른다. "핏물 든 볍씨가 절명한 모습으로 몸속에 파고들었다. 뒤돌아서면서, 자신은 이제 더 이상 사람의 먹이를 생산할 수 없게 되겠구나, 하는 마음이 냉혹하게 가슴 속에 내려앉는 걸" 감지한다.

이것이 아버지가 농사일을 하지 않고 귀환하여 부두노무자로 일관된 삶을 살게 된 연유다. 볍씨는 농경사회에서 땅이 키워낼 생명이다. 아버지는 그 생명체인 볍씨를 땅에 뿌려 자라지 못하게 하고, 볍씨를 뿌릴 또 다른 생명체인 농부를 피 흘리며 죽어 가게 했는데, 그 죽음의 손으로 더 이상 생명을 일구는 농사일을 할 수가 없었던 것이다. 그래서 생명이 아닌 물건들을 하역하는 일을 하게 된 것이다. 아버지의 이야기를 듣는 치민은 자신의 손끝이 떨리는 걸 느낀다. "아버지의 피 묻은 손과 자식을 비명횡사로 보낸 자신의 손이 다르지 않다"는 생각이 자신을 압박해 왔기 때문이다. 이야기를 마친 아버지는 꽤 오래 전에 온 것이라며 '죽은 애어미'가 치민에게 보낸 편지를 건네준다. 애엄마는 간혹 아버지와 연락도 있었고, 이제는 이 세상 사람이 아니게 된 것이다. 그러니까 치민은 아이의 죽음에만 관여된 것이 아니라 아내의 죽음에도 연루되어 있었던 셈이다.

아버지의 이야기 속 베트남 농부의 죽음과 아이 및 아내의 죽음은 치민으로 하여금 더욱 생명에 관해 숙고하게 만든다. 그것은 고향 땅에 정착하고자 하는 자신에게 절실한 화두로 자리잡는다. 그래서 마량항에서 원포마을 고향집으로 향하는 그의 뇌리에는 순례의 과정에서 만난 농민회 사람들의 투쟁과, 선배의 농장을 나와 독립해서 땅을 일구던 시절에 토론했던 농민회의 젊은 일꾼의 발언이 다시 떠오른다. 농민들은 농민회를 중심으로 농업정책의 하나하나에 치열한 대정부 투쟁을 끊임없이 해 왔지만, 농촌이 나아진 것은 하나도 없었으며, 투쟁의 본질도 소득보장 일변도로 경도되어 있었다는 것이다. 그래서 농민회의 어느 젊은 일꾼은 그러한 소득 보장 일변도의 투쟁이 농민운동의 본질이 될 수 없고, 농민들의 삶에 대한 균형 잡힌 평균적인 모형이 제시되지 않은 상황에서 어느 정도의 소득이 보장된다면, 누구도 농민운동을 하지 않을 것이라는, 자조 섞인 발언을 한다.

이러한 농민운동의 방향과 그에 대한 자조 섞인 발언이 결국 농민들의 목전에 닥친 생계의 위협에서 기인한 것이라는 것을 치민이 모르는 바는 아니지만, 그것이 이미 아버지의 노조일, 자신의 노동운동과 농장일,

어머니의 농사일, 그리고 아내와 아이의 죽음을 거치며 확고해지는 그에게 농업이 생명산업이 되어야 한다는 생각을 변화시키지는 못한다. 그래서 농민운동은 지속가능한 환경농업이 되어야 한다고 주장하던 젊은 농사꾼의 지적이 새삼 치민에게 다가온 것이다. 그러나 이 생명산업/환경산업이 순례단의 생명평화와 동일한 것은 아니다. 앞에서도 본 것처럼, 순례단의 생명평화는 종교적 차원의 관념에서 나온 것일 수 있는 반면, 생명산업 또는 환경산업은 일상의 노동과 운동의 고통 속에서 추출된 것일 수 있기 때문이다. 그러면서 치민은 운동과 일상, 노동운동과 농장일, 순례단과 농민회의 알력과 갈등 그리고 아버지와 어머니, 자신과 아내 및 아이의 삶과 죽음을 과정을 거치면서 생명이라는 하나의 화두에 초점을 맞추어가고 있는 것이다.

그러나 원포마을의 고향집으로 향해 걸어가는 치민의 눈에 비친 풍광들은 생명과는 거리가 먼 것들이다. 그가 다녔던 '영동초등학교'는 이미 폐교가 되어 있고, 근동에서 가장 큰 마을이었던 고향마을은 한때 150여 호가 살았지만, 지금은 공동화될 지경이 되어 있다. 그래서 사람의 훈기가 사라진 고향집은 지붕에 풀씨가 돋아 무성하고, 처마와 마루 밑에는 거미줄이 쳐져 있으며, 문살 부러지고 문종이 찢긴 방문은 냉기가 서려 음울할 것이라 예상한다. 그러나 예상과 달리 집에 들어섰을 때, 삽짝은 가지런히 열려 있고, 마당은 깔끔하다. 그것은 먼 곳을 떠돌다 돌아오는 아들에 대한 아버지의 배려이자 사랑의 징표다. 그것은 아내와 아이를 죽음으로 몰고가며 그가 잃어버린 것이자 되찾아야 할 삶의 과제이자 덕목이다. 그리고 마당에서 꺼내본 아내의 편지에는 또 하나의 과제이자 덕목이 간명하게 적혀 있다. "애 잃고 당신도 떠난 뒤, 땅이 내게로 왔오."가 그것이다.

치민은 땅에 이르기 위해 지금까지 달려왔으나 그 목적지에 다다르지 못하고 우왕좌왕한 셈이다. 그러나 아내는 이미 그것에 도달했음을 그녀가 남긴 편지를 통해 보여준 것이다. 그것은 '내가 땅에 이르는 것이 아니라, 땅이 내게로 오는' 방식으로 이루어지는 것이다. 아내의 말에 담긴 의미를 달리 표현하면, 과도한 의도는 그 의도하는 바를 이루지 못하게 하는 요인으로 작용한다는 것이다. 아내는 자신의 열성적인 노동운동과 여성운동을 통해서, 아이에 대한 집착을 통해서 그것을 깨달았을 것이다. 일상이 동일한 것의 반복으로 고정화되고 사물화되는 것이라면, 운동은 고정화되고 사물화된 일상에 비동일화의 변화를 불어넣어 생명화하는 것이다. 그러나 일상을 규정하는 체계는 운동의 변화와 생명화를 쉽사리 수용하지 않고 완강하게 버티고 있다. 따라서 운동은 그러한 완강한 체계와 맞서기 위해 스스로를 조직화하고 체계화해야 한다.

그러다 보면 운동은 어느 새 일상을 규정하는 체계, 맞서 싸우던 체계를 닮게 되고, 운동이 자신의 내부에 지니고 있던 사랑과 생명을 소실하게 된다. 치민이 운동에서 비껴나서 농사일로 전환하고, 아내가 운동에서 물러나 강화도로 들어가게 된 것도, 이러한 체계와 운동의 관계에서 노정된 변화와 무관하지 않을 것이다. 그리고 이러한 변화가 고향에서 결정적으로 이루어지는 것은, 전광식이 『고향』에서 말했듯이, 고향은 욕망에서 나온 어떤 구체적인 목적 설정으로부터 자유로운 곳이고, 일에서 오는 정신적 피곤과 육체적 피로를 씻고 살 수 있는 곳이며, 자기 찾음과 자기 근원으로의 회귀를 통해 행복해질 수 있는 곳이기 때문이다. 아무튼 아내의 말을 통해서, 땅에 이르는 길은 농사일에 대한 과도한 열정과 집착에서 놓여났을 때 의외로 열릴 수 있다는 것을 치민은 순간적으로 깨닫게 된 것이다. 그래서 무릎이 꺾여 땅에 엎드린 채 고향집과 땅이 노을에 물드는 것을 보며 스스로 안온해지는 것을 느끼게 되었을 것이다.

하창수는 경남 창녕에서 태어났다. 부산대학교 사범대학 국어교육과, 문리대 대학원 국어국문학과를 졸업하였다. 무크지 ≪지평≫을 통해 평론활동을 시작하였다. 평론집으로는 『삶의 양식과 소설의 양식』, 『암벽의 사상』, 『맞서지 않는 길』, 『집의 지형』, 집의 지층』 등이 있다. 현재 부산서여자고등학교에서 근무하고 있다.

길의 궤적
-한국현대소설에 나타난 길의 의미 1

1판 1쇄·2010년 10월 30일
지은이·하창수
펴낸이·서정원
펴낸곳·도서출판 전망
주　소·부산광역시 중구 중앙동3가 12-1 우편번호·600-013
전　화·466-2006
팩　스·441-4445
출판등록 제가1-166
ⓒ 하창수 KOREA
값 15,000원

ISBN 978-89-7973-283-2
w441@chollian.net

* 저자와 협의에 의해 인지를 생략합니다.